한국성사性史

한국성사性史

초판 발행   2015년 8월 3일
3판 1쇄   2017년 1월 16일

지은이	김원회		
펴낸이	손형국		
펴낸곳	(주)북랩		
편집인	선일영	편집	서대종, 이소현, 이은지
디자인	이현수, 김루리, 윤미리내, 김은해	제작	박기성, 황동현, 구성우, 이탄석
마케팅	김회란, 박진관, 이희정, 김아름		
출판등록	2004. 12. 1(제2012-000051호)		
주소	서울시 금천구 가산디지털 1로 168, 우림라이온스밸리 B동 B113, 114호		
홈페이지	www.book.co.kr		
전화번호	(02)2026-5777	팩스	(02)2026-5747

ISBN   979-11-5585-648-2 03300(종이책)   979-11-5585-9-05300(전자책)

이 책의 판권은 지은이와 (주)북랩에 있습니다.
내용의 일부와 전부를 무단 전재하거나 복제를 금합니다.

이 도서의 국립중앙도서관 출판예정도서목록(CIP)은 서지정보유통지원시스템 홈페이지(http://seoji.nl.go.kr)
와 국가자료공동목록시스템 (http://www.nl.go.kr/kolisnet)에서 이용하실 수 있습니다.
(CIP제어번호 : CIP2015019478)

(주)북랩 성공출판의 파트너

북랩 홈페이지와 패밀리 사이트에서 다양한 출판 솔루션을 만나 보세요!

홈페이지 book.co.kr   1인출판 플랫폼 해피소드 happisode.com
블로그 blog.naver.com/essaybook   원고모집 book@book.co.kr

김원회 지음

한국인의 성性, 거의 모든 것의 역사 歷史

한국 성사
性史

불모지나 다름없는 한국의 성학 性學에서
그 역사를 기록해낸 대한민국 최초의 성性 역사서!

북랩 book Lab

이 책은 지난 반만 년 역사 속에서 성이 빌미되어
핍박 받거나 희생되신 그리고 현재에도 받고
계신 모든 분들을 생각하며 썼습니다.

책머리에

　원래 성性은 생산과 풍요뿐 아니라 친밀감을 가져다주는 자연스럽고 성聖스러운 것이었다. 그러나 세월이 흐르고 종교, 정치, 윤리, 도덕 또는 법률 등과 충돌하면서 수없는 가면을 쓰게 되었다. 따라서 성의 역사를 제대로 보려면 현재 우리가 갖고 있는 성에 대한 가치價値로는 쉽지 않다. 지금의 잣대로는 너무 다른 문화 속에 살던 과거 조상들의 성을 이해할 수 없기 때문이다.
　사실 성은 시대에 따라 너무 달랐다. 같은 시대라 하더라도 사회계층에 따라 달랐고, 같은 계층이라 하더라도 겉으로 드러난 성과 감춰진 성은 또 달랐다.
　성을 '생물학生物學과 시詩의 접합'이라고 말하기도 하지만 필자는 오히려 '시가 되어버린 생물학'이라고 말하고 싶다. 현미경으로도 잘 안 보이지만 그 길이가 사람의 키보다 더 긴 DNA들이 남의 세포로 들어가서 서로 그 내용물을 교환하고 새로운 개체를 만들어내는, 그렇게 면면히 하나의 종種을 이어가는 생식과정에서부터 사랑하는 이를 위해서라면 하나밖에 없는 생명이라도 버릴 수 있는, 생물학적으로 보면 너무 불합리不合理한 희생의 마음까지 그 안에 들어 있기 때문이다.
　성을 연구하는 학문을 성학性學이라고 한다. 너무 광범해서 마치 장님 코끼리 만지듯 대부분의 학자들마저 일부씩밖에 모르고 생을 마친다. 성이 개념상 어느 장르에 속하는지 잘 몰라서 혹은 건강이라고도 하고, 의학 또는 심리학이라고도 하지만 천만의 말씀이다. 오히려 건강이며 의학, 심리학의 많은 부분들이 성에 속한다고 하는 것이 더 맞는 말일 것이다.

우리는 성에 관한 한 역사 속에서 단 한 분의 스승조차 찾기가 힘든 불쌍한 민족이다. 공자도 〈예기禮記〉에서 인간의 욕구가 먹는 것 다음이 성이라고(飮食男女, 人之大欲存焉) 했고, 인도의 바쨔야나가 천칠백 년 전에 쓴 성전性典인 〈카마수트라〉가 아직도 성경 다음의 베스트셀러인 것을 생각하면 안타깝기 그지없다.

또 '성의 가장 큰 적敵은 침묵'이라는 말도 있는데, 오랜 성리학 문화권에서 살아온 우리로서는 이로 인한 성에 대한 기피와 터부 때문에 공개적으로 성을 연구하고 가르치고 배울 기회가 거의 없었고, 이는 오늘날의 너무나 잘못된 우리네 성문화들과 결코 무관하지 않다.

평범한 이는 자기의 경험에서 배우고, 똑똑한 이는 남의 경험에서 배우고, 천재는 역사에서 배운다고 한다. 우리는 어떤 학문을 공부하든지 그 역사를 모르면 안 된다. 필자는 의과대학에서 학생들에게 어떤 질병疾病을 가르칠 때 반드시 그 병의 역사를 먼저 이야기하고 시작하는 것을 잊지 않았다. 그런데 성학은 강의하면서 역사를 이야기하는 것이 그리 쉽지 않았다. 영화를 종합예술이라고 하지만 성학은 이보다 훨씬 복잡한 종합학문이기 때문이다.

성의 역사는 세 갈래로 나누어 존재한다고 할 수 있다. 첫째가 성담론적性談論的 요소이다. 설화說話나 야사野史의 형태로 기록된 내용들에서 얻어지는 부분 같은 것을 의미한다. 지금도 성을 이야기하거나 쓸 때에는 항상 과장과 거짓이 들어가는데, 어떻게 이들을 믿을 수 있느냐고 할 수도 있겠지만 어쩔 수 없다. 과거를 산 사람들을 인터뷰할 수는 없으니 차선책次善策으로 당시의 기록 또는 회화, 조각 등을 보고 짐작해야 하는 것은 어쩔 수 없다.

둘째, 문화인류학적文化人類學的 측면에서 성을 바라보면, 또 다른 역사의 필연적 흐름을 발견하게 된다. 진화성학적進化性學的 발전을 보는 거다. 겐둔 같은 티베트 승려는 오르가슴은 우리 몸에 있는 신이 하늘나라에서나 느낄 수 있는 희열喜悅의 일부분을 맛보기로 보여주는 것이라고 했다. 놀라운 상상력이다. 남녀가 성 표현을 하면서 갖게 된 '이래도 되는 건가', '이게 왜 이렇게 좋을까' 등의 의문들이 인간의 가치, 종교, 가족제도, 결혼, 성 풍습 등에 영향을 미쳤다. 윤리, 도덕, 사회제도, 법률 등이 이를 뒤따랐다. 그래도 여기서 두 가지 오류를 주의해야 한다. 하나는 역사적 사실을 성문화와 무리하게 연관시키지 말아야 함이고, 다른 하나는 아무 관계없는 문화현상까지 성과 관련시키는 소위 유성론唯性論에 빠지지 말아야 하는 것이다.

세 번째는 생물학적, 심리적 측면에서 보는 것이다. 인류가 있고 지난 40만 년 동안 우리는 간단間斷없이 성적 진화를 계속해 왔다. 다윈은 진화를 적자생존適者生存의 진화와 성적진화性的進化의 둘로 나누었다. 진화론에 거부감을 느끼는 독자들도 있겠지만 성적 진화는 발달 진화라 하여, 아메바가 사람이 된다는 계통발생系統發生 진화와는 다른 것이다. 여하튼 지금 우리의 성적 '몸'은 수십만 년을 진화한 거의 완벽한 모습이라고 믿어도 좋다. 그러나 우리의 성적 인격이나 정체성을 느끼는 심리적 부분은 시대에 따라 엄청난 변화를 겪으면서 흘러왔으므로 이를 간과하지 말아야 한다.

현대성학의 아버지로 불리는 지그문트 프로이트도 지금에 와서 보면 많은 틀린 이론들을 주장했지만, 아무도 그의 역사적 공헌을 과소평가過小評價하지 않는다. 백 년 전 역사 속에서는 그가 옳았기 때문

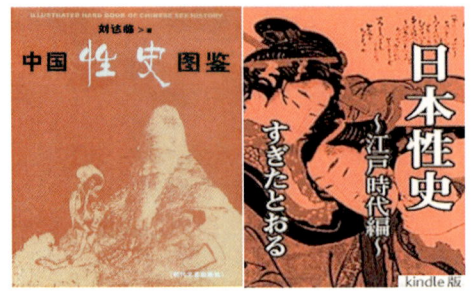

중국과 일본의 성 역사서들

이다. 성의 역사를 쓰려면 때로는 다윈도 되고, 엥겔스도 되고, 프로이트도 되어야 한다. 성의 역사가 쓰기 어려운 이유인지도 모른다. 필자 또한 성의 역사를 씀에 있어 위에 세 가지를 잊지 않으려 노력했다.

옆 나라들인 일본이나 중국은 이미 백 년 전부터 성사性史를 출판해 왔다. 너무 늦은 것도 유감이지만 그보다도 지난 70년간의 북녘 땅의 이야기를 쓸 수 없다는 것이 더 마음에 걸린다. 시대보다 사건 중심으로 썼음도 양해를 구한다. 이 책을 씀에 있어 기존의 역사서, 학계의 논문들은 물론 인터넷에 소개된 내용들도 인용引用하였다. 부디 앞으로 훌륭하신 여러 후학後學들께서 이를 보충補充, 교정校訂하셔서 완전한 '우리나라의 성 역사서'가 되도록 해주시기를 바라 마지않는다.

끝으로 이 책을 쓰는 데 많은 격려와 교정을 해준 아내 이지은과 현대사에 조언을 해주신 차영일, 유외숙, 배정원, 이현숙 님들께 감사를 드리며, 졸저를 흔쾌히 받아 주신 ㈜북랩과 김회란 부장님의 호의도 못 잊을 것 같다.

2015년 여름
김원회

차 례

책머리에__5

■ 역사歷史 이전__15

호모 사피엔스 ──────────── 15
사냥꾼과 살림꾼 ──────────── 17
삼신三神할머니 ──────────── 18
고인돌의 성혈性穴 ──────────── 20
홍산 문명紅山文明 ──────────── 22
모계사회母系社會의 실제 ──────────── 26
부계사회父系社會 ──────────── 28
결혼 제도 ──────────── 31
순결純潔과 정조貞操 ──────────── 32

■ 고조선古朝鮮__35

단군檀君 신화 ──────────── 35
당금애기 ──────────── 38
팔조범금八條犯禁 ──────────── 39
공후인箜篌引 ──────────── 41

■ 부여夫餘__43

동명왕東明王 신화神話 ──────────── 43
성문화性文化 ──────────── 45
강강술래强羌水越來 ──────────── 47

▌삼한三韓 지방__49

- 편두偏頭 —————————————————————— 49
- 민며느리 —————————————————————— 50
- 왜倭 ——————————————————————— 51

▌고구려高句麗__53

- 건국신화建國神話 ————————————————— 53
- 황조가黃鳥歌 ———————————————————— 54
- 성性 풍습 ————————————————————— 55
- 동맹제東盟祭 ———————————————————— 59
- 유녀遊女 —————————————————————— 61
- 서옥제壻屋制 ———————————————————— 62
- 형사취수제兄死取嫂制 ———————————————— 64
- 주통촌酒桶村의 후녀后女 ——————————————— 67
- 관나부인貫那夫人 —————————————————— 68
- 경문공주經文公主 —————————————————— 69
- 평강공주平岡公主와 바보 온달溫達 ——————————— 70

▌백제百濟__73

- 소서노召西奴 ———————————————————— 73
- 용봉문화龍鳳文化 —————————————————— 74
- 정읍사井邑詞 ———————————————————— 75
- 도미都彌의 아내 —————————————————— 76
- 한주미녀韓珠美女 —————————————————— 78
- 서동요薯童謠 ———————————————————— 80
- 의자왕과 삼천궁녀 ————————————————— 82
- 복신福信은 동성애자 ————————————————— 84

▌가야伽耶__87

- 구지가龜旨歌 ———————————————————— 88
- 허황옥許黃玉 ———————————————————— 90

10 한국성사性史

▌신라 新羅 __ 93

- 박혁거세 ——————————————————————— 93
- 토우土偶와 목제남근木製男根 ——————————————— 94
- 망부석望夫石 ————————————————————— 95
- 소지마립간炤知麻立干 —————————————————— 96
- 지증왕 ——————————————————————— 98
- 도화녀桃花女 ————————————————————— 100
- 옥문곡玉門谷 ————————————————————— 102
- 근친혼近親婚 ————————————————————— 103
- 화랑세기花郞世記 ———————————————————— 105
- 원화源花와 화랑花郞 ——————————————————— 109
- 천관녀天官女와 김유신 —————————————————— 110
- 탑돌이 ——————————————————————— 113
- 처용가處容歌 ————————————————————— 113
- 원효대사의 파계破戒 —————————————————— 115
- 혜공왕惠恭王과 하대신라下代新羅 ————————————— 116
- 진성여왕眞聖女王 ———————————————————— 118
- 견훤甄萱 —————————————————————— 119

▌고려 高麗 __ 121

- 작제건作帝建 ————————————————————— 121
- 질외사정膣外射精 ———————————————————— 122
- 고려의 혼례婚禮 ———————————————————— 123
- 근친혼近親婚 ————————————————————— 126
- 왕비의 간통姦通 ———————————————————— 128
- 기처棄妻와 기부棄夫 ——————————————————— 129
- 재혼再婚 —————————————————————— 135
- 일부다처一夫多妻 ———————————————————— 136
- 기녀妓女 —————————————————————— 138
- 고려도경高麗圖經 ———————————————————— 141
- 고려가사高麗歌辭 ———————————————————— 143
- 충자왕忠字王들 ————————————————————— 146
- 결혼도감結婚都監 ———————————————————— 150

차 례 11

도교道敎의 영향 — 151
취수혼取嫂婚 — 154
동성애同性愛 — 155
고쟁이 — 157

▌발해__161

▌조선조朝鮮朝__163

성리학性理學 — 163
혼례婚禮 — 169
투기妬忌 — 178
원이 엄마의 편지 — 181
이혼관례離婚慣例 — 184
자녀안恣女案 — 190
남녀상열지사男女相悅之詞 — 199
재가녀자손금고법再嫁女子孫禁錮法 — 209
성범죄 — 213
짧은 저고리 — 216
주점과 매춘 — 220
여악女樂과 기생妓生 — 226
대식對食과 남색男色 — 240
어지자지 — 242
판소리와 민요 — 245
소설小說 — 247
춘화春畵 — 248
춘화전春畵錢 — 253
성기숭배性器崇拜 — 255
민속民俗과 성 — 258
박연朴燕 또는 朴延 — 260
육담肉談 — 261
설화說話 — 269
키스입알, 심알, 입맞치 — 273

상피相避	275
교접금기交接禁忌	277
성교육性敎育	278
태아胎兒	282

■ 개화기開化期와 일제강점기日帝强占期__289

갑오개혁甲午改革	289
조혼早婚	291
신식결혼新式結婚	293
첩妾	294
조선민사령朝鮮民事令	295
농촌 여성들	297
관기官妓와 기생妓生	298
공창제公娼制	304
화류병花柳病	305
모던 걸과 모던 보이	308
여학생들의 동성애	310
신정조론新貞操論	312
정사情死	314
다방茶房	316
우애결혼友愛結婚	317
이혼	318
직업여성職業女性	319
성범죄	321
일본군의 성노예性奴隸	322

■ 현대現代__327

해방解放과 미군정美軍政	327
양공주洋公主	329
낙랑樂浪클럽	332
'한국판 마타 하리' 김수임金壽任	333
한국전쟁韓國戰爭	334
종삼이네	338

차례 13

니나노 술집 ─── 341
사교춤 ─── 341
카바레cabaret ─── 343
순결의 의미 ─── 345
자유부인自由夫人 ─── 347
신파극新派劇 ─── 348
자유연애自由戀愛 ─── 350
다방茶房 ─── 351
요정料亭 ─── 353
룸살롱 ─── 355
기생관광妓生觀光 ─── 356
대한가족계획협회大韓家族計劃協會 ─── 358
삼대악습三大惡習 ─── 360
미팅 ─── 362
주간지週刊誌, 여성잡지女性雜誌 ─── 363
노래방 ─── 364
성 가치 ─── 365
즐거운 사라 ─── 368
오렌지족과 나타, 야타족 ─── 369
성매매性賣買 ─── 370
노후老後의 성 ─── 373
유사類似 성행위 업소들 ─── 376
호스트바 ─── 378
죄와 벌 ─── 379
성교육性敎育 ─── 380
성 치료 ─── 385
'아하', '탁틴'과 '아우성' ─── 389
아시아 성학회 ─── 392
한국성문화회 ─── 394
성박물관性博物館 ─── 395
대한성학회와 서울선언문宣言文 ─── 398

역사歷史 이전

● 호모 사피엔스

인간은 언제부터인가 엄지손가락을 쓰면서 물건을 집게 되는데 진화進化의 차원에서 보면 이게 시작이라고 할 수 있다. 손 쓴 사람 homo habilus이 된 것이다. 손을 쓰니까 물건을 잡게 되고, 물건을 잡으니까 자연히 일어서게 되었다. 이렇게 두 발로 직립直立하면서 골반骨盤은 뒤로 제켜졌고, 서서 많은 것을 보니까 지능이 크게 발달하기 시작했다. 지능이 발달하니까 두뇌가 커졌다.

동물과 달리 얼굴을 마주보게 되면서 많은 성적 매력 포인트들을 앞으로 가져왔다. 포유동물 최고의 성적 융기隆起는 궁둥이인데 여자들은 그보다는 작지만 더 멋있는 융기인 유방을 앞쪽에 갖게 되었다. 두툼한 입술도 다른 동물에서는 보기 힘든 형태다.

40만 년 전의 최초의 인간인 슬기사람homo sapiens은 400만 년 전 처음 일어섰던 곧선사람homo erectus보다 두뇌의 크기가 세 배나 커졌는데, 커진 머리는 제켜진 골반과 함께 출산出産에 문제를 가져왔다. 이렇게 되면 자연계自然界에서 살아남기 어려운 법인데, 인간은 용케 이를 극복한다. 21개월의 재태기간在胎期間을 9개월로 단축시키는 극심한 조산早産의 형태로 진화하여 이를 해결했다. 진화라기보다는 적응適應이라는 말이 더 옳을지도 모른다. 요즈음 우리나라에서 시작되어 세계인들이 쓰기 시작한 백세사람homo hundred이란 말이 있지만 진화와는 무관하다.

워낙 조산이었고 보니 다른 모든 포유류들은 태어나면 바로 걷고 이미 위험을 알아차리는데, 인간은 일 년을 키워야 겨우 그 정도 한다. 인간과 가장 비슷한 유전자를 가졌다는 보노보bonobo도 태어날 때 아기 뇌腦의 무게가 어미의 45퍼센트나 되는데, 인간의 경우는 불과 25퍼센트밖에 되지 않는다.

인간과 98퍼센트의 같은 유전자를 공유하는 보노보(bonobo). 이들은 침팬지나 고릴라와 다른 독립된 종에 속한다.

동굴생활 이전의 원시시대를 한번 생각해 보자. 수많은 포식자들과 함께 살면서 집도 마땅한 피난처도 없는 데다 밤이 되면 거의 무방비 상태가 된다. 출산한 여자는 아기와 자신이 살아남기 위한 방편을 구해야 했고, 자연히 남자와 짝을 이뤄 그들의 보호保護를 받기 시작했다. 당시로서는 그게 유일한 방법이었기 때문이다. 예나 지금이나 여자들은 매우 사회적社會的이며 똑똑하였다.

유전자는 계속 진화進化하며, 복사複寫되어 전달되는 메시지 같은 것이다. 그리고 여자들에게는 자신의 생존生存을 위한 유전인자가 수십만 년을 이어오므로 함부로 대하지 말아야 하는데, 이걸 남자들이 잘 모른다.

● 사냥꾼과 살림꾼

같이 살면서 자연히 남녀男女는 그 역할이 나눠지게 되었다. 한마디로 남자는 사냥꾼, 여자는 살림꾼이 된 것이다.

사냥꾼이 된 남자들은 눈은 밝아졌지만, 먼 데 것을 봐야 되니 시야視野는 훨씬 좁아지게 됐다. 냄새 맡는 능력은 여자만 못해지지만 체격은 커졌고, 힘도 세어졌다. 뿐만 아니라 수학적 능력, 시공간視空間 식별능력, 적극성, 활동성에서 여자를 크게 앞지른다.

반면 여자는 발정기發情期를 숨김은 물론 몸에도 많은 변화를 일으켰다. 커다란 젓가슴, 튀어나온 엉덩이, 부드러운 피부, 털이 없는 몸, 높은 목소리, 앞쪽으로 옮겨진 질膣 등의 육체적 변화와 함께 대화의 능력 및 기교技巧, 감각의 예민성, 정교한 근육의 운동, 가사와 양육 능력, 사회성에서 남자를 앞선다.

여자들은 다른 동물들과 다르게 임신 중에도 성이 가능하게 바뀐다. 아니면 남자가 곁에서 남아 있어주지 않았기 때문이다. 그 대신 수많은 핑계들로 성의 최종 결정권은 끝까지 쥐고 남자들을 조종操縱하게 된다. 인류의 50만 년의 역사는 남자가 여자로부터 성의 결정권을 빼앗기 위한 투쟁의 역사였다고 말하는 학자도 있다.

삼신할머니

원시시대에는 난교亂交로 인해 친아버지를 알기 어려웠고, 또한 자녀 생산이 가장 중요했기 때문에 모계母系 중심 사회가 이루어졌다가 그 후 부계父系 사회로 진화되었을 것이라고 많은 학자들이 주장하지만 필자의 의견은 좀 다르다. 힘이 곧 권력이었던 초기 원시시대 때 지금의 부계사회의 개념槪念에 해당하는 모계사회는 불가능했을 것이기 때문이다. 영장류靈長類들을 보면 이해가 쉬워진다.

모계사회의 시작은 구석기 시대 말 또는 신석기 시대 초 어느 정도 인간의 지능이 발달하고 초자연적超自然的 힘에 의지하고 싶어지면서 신앙信仰이 싹트기 시작하고 '여성의 생식生殖'이 우상의 대상으로 등장했을 때쯤이었을 것이다. 아무것도 없던 땅에서 풀이며 나무가 돋아나고, 여자의 몸에서 아이가 출산되는 것 같은 현상이 그들에게는 신앙이며 종교이었을 수 있다.

또 월경은 출산과 함께 고대인들에게 신비롭고 두려운 현상이었을 가능성이 높다. 그들에게는 피가 생명이었고 출산과 죽음에 뒤따르는 현상이었으므로 월경은 여성이 신앙의 대상이 되는 중요한 요소 중의 하나였을 것이다. 더구나 어렸을 때는 없다가 가임기에 들면서 나왔으므로 이를 통해 출산, 생산, 풍요 등

약 2만 5천년 전의 것으로 추정되는 오스트리아의 Willendorf에서 발견된 소위 'Venus of Willendorf'(좌)와 2만 2천년 전으로 추정되는 프랑스 Laussel 지방에서 발견된 '모성의 여신'(우)

을 연상했을 것이다.

　이와 같은 신앙 형태의 흔적은 실제로 지중해 연안을 비롯하여 세계적으로 여러 곳에서 발견된다. 신석기 시대의 거석문화巨石文化는 현대의 개념으로는 신전神殿으로 보아야 하는데, 이런 곳에서 출토되는 성물聖物들이나 벽화들이 대부분 비만한 임신 여성의 모양 등 생식生殖과 관계되는 것들임이 이를 뒷받침한다고 할 수 있다.

　얼굴이나 팔, 다리 등은 아무렇게나 만들거나 그렸어도 모두 유방이 두드러지고 엉덩이가 비대肥大하며 배가 불룩 나왔다. 특히 동서를 막론하고 유방이 매우 큰데 이와 같은 부푼 젖가슴은 남성을 끌어들이는 심미적審美的 효과도 있고, 자손에게 젖을 먹여 키우는 의미가 있어 일찍부터

북미의 '아스텍'의 지모신은 매우 노골적이다.

주목의 대상이었던 것 같다. 서양에서는 이런 석상石象을 '생식의 여신goddess of fertility'이라고 하는데, 여러 종류들이 발견되었다. 당시의 사람들은 이 신神이 우주를 창조했다고 믿었다.

　이 신은 처음에는 '창조創造의 신'으로 추앙을 받지만 후에는 '임신姙娠과 출산出産의 신'으로 구체화되며, 한자 문화권에서는 지모신地母神이라 부르는데, 우리나라의 '삼신할머니'도 그 중의 하나라고 볼 수 있다

　삼신三神은 원래 환인, 환웅, 환검(단군)을 뜻한다고도 하지만, 환단고기桓檀古記에 의하면 삼신은 천지인天地人을 의미하며, 이가 우주에서 가장 큰 세 것이라고 했다. 그리고 이는 고조선 때부터 이어오는 밑

19세기 말 하회마을의 '삼신'을 모신 곳. 풍만한 형태의 여근목 아래 단을 세 개 쌓고 치성을 드렸다.

음인데, 아직도 삼신할매의 점지點指에 의하여 임신, 출산 등이 이루어진다고 믿는 사람들이 있다.

또 우리 민족의 '삼신을 모시려고 칠성단을 쌓는 것'과 같은 삼칠三七사상은 그 후로도 오래 전래되어 조선조 후기 별전에서도 나타난다.

삼신을 산신産神에서 유래하였다고 보는 학자들도 있다. 또 옛말로 '삼'은 '태胎'로 탯줄을 자르는 것을 '삼 가르다'라고 하거나 아이가 태어나서 금줄을 치는 것을 '삼줄 친다'라고 하는 것도 흥미롭다.

● 고인돌의 성혈性穴

신석기 시대와 청동기 시대의 거석문화巨石文化를 유럽 지중해 지역의 특수 문화로 보기도 하지만, 고인돌dolmen을 보면 꼭 그렇지 않다. 세계적으로 북아프리카로부터 유럽 그리고 아시아 지역에 널리 분포하고 있는 6만여 개의 고인돌 중 놀랍게도 4만여 개가 우리 한반도韓半島에 있다.

특히 삼신을 모시는 참성단塹城壇이 있는 강화도 마니산摩尼山 일대에 150여

강화에 있는 우리나라에서 제일 큰 고인돌. 높이 2.6미터, 길이 6.4미터, 너비 5.2미터. 최현진 촬영

기의 고인돌이 있다. 고인돌이 무덤이라면 고대에 이 작은 섬에 있기엔 너무 많은 숫자이다. 우리나라에서 가장 크고 긴 너비 6.4미터, 높이 2.5미터의 탁자씩卓子式 고인돌도 여기에 있다. 2백 톤이 넘는 이런 큰 돌을 사람들의 힘만으로 옮기려면 거의 국가 수준의 조직력이 있어야 하므로 이를 통해 당시의 사회구조를 짐작해야 한다고 본다.

많은 사람들이 고인돌을 고대 지배층의 무덤으로 추정하는데, 간혹 인골편人骨片, 돌화살촉, 민무늬토기, 청동제품靑銅製品 등이 발견되기는 하지만 부장품副葬品은 거의 없다. 따라서 적어도 매

조선조 후기 행운의 마스코트와도 같았던 별전으로 삼태성과 북두칠성이 보인다. 직경 4센티미터. 사슴은 좋은 소식을 가져다주는 대표적 동물이며, 박쥐(蝠)는 복(福)과 발음이 같아 조상들이 매우 좋아한 동물이다.

우 큰 고인돌 중의 일부는 무덤보다는 풍요豊饒와 다산多産을 기원하거나 신앙의 대상으로 삼기 위해 만든 신전과 같은 것일 수도 있다.

고인돌에 구멍들을 파 놓기도 하였는데, 학자들은 이를 별자리로 보기도 하지만 확실치 않다. 이런 구멍들은 고인돌이 아닌 다른 큰 돌에서도 발견되며, 20세기에도 그 흔적이 남아있다.

돌에 있는 이런 구멍들을 알 구멍, 바위구멍, 알터, 한미, 알뫼, 굼 또는 성혈性穴이라고 부르는데, 이들은 여성의 성기를 상징한다고 하며, 알은 물론 생식의

고인돌에 파 놓은 성혈들

역사歷史 이전 21

출산을 빌던 바위. 1920년 경기도 고양시 은평면 부암리

소산所産을 의미한다. 또 이런 성혈이 있는 바위를 알 바위라고 한다. 따라서 이 구멍들은 여성생식기를 새긴 것이며, 후세인들은 이를 통해 다산과 풍요를 기원했을 것이다.

● 홍산 문명紅山文明

일명 요하문명遼河文明이라고도 하는 홍산 문명은 북경의 동북부에 있는 홍산 일대에서 발굴된 신석기新石器 시대의 유물들에 따라 이루어진 것이기 때문에 자칫 중국의 초기문명으로 볼 수도 있지만 그렇지 않다.

돌을 쌓아 만든 무덤인 적석총赤石冢, 그리고 여러 사람이 모여 함께 제사를 올리는 원형제단과 여신을 모시는 사당인 여신묘女神廟를 비롯하여 곰 형상의 가면과 옥玉, 특히 검은 염료를 칠한 흑피옥黑皮玉, 부엉이와 삼족오三足烏 모양의 장신구 등 우리 조상들의 문화유적들이 속속 나오기 때문이다. 그리고 그 곳은 과거 고조선의 땅이었다. 그러니까 고조선을 세운 단군보다도 1천 년 이상 이전에 이미 우리네 문화가 그 곳에 있었다는 이야기가 된다. 특히 옥玉 제품이 많았다. 지역에 따라서는 신석기 시대와 청동기 시대 사이에 옥기玉器 시대를 넣어야겠다는 고고학자도 있다.

1908년 일본의 인류학자 조거용장鳥居龍藏에 의해 처음 발견되었고, 그 후 중국에 의해 1980년대부터 본격적인 발굴이 이루어졌다. 한반도의 울주군 신암리에서 출토된 여인상도 이곳의 것과 흡사한 모양을 하고 있다. 1935년 원형圓形의 제사 유적지에서 나온 것인데, 심하게 훼손되긴 했지만 여신女神 모양의 토구였다. 허리가 잘록한 외에도 가슴에 유방을 표현한 돌기가 붙어 있어 같은 의미의 여인상이 분명하다.

중국인들은 황하黃河 유역이 동양문명의 발상지發祥地라고 주장하면서 나라 이름까지 중국中國 또는 중화中華라 부르고, 우리나라를 포함한 주변의 모든 국가들을 오랑캐 취급을 하던 터였는데, 홍산 문화라는 중화문명과는 너무 다르고 오히려 동쪽 고조선古朝鮮, 고구려高句麗, 발해渤海 등과 가까운 문명의 유적들이 나온 것에 무척 당황하기 시작했다. 황하문명보다 적어도 1천 년 이상 앞섰기 때문이다.

원래 중국의 역사는 우리의 조상인 치우蚩尤를 원수로 가르쳤다. 〈사기史記〉를 쓴 사마천司馬遷도 황제黃帝가 치우대왕을 죽이고 동양의 트로이전쟁이라고도 하는 탁록전쟁涿鹿戰爭에서 승리해서 중국이 건국되었다고 썼다. 그러나 홍산 문명이 모습을 드러내자 태도를 바꿔 치우를 자기네 조상이라고 우기기 시작했다. 2002년 월드컵 때 '붉은 악마'의 상징물로 활용됐던 귀면鬼面의 주인공이 바로 치우대왕인 것은 다 잘 아는 사실인데, 이제 중국인을 '황黃, 염炎, 치蚩의 자손'이라고 한다.

그리고 그들의 소위 '동북공정 프로젝

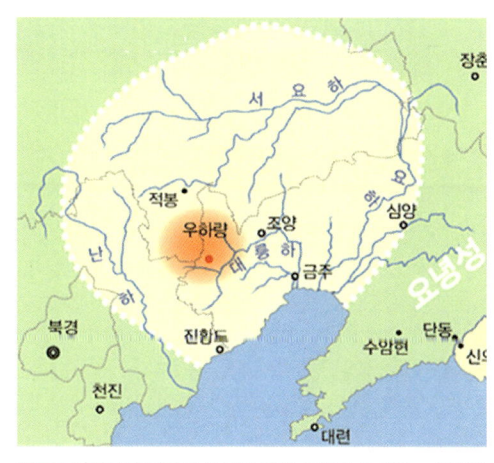

내몽고 자치구의 지도로 가운데 붉은 표시가 홍산紅山. 안경전 저 〈환단고기桓檀古記〉에서.

트'가 시작됐다. 거창한 사업인 동북변강역사여현상계열연구공정東北邊疆歷史與現狀系列硏究工程의 준말이다. 자신들의 위대한 조상인 황제에 대항했다 해서 그렇게나 미워하던 치우를 갑자기 공동조상으로 받들면서 세계적인 공인을 얻고자 노력하고 있는 것이다. 그런데 치우를 그들이 가져가면 고조선, 기자조선, 부여는 물론 고구려, 발해까지 가져가게 될 염려가 있다.

홍산 문명은 아직 유적만 있고 기록이 없어서 확실히 알 수 없는 것이 유감이지만 여기서 나온 유물들로 보아 우리 조상들의 것이 거의 틀림없다. 홍산 문화가 환단桓檀의 동이족이 일군 문화임을 보여주는 증거는 한 둘이 아니다.

좌로부터 홍산 우하량 여신묘에서 발굴된 여신의 두상과 여신상, 그리고 울주군 신암리에서 발견된 여인상

그곳 우하량牛河梁이란 곳의 신전에서 여러 개의 여신상들이 나왔다. 이는 지중해 연안의 고대 사원에서 '생식의 여신상'들이 나온 것과 비견比肩되며, 옛 홍산인들이 이와 같은 시조여신始祖女神의 상징물들을 이용하여 신에게 제사를 지냈을 것을 강하게 암시하고 있다.

일반적으로 이런 여신상들은 공통점이 있어 모두 유방과 둔부가 매우 크고, 배가 마치 임신 중인 것처럼 부른 것이 특징인데, 홍산 유적의 경우도 마찬가지다. 이와 같은 여신상들의 존재는 여성의 몸이 개인의 차원을 넘어 창조자나 생산자로 신격화神格化되었다는 의미이며, 당시의

홍산의 흑피옥 조각품들

사회가 모계중심이었음을 의미한다. 따라서 우리 조상들도 역사 이전부터 모계의 신을 모시는 풍습이 있었다고 보아도 좋을 것 같다.

거북의 배판과 큰 동물들의 견갑골肩胛骨 등에 새겨진 상형문자象形文字들로 기원전 1,200년에서 1,050년 은殷나라 말기에 쓰인 것으로 알려져 있는 갑골문甲骨文 또한 홍산 지역의 옥도玉刀에서 발견되어 비상한 관심을 끌고 있다. 연대가 훨씬 앞서기 때문이다.

고대 갑골문자의 약 60퍼센트가 음경陰莖이나 음문陰門 등 성性과 관련된 모양이나 부위와 관계가 있고, 또 많은 성 관련 출토품들이 나온 것으로 보아 당시 사람들이 비교적 개방된 성 문화 속에서 살았다고 보아도 좋다. 비록 장례 부장품이라 해도 결국 사후死後에도 살아 있었

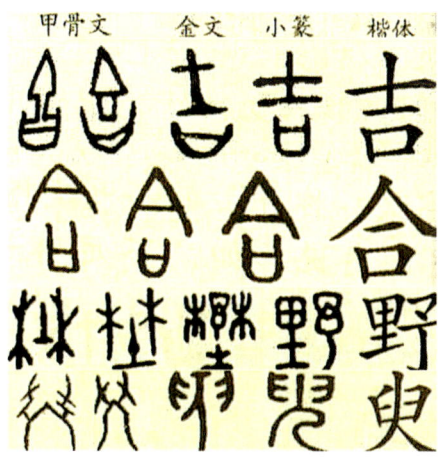

갑골문자의 한자로의 발전. 화살표와 삼각형 모양들은 음경을 의미하며, 사각형과 역삼각형은 음문을 의미함. 吉과 合은 음경과 음문의 결합을. 野는 두 나무(여자) 사이의 음경을, 臾(잠깐의 뜻)는 두 손 사이의 음경이 있는 자위행위를 뜻하는 글자였음.

을 때처럼 즐겁게 성을 즐기라는 뜻이었을 것이기 때문이다.

그림에서 보는 바와 같이 갑골문자에서 화살표와 삼각형의 형태들은 남자의 음경을 의미하며, 사각형과 역삼각형은 여자의 음문을 나타낸다. 현대한자의 吉과 合은 음경과 음문의 결합을, 野는 두 나무(여자) 사이의 음경을, 臾(잠깐의 뜻)는 두 손手 사이에 음경이 있으므로, 자위행위를 뜻하는 글자였다고 본다.

● 모계사회母系社會의 실제

신석기 시대에 지역에 따라 모계사회母系社會가 존재했던 곳에서는 혈통이나 상속이 어머니를 중심으로 이루어지는 곳들이 있었다고 보아야 한다. 1998년 필자는 아직도 유일하게 모계사회로 남아 있다는 중국 윈난성雲南省 루구호湖 가에 사는 모쓰오摩梭 족을 찾아가 인터뷰를 한 적이 있다.

그들은 결혼 같은 건 아예 안 하며, 남자고 여자고 13살이 되는 해 설날 성인식成人式을 갖는데, 그 때부터는 남녀 사이의 일에 대해선 아무에게도 간섭을 받지 않지만 여자들은 보통 15살, 남자들은 17살 쯤 되어야 짝을 찾는다고 했다. 그곳에서 제일 예쁜 여자는 아마 남자를 한 200명쯤 만났을 거지만 평균해서 남자는 4명, 여자는 7명쯤의 파트너가 있다고 했다.

남자들은 잘 방도 없으며, 밤이 되면 모두 집에서 나가야 된다. 나가서 자기가 원하는 여자와 만나 하룻밤을 지내고 새벽이 되면 돌

모쓰오 가정의 어른들. 이들은 노부부가 아니라 남매간이다.

아와서 여러 가지 집안일이며 바깥일을 한다고 했다.

자기들은 '방문결혼訪問結婚'이라고도 하지만, 실제로는 결혼을 안 하는 것이라고 할 수 있다. 그들은 현대사회에서 볼 수 있는 성과 관련된 범죄들이 없을 뿐 아니라 모계母系 위주의 대가족제도에서 오는 경제적 이득이 크고, 부부 사이의 의무나 이로 인한 갈등도 없고 매일의 가사家事도 훨씬 적다고 했다. 대부분 남매가 집안을 이끌어 나가니 가정이 해체될 걱정도 없다.

인물이 못생겨서 파트너를 못 구하는 여자는 없다고 했다. 평생의 반려자가 아니니 남자고 여자고 인물을 그리 따지지 않을 것은 어쩌면 당연했다. 그리고 성적인 장애나 갈등 같은 것은 그것이 무엇인지

중국 시안에 있는 반파 모계사회 유적지 입구 앞에서. 1988년 9월. 당시는 중국여행이 매우 어려웠지만 보러 갔었다.

조차 몰랐다. 이들의 성생활에도 규칙이 있어서 성교 중에는 반드시 불을 꺼야 하고 성교 이외의 다른 애정표현은 안 한다고 했다.

고대 모계사회로부터 수천 년 이상이 경과된 후의 이야기지만, 당시의 성 심리를 이해하는 데 도움이 될 수도 있을 것으로 보아 소개한다.

중국에는 시안西安에 반파유적지半坡遺跡地라 하여 지금부터 약 6천 년 전에 모계사회였다는 지역을 발굴하여 관광지로 개발하여 놓은 곳이 있다. 별다른 유물은 없으며, 민속촌 식으로 옛 마을을 복원復元한 곳이라고 할 수 있다. 그런데 이곳에서 나왔다는 문자는 그들도

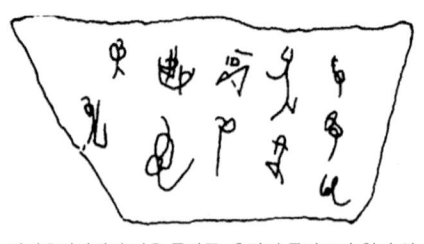
반파유적지에서 나온 문자들. 홍산의 문자보다 훨씬 상형적이다.

의미를 잘 모른다고 한다. 우리 조상들이 일구어 놓은 홍산 문화의 갑골문자가 거의 같은 시대의 것이므로 중국인의 한자漢字도 동이東夷 쪽에서 유래했을 가능성이 있다.

모계사회는 신석기 시대 특히 지중해 연안에서 크게 발달했던 제도이지만, 인류 성의 진화방식이었고 보면 동서東西가 크게 다르지 않았을 것이다.

우리나라의 경우, 삼신할머니 신화神話 이외에 모계사회를 이루었었다는 뚜렷한 기록이나 흔적은 아직 발견되지 않고 있다. 그러나 이 또한 고대의 모계 신앙 같은 것이었다면 지중해 연안의 것과 크게 다르지 않았을 것이다.

● 부계사회父系社會

임신에서 남자의 정精, 精液이 필요하다는 것을 인간이 알게 된 것은 약 1만 1천 년 전 가축을 키우면서부터였다. 이때부터 부계사회가 성립되기 시작하고 남근숭배사상男根崇拜思想이 나타난다.

생산력이 매우 미약하던 고대에는 인력人力이 자원이었으므로 후손을 번창繁昌시키는 일이야말로 그들의 가장 큰 과제였을 것이다. 자연히 성 자체가 생존과 풍요를 가져다주는 상징적 대상이 된 것이다.

남녀의 성기가 모두 숭배의 대상이었는데, 이런 풍습은 고대로부터 삼국시대, 고려, 조선을 거쳐 현대現代에까지 이어지고 있다.

고구려 때 10월이 되면 나무로 다듬은 남근을 두고 제사를 지내는데, 이때 이 남근을 신좌神坐 위에 놓았다는 기록이 있다. 성기유물은 남성의 성기 모양으로 된 남근목男根木, 남근상, 솟대바위 등이 대부분이지만, 여성의 성기 모양으로 된 여근목女根木, 여근상도 있다.

가수(嫁樹)라 하여 나무 사이에 돌 같은 것을 끼워 나무를 시집 보내면 많은 열매를 얻을 수 있다고 믿었다. 블로그 '마음의 정원'에서 인용

이와 같은 성기숭배신앙의 내용은 원래 풍요豐饒와 출산出産을 기원하는 데에서 시작되었을 것이나, 시대가 바뀌면서 아들 낳기를 원하는 이른바 기자祈子에 모아지게 되었다. 남근석이 기자암祈子巖으로 둔갑하게 된다. 그 외 주술 목적으로 이용되던 나무에 남근모양으로 돌을 끼워놓아 소위 '나무 시집보내기', 즉 가수嫁樹 등의 토속신앙土俗信仰도 있었다.

우리나라에서 가장 오래된 남성성기의 유적은 울주군 대곡리의 반구대 암각화盤龜臺岩刻畵에 그려져 있는 인물상의 것으로 생각된다. 넓은 바위의 한쪽 모퉁이에 어떤 의식을 주관하는 듯한 남자가 발기된 성기를 노출시키고 있는 그림인데, 실제 사람의 성기보다 더 크게 묘사되어 있다. 어쩌면 당시 사람들이 남성 성기를 숭배했고, 또 이를 통해 다산, 풍년 등을 빌었을 수도 있다. 청동기靑銅器 초기의 것으로 추정하지만, 만팔천 년 전의 것이라고 주장하는 학자들도 있다.

좌는 울주군 반구대 암각화 중 성기를 드러 낸 남성상. 신석기 시대에는 이런 형태의 의상이 없었으므로 발기된 음경으로 봄. 우는 농경문화의 청동의기(靑銅儀器)로 밭을 가는 남자의 성기가 뚜렷하게 드러나고 있다.

울주군 반구대 벽화의 모형도. 붉은 화살표가 상좌(上左) 그림 발기남근의 주인공. 전체의 약 25퍼센트가 고래로 당시 신석기인들이 고래잡이를 많이 했음을 암시한다.

또 대전 지역에서 출토된 기원전 3세기경 청동기 시대에 만들어진 것으로 보이는 '농경문청동기'는 그 손바닥만한 크기로 보아 의례용으로 만들어진 것인 듯한데, 여기에 밭을 가는 남자가 나체로 조금은 과장된 크기의 성기를 드러내고 있어 흥미롭다. 조선조 중기까지도 함경도 지방에서는 마을에서 가장 성기가 큰 숫총각이 나체로 밭에 나가 김을 매는 나경속裸耕俗의 풍속이 있었는데, 이는 생명의 탄생과 곡식의 풍년을 동일시한 데서 온 의식으로 볼 수 있다. 전라도 지방에서 대보름날 여자 특히 다산한 여자가 밭에 나가 방뇨를 했던 것도 같은 맥락의 풍속으로 볼 수 있다. 다만 경상도 지방에서 정초에 남녀가 옷을 벗고 집 주위를 도는 것은 택신宅神을 달래기 위함이었다.

농경사회農耕社會로 접어들면서 남자의 힘이 농사나 가축 사육에 절대적으로 필요하게 되면서 남성의 지위는 더 높아졌고, 남성 중심 사회로의 전환轉換은 가속화되었다. 그러나 남자 중심의 세상으로 바뀌는 데 가장 큰 영향을 미친 것은 무엇보다도 전쟁戰爭이었을 것이다. 청동기가 등장한 후 살상용殺傷用 무기가 만들어지면서 부족 또는 국가 단위의 전쟁이 자주 일어났다. 전쟁은 남자 본래의 사냥 본능을 충족시킬 뿐 아니라 영토는 물론 노예奴隸나 여자들을 포함한 전리품戰利品 등을 얻기 때문에 큰 매력魅力이 아닐 수 없었을 것이다.

전쟁의 주역들은 모두 남자들이었으므로 점점 사회의 가부장제가 정착화되어 갔고, 반대로 여권女權은 점차로 몰락하게 되었다.

● 결혼 제도

태초의 인류는 가정을 이루지 못하고 난혼亂婚을 일삼았을 것이기는 하지만 그리 오래가지는 못했을 것이다.

동물이나 인간이나 생식의 본능은 자신의 유전자遺傳子를 이어나가는 데에 그 목적이 있다. 수컷들은 어떻든지 자신의 새끼를 많이 낳으려 한다. 그들은 자신의 유전자를 많이 퍼뜨리려는 본능만 있었을 뿐 우생학적優生學的 선택 같은 것에는 관심이 별로 없다. 암컷들은 그러나 자신이 낳을 수 있는 새끼의 수가 제한되어 있기 때문에 가능하면 우수한 유전자를 찾는다. 그리고 이건 인간의 경우도 크게 다르지 않고 이와 같은 욕구의 유전자는 아직도 우리들에게 남아 있다. 바람기 있는 남편과 잘 응해주지 않는 여자를 이해하는 데 도움이 될 수 있는 대목이다.

다만 인간은 일찍부터 사회생활을 했기 때문에 일대일一對一로 짝을 이루는 경우가 많았을 것으로 본다. 사회생활을 하다 보니 마음대로 파트너를 아무 때나 바꿀 수 없게 되면서 남자들은 비록 한 여자이기는 하지만 언제고 자기가 원할 때 성적으로 응해주는 데 만족을 했고, 여자는 좀 마음에 안 들어도 위험에서 자신과 아이들을 보호해주고 사냥으로 단백질蛋白質을 구해다주는 데 만족해야 했다. 지구상에 있는 21개 문화권 모두에 공통적으로 있는 것이 종교宗敎와 결혼제도結婚制度인데, 아마 결혼은 인간사회에서는 태초부터 꼭 필요한 제도였을 것으로 본다.

20세기에 들어서면서 여권女權이 신장되고 이들의 직업도 다양해지고 경제력經濟力이 생기면서 독신으로 살아가는 여자들이 늘어나게 되었지만 과거에는 상상도 할 수 없었던 현상이었다. 경제력이 없으면 혼자 살 수 없기 때문이다.

● 순결純潔과 정조貞操

부계사회로의 전환과 함께 남자들은 여자들이 순결이나 정조를 지켜주기를 강하게 원하게 되었다. 질투와 같은 성심리性心理의 차원을 넘어 자신의 유전자에 대한 확신確信을 갖기 위한 본능 때문이다.

지금처럼 유전자 검사가 없던 시절 남자들은 자신들이 자식으로 알고 키우는 아이들이 혹시라도 남의 핏줄이 아닐까 하는 걱정이 항상 있었고, 이런 의심은 자기도 모르게 대代를 이어 진화하게 됐다. 여자들은 물론 결코 이를 밝혀주지 않았다. 그리고 이런 말 못하는 의구심疑懼心들은 변형된 형태의 질투로 남자들을 곁에 붙들어두는 효과가 있었으므로, 진화성학적進化性學的으로 둘이 일생을 같이하는 데 도움을 주게 된다.

자연계의 5천 종이 넘는 포유류哺乳類 중 오직 인간 여자만이 배란기排卵期를 모르게 된 이유가 이 때문이라고 주장하는 학자도 있다. 즉 배란기를 알면 그 때 태어난 자식이 자기의 자식임을 남자가 쉽게 알기 때문에 또 다른 짝을 구하려 할 수도 있다는 것이다.

우리 조상들이 서얼庶孼들, 즉 첩에게서나 외도外道로 낳은 아이들을 자식 취급을 하지 않았던 것도 이들이 자기의 자식이 아닐 가능성이 있다고 생각했기 때문이다. 어릴 적 처녀處女로 시집와서 규중閨中에서 자신만 바라보고 살아온 본처와는 근본적으로 다른 배에서 태어났기 때문이다.

궁중에서는 특히 더 심하여 고환睾丸이 거세된 환관宦官이 아니고서는 아무도 왕비 등 궁중의 여인들에게 접근하지 못하게 하였다. 이들이 여자를 임신시키지 못하는 것을 알았기 때문이다.

우리나라에서는 고환만 없으면 내시가 될 수 있었지만 중국은 음경도 없어야 했는데, 언제부터 그랬는지는 확실치 않다. 삼국지의

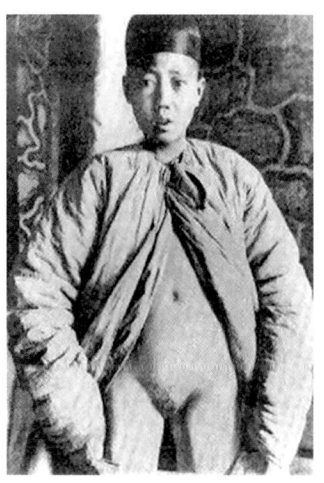

중국의 환관. 19세기 말 프랑스 의사가 촬영한 완전 거세의 경우임.

한말 십상시十常侍의 전횡 이야기로 보아 환관은 이미 오래된 풍습이었을 것이다. 중국에서 형벌의 일환으로 궁형宮刑, 고환을 묶어 거세하는 벌을 시행하기 시작한 것이 상商 또는 殷, 기원전 1766-1122년 때부터였으므로 환관은 아마 매우 오랜 역사를 갖고 있을 것으로 추정된다.

고조선古朝鮮

● 단군檀君신화

고조선 시대에 이미 천지인天地人의 삼신三神사상과 음양陰陽사상이 있어, 하늘과 땅, 즉 양과 음이 천지창조나 인류 탄생의 근원이라고 여겼다. 즉 하늘이 땅과 만나 인류를 포함한 만물이 태어났다는 사상이 그 주류였다. 여기서 만났다는 의미는 '결합結合했다' 또는 '성교性交했다'와도 통하는 언어言語이다.

중국 집안의 장천 1호분 고구려 벽화 중 수렵도를 복원한 그림. 곰은 나무(신단수일 수도)아래 동굴에 안전하게 있지만 호랑이는 이미 화살을 맞았다. 고구려인들도 단군신화를 알고 있었던 듯하다.

고대 우리나라는 역사가 기록되어 있는 고조선 때도 성性에 관한 기술記述이 중국이나 일본에 비하여 빈약한 편이었다. 그러나 이들 이웃 국가나 나아가 세계의 고대민족들의 경우에서 우리 조상들의 성문화도 어느 정도 유추해 볼 수 있다.

우리나라의 개국과 관련된 내용은 신화神話로 시작되는 경우가 많은데, 이는 서양에서도 마찬가지이다. 고조선을 세운 단군의 신화는 〈삼국유사三國遺事〉에 다음과 같이 기록되어 있다.

하늘의 신神인 환인桓因은 서자庶子인 환웅桓雄이 천하에 뜻을 두고 인간세상을 구하고자 하므로 땅을 내려다보니 홍익인간弘益人間, 인간을 널리 이롭게 함 할 만하여 천부인天符印 3개를 주며, 가서 다스리게 하였다. 환웅이 무리 3천을 이끌고 태백산 꼭대기 신단수神壇樹 밑에 내려와 여기를 신시神市라 하니 이로부터 환웅천왕이라 불렀다.

이때 곰 한 마리와 호랑이 한 마리가 같은 굴에 살면서 항상 환웅에게 빌기를, '변화하여 사람이 되기를 원한다'고 하였다. 이에 환웅이 신령스러운 쑥 한 타래와 마늘 20개艾一炷, 蒜二十枚를 주면서 이르기를 '너희들이 이것을 먹고 20일간 금식禁食하며, 백일 동안 햇빛을 보지 아니하면, 곧 사람이 될 것이다'라고 하였다.

곰과 호랑이가 이것을 받아서 먹고 삼칠일三七日, 21일 만에 곰은 여자의 몸이 되었으나, 범은 뛰쳐나가 사람이 되지 못하였다.

이렇게 태어난 웅녀熊女는 그와 혼인할 남자가 없었으므로 항상 신단수 아래서 아이 갖기를 빌었다. 이에 환웅이 잠시 사람으로 변해 관계를 맺어 아들을 낳으니 이가 단군이다.

서자이지만 남자는 신이 사람이 된 경우였고, 여자는 동물이 사람이 된 경우였다. 이 신화는 이미 남녀 성의 불평등不平等이 있었다는 사실과 여자가 이성異姓을 원하는 유혹자誘惑者로 등장한다는 속성을 안

신단수 아래서의 웅녀와 환웅의 만남.

고 있다. 또 신단수라는 우상 앞에서 소원을 비는 것도 새롭다.

이와 같은 남녀 관계는 여자의 적극적인 구애求愛의 행동과 혼전 남녀의 야합野合이 대체로 용인되었던 고대 사회의 실정을 전하는 것으로도 이해할 수 있다. 고조선의 성문화가 초창기에는 모계적母系的인 요소를 많이 지니고 있다가 점차 가부장제적 체제로 확대되어 갔음도 설명이 된다.

참고로 〈제왕운기帝王韻紀〉에서는 단군의 어머니가 '약을 마시고 인간의 모습을 해서' 단수신檀樹神과 혼인했다고 하여, 역시 인간으로의 변신이 단군 출생의 중요한 전제가 되고 있다.

원시나 미개사회에서 성년식成年式을 맞이하는 소녀를 격리 유폐시키고, 여러 가지 금기사항들을 제시하고, 시련을 견디게 하는 사례들이 세계적으로 많이 보고되어 있다.

이러한 터부들 중에는 햇빛을 보지 못하게 하는 것도 있는데, 이는 태양의 회임력懷妊力을 피하고 월경月經이 생명의 원천인 태양을 오염시킬 수 있다는 믿음과 관계가 있다. 그리고 유폐기간이 끝난 다음에야 결혼하고 자식을 낳을 수 있는데, 성년식 이전에 자식을 낳는 일이 생기면 종족으로부터 추방追放을 당하거나 희생의 제물이 되기도 했다. 따라서 곰의 시련과 인간으로의 변신이 의미하는 바는 시조 단군의 출생이 필요한 모든 절차를 거친 환웅과 웅녀의 합법적合法的인 혼인에 의함을 알리는 것이기도 하다.

또 이 신화에서 동굴생활을 참지 못해 바로 뛰쳐나간 호랑이는 유목민족遊牧民族이 되어 서쪽으로 떠난 무리들을 상징하고, 곰은 농경사회農耕社會로 정착한 우리의 조상들을 상징한다고 보아도 좋다. 우리 민족이 고마민족, 또는 곰족으로 불리는 것도 음미할 만하다.

● 당금애기

당금애기는 그 많은 굿 설화 중의 하나인데, 삼신三神할머니를 뜻한다.

고대국가에 있어서의 무당은 제사를 주재하고 정치를 하는 통치자의 기능을 발휘하기도 했다. 그러나 점차 사회가 분화되어 제祭와 정政이 분리되었다. 무당巫堂의 기록은 고조선 때부터 있으며, 그 후 수천 년간 궁宮으로부터 민가民家에까지 우리나라에서 뿌리 깊게 영향을 미쳤다. 해방 전후까지만 해도 거의 매일 동네 어디에선가 굿하는 소리가 들렸었다. 한 역사학자는 '한국의 문화는 무당 문화'라고까지 평할 정도였다.

마을의 안녕과 태평 그리고 풍요를 위하여 행하여지던 굿에서 구연口演되던 내용들은 한둘이 아니지만, 그 중 삼신할머니와 관계있는 설화說話이므로 당금애기를 소개한다. 물론 굿 설화를 역사에 삽입해서는 안 되며, 더구나 실화實話와는 거리가 먼 이야기지만 그 속에서 고대의 성풍습이나 담론을 부분적으로나마 읽을 수 있다고 보아 하나만 넣는다.

당금애기는 양가집 규수로 부모와 일곱 오라버니와 함께 살고 있었다. 어느 날 모두 출타하고 혼자 집에 있는데, 한 스님이 찾아온다. 그녀는 깊은 규중閨中에 찾아온 그를 신기하게 여긴다. 스님이 시주施主를 청하자 쌀을 주었는데, 스님이 미리 바랑 밑에 구멍을 내어놔 쌀이 땅에 떨어지게 했다.

스님은 부처님께 공양供養하는

당금애기. 전갑배 그림

쌀에 함부로 손을 대서는 안 된다고 했다. 결국 뒷동산에서 꺾어온 버드나무 젓가락으로 하나하나 쌀을 옮기는 동안 날이 저문다. 함께 밤을 새우게 된 스님은 당금애기가 중 남편을 얻을 팔자라고 설득시켜 연분緣分을 맺는다.

다음날 아침 스님은 쌀 세 낱을 주고 떠나고 당금애기는 임신을 한다. 출가 전 처녀가 임신한 것을 알게 된 오라버니들은 당금애기를 죽이자고 했지만 어머니의 간청으로 간신히 죽음을 모면하고 뒷산에 버려진다. 그리고 그녀는 홀로 아들 셋을 낳는다. 어머니가 죽은 딸의 시신이라도 거두려고 찾아가보니 당금애기는 아들 셋과 함께 잘 지내고 있었다.

어머니는 기뻐하면서 당금애기와 세 아들을 데리고 내려왔다. 세 아들은 장성하여 서당에서 글공부를 하게 된다. 그렇지만 서당의 친구들이 애비 없는 자식이라고 놀리자 아버지의 존재를 묻는다. 할 수 없이 당금애기는 박 씨를 심어 줄기가 뻗는 대로 세존世尊을 찾아간다. 세존을 만나 세 아들은 친자 확인을 하고 당금애기는 삼신三神할머니가 된다.

팔조범금八條犯禁

대체로 청동기 시대에 접어들면서부터 인간은 사유재산에 대한 인식이 생기고, 일부일처제一夫一妻制를 통해 자식들에게 재산을 상속하고, 제사를 받들게 하려고 했다. 따라서 우리는 물론 대부분의 국가가 형성 초기부터 혼외 관계, 특히 여자의 불륜不倫을 법으로 엄하게 다스렸다.

고조선시대의 팔조범금은 우리나라의 최초의 성문법成文法이다. 즉 '사람을 죽이면 그 즉시 죽음으로 갚는다, 사람을 상해傷害하면 곡식으로 갚는다, 도둑질하는 자는 남자는 재산을 몰수하여 그 집의 종이 되고, 여자는 계집종으로 삼는다, 소도蘇塗, 신성한 구역을 훼손하는 자는 구금한다, 예의를 잃은 자는 군에 복무시킨다, 게으른 자는 부역負役에 동원한다, 음란한 자는 태형笞刑으로 다스린다, 남을 속인 자는 잘 타일러 방면放免 한다' 등 여덟 가지 법령이 그것이다.

또한 '자신의 잘못을 속죄한 자는 비록 죄를 면해 공민公民이 될 수는 있지만, 이것을 수치스럽게 여겨 시집가고 장가들 수 없었다'라거나 '여자들은 정절을 귀하게 여겼다'는 구절이 있어, 당시 이미 여자의 정조를 상당히 중요시했다는 것을 알 수 있다. 이와 같은 법의 존재는 이미 계급사회階級社會가 완전히 이루어졌으며, 나아가 노예제적奴隷制 성격을 지녔다고 보는 근거가 된다.

팔조범금을 보면 사유재산제가 상당히 발전되어 있었음을 알 수 있다. 부富를 가진 자를 옹호하는 내용과 노예奴隷에 대한 규정 등이 그것을 말해준다. 이 법에 의하면 노예의 공급이 전쟁포로뿐만 아니라 국민, 특히 힘없는 농민들의 몰락에 의해서도 이루어지고 있었음도 알 수 있다.

〈위지 동이전魏志東夷傳〉에도 '부인들의 몸가짐이 정숙하였다'는 내용이 나와 있으며, 〈단기고사檀奇古史〉에도 부루제(기원전 2231년) 때 효자와 열부烈婦들을 뽑아 크게 상을 주었다는 기록이 있다.

● 공후인箜篌引

남편을 따라 죽는 여자도 있었다. 임에 대한 사랑은 반 만 년을 넘나드는가? 아래는 공후인이란 노래다. 중국 진晉나라 때 최표崔豹가 쓴 〈고금주古今注〉에 다음과 같이 그 노래와 설화를 기록하고 있다.

> 임이여, 그 강을 건너지 마오(公無渡河).
> 임은 기어코 물속으로 들어가셨네(公竟渡河).
> 원통해라, 물속에 빠져 죽은 임(墮河而死).
> 아아, 저 임을 언제 다시 만날꼬(當奈公何).

공후인箜篌引 또는 공무도하가公無渡河歌란 이 노래는 고조선 때의 뱃사공이었던 곽리자고藿里子高의 아내 여옥麗玉이란 여인이 지은 것으로 알려져 있다.

자고가 새벽 일찍이 일어나 요하遼河 나루터에서 배를 손질하고 있었다. 그때 난데없이 머리가 새하얗게 센 미친 사람이 머리를 풀어헤친 채 술병을 들고 강물 속으로 들어가고 있었다. 그리고 그 뒤에는 그의 아내가 쫓아오

고대악기 '공후'

면서 말렸으나, 그 남자는 깊은 물속으로 휩쓸려 들어가 기어코 물에 빠져 죽고 말았다. 이때 그 아내는 들고 오던 공후를 끌어 잡아타면서 이 노래를 지어 불렀다. 그 노랫소리는 말할 수 없이 구슬펐다. 노래를 마치자 그 아내 또한 스스로 몸을 물에 던져 죽고 말았다.

자고는 집에 돌아와 아내인 여옥에게 자기가 본 사실을 이야기하고 또한 그 노래의 사설과 소리를 아내에게 들려주었다. 남편의 이야기를 들은 여옥은 눈물을 흘리며, 공후를 끌어안고 그 노래를 불러 보았다고 한다. 당시 이 노래를 듣는 사람은 누구나 눈물을 금할 수 없었다고 했는데, 여옥은 이웃에 살고 있는 친구 여용麗容에게도 이 노래를 가르쳐 주었다고 한다.

이 이야기는 후에 무혼 굿의 일부가 되어 익사사고가 있으면 이를 노래로 하여 굿을 했는데, 이를 통해 이 공무도하가가 계속 전승되었다.

부여夫餘

● 동명왕東明王 신화神話

 간혹 사가史家들마저 부여를 등한시하여 역사에서의 그 위치를 혼동케 하는 경우가 있는데, 부여는 고조선의 연장이라고 해도 지나치지 않을 우리나라 고대사의 척추와 같은 국가였다.

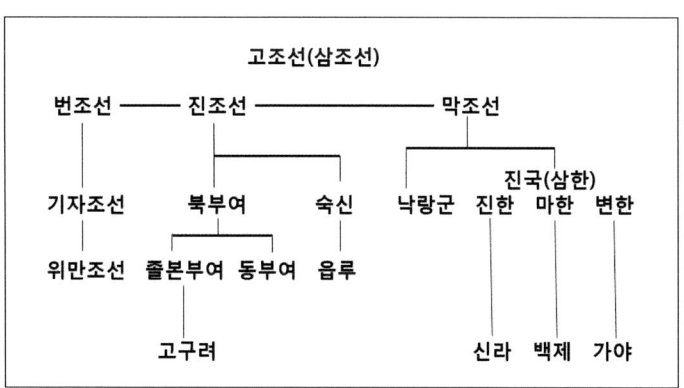

신채호의 고조선 계통도

 기원전 1세기에 쓰인 〈논형論衡〉이나 3세기 진수陳壽가 편찬한 〈삼국지〉, 5세기에 기록된 〈후한서後漢書〉 등 중국의 여러 사서史書에 북

부여夫餘 43

부여를 세운 동명왕의 신화가 있는데, 고구려의 개국신화와 너무 흡사하다.

북쪽의 탈리국橐離國 왕의 한 시비侍婢가 임신을 하였다. 왕이 죽이려 하니, 그녀는 '달걀만한 크기의 기운이 하늘에서 들어와 임신하게 되었다'고 했다. 후에 아들을 낳았는데, 돼지우리에 던져두니, 돼지가 입김을 불어넣어 죽지 않았고, 다시 마구간에 넣어 밟아 죽이려 했지만, 말 또한 입김을 불어넣어 주었다. 왕이 하늘이 내린 아이로 여겨, 그 어미가 거두도록 하였으며, 이름을 동명東明이라 하고, 크면서 소와 말을 기르도록 하였다.

동명은 활을 너무 잘 쏘았다. 왕은 이를 두려워하여 또 그를 죽이려 했다. 동명이 남쪽으로 도망하다가 강에 이르렀을 때, 활로 물을 치니 물고기와 자라가 다리를 만들어주어 무사히 건넜다. 동명이 건너자 물고기와 자라가 다리를 풀어버려 추격하던 병사들을 따돌렸다. 그가 부여에 도읍을 정하고 왕이 되니 바로 부여국夫餘國의 시작이다.

시조 동명왕의 아들인 해모수왕解慕漱王은 부여의 신화에 따르면 해부루왕解夫婁王의 아버지이며, 고구려의 신화 및 〈삼국사기〉, 〈삼국유사〉에서는 주몽의 아버지이다. 이 두 설은 그러나 앞뒤가 맞지 않는다. 해부루왕의 아들이 금와왕으로 고주몽은 해부루왕의 손자뻘에 해당되기 때문이다. 또 광개토대왕비에 해모수를 고구려의 시조로 기록하였으므로 앞으로 더 연구가 필요한 부분이다.

여하튼 해부루 때 다시 동해 기슭의 가섭원이라는 곳으로 이동하여 나라를 동부여東扶餘라고 했으며, 이어 금와金蛙 및 그 아들 대소가 그 뒤를 이어 왕이 되었다. 금와가 고구려를 건국하는 주몽의 어머니인 유화柳花를 부인으로 맞아들일 때 그는 이미 유화가 혼전에 해모수('해 머슴'에서 나온 이름이므로 다른 해모수일 수도 있음)와 야합했던 사실을 알고도 그녀를 새 부인으로 맞아들인다.

이는 혼전의 정절이 당시에 결혼 조건으로 그리 중요하지 않았다는 뜻도 된다.

● **성문화**性文化

우리 역사에는 기록이 없지만 이 시기의 중국의 역사서들에는 다음과 같은 내용들이 적혀 있다.

'부여에서는 남자의 몽정夢精은 건강하다는 표시이므로 인정했다.' 이는 남자의 자위는 금禁했다는 간접적 표현이 된다. 또 남자들은 여자들에게서 음陰을 얻을 수 있다고 믿어 사창私娼까지도 인정했다고 기술했다.

이 시기 중국에서는 자위행위를 양陽을 잃는 행위라 하여 남자에게는 금지시켰으나, 여자는 음陰이 풍부하기 때문에 얼마든지 해도 좋다고 했다. 마찬가지로 여자의 동성애는 인정했지만 남자의 동성애는 금지시켰다. 그러나 어떤 종류든 기구를 사용하는 것은 여자의 자궁子宮을 해칠 수 있다고 생각해서 못하게 했다.

〈위지 동이전〉은 중국인의 입장에서 주변 종족에 대해 관심이 있어서 쓴 글이라고 되어 있으며, 서序, 부여, 고구려, 동옥저東沃沮, 읍루挹婁,

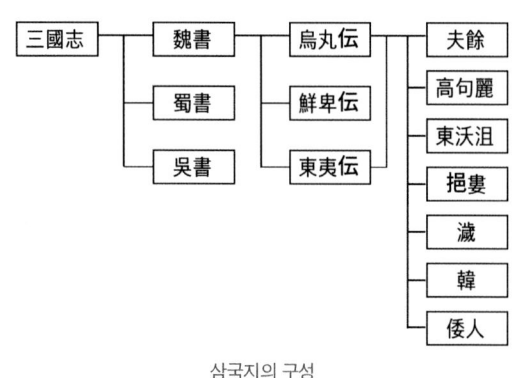

삼국지의 구성

예濊, 한韓, 왜인倭人의 순서로 되어 있는데, 부여전에는 위치와 영역, 풍습, 산물産物 등에 대한 자세한 기록이 있다.

부여에 순장殉葬 제도가 있었다는 기록이 있고, 가뭄이나 장마가 들어 오곡이 익지 않으면 국왕國王을 죽이거나 바꾸자는 논의가 있었다는 특이한 기록도 있다. 또 부여인들은 몸집이 크고, 근엄, 후덕하며, 노략질도 하지 않고 다른 나라를 침략하지 않는다고도 했다.

부여는 고조선의 연속이라고도 할 수 있는데, 풍속 또한 크게 다르지 않았던 것 같다.

살인하는 자는 죽이고 그 가족은 노비로 삼았으며, 도둑질한 자는 12배로 물게 하는 1책 12법一責十二法이 있었다. 만약 배상하지 못하면 노비로 삼았을 것으로 추정된다.

부정을 저지른 남녀나 질투嫉妬하는 부인은 모두 죽였으며(男女淫 婦人妒皆殺之), 특히 여자들은 죽인 후에 시체를 산마루에 버려 부패하도록 방치했다. 만일 그 가족이 시체를 찾아가기 원하면 소나 말을 바쳐야 했다.

질투하는 부인에 대한 극형極刑은 당시 부여 사회에 일부다처제一夫多妻制나 축첩제畜妾制가 보편적으로 있었음을 간접적으로 보여준다고 할 수 있다. 지배계급은 많은 노예를 거느릴 수 있었으며, 부유한 지배계급인 경우 100여 명 정도의 노비를 순장시킬 수도 있었다.

형이 죽으면, 형수를 처로 삼는데, 이는 흉노匈奴와 풍습이 같다. 이 형사취수제兄死取嫂制는 북방계 여러 민족들에게 있는 법으로 재산상속과 무관하지 않으며, 이미 가부장제가 뚜렷하게 성립되었음을 의미하기도 한다.

고조선이나 부여에서 혼인한 부인에 대해서는 가혹苛酷하게 성을 통제했지만, 미혼 남녀의 교제나 야합野合에 대해서는 비교적 관대하였던 것으로 보인다. 일본의 성문화가 혼전성교에는 관대하고 결혼 후에는 엄격해지는 것과 흡사하다.

비록 신화적 요소가 있기는 하지만 부여의 동명왕東明王이나 고구려의 주몽朱蒙 및 주몽의 아들 유리瑠璃가 아버지 없이 사생아로 자랐으면서도 개국開國을 하는 등 큰일을 이룰 수 있었던 것을 주목할 필요가 있다. 성이 보수적이고 폐쇄적인 사회에서는 불가능한 일이기 때문이다.

문헌으로는 추적되지 않는 사실인데, 분단 후 북한의 대동강 유역

고조선 시대의 와당으로 히브리어가 쓰여 있다. '씨받이'와 서옥제가 고대 이스라엘과 관계가 있을 것이라고 주장하는 학자들이 있다.

에서 고대 히브리어의 문자가 적힌 고조선 시대의 와당瓦當들이 발견되었다. 유적은 문헌보다도 더 사실일 가능성을 높여주는 것이므로, 유대인들의 '형사취수', '씨받이' 및 '서옥제', 즉 처가살이 등의 성문화가 우리나라에도 있었던 것이 무슨 관련이 있지 않을까 하는 의문을 가져다주기도 한다.

● 강강술래 强羌水越來

부여 사람들은 명절이 아니라도 길을 다니면서 밤낮을 가리지 않고 노래 부르기를 좋아해서 노래 소리가 끊이질 않았다고 한다.

강강술래가 이순신 장군에 의하여 기원된 것으로 알려져 있기도 하지만 처음 시작은 부여의 영고迎鼓나 고구려의 동맹同盟에서 유래되었다고도 전해진다. 이 때 사람들은 수확을 마치고 달밤에 축제를 벌여 노래하고 춤을 추던 풍습이 있었다. 고대로부터 동양에서는 보름달은

강강술래. 블로그 '청도조선족여성협회'에서 인용

여성 성性의 충만함을 상징했고, 달로부터 여성의 생산을 촉진할 수 있는 정기正氣를 많이 받으려고 했다.

〈위지 동이전〉 부여조扶餘條에 '은력殷曆 정월(12월이 됨)에 하늘에 제사하고 나라 사람들이 크게 모여서 매일 마시고 먹고 노래하고 춤추니, 이를 영고라고 한다. 이때에는 형벌과 옥사를 중단하고 죄수들을 풀어준다'고 했다.

마한조馬韓條에는 더 상세한 기술이 있다. '5월에 씨를 뿌리고 귀신에게 제를 지내는데, 남녀가 떼를 지어 한데 모여 노래하고 춤을 추며 술을 마신다. 밤낮을 쉬지 않고 함께 춤을 추는데, 함께 일어나 서로 따르며 가락에 맞춰 손발을 맞추며 몸을 낮췄다 높였다 하면서 땅을 밟는다. 이와 같이 탁무鐸舞와 춤을 10월 농사를 끝낸 후에 다시 춘다.' '한 사람이 춤을 추면 수십 명씩 따라서 춤을 춘다.'

원의 형태로 추는 강강술래는 여성의 성기를 나타낸다고도 할 수 있는데, 뚜렷한 기록은 없다. 그러나 여자들만 추고 원을 그리며 완만하게 시작해서 점점 빨라지는 상황으로 보아 성적 결합과정을 보여주는 것이라고 생각할 수도 있다.

삼한三韓 지방

　마한馬韓은 고조선의 서쪽 영토인 번조선番朝鮮이 위만衛滿에게 망한 후 상장군 탁卓이 조선 백성들을 끌고 남하하여 한강 이남에 세운 나라이므로 고조선이나 부여의 풍습을 그대로 갖고 왔다고 보아도 무방할 것이다.
　〈동이전〉에 마한의 남쪽 지방과 변한弁韓은 왜倭와 가깝기 때문에 왜의 풍속을 닮아 몸에 바늘로 먹물을 넣어 글씨나 그림을 그리는 자가 있다는 기록이 있다. 일시적 현상이었거나 일본인과 혼동한 경우일 수도 있는데, 여하튼 일본의 문신文身문화는 그 역사가 매우 긴 것으로 보인다.

● 편두偏頭

　〈동이전〉에 의하면 진한辰韓은, 진秦나라에서 도망 온 유민들에게 마한에서 동쪽 국경 지방 땅을 내어주어 생긴 나라인데, 그래서 언어도 진과 비슷한 것이 많이 남아 있었다고 한다.
　'혼례는 예법에 맞도록 하고 길을 다닐 때에는 서로 양보한다. 이 나라 풍속은 유순하며, 노래 부르고 춤추고 술 마시고 비파琵琶 뜯는 것을 좋아

토기에 나타나는 편두

한다. 남녀에 구별이 있다'고 했다.

또 '어린 아이가 출생하면 곧 돌로 그 머리를 눌러서 납작하게 만들려 하기 때문에, 지금 진한 사람의 머리는 모두 납작하다'고 한 것으로 보아 머리를 인위적으로 변형시키는 편두編頭 풍속이 있었음을 암시한다. 그 후 신라의 토기에서 편두 모양이 나오고, 왕관 또한 편두가 아니면 맞지 않는다고 하니 이 풍습이 한 동안 내려 왔을 수도 있다.

이 나라에서는 철鐵이 나는데 이것을 예濊, 왜, 마한과 거래한다. 그래서 이 나라에서는 모든 물건을 사고파는 데 이 철로 표준을 삼는다고도 했다.

● 민며느리

쪽을 찐 민며느리. 20세기 초까지 있었다. 1880년대 사진

옥저沃沮는 지금의 함경남도 일대에 있었는데, 〈위략魏略〉에 다음과 같은 기록이 있다.

'그 나라의 혼인하는 방법은, 여자의 나이가 10살이 되면 혼인을 약속한다. 신랑 집에서는 이를 맞이하여, 장성하도록 길러 아내를 삼는다. 성인이 되면 다시 친정으로 돌아가게 된다. 여자의 집에서는 돈을 요구하는데, 돈을 지불한 후 신랑 집으로 돌아온다.' 이는 옥저에 이미 예부제豫婦制 즉 민며느리제가 있었다는 의미인데, 그 후의 고려나 조선조에 간혹 등장하는 이런 형태의 결혼이 이미 오랜 전통의 것이었을 가능성이 있다.

민며느리제의 특징은 10세 미만의 여아를 부모가 정하여 일찍 시집을 보내는 것으로 신부 집의 입장으로는 딸의 부양扶養에 대한 부담을 덜어주므로 형편이 어려운 경우 집안 살림에 도움이 되며, 신랑의 입장으로는 어린 나이이지만 새로운 노동력勞動力을 얻을 뿐 아니라 일찍부터 시집 문화에 익숙하게 크기 때문에 후의 시집에서의 생활에 도움이 되는 일면이 있는 제도였다.

● 왜倭

이 시기에 동이전에 기록된 일본의 성 풍속은 다음과 같다.

성책城柵이나 집과 방이 있어, 부모, 형제끼리 각각 딴 방에서 지낸다. 다만 남녀끼리 구별 없이 한 방에서 산다.

사람들은 모두 술을 좋아하고 오래 수壽하는 사람이 많아서 백 살

당염립본왕회도(唐閻立本王會圖). 중국의 6세기 각국의 사신도인데, 좌로부터 일본, 신라, 백제, 고구려 사신의 그림임. 왜국 사신은 맨발이었다.

삼한三韓 지방 51

이 넘은 사람도 있다. 그러나 이 나라에는 여자가 많아서 어른이 되면 계집을 두세 명, 또는 네 명씩 데리고 사는 사람이 많다. 여자들은 음란한 짓을 하지 않고, 또 질투도 하지 않는다. 가다가 바다를 건너게 되면 한 사람을 시켜서 머리에 빗질도 못하게 하고 목욕도 못하게 하며 고기를 먹지 못하게 하고 여자를 가까이 하지 못하게 한다. 남자는 모두 얼굴에 바늘로 먹물을 넣어 글자를 쓰고 몸뚱이에도 글자와 그림을 그리는데, 그 무늬의 모양과 크기에 따라 높은 사람과 낮은 사람의 차등差等을 따진다.

고구려高句麗

● 건국신화建國神話

유화柳花는 화백和伯의 딸로 하느님의 아들인 해모수解慕漱가 그 미모에 반해 술을 먹이고 관계를 맺었고, 이로 인해 아버지 하백에게서 버림받아 태백산 남쪽 우발수優渤水로 내쫓겼다. 해모수는 후에 한자를 써서 그렇지 기실 '해 머슴'에서 나온 이름이다. 해를 숭상

윗줄 가운데가 '조우관'을 쓴 북부여 해모수. 둔황 막고굴 237굴의 '유마경변상도' 벽화 중에서.

하던 고대인들이었으므로 '해의 남자'란 뜻이 된다.

그녀가 자살을 하려고 물에 뛰어든 것을 지나가던 어부가 건져 동부여의 금와왕金蛙王에게 바쳤다. 그리고 어느 날 햇빛이 비치며 유화는 큰 알을 낳았다. 왕은 해괴한 일이라고 생각하여 알을 밖으로 내던지게 했다. 그러나 지나는 모든 동물들이 알 주위를 피해가고 오히려 알을 품어 주었다. 그래서 왕은 알을 깨뜨리려고 했으나 깨어지지 않았다.

그리하여 알은 다시 유화에게로 돌아오고 후에 알에서는 한 사내아이가 태어났는데, 그가 곧 고구려를 세운 주몽朱蒙이다.

● 황조가黃鳥歌

주몽이 고구려의 왕이 되기 전 부여에 있을 때 야합을 통해 예禮씨라는 여인과의 사이에서 아들 주류朱留를 얻었는데, 그 아이는 부여에서 어머니 밑에서 자라다가 후에 아버지 주몽을 찾아가 고구려의 태자로 책봉된다. 기원전 19년의 일이다.

신하들은 동명왕이 기존의 세자를 버리고 20년 만에 갑자기 나타난 부여의 옛 아들 유리에게 왕위를 물려주는 것을 극구 만류했었다.

중국 길림성에 있는 '황조가' 시비

왕은 자신의 몸은 쇠약해지는데, 아들 유리는 정치적인 기반이 너무 약한 것이 걱정이 되어 그에게 힘을 실어주기 위해 고구려의 속국 중 가장 강력했던 다물도주의 송 씨 딸과 결혼을 시켰다. 그 후 왕이 된 유리는 부인을 무척 사랑했는데, 그녀는 4년 만에 시름시름 앓다가 죽었다. 그는 당시 가장 세력이 강했던 토착부족 골천鶻川 지방의 화희禾姬와 결혼하였다. 하지만 화희와 정을 붙이지 못하던 유리왕은 사냥 도중 만난 한漢족인 치희雉姬를 사랑했다. 그녀를 위해 서西궁을 짓고 행복한 나날을 보냈다. 한편 상대적으로 동궁왕후로 불리게 된 화희는 질투에 눈이 멀어 유리왕이 사냥을 나간 틈을 타 치희를 협박하여 쫓아낸다.

치희는 중국으로 향했다. 유리왕은 치희를 뒤쫓아 가 달랬지만 끝내 왕의 품으로 돌아오려 하지 않자, 포기하고 돌아선다. 돌아오는 길목에 잠깐 쉴 때 버드나무 사이로 넘나들며 쌍쌍이 노니는 꾀꼬리를 보며 '황조가黃鳥歌'라는 시를 읊었다고 한다.

> 펄펄 나는 저 꾀꼬리는 암수가 서로 짝을 지어 노니는데, 외로운 이내 몸을 생각하니 나는 누구와 함께 돌아갈거나.

물론 왕의 시詩로 알려지기는 했지만 당시 예서제豫壻制라 하여 데릴사위 제도를 택했던 고구려 남자들의 애틋하고 순수했던 마음을 읽는 것 같기도 하다.

그런데 〈삼국사기〉나 〈삼국유사〉에 의하면 동명왕의 성姓은 고高씨이며, 유리왕 이하 제5대 모본왕까지는 해解 씨로, 그리고 제6대 태조왕 이후는 다시 고高 씨로 되어 있다. 이는 고구려의 왕실이 소노부消奴部에서 계루부桂婁部로 바뀌었다는 사실과 함께 주몽과 유리왕의 혈통이 다를 수 있다는 것을 시사해 주는데 확실히는 알 수 없는 내용이다.

● 성性 풍습

〈동이전〉에 '그 나라의 동쪽에는 큰 굴이 있는데, 그것을 '수혈隧穴'이라 부르며, 10월에는 온 나라에서 크게 모여, 지모신地母神을 맞이하여 나라의 동쪽 강 위에 모시고 제사를 지내는데, 나무로 만든 지모신을 신의 좌석에 모신다'고 했다. 이때까지도 고구려에서는 삼신할머니 또는 창조여신을 숭배한 것으로 보인다.

대체로 삼국시대에 들어서면서부터 성에 대한 규제가 훨씬 완화되기 시작하였다. 특히 고구려는 일찍부터 놀이문화가 싹트기 시작했다.

고구려 고분벽화 장천 1호. 여러 형태의 '남녀의 만남'을 보여준다.

성은 금기의 대상이라기보다는 다산과 풍요를 담보해주는 숭배의 대상으로 바뀌어 간다.

〈동이전 고구려조〉에 '고구려 백성들은 노래와 춤을 즐기며, 나라 안의 읍락邑落에서는 남녀가 밤늦도록 함께 모여 노래하고 춤추면서 논다'라 했고, 〈주서周書〉에는 '남녀가 함께 시냇가에서 목욕하고 쉽게 한 방에서 잔다'라고 기술되어 있다. 당시의 성 풍습이 매우 개방적이었던 것으로 보인다.

〈양서梁書 동이열전〉에도 '고구려의 습속習俗은 음란하여 남녀가 서로 유혹하는 경우가 많다'고 하였고, 〈이역열전異域列傳〉엔 '풍속에 음란한 것을 좋아하며, 그것을 부끄럽게 여기지 않는다', '유녀游女가 있으니, 그녀에게는 일정한 남편이 없다'라고 되어 있다.

〈북사北史 고구려전〉에는 '밤이면 남녀가 떼를 지어 모여 노는데, 귀천의 구분이 없다. 고구려의 계급구조는 크게 지배계급과 하호下戶계급 및 비자婢子유민으로서의 노복奴僕으로 이루어져 있었는데, 축제 때는 다 같이 어울려 잘 논다'라고 하였다. 또 '남녀가 서로 사랑하면 바로 결혼시킨다. 풍속은 음란하여 부끄럽게 여기지 않고, 남편이 일정하지 않은 유녀가 많다'고 하였다.

그러나 이와 같은 중국 측 기록에 수치羞恥를 느낄 필요는 없다. 나라마다 시대마다 성 풍습은 다르며, 성문화의 보수성과 진보성은 주기週期를 두고 교차되는 것이므로 언제 누가 어떻게 보느냐에 따라 달라질 수 있다. 특히 당시의 중국인들은 춘추시대를 지나면서 유교적 기준에서 판단할 때이었음을 유의할 필요가 있다.

유교의 가르침으로는 여자들은 사회적 지위를 잃고 남자에게 종속從屬되어야 했다. 남자와 달리 여자들은 결혼에 의해서만 성관계를 그것도 반드시 침실, 침구에서만 가능했다. 부부라도 침실 밖에서는 어떤 표현조차 안 하는 것이 원칙이었다.

또 남녀칠세부동석男女七歲不同席 등으로 이성異性을 분리시킴으로써 일부다처제一夫多妻制를 보호하려고 했다. 남자들은 첩을 여럿 거느릴 수는 있지만 유교 규율에 어긋나게 해서는 안 되었는데, 예를 들면, 50세가 넘었더라도 한 여성이 5일에 한번 씩은 성교를 하도록 안배按配해야 했다.

참고로 당시의 주周나라 황제皇帝의 성생활을 소개한다.

한 달 중 1일부터 9일간은 81명의 어처御妻들이 매일 밤 9명씩 1개조가 되어 동침同寢하며, 10일부터 3일간은 27명의 세부世婦들이 매일 9명씩 1개조가 되어 동침하고, 13일은 구빈九嬪들이 돌아가며 동침, 14일은 삼부인三婦人들이 돌아가며 동침, 15, 16일은 황후皇后 혼자서 동침한다. 17일은 다시 삼부인들이 돌아가며 동침하고, 18일은 구빈들이 돌아가며 동침, 19일부터 3일간은 27명의 세부들이, 그리고 22일부터 9일 동안은 81명의 어처들이 매일 밤 9명씩 1개조가 동침한다.

12세기 송나라 서긍徐兢이 쓴 〈고려도경高麗圖經〉에 고려인들이 남녀가 같이 목욕을 즐기는 것을 매우 특이하게 여겨 기록했는데, 이런 풍습이 고구려 때부터 있었던 것으로 보인다.

고구려 무덤의 벽화에는 남녀가 어우러져 덩실덩실 춤을 추는 모습이 많이 있는데, 이는 고구려 사회에서 노래와 춤을 매개로 하여 남녀가 자유로이 교제할 수 있는 축제의 장場이 마련되어 있었음을 의미한다. 고구려 젊은이들은 대체로 비교적 자유스럽게 남녀가 교제를 할 수 있었다. 사랑에 근거한 남녀의 성은 신분관계에 크게 구애받지 않았으며, 성 풍속도 비교적 자유로워 초혼 및 재혼 또는 혼전관계, 야합 등이 크게 문제가 되지 않았던 것으로 보인다.

그러나 4세기 후반 기본적으로 도덕적이고 윤리적인 인간의 삶을 강조하는 불교佛敎와 유학儒學이 들어오면서 점차로 고구려인들의 가치에도 변화가 오기 시작한다. 소수림왕은 373년에 사회질서 유지를 위한 규범을 갖추기 위한 율령律令을 반포했다. 전통적인 관습법을 대신하여 성문법을 만들어 중앙집권적인 국가체제를 확립한 것이다. 이로 인하여 사회 분위기가 갑자기 바뀌지는 않았지만 건국 초기와 같은 남녀관계의 개방성과 자유성은 어느 정도 제약을 받기 시작했다. 그리고 이와 같은 변화는 종교의 영향을 먼저 받은 지배층을 시작으로 변하게 된다.

고구려에 불교가 들어온 지 2백여 년이 지난 624년에 당唐으로부터 도교道敎의 도사가 천존상天尊像을 갖고 들어와 노자老子를 가르침으로써 성문화는 다시 개방의 길로 가게 된다. 연개소문은 임금에게 권하여 불사佛寺를 몰수하고 도교를 보급하는 등 억불숭도抑佛崇道 정책을 시행했다. 이에 보덕화상普德和尙은 백제의 완주로 망명하였고, 원효元曉와 의상義湘을 제자로 가르칠 수 있었다. 도교의 영향으로 성의 사회상은 많이 바뀌었을 것이나 곧이어 고구려가 멸망했으므로 알 수 없다.

고구려와 백제의 역사 기록물들은 없다고 보아도 좋다. 나당 연합군 특히 소정방과 설인귀가 이끄는 당나라 군사들이 두 나라를 멸망시키고 지금의 국립도서관 같은 국자감國子監 등 서고들을 모두 불태워 그때까지의 역사서들이 전부 소실되었기 때문이다. 8세기 이전에는 책이 모두 필사筆寫에만 의존되었으므로, 매우 희귀하였고 한번 없어지면 다시 만들 수가 없었다. 부득이 중국의 기록에 의존하는데, 그 내용이 일방적이고 편협偏狹된 것들이 많다.

그나마 발해를 세운 대조영의 동생이며, 징기스칸의 19대조라고도 알려지고 있는 대야발이 썼다는 〈단기고사檀奇古史〉와 〈환단고기桓檀古記〉의 모태母胎가 된 〈삼성기〉, 〈단군세기〉, 〈북부여기〉 등이 남아 명맥을 이어갈 수 있었음은 다행이라고 할 수 있다.

대조영의 동생 대야발 저 〈단기고사〉의 1949년 중간본. 김해암이 번역했고, 부통령 이시영이 교열함.

● **동맹제東盟祭**

앞에서 얘기한 바와 같이 당시 중국인들은 엄격한 남녀관계를 중시하는 유교적 도덕주의에 익숙해 있었기 때문에 고구려의 성 문화를 부정적으로 보아 매우 음란하다고 신랄하게 비난非難했다.

그들이 '노래와 춤을 즐겨 밤에 남녀가 떼 지어 놀았다'고 한 것은 고구려 사회에서 노래와 춤을 매개로 하여 남녀가 자유로이 교제할 수 있는 공간空間이 마련되어 있었음을 의미하는 것으로 보인다. 그러나 매일 밤 무절제하게 춤추고 논 것이 아니라 동맹제東盟祭와 같이 특별한 국가적 행사 때에 거국적擧國的으로 축제를 즐겼을 것이다.

동맹제는 시조인 주몽과 시조모인 유화부인을 추앙하여 행하던 제천祭天행사였다. 이 동맹제의 기간 동안에 고구려인들은 춤과 노래가 어우러진 흥겨운 축제의 장을 연출했고, 이를 통해서 청춘 남녀 간의 교제도 자연스럽게 이루어졌을 것으로 생각된다.

《삼국사기》의 기록에 의하면 고구려가 망한 다음해 당나라는 20만 명이 넘는 고구려 사람들을 붙잡아 갔다가 돌려보냈는데, 또 다시 반란을 일으키려고 하자 당나라는 수만 명의 고구려 사람들을 붙잡아다가 중국 서북쪽의 불모지 농우에 버렸다고 한다. 현재 중국의 소수민족 중의 하나이며 미얀마, 태국 등지에 흩어져 사는 라후족들이 그 때의 고구려 유민들의 후손이라고 한다.

그들은 고구려 사람들이 그랬듯이 지금도 개방된 성생활을 하며, 남자가 처가살이를 하고, 결혼 때 닭을 옆에 두고 식을 올린다. 형이 죽으면 동생이 형수를 아내로 맞은 풍속도 있었으며, 아기를 낳으면 문밖에 지푸라기에 창호지, 숯, 빨간 고추 등을 꽂은 인줄(금줄, 삼줄)을 단다. 또 이들의 민속 춤 중에는 여자들이 손을 잡고 둥근 원을 그리며 빙빙 도는 것도 있어 강강술래나 고구려의 동맹제를 연상케 하는 것도 있다.

이런 축제들은 동맹제 외에도 더 있었는데, 당시 중국인들의 표현에 의하면 부여의 영고제迎鼓祭에서는 '마시고 먹고 노래 부르고 춤추었다'고 하고, 동예東濊의 무천제舞天祭에서는 '밤낮으로 술 마시고 노래 부르고 춤추었다'고 하였

라후족의 민속춤. 손을 잡고 둥근 원을 그리며 도는 것이 동명제 행사의식과 흡사하다.

다. 또 5월 파종播種 후인 삼한三韓의 계절제季節祭에서는 '떼를 지어 모여서 노래와 춤을 즐기고 술 마시고 노는 데 밤낮을 가리지 않았다'고 하였다. 따라서 며칠씩 계속되는 정열적인 축제祝祭가 우리의 고대사회에 널리 유행하고 있었음은 확실하다.

중국인은 고구려인의 남녀관계에 대하여 '음란淫亂'이라는 말과 함께 '야합野合'이라는 말을 써서 곱지 않은 그들의 시각을 숨기지 않았다. 이 경우 야합이란 표현은 '아무렇게나 또는 바르지 않게 합쳤다는'라는 의미이다. 즉 정상적인 절차를 거치지 않고 남녀가 성적으로 교섭한 경우를 비하卑下하여 쓰는 말로 이른바 혼전 섹스 또는 혼외 정사를 뜻한다고 할 수 있다.

중매인을 통해서 남녀 관계가 연결되고 결혼이라는 소정의 의식 절차를 거친 연후에야 비로소 성적 교합交合이 허용되던 당시 중국인들의 시각으로 볼 때, 자유분방한 우리 고대인의 성 풍속은 확실히 야합에 가까운 것이었을 수도 있다. 그러나 그 후의 긴 역사에서 보듯 성 문화는 시대와 장소에 따라 변화되고 발전해 왔으므로 누가 누구를 비난할 성질의 것은 아니었다.

● 유녀遊女

중국인이 쓴 〈북사〉 고구려 전에 '남편이 일정하지 않은 유녀가 많다'고 했다. 여기서 유녀가 남편이 따로 없는 여자만을 의미할 수는 없으므로 자연히 창녀적娼女的 인물을 생각하게 된다. 〈동이열전〉에서 고구려 조세租稅를 설명하면서 '일반인은 베 5필, 곡식 5석을 세로 바친다. 유녀는 3년에 한번 세를 바치는데 10명이 함께 세포細布 한 필을 바친다'고 하여 유녀를 조세 대상의 직업職業으로 기록한 것으로 보아 고구려 때 매음賣淫을 국가가 인정하였던 것으로 보인다.

단언할 수는 없지만 고구려가 옥저沃沮를 비롯한 주변의 약소국들을 병합하면서 많은 여자들이 비첩婢妾이나 노복奴僕이 된 것을 보면, 그 가능성은 크다고 본다. 특히 '유녀가 많다'는 표현은 달리 생각하기 어렵다.

그러나 〈구당서舊唐書〉에 영류왕 때 당의 군사로 끌려갔다가 포로가 되어 고구려에 정착한 사람들의 반 이상이 '유녀'들과 결혼케 하여 정착시킨 것을 고마워하는 내용이 있는 것으로 보면 '혼자 사는 여자라'는 뜻도 될 수 있다고 본다.

● 서옥제壻屋制

혼례의 방식은 서류부가혼壻留婦家婚이라 하는데, 데릴사위 형태의 풍습이라고 할 수 있다. '말로써 혼인이 정해지면, 여자의 큰 집 뒤에 작은 집을 짓는데, 이를 서옥壻屋, 사위집이라 한다'고 했다.

혼례 당일 신랑, 즉 사위 될 사람이 저녁 무렵에 여자의 집 대문 밖에 이르러, 스스로의 신분을 밝히고 꿇어 엎드려 절한 후, 여자와 하룻밤 자기를 청하는데, 보통 두세 번 반복한다. 여자의 부모가 이를 받아들여 작은집에서 잠잘 수 있게 하면, 신랑은 돈과 비단을 내 놓는다. 이렇게 결혼하여 처갓집에서 살다가 아들을 낳아 장성하게 되면, 비로소 부인과 자식을 데리고 집으로 돌아온다.

'장가丈家를 든다'는 말도 이때부터 있었으므로 처가살이가 2천 년의 역사를 지녔다고 할 수 있다. 여기서 장가는 물론 처가를 말한다.

처가살이는 데릴사위 풍습과 동가同價이어서 주로 가난한 집의 남자가 여자 집에 들어가서 머슴을 겸하여 노동력을 제공하며 사위가 되는 풍속으로 알고 있지만, 당시의 '입장가入丈家'는 고대 모계사회의 처가살이 혼婚의 풍습이 남아있었던 결과이다.

이와 같은 서옥제는 물론 일반 평민층平民層에서의 제도이고, 왕족이나 귀족들과 같이 일부다처제가 존재하던 계층에는 해당되지 않았다. 이런 풍습이 부분적이기는 하지만 고려와 조선에서도 있었음은 고구려 당대에 완전히 소멸된 제도가 아니었다는 뜻이 되기도 한다.

또 남녀가 결혼만 하면, 조금씩 '죽어서 입을 옷' 즉 수의壽衣를 만든다. 장사는 후하게 지내는데, 금은 비단을 부장품副葬品으로 하여 죽은 자에게 보낸다. 무덤은 돌을 쌓아 봉분을 하고, 주변에 소나무와 잣나무를 심었다.

평원왕은 딸을 상부의 고 씨高氏에게 시집보내려 하는데, 이는 동성同姓끼리 혼인할 수 있었음을 말해 준다. 또 부모의 권유를 물리치고 온달에게 시집가는 평강공주를 보면 자유혼도 가능했다고 할 수 있다.

왕은 보통 세 명의 왕비를 거느릴 수 있었다. 기록은 많지 않으나 일반인들 사이에도 일부다처의 풍속이 있었던 것 같다. 고구려의 벽화에서 이와 같은 그림 내용들이 있다. 많은 벽화에서 원근법이 아닌 사회계급에 따라 인물 그림의 크기가 달라지는 경우가 있는데, 여기서 유추되는 내용이다. 5세기경에 그려진 것으로 알려져 있는 각저총角抵塚의 벽화 중에 한 남자가 두 여인과 함께 있는 그림이 있고 사신총四神冢의 벽

고구려 고분 각저층의 벽화 중에 한 남자가 두 여인과 함께 있는 그림이 있다

고구려高句麗 63

화에도 한 남자가 세 부인과 같이 있는 그림이 있다.

대무신('테무진'과 같은 온 이름일 듯)왕 때 대신이었던 구도仇都 등 세 신하가 죄를 지어서 평민으로 강등되었는데도 워낙 성질이 사납고 못되어서 사람들의 처첩과 재화를 탈취했다는 기록이 있는 것으로 보아 귀족 뿐 아니라 평민도 축첩하는 풍속이 있었던 듯하다.

우리나라 최초의 첩에 대한 기록은 고구려가 소국小國인 옥저로부터 미녀들을 상납 받아 이들을 비첩으로 삼았다는 것인데, 신라의 진골들도 축첩을 했다고 하며, 특히 고려시대는 6품관 이상은 모두 첩을 두었고 절의 중까지도 첩을 둘 수 있었다.

중국인들은 고구려의 이런 풍속에 대해서도 '음란하다'고 쓰고 있다.

● 형사취수제兄死娶嫂制

삼국 중 유독 고구려에서는 유목민족의 성 풍습이 많이 남아 있었던 것으로 보인다.

〈후한서後漢書 동이열전〉에 '고구려는 언어나 생활습관이 부여와 유사한데, 형이 죽으면 형수를 아내로 삼는 풍속이 있다'고 하여, 기마민족騎馬民族의 특성 중의 하나인 형사취수제가 있었음을 알 수 있다. 이를 형제역연혼兄弟逆緣婚, levirate이라고도 한다. 물론 제한적으

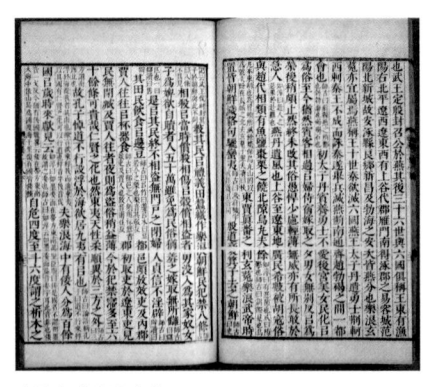

삼국지 위지 동이전

로 일부에서 시행되었겠지만 당시의 성문화에 미치는 영향은 컷을 것이다.

남녀 사이에는 내가 사랑할 수 있는 상대와 사랑할 수 없는 상대 사이에 느끼는 감정이 크게 다를 수 있기 때문이다. 나와 도저히 성관계를 할 수 없는 사이에는 '단순사랑' 이상의 감정이 잘 안 일어나기 때문이다.

이와 같은 형사취수제는 결과적으로 근친상간近親相姦이 되므로 많은 문화권에서 기피하는 제도이지만 씨족사회 특히 유목민족에서는 재산 및 인적人的 손실을 피하기 위하여 오랫동안 시행되어 왔다. 이어 받을 친형제가 없으면 사촌이 대신하기도 했다. 이렇게 태어나는 아이는 죽은 남편 즉 형의 자식으로 간주된다. 이 제도는 동서양 모두에 있었고, 구약성경에도 나온다. 심지어는 친어머니가 아니면 아버지의 아내인 여인과도 살던 소위 부사취모제父死取母制가 흉노족에서 있었는데(娶後母伯叔母), 고구려에서도 이와 무관하지 않은 사랑의 경우가 있었다.

호동왕자好童王子는 본래 대무신왕의 차비次妃, 둘째 왕비의 자식이었다. 그런데 대무신왕에게는 송매설수松梅雪秀라는 원비元妃, 첫째 왕비가 있었고, 그녀도 해우解優라는 아들을 낳았다. 그러나 호동보다 훨씬 어렸다. 그녀는 차비보다 늦게 대무신왕과 결혼했지만 강력한 토착세력 출신이어서 원비가 된 것이다.

호동은 외가 세력이 약한 탓에, 큰 공을 세우지 않으면 자신이 왕이 되기 어려움을 잘 알고 있었기 때문에 낙랑왕樂浪王 최리崔理의 딸과 결혼하고 자명고自鳴鼓를 찢고 뿔피리를 파괴하게 한 후 고구려군대를 이끌고 낙랑을 정복하였다는 이야기도 있다.

기마민족의 풍습과 관계가 있는지는 알 수 없으나 호동은 자신의 계모이며, 왕비인 송매설수와 이미 사랑을 나누었다. 그런데 대무신왕에게 들켰기 때문인지 또는 낙랑공주로 인한 질투 때문이었는지 왕비는 이 사실을 남편에게 참소讒訴하였다. 확실한 경위는 역사에 기록되어 있지 않지만, 호동은 칼을 입에 물고 자살하면서 '어머니의 죄악을 드러내지 않기 위해서'라는 의미심장한 유언을 남긴다.

고국천왕의 경우는 왕후 우于 씨의 권력욕의 결과이기는 하지만 형사취수의 제도가 없었다면 일어나기 어려운 역사적 사실이었다. 왕이 죽자 왕비는 이를 비밀에 부치고 조용히 왕의 아우인 발기發岐에게 '왕이 후사가 없으니 그대가 계승하라' 하였다. 왕이 죽은 줄 모르는 발기는 '천운은 따로 돌아가는 데가 있으니 가벼이 말할 수 없는 것인데, 하물며 부녀자가 밤에 나다니니 이것은 예禮가 아닙니다'라고 단호히 거절하였다. 이에 왕후는 또 다른 아우인 연우延優의 집으로 갔다. '대왕이 돌아가고 아들이 없으니 발기가 어른이 되어 마땅히 뒤를 이어야 할 터인데, 도리어 나를 비난하니 할 수 없이 찾아왔습니다' 하였다. 연우가 왕후를 대접하기 위하여 칼로 고기를 베다가 손가락을 다치었는데 왕후가 허리띠를 풀어 그의 다친 손을 싸매 주었다고 한다.

이튿날 왕후는 선왕의 유명이라 하며 군신으로 하여금 연우를 세워 왕을 삼으니 그가 10대 상산왕이다. 발기는 크게 노하여 군사를 일으켰지만 따르는 이가 없었다고 하며, 산상왕은 우 씨를 세워 왕후로 삼았다.

〈위지동이전 부여조〉와 〈고구려조〉에도 형사취수제가 기록되어 있다. 조선시대에는 수혼獸婚, 즉 짐승들 간에나 가능한 혼인이지 사람의 것이 아니라고까지 하였으나 고려조까지도 가끔 볼 수 있었던 제도였다.

고조선에서 유래하여 서쪽으로 이동하여 간 고대 유라시아 유목인들은 동북아시아에서 코카서스 백인들이 거주하고 있는 서방지역으로 이주하면서 순수혈통을 보존하기 위하여 유목문화의 특징인 형사취수제, 데릴사위제, 근친혼 문화를 정착시켰다.

형제역연혼과 반대되는 개념의 자매역연혼姉妹逆緣婚, sororate은 아내가 죽었을 때 아내의 동생 즉 처제와 결혼하는 것인데, 이 역시 혼인의 집단성集團性의 한 형태라고 할 수 있다.

● 주통촌酒桶村의 후녀后女

산상왕은 주통촌酒店 가까이에서 제사를 올리려던 중, 제사에 쓰려고 준비해둔 돼지가 도망쳐서 이를 뒤쫓다가 '주통촌의 후녀'를 만났고 그렇게 사랑하다가 몰래 장가까지 들었다. 그녀의 가문은 매우 한미寒微했지만 대단한 미인이었다고 한다. 어머니가 그녀를 임신했을 때 무당이 점을 치고 '반드시 황후를 낳으리라.' 했다 한다. 산상왕은 그 여자가 보고 싶어 평복을 입고, 밤에 몰래 주통촌 여자의 집에 다녔고, 형수이기도 했던 왕후 우于 씨는 그녀를 질투하여 군사를 보내 여러 번 죽이려고 하였다.

208년 후녀는 아들 교체郊彘를 낳았다. 교외郊外 제사 때 돼지로 말미암아 만났다 하여 교郊와 돼지 체彘를 넣어 지은 이름이다. 왕은 '이는 하늘이 나에게 사자를 내린 것이다'고 기뻐했다고 한다. 그가 곧 후대에 왕위를 계승하는 동천왕이다. 우비와의 사이에는 소생이 없었다.

남남북녀란 말이 있는데 북쪽 변방에 예부터 미인이 많았던 모양이다. 고구려 때 왕들이 북쪽 외적의 침입을 막기 위해 종종 미인들을 북방 군주에게 바쳤다는 기록도 있다.

관나부인貫那夫人

주통촌의 후녀가 낳은 아들 동천왕이 위魏의 관구검毌丘儉에게 대패한 후 자살하고, 그의 아들인 중천왕이 뒤를 잇는데, 관나부인은 그의 소비小妃이다.

관나부椽那部 소생이라 하여, 관나부인이라고 불린 그녀는 얼굴도 예뻤지만 머리카락의 길이가 아홉 자(2미터 이상)나 되었다고 한다. 중천왕은 그녀를 매우 총애하여 소후小后로 삼으려고 했는데, 연나부椽那部 출신의 왕비가 이를 극력 반대했다.

관나부인이 왕의 총애를 받게 되자 왕후 연 씨椽氏는 왕에게 '지금 서위西魏에서 천금을 주고 장발미인을 구하니 그녀를 위나라에 보내면 다시는 우리나라를 침범하지 않을 것입니다'라고 말하며, 관나부인을 멀리 떠나보내려 하였다. 이 이야기를 들은 관나부인은 왕이 사냥에서 돌아올 때 가죽 주머니를 들고 나와 맞으며 '왕후가 나를 여기에 넣어 바다에 버리려고 하니 집에 돌아가게 하여 주십시오'라며 왕후를 모함하였다. 왕은 노하여 관나부인을 가죽 주머니째 서해에 던지게 하였다고 한다. '서해로 흘러 간 장발미인'이라고도 불린다.

오랫동안 한 여인의 투기가 참극慘劇을 가져왔던 사건이라고만 알려져 왔지만 다른 해석도 있다. 즉 당시 고구려의 권력을 왕비족인 연나부가 차지하고 있었는데, 관나부 출신의 여인이 왕에게 총애를 받자 이를 견제하기 위하여 관나부인을 모함하여 죽게 만들었다는 것이다. 가죽주머니 사건은 조작이었다는 것이다. 중천왕도 그 무고함을 알고 있었으나 명림답부明臨答夫의 쿠데타 이후로 강력한 세력을 떨치던 연나부의 눈치를 보느라 어쩔 수 없이 힘없는 한 여인을 희생시켰다는 것이다. 관나부는 지금의 평안북도 지역이며 연나부는 압록강 이북이었다.

명림답부는 고구려의 초대 국상國相이었다. 165년 쿠데타를 일으켜 7대 차대왕을 시해하고 왕의 동생을 신대왕으로 옹립했다. 이어 국상에 임명되었고, 172년에 한漢이 고구려를 침입하자 청야전술清野戰術로 한의 군사들이 굶주림에 지쳐 퇴각케 했다. 청야 전술은 주변에 적이 사용할 만한 모든 군수물자와 식량 등을 없애 적군을 굶주리고 지치게 만드는 전술인데, 수양제의 침공 때도 사용한 고구려의 기본 전술이 되었고, 역사 속에서 러시아와 베트남이 크게 성공한 전술이기도 하다. 중천왕은 신대왕의 증손이었으므로, 이 연나부의 권력이 꽤 오래 지속되었던 것을 알 수 있다.

● 경문공주經文公主

20대 장수왕 때 이야기다. 위나라 황제는 인질로 잡아 둘 목적으로 장수왕의 딸을 황후로 맞겠다고 했다, 마침 장수왕의 딸은 이미 출가를 했기 때문에 대신 조카를 보내려 했다. 그런데 조카는 '내가 그 나라에 가면 겉으로는 화려한 황후일진 모르나 속으로는 사는 것이 아닌 처참한 인질의 몸이니 위나라 사신들에게 차라리 내 시신이나 가져가라고 하라'며 단도로 자신의 가슴을 찔러 자살을 했다.

고구려에선 궁녀 중 재색이 뛰어나고 춤도 잘 추며 시화와 그림 등 모든 것에 능통한 한 여인을 골라 장수왕의 수양딸로 삼은 후 경문공주라 하여 보내려 했다. 그런데 마침 위나라 황제가 병으로 죽는 바람에 결국 이 일은 없던 일로 돌아갔다.

그러나 장수왕은 경문공주를 자신의 친딸로 여겨 사랑하였고, 고구려의 훌륭한 집안 가문의 젊은이에게 매우 성대한 혼례식을 거쳐 시집을 보냈다. 경문공주는 궁녀의 천한 신분에서 고귀한 공주의 몸으로 승진된 특이한 여인이었다.

● 평강공주平岡公主와 바보 온달溫達

고구려 평원왕 때 온달溫達은 어린 시절 집안이 가난하여 눈먼 어머니를 봉양하기 위하여 거리를 다니며 걸식을 하였다 한다. 용모가 초라하고 볼 품 없어서 사람들로부터 '바보온달'이라 불렸다.

평원왕에게는 딸이 하나 있었는데, 어린 시절 울기를 잘하여 왕이 바보온달에게나 시집을 보내야겠다며 늘 놀렸다고 한다. 그런데 이 공주는 자라더니 기어코 온달과의 결혼을 고집했고, 이 때문에 궁에서 쫓겨난 후 온달을 찾아갔다. 온달은 평강공주를 처로 맞아들이면서 가세가 펴지게 되고 새로운 인생이 시작되었다.

고구려에는 매년 3월 3일 군신 및 5부의 병사 등이 낙랑樂浪의 언덕에서 사냥을 하여 이때의 노획물로 천신天神과 산천신山川神에게 제사하는 국가적인 대제전이 있었다. 온달은 여기에 공주가 기른 말을 타고 참여하여 뛰어난 사냥솜씨를 발휘하여 왕의 감탄을 샀다.

아차산 입구의 온달장군과 평강공주 동상

그 뒤 북주北周가 요동지방을 침입했을 때 고구려군의 선봉으로 이를 격퇴해 큰 공을 세워 비로소 국왕의 사위임을 공인받고 대형大兄이라는 관위를 받았다. 고구려 지배세력 내에서 두

각을 나타낸 그는 590년 영양왕이 즉위하여 신라에게 빼앗긴 한강유역 탈환을 위한 군사의 출정이 있자 자원하여 참전하였으나 아단성阿旦城전투에서 전사하였다.

 이와 같은 〈삼국사기〉의 이야기는 온달의 이후 행적으로 보아 사실과 거리가 있는 것 같다. 다만 평강공주와 온달이 엄청난 신분의 차이가 있었음에도 불구하고 야합이 이루어질 수 있었다는 데에 의미가 있다고 하겠다. 생면부지의 보잘것없는 남자에게 단순히 부모의 계속된 암시에 의해 혼인하기로 마음을 굳힌다는 것은 사랑의 이야기가 될 수 없기 때문이다. 또 이러한 이야기들이 비난의 대상으로서가 아니라 아름다운 로맨스로 묘사되고 있는 것을 보면, 당시의 야합 즉 혼전 섹스가 비교적 관대하게 받아들여졌다는 것을 의미하기도 한다.

백제百濟

● 소서노召西奴

　주몽의 후처后處였던 소서노는 세계 역사에서 유례가 없이 두 나라를 세우는 데 주도적 역할을 하는 대단한 여인이었다.
　원래 북부여의 왕인 해부루의 아들 우태于台는 소서노라고 불리는 졸본 사람 연타발延陀勃의 딸과 혼인하였다. 여기서 태어난 아이들이 바로 비류沸流와 온조溫祚다. 그러나 우태가 죽고 홀로된 소서노는 졸본으로 망명한 주몽과 재혼하게 된다. 그리고 주몽이 새 나라를 세우는 데 연타발과 소서노는 결정적 도움을 준다. 하지만 부여로부터 예씨와의 사이에서 나온 아들 유리가 찾아오자, 주몽은 그를 태자로 삼는다.
　그리하여 두 형제는 어머니 소서노와 함께 패수를 건너 미추홀彌趨忽에 나라를 건국하게 되었다고 한다.
　삼국의 건국설화들 중 가장 신빙성이 떨어지는 내용이다. 그러나 여기서 재혼, 처가의 배경, 여자의 능력, 예씨에 대한 주몽의 남자로서의 의리 등은 당시의 성性 풍습을 이해하는 데 중요한 단서들이 된다.
　한길사에서 출판한 '한국사'에 백제는 마한을 구성한 50여 소국들 중 하나인 백제국伯濟國이 성장하여 발전한 나라라고 했다. 그러나 〈삼국사기〉, 〈백제본기百濟本記〉에 있는 온조溫祚 중심의 건국설화처럼 그가 처음 국호를 십제+濟라고 하였는데 그 후 비류를 따르던 무리들이 합류하게 되자 국호를 백제로 고쳤다는 이야기에 더 믿음이 간다.

● 용봉문화龍鳳文化

백제는 근초고왕 때인 375년에 박사 고흥이 〈서기書記〉를 썼고, 그 외 〈일본서기〉에 따르면 〈고기古記〉, 〈백제기百濟記〉, 〈백제본기〉, 〈백제신찬百濟新撰〉 등의 역사책이 있었다고 하는데, 남아 있는 것이 하나도 없다. 중국의 〈위서魏書 백제편〉에 '이 나라의 의복이며 음식은 고구려와 같다'고 되어 있는 것이 〈삼국사기〉, 〈삼국유사〉 이외의 책에서 볼 수 있는 극히 일부의 내용 중의 하나이다. 고구려나 백제가 같은 부여에서 유래했으므로 쉽게 추측할 수 있는 내용이다.

백제의 성 풍속에 대한 기록 또한 거의 남아 있지 않다. 대체로 고구려나 신라와 크게 다르지 않았을 것으로 추정되나, 〈위지 동이전〉에 백제에서는 간통姦通한 여성을 남편 집 노비奴婢로 삼았다는 기록이 있다. 사회적 계급이 뚜렷했고, 가부장제도가 확립되어 있으며, 기혼녀의 간통을 용납하지 않았다는 뜻이다.

〈삼국사기〉에 기원전 6년 온조왕 13년에 '왕도王都에 한 노파가 변하여 남자가 되었다'라는 구절이 있다. 만일 요즈음의 포괄적 의미의 트랜스젠더 중의 한 경우라면 우리나라 역사의 최초의 사례가 될 것이다.

고구려가 수렵과 유목으로 대표되는 북방문화의 영향을 받은 것과 달리 백제는 농업과 어업 위주의 남방문화의 영향 하에 있었을 것이므로 성문화 또한 달랐을 가능성을 제기해 본다.

당시 남방의 문화는 조상숭배, 성기숭배性器崇拜,

신랑 신부용 '용봉정상' 컵

다산多産을 위한 일부다처제 등 대표적 용봉문화龍鳳文化들을 포함한다. 봉과 용은 원래 왕의 상징으로 궁궐 곳곳에 장식하는 상상想像의 동물들이지만 음陰과 양陽으로 이해되면서 남녀 또는 혼인문화를 이야기할 때도 자주 쓰인다. 용봉정상龍鳳呈上은 자손창성子孫昌盛, 백자천손百子千孫, 수복다남壽福多男, 백년해로百年偕老, 오자등과五子登科, 이성지합二姓之合 등과 함께 결혼을 축하해줄 때 자주 쓰는 사자성어四字成語 중의 하나이기도 하다.

● 정읍사井邑詞

정읍사는 지금까지 남아 전해지는 유일한 백제의 노래이다. 한글로 기록되어 전하는 노래 중 가장 오래된 것으로서, 고려 충렬왕 때 노래로 작곡되어 조선조 중기까지 궁중음악으로 쓰였다.

행상을 나가 오래도록 돌아오지 않는 남편을 걱정하여 그 아내가 근처 바위에 올라 바라보며, 혹시 해害라도 입지 않았을까 걱정하는 내용이다. 오랫동안 구전口傳으로 내려오다가 조선시대에 와서야 〈악학궤범樂學軌範〉에 담긴 것이다.

달하 노피곰 도다샤어긔야 머리곰 비취오시라어긔야 어강됴리 아
흐 아으 다롱디리 져재 녀러신고요어긔야 즌디랄 드리욜셰라어긔
야 어강됴리 어느이다 노코시라 어긔야 내가논대 졈그랄 셰라어긔
야 어강됴리 아으 다롱디리.
(달님이시여, 좀 더 높이 돋으시어/멀리 비추어 주소서/지금쯤 전주 시장에 가 계시
옵니까?/어두운 밤길을 가시다가/혹시 진 데를 디뎌 흙탕물에/빠지지나 않을까 걱정
이 되옵니다/몸이 고달프실 텐데 아무 데나 짐을 부려놓고 편안히 쉬소서/당신이 가
시는 길에 날이 저물까 두렵사옵니다.)

정읍에 있는 망부상 설명 동판

남편을 기다리는 아내의 순박하고 지순한 사랑의 마음을 달에 의탁하여 부른 노래로 진심으로 남편을 걱정하는 백제인 아내의 사랑을 보는 듯하다. 달은 우리의 소원 성취를 기원하던 전통적 대상이기도 하지만, 여성 성性의 상징도 된다.

훗날 조선조 중종 때에 이 가사가 음란淫亂하다 하여 궁중악宮中樂에서 제외된다. 조선조 후기의 성태도性態度의 수준을 알 수 있다.

● 도미都彌의 아내

도미의 아내는 매우 아름답고 행실이 고와 사람들이 모두 칭찬하였다. 개루왕蓋婁王이 도미를 불러 '모두 부인의 덕이 정결하다 하지만 유혹하면 마음이 변할지도 모른다'고 했다. 도미는 대답했다. '사

람의 마음은 알 수 없는 것이오나 신의 아내는 죽을지언정 딴 마음을 먹지 않을 것입니다.'

이에 왕은 도미를 가두어 두고 한 신하를 그 아내에게 보내 왕王인 척하고 이야기하게 했다. '내 오랫동안 네가 예쁘다는 말을 듣고 도미와 더불어 내기를 하고 왔노라. 너를 궁인으로 삼아 이후로는 잘 살게 하겠다.' 도미의 아내는 '왕의 말씀을 어찌 거역하리이까? 대왕께서는 먼저 방으로 드소서. 저는 옷을 갈아입고 오리다.' 하고는 여종

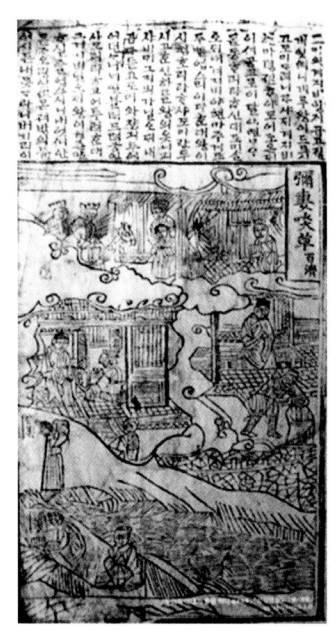

도미부인에 대한 조선조 그림소설책

에게 예쁜 옷을 입히고 방으로 들어가게 하였다.

이에 노한 왕은 도미의 두 눈을 멀게 하고 배에 태워 강에 띄웠다. 그리고는 그 아내를 불러 수청守廳을 들라 하였다. 도미의 아내는 이번에도 목욕을 하겠다고 속여 자리를 빠져나와 어느 강가에 이르렀는데 갑자기 배 한 척이 나타나 그녀를 눈먼 남편에게로 데려갔다. 그들은 고구려로 가서 풀뿌리로 연명하는 등 어렵게 살다가 죽었다고 한다.

짧은 이야기지만 여기서 몇 가지 사실을 유추할 수 있다. 첫째, 백제 사회에서 여자의 정절이 매우 중시되고 있었다는 사실, 둘째, 한 평범한 여인이 왕의 권력에 맞서 자신의 정절貞節을 끝까지 지키는 당시 여성의 성가치性價値, 셋째, 도미는 일반 평민平民임에도 여종이 있었다는 점, 넷째, 노비와 같은 천민층賤民層이 있었다는 사실, 다섯

째, 천민층 여인들의 성은 사회적으로 인정도 보호도 받지 못했다는 사실들이다.

또 〈동국여지승람〉의 인물열녀항人物烈女項에 다음과 같은 내용이 있다. '지리산녀는 구례현의 여자인데 그 얼굴이 아름다웠으며 살림은 가난하나 부도婦道를 다하였다. 왕이 이 여인의 자색姿色이 뛰어남을 듣고 궁으로 데려가려고 하자 그녀는 죽음을 맹세하여 좇지 않고 자신의 심정을 '지리산가'라는 노래로 지어 불렀다고 한다. 가사는 남아있지 않고 〈고려사高麗史 악지樂志〉에 그 유래만 전한다. 어떤 이는 이 지리산녀가 〈삼국사기〉 열전에 기록된 도미의 처이고, 백제왕은 개루왕일 것이라고 했다.

● 한주미녀韓珠美女

고구려의 22대 안장왕安臧王이 510년경 태자太子 시절 백제에 빼앗긴 영토를 되찾기 위해 지금의 행주산성幸州山城 부근을 염탐하러 나갔다가 한주미녀로 알려진 한 백제의 여인을 만나 사랑에 빠지게 된다. 그러나 임무가 끝나자 태자는 돌아올 약속만 남긴 채 다시 고구려로 갔다.

하지만 태자는 왕위 등극登極과 백제 침공 준비 등으로 바쁜 채 여러 해가 흘렀고, 그동안 한주미녀는 마치 '춘향전春香傳'의 춘향과 똑같은 시련을 겪게 된다. 생일을 맞은 백제 태수는 한주미녀를 불러 수청을 강요하지만, 그녀는 '정혼定婚한 사람이 있다'며 끝까지 거부하고 옥에 갇힌 채 죽음을 기다리고 있었다. 이 때 관아官衙를 에워싸고 있던 광대패들이 갑자기 백제 군사를 공격한다. 고구려의 을밀乙密장군과 그의 부하들이 변장하고 있다가 기습을 한 것이다. 한주미녀는 이곳을 무사히 빠져 나와 고봉산에 올라 봉화烽火를 올려 국경에서 기다리고 있던 안장왕과 고구려군을 기쁨으로 맞이한다. 이후 안장왕은 이 일대를 점령하고 그녀를 고구려로 데리고 가 왕비로 삼았다고 한다.

장군 을밀은 왕의 누이동생인 안학安鶴을 짝사랑하면서도 신분의 차이로 말도 못하던 터였는데, 이로 인해 소원을 성취하게 된다. 그리고 평양의 을밀대는 그의 이름에서 유래한다.

평양의 을밀대. 우하右下는 1931년 5월 29일 이 곳 지붕으로 올라가 임금삭감에 반대해 우리나라 노동운동사에서 최초의 고공농성을 벌이고 있는 강주룡 여사.

이 쯤 되면 조선 중기에 나온 춘향전의 원전이라는 주장도 빈말이 아닌 듯하다. 〈조선상고사〉의 저자인 신채호申采浩는 정몽주의 '단심가丹心歌'도 한주미녀가 옥에 갇혀 있을 때 자신의 정절을 알리기 위해 지은 것이라고 했다.

    이 몸이 죽어죽어 일백 번 고쳐죽어
    백골이 진토 되어 넋이라도 있고 없고
    임 향한 일편단심이야 가실 줄이 있으랴.

신라新羅와 달리 백제의 성 문화는 어느 정도 보수적保守的이었던 듯하다. 도미부인의 경우도 그렇지만 여인으로서 두 남자를 섬길 수 없다는 유교적 사고가 느껴지는데, 어쩌면 해상무역 등으로 중국中國, 왜倭 등과 자주 교류하면서 동쪽에 따로 떨어져 있던 신라나 중국과 늘 대립관계에 있던 고구려와는 또 다른 문화를 갖고 있었을 가능성이 있다. 기록이 별로 남아있지 않은 것이 유감遺憾이다.

정몽주의 '단심가'는 이방원의 '하여가何如歌'에 답하여 그가 죽기 전에 읊은 것으로 알려져 있지만 위화도회군 직후에 쓴 글이라고 주장하는 학자들도 있다. 아무리 읽어도 사랑 노래에 더 가까운 이 글이 어쩌면 정몽주가 한주의 시를 인용한 것일 수도 있다는 생각도 있다.

● 서동요薯童謠

30대 무왕의 어머니는 일찍이 과부가 되어 서라벌 남쪽 연못가에 집을 짓고 살았는데, 그 연못의 용龍과 정을 맺어 그를 낳았다고 한다. 서동薯童은 그의 아명兒名이다. 그가 항상 서여薯蕷, 麻를 캐어 팔아서 붙인 이름일 것이다.

서동과 선화공주善化公主의 유명한 사랑이야기는 신라 선덕여왕 때의 일이다. 〈삼국유사〉에 의하면 선화는 선덕의 친동생이다. 우연히 선화를 본 백제의 서동은 그녀의 아름다움에 반하여 서라벌로 건너가 아이들에게 엿飴, 밤栗 등을 나누어주고 꾀어 소위 서동요를 부르게 하였다.

> 선화 공주니믄/남 그즈지 얼어 두고/맛둥방을/바매 몰 안고 가다 (선화공주님은, 남 몰래 시집가 두고, 맛둥 서방을, 밤에 몰래 안고 잔다).

그런데 여기서 마지막 구절(夜矣卯乙抱遺去如)의 원래 의미가 '밤마다 그의 불알을 만진다'는 뜻이라는 해석도 있으니, 연구해 볼만한 부분이다. 어쩌면 꽤 선동적인 노래였을지도 모른다. 이 노래가 서라벌에 퍼져 마침내 궁궐에까지 알려지자, 공주는 먼 곳으로 유배流配를 가게 되는데, 유배 길에 서동이 그를 모시겠다고 하였고 공주는 그와 몰래 정을 통하여 서동은 소원성취를 했다고 한다.

2009년 발굴된 미륵사의 사리구 유물에서 '무왕의 비는 백제 관리의 딸' 이라는 글귀가 있어, '서동요'의 얘기가 허구라는 설도 나왔다.

 물론 설화적 부분이 있지만 적어도 공주가 마를 캐는 서동과 자의自意에 의한 야합을 할 수 있다는 내용은 당시의 성이 자유스러웠음을 짐작하게 하고도 남는다. 서동이 신라에서는 천민이었기 때문이다.

 서동이 후에 왕위에 올라 무왕이 되었다는 이야기를 못 믿는 학자들도 많다. 서동은 익산지역에서 마를 캐며 빈한하게 살던 몰락한 왕족출신이었기 때문이다. 그러나 국경을 넘는 러브스토리를 간직한 이들의 이야기는 사실일 가능성도 있다.

 어쩌면 백제판 '강화도령'일 수도 있다. 당시 관산성管山城 전투에서 신라에게 대패한 이후 실권을 장악한 귀족세력들의 정치적 영향력은 대단하여, 위덕왕 사후死後에 태자가 있었음에도 나이가 많은 위덕왕의 동생인 혜왕을 즉위시켰고, 왕흥사王興寺를 창건하는 등 왕권강화를 위해 노력하던 법왕이 재위 2년 만에 죽자 만만한 왕재王才를 물색했을 가능성이 높기 때문이다. 법왕 다음이 무왕이다.

 무왕은 실권귀족들의 정략적 타산에 의해 왕위에 오르지만 왕이 된 이후에는 왕권을 회복하기 위해 일련의 개혁정책을 추진하였다. 선화공주와의 결혼을 통한 신라와의 유대 강화, 미륵사彌勒寺의 창건, 전륜성왕轉輪聖王의 자처, 익산으로의 천도遷都 등이 그렇다.

의자왕과 삼천궁녀

백제의 마지막 임금인 의자왕은 유교적儒敎的 도덕관道德觀에 충실하여 당시 중국에 의해 '해동증자海東曾子'라고 불리기까지 했다. 그런데도 그가 궁녀를 삼천 씩이나 두고 음란과 향락에 빠져 술 마시기를 그치지 않아 충신으로 알려진 성충成忠이 이를 말리자 그를 옥에 가두는 등 폭정을 해서 나라를 망친 것으로 알려져 있다.

삼천 궁녀를 처음 언급한 윤승한의 소설 〈김유신〉 1941년.

역사歷史는 승자勝者에 의하여 기록되는 경우가 많기 때문에 망국亡國의 왕이 억울한 누명陋名을 쓰기도 하지만, 의자왕이 삼천궁녀와 방탕하게 놀았고, 그 많은 궁녀들이 낙화암에서 투신자살을 했다는 이야기는 매우 믿기 어렵다. 그러나 의자왕이 서자庶子만 41명이 있다는 기록도 있으므로 많은 여인들을 가까이 한 것은 사실일 것이다. 즉위 16년부터 의자왕의 황음荒淫이 시작되면서 좌평 성충을 투옥하고 자신의 서자 모두를 좌평佐平에 임명한 것을 보면 말기에는 자포자기 상태의 통치를 한 것은 분명해 보인다.

조선 영조 때 안정복이 쓴 〈동사강목東史綱目〉에는 삼천궁녀가 아니라 비빈 몇諸姬이 자살한 것으로 되어 있다. 이 책은 〈삼국사기〉, 〈삼국유사〉, 〈고려사〉, 〈동국통감〉 같은 기존 역사서에 오류가 많다는 이유로 쓴 책이다.

낙화암에 대해 언급한 최초의 기록은 일연이 쓴 〈삼국유사〉이긴 하지만 다만 '궁녀들이 왕포암王浦巖에 올라 물로 뛰어들어 자살하여 타사암墮死巖이라는 이름이 붙여졌다'라고만 되어 있을 뿐 3천 명은 언급되어 있지 않다. 3천 궁녀를 맨 처음 언급한 글은 윤승한尹昇漢이 지은 소설 〈김유신〉(1941년)이고, 최초의 공식 기록은 이홍직李弘稙이 쓴 〈국사대사전〉(1962년)의 '낙화암' 조항에서이다. 이들은 아마 조선조 초기 김흔이라는 문신이 '낙화암'이란 시에 '삼천의 가무 노래에 몸을 맡겨, 꽃 지고 옥 부서지듯 물 따라 가버렸네'라고 한 구절에서 따왔을 가능성이 많은데, 기실 3천이니, 9천이니 하는 것은 동양식 과장에서 흔히 쓰는 것이고 보면 실제는 수십 정도의 궁녀가 떨어진 것이 과장되었을 가능성이 많다.

'비류직하 삼천척하니 의시은하 낙구천飛流直下三千尺 疑是銀河落九天이라', 즉 '물길이 삼천 척을 떨어지니 마치 은하가 구천 척을 떨어지는 것과 같아 보이는구나.'는 허생전에서 지붕이 새어 빗물이 바닥에 떨어지는 것을 보며 하는 얘긴데, 필자가 어렸을 적만 해도 취객이 청계천에 방뇨放尿를 하며 읊던 구절이기도 하다.

조선조 때 궁녀의 수가 많아야 5백 정도였던 것과 당시 사비 부여의 여자 인구가 2만 5천 정도였던 것, 그리고 사비성터가 별로 크지 않았던 것을 생각해 보면 3천 궁녀는 지나친 과장이었음이 확실하다.

의롭고 자애로운 왕이란 뜻의 의자왕은 대세가 완전히 기운 것을 알고 백성들의 희생을 줄이기 위하여 바로 항복한다. 마지막 왕후로 알려진 은고恩古와 왕자들과 함께 당으로 끌려갔고, 그 곳에서 은고와 함께 자살한 것으로 보인다. 은고는 의자왕과의 첫 만남에서 '신라는 음양陰陽이 잘 조화된 나라인데, 백제는 양陽만 있다'고 하여 왕의 호기심을 샀다고도 한다. 일본서기에 의하면 '은고는 대대로 상단商團을 이끄는 집안의 딸이었는데, 의자왕은 궁 밖에서 우연히 그녀를 보고 그 미모에 반하여 후궁으로 책봉하여 목비라고 불렀다. 그 후 아들 부여 효를 낳았다. 왕후 연씨가 목비를 질투하여 구박하다가 오히려 쫓겨나고 목비가 왕후에 오르게 되었다'고 했다.

부여에 있는 대당평백제국大唐平百濟國의 비문과 일본서기에는 백제의 군대부인郡大夫人이라는 요녀가 백제 멸망에 크게 작용했다고 기록되어 있는데, 아마 은고를 의미했을 것으로 보인다.

의자왕 때 강물에 여자 시신屍身이 떠내려 왔는데, 그 길이가 18척尺이라 했다. 그러나 〈삼국유사〉 등에 몇 번 나오는 여자 거인巨人의 이야기는 아마 망국亡國에 임박해서 떠돌던 유언비어流言蜚語 중의 하나였을 것으로 보인다.

나당연합군에 의해 멸망한 백제와 고구려의 역사 기록물들은 두 나라 특히 당나라의 소정방 등에 의하여 철저히 파괴되었다. 당시에는 역사서를 비롯한 귀중한 사료들을 일반 가정에서는 갖고 있지 아니하였으므로 나라의 서고書庫를 불태움으로써 거의 다 소진되었다고 보아야 할 것이다.

고구려의 경우, 이웃하고 있던 중국의 사가史家들에 의하여 기록된 내용들이 그래도 많이 남아 당시의 성 풍습 등을 짐작케 하지만 백제의 경우는 중국인의 기록마저 거의 없어 〈삼국사기〉나 〈삼국유사〉 및 야사에 기록된 내용에서 겨우 추측해야 할 따름임이 안타깝다.

● 복신福信은 동성애자

백제가 망한 후 부흥군을 만들어 당과 맞섰던 복신은 동성애자였다. 그는 풍왕豊王, 扶餘豊이라고도 하는데 부여는 백제왕가의 姓임과 일본의 텐지天智 천황과 보황녀寶皇女가 지원해준 왜군의 도움으로 소정방 군대를 격퇴하고 막강한 힘으로 처음에는 사비성을 공격하여 나당羅唐

연합군의 희생자가 무려 1만 명이나 되었다고 한다.

그러나 불행하게도 복신과 동료인 도침道琛 사이에 알력이 생기는데, 그 시작이 두 사람의 하인들 사이의 싸움에서 비롯되었다고 한다. 복신의 남색男色 상대였던 하인인 수경秀景이 도침의 하인들에게 매를 심하게 맞은 데 대한 분노가 문제였다. 결국 복신이 도침을 죽이고 그 아래 군사들을 아우른 뒤 풍왕마저 제거하려다 오히려 그에게 살해당한 사건이 벌어지면서 백제의 부흥 노력은 실패로 돌아간다.

풍왕은 백제의 제32대 국왕인 셈이다. 의자왕의 아들로 왜와의 우호관계를 위해 파견되어 체류하다가 660년 백제가 멸망하자 귀국하여 복신이 이끄는 부흥군에 의해 백제왕으로 추대되었으나, 663년 백강 전투에서 나당연합군에게 패배한 뒤 죽음을 당하였다.

남색을 주제로 한 소설 '단수'

백제는 대방(지금의 황해도 지방에 있던 군) 및 일본과도 혼인 관계를 맺었다. 개루왕은 맏딸을 왜국의 웅략천황雄畧天皇에게로 시집보냈고, 왕족이었던 사이군의 후손인 신립공주新笠公主는 광인천황光仁天皇에게 시집가서 나중에 환무천황桓武天皇을 낳았다.

의자왕의 아들 풍은 왜국에 인질로 가 있는 동아 다신장부多臣蔣敷의 누이와 혼인을 하는 등 백제와 일본 사이에 정략혼이었을 수도 있지만 국제결혼이 자주 있었음을 알 수 있다.

극염極艶, 미모의 극치이라고까지 기록되어 있는 고구려 출신의 여자

노비인 옥소는 나라가 망한 후 중국에 잡혀와 있었다. 어느 날 주인을 독살하려다 들켜 고구려인 연인과 탈출을 하다 잡혀 같이 참형을 당했는데, 중국으로 잡혀간 고구려 유민의 운명을 보는 듯 안타까운 일면도 있다. 삼국 중에 고구려 여인들이 가장 아름다웠다는 이야기도 있고, 전각 사방에 거울을 달아 궁녀와 방사할 때 사방에 그 모습이 비치도록 했다는 호색한 수양제의 궁녀들 중 반은 고구려 여자들이었다는 것으로 보아 이들의 미모가 뛰어났던 것 같다.

남색은 한중일 역사에서 여러 번 등장한다. 남자동성애를 중국에서는 분여도分餘桃 또는 단수斷袖라고도 한다. 분여도란 위나라 왕 영공靈公이 동성애 상대인 신하 미자하彌子瑕가 먹던 복숭아를 왕을 위해 남겨둔 이야기에서 유래하며, 단수는 한漢의 애제가 동현과 낮잠을 자다 그를 깨우지 않기 위해 자신의 옷소매를 잘랐다는 이야기에서 유래한다.

가야伽耶

〈가락국기駕洛國記〉라 하여 1084년에 편찬된 가야의 역사책이 있었다고 〈삼국유사〉에 소개되었지만 현재 남아 있지 않다. 저자는 금관주金官州, 김해의 지사知事였던 문인이었다고 한다. 〈삼국유사〉에 요약된 내용들은 그러나 대부분 설화적이고 후대에 조작된 흔적들이 보여 역사적 사실로서 그대로 받아들이기에 문제점이 있다고 한다.

특히 건국부터 멸망 때까지 왕위계승을 모두 부자상속으로 처리한 것은 당시의 다른 삼국과 비교해 볼 때 그대로 믿기가 힘들다. 또 가야가 멸망한 다음부터 사용된 김 씨金氏 성을 왕실의 성으로 사용한 것으로 보아 김해김씨의 족보를 참조하였을 가능성도 없지 않다.

낙동강洛東江 동쪽에 위치했던 (낙동강은 가락의 동쪽 강이란 뜻) 금관가야는 서기 42년부터 532년까지, 그리고 가야의 완전 멸망은 서기 562년으로 백제의 멸망보다 약 1백 년 전이었으므로 당시를 삼국이라 함은 옳지 않고 사국四國이라 해야 할 것 같다. 일본이 자신들이 주장하는 임나국과 지리적으로 중복되기 때문에 친일사학자親日史學者들이 가야의 역사에 소극적이었다는 이야기도 있었지만 지금은 제대로 바로잡아야 할 것이다.

구지가龜旨歌

 신라 유리왕 19년 3월의 어느 날, 이 곳 마을 사람들은 북쪽 구지봉龜旨峯에서 이상한 소리가 나는 것을 들었다. 마을 사람들이 그 곳에 가 보니, 사람은 보이지 않고, 산꼭대기에서 흙을 뿌리면서 '구지가를 부르고 춤을 추면 곧 대왕을 맞이하게 될 것'이라는 소리만 들렸다.

1995년 정부 발행의 '구지가' 우표 시트

 마을 사람들이 그 말에 모두 기뻐하며 노래하고 춤을 추자, 하늘에서 한 줄기 빛이 땅에 떨어졌고, 거기에는 붉은 보자기에 싸인 금합金盒이 있었다. 그 뚜껑을 열자 황금빛 알이 6개가 있었는데, 12일이 지난 후에 거기에서 사내아기가 차례로 나와 후에 6가야국의 왕이 되는데, 그중 가장 먼저 태어난 아이를 수로首露라고 했다. 주민들은 수로

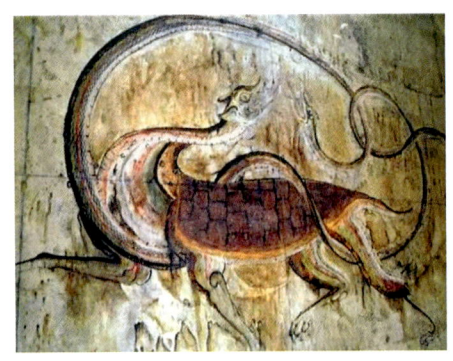

현무도 중 숫거북이 뱀에게 암 거북이를 빼앗긴 그림이 있다.

를 가락국의 왕으로 모셨고, 다른 아이들은 각각 5가야의 왕이 되었다. 수로는 즉위 후 관직을 정비하고 도읍을 정하여 국가의 기반을 확립했다. 그리고 바다를 건너온 아유타국의 왕녀인 허황옥許黃玉을 왕비로 맞았다.

전설에 의하면 김수로왕의 음경陰莖은 그 크기가 하도 커서 선암진이라는 작은 강에 걸쳐 놓으면 다리 역할을 해서 사람들이 강을 건너다닐 수 있었다고 한다.

구지가가 무엇인가?

'거북아 거북아(龜何龜何)
머리를 내어라(首其現也)
내놓지 않으면(若不現也)
구워서 먹으리(燔灼而喫也)'

그 후 조선조 때까지도 일하면서 부르거나 의식 때 부르던 노래인데 선인들의 성욕에 대한 은유적인 표현으로 또는 이를 통해 귀신을 쫓는 주문으로 보기도 한다. '머리를 내놓는다'는 것은 새로운 생명의 탄생을 뜻하여 왕이 탄생하는 것을 의미할 수도 있지만, 거북이 머리는 남자의 귀두龜頭를 의미하여 이를 통해 남녀의 성관계가 시작이 될 수 있으므로 발기를 바라는 또는 암시하는 내용일 수 있다. 기실 '수로'라는 왕의 명칭도 머리를 내어 놓았다는 뜻이기도 하다.

이렇게 해석이 어려웠던 구지가는 그 후 약 7백년 후에 나오는 해가사海歌詞라는 시와 흡사하여 그 가사를 보면 무엇을 의미하는 노래였는지 짐작할 수 있게 된다.

해가사의 가사는 다음과 같다.

거북아 거북아 수로水路를 내놓아라(龜乎龜乎出水路)
남의 아내를 빼앗아 간 죄 얼마나 큰가(掠人婦女罪何極)
네가 만일 패역하여 내놓지 않으면(汝躍悖逆不出獻)
그물로 잡아서 구워 먹으리라(入網捕掠燔之喫)

결국 처용가와 구지가의 가사를 연계連繫시켜보면 남의 부인을 빼앗아간 주범主犯이 거북이 머리임을 알 수 있다. 이어서 처용가 가사도 자기 아내를 같은 주범에게 빼앗겼다는 거북이龜를 주인공으로 삼은 무가巫歌, 무속의 노래와 무관치 않음을 느끼게 한다.

고구려 고분벽화 중의 하나인 널방 북벽의 현무도玄武圖에는 숫 거북이 뱀에게 암 거북을 뺏긴 그림이 있는데(龜鱉之類 天性無雄 以蛇爲雄), 이 또한 〈삼국유사〉에 나오는 가사들과 관련이 있을 수도 있다고 본다. 중국에서 가장 심한 욕인 '왕빠단王八蛋'은 거북이 뱀과 교미를 해서 알을 낳는다고 믿었던 당시 사람들이 거북이 바람피워서 낳은 알이라는 뜻이다.

시대 순으로 보면 구지가(42년), 고구려 고분벽화인 현무도(4~7세기), 해가사(702-736년), 처용가(875~885년) 순이므로 참고할 일이다.

● 허황옥許黃玉

인도 남부에 있었던 유타국의 열여섯 살의 공주 허황옥은 부모님의 꿈 이야기에 따라 시종, 노비들을 데리고 먼 뱃길을 떠나 가락국(본가야인 금관가야)으로 왔다. 그녀 일행은 배에 각종 비단과 의복, 피륙과 금, 은, 보석 등의 패물을 가득 싣고 왔다. 그리고 가야의 도두촌渡頭村이란 곳에 도착했다. 그녀의 배를 본 가야인

김해시 구산동에 있는 허황후의 능

들은 기뻐서 탄성을 올렸다고 한다.

부산 강서구 흥국사에는 김수로왕과 허황후가 첫날밤을 보냈다는 곳도 있고(48년) 이들의 만남을 새긴 파사각婆娑閣도 있다. 일설에는 이 때 처음으로 불교가 들어왔다고도 하는데伽耶佛敎, 확실한 고증은 없다.

〈삼국유사〉에 의하면 허황옥이 김해의 별포 나루에 도착하자마자 입고 있던 비단 바지를 벗어 산신령에게 바쳤다고 한다. 이를 지모신地母神을 상징하는 여사제의 역할을 했다고 해석하거나 성기노출을 통해 다산과 풍요를 빈 것이라고도 하는데, 그녀의 인도 도래설과 가야불교의 존재 자체가 확인될 때까지는 설화로 보는 것이 타당할 것이다.

허황후가 데려온 신하들도 모두 가락국의 귀족이 되었고, 2대 거등居登왕, 3대 마품왕을 비롯하여 5대 이품왕까지 인도에서 데려온 신하들의 자녀들을 왕비로 맞았으니 당시 허황후의 권력이 막강했음을 알 수 있다.

허황후는 일곱 아들을 낳았는데 장자 거등은 태자에 봉했고, 차자는 어머니의 성을 따라 허 씨가 됐다. 김해 허 씨의 시조다.

신라 新羅

● 박혁거세

    기원전 69년, 여섯 마을의 촌장村長들이 각기 자기 자녀들과 함께 알천閼川 언덕에 모여 임금을 모실 논의들을 하고 있을 때, 남쪽 양산 기슭에 번갯불 같은 이상한 기운이 보였다. 가까이 가보니 나정蘿井이라는 우물 곁에서 빛이 솟아오르고 있었고, 그 옆에는 하얀 말 한 마리가 절하는 것처럼 한참 꿇어 엎드려 있다가 소리쳐 울고 하늘로 날아올라갔다. 그리고는 그곳에 자줏빛의 큰 알이 하나 놓여 있었다.

    곧이어 알이 깨지면서 그 안에서 생김새가 몹시 단정하고 아름다운 한 사내아이가 나왔다. 아기의 몸에서는 광채가 나고, 짐승들이 몰려와 덩달아 노래를 부르며 춤을 추었고, 하늘과 땅이 울렁이며 태양과 달의 빛이 더욱 밝아졌다. 촌장들은 그 알이 매우 커서 박과 같다고 하여 성을 '박朴' 이름을 '혁거세赫居世'라고 지었다.

    혁거세 거서간居西干은 13살에 왕위에 올라 서라벌 첫 번째 왕이 되었다.

    동서를 막론하고 시조 왕들은 대개 세 가지 출생 신화를 가지고 있는 경우가 많은데, 즉 하늘의 기氣를 받아 잉태된 경우와 신비로운 상징totem과의 관계 또는 뛰어난 사람과의 관계에서 태어난 경우가 그것이다. 신라의 박혁거세 역시 하늘의 기를 받은, 즉 초인간超人間과의 관계를 통해 알의 형태로 출생한 경우라고 할 수 있다.

알은 생식의 한 수단이기도 하지만 위대한 개국시조들이 평범하게 여자의 성기에서 나왔다는 것을 부정하기 위하여 동서 모두에서 많이 인용된다. 박혁거세의 부인이 되는 알영閼英은 용의 옆구리에서 그리고 석가모니가 마야부인의 오른쪽 옆구리로부터 탄생했다는 것도 같은 개념의 설화일 것이다.

또 '알'은 성과 관련된 여러 단어들에 자주 나온다. 즉 공알(음핵), 불알(고환), 입알(키스)들이다.

● 토우土偶와 목제남근木製男根

신라 초기에는 인간의 생식기를 다산, 풍요와 관련지어 인식하던 과거의 전통이 이어져, 성이 갖고 있는 쾌락快樂과 생식生殖의 양면성을 모두 중시한 것으로 보인다.

국보 195호로 지정된 토우부토기(土偶附土器). 여자가 엉덩이를 들고 있고 남자가 성기를 들이대는 부분이 있다.

성기 특히 남자의 성기를 과장되게 표현하고 적나라한 성행위 형상을 보여주고 있는 토우들이 많이 발견되었다. 대부분 5세기경에 만들어진 것들이다. 무덤에서 출토된 것들이 많은데, 저승세계에서의 즐겁고 평안한 성생활을 기원한 것으로 보인다. 대부분 남녀의 성기들이 과대하게 표현되어 있으며, 성교나 출산 장면 등도 대담하게 보여주고 있다.

부장품들뿐 아니라 일반 생활용구인 토기土器에도 외설적 조각들이 적잖이 있다. 신라인들은 성을 전혀 터부시하지 않고 항상 가까이 두고 봄으로써 다산과 풍요를 보장받고 싶어 했는지도 모른다. 국보 195호로 지정된 토우부토기土偶附土器에는 여자가 엉덩이를 들고 있고 남자가 성기를 들이대는 모습이 들어 있다.

경주 안압지에서 출토된 목제 남성기(딜도). 모두 4개가 나왔으며 여자들의 자위용이었을 것으로 본다. 당시 신라의 성문화를 이해하는 데 도움이 된다.

이들 토우와 함께 주목되는 성적 유물에 목제 인조남근人造男根, dildo들이 있다. 경주 안압지에서 거의 실물 크기 또는 그보다 약간 큰 인조 남근이 4점 출토되었는데, 이곳은 왕족과 귀족들이 유흥을 즐기던 곳이니 만치 궁녀들의 자위용自慰用이었을 가능성이 가장 높지만 관상용 또는 주술용이었을 가능성도 있다. 이와 같이 신라는 초기부터 성이 비교적 자유로웠음은 물론 성에 대해 매우 진보적進步的이었고 이를 뒷받침하는 문헌이나 유물들이 한 둘이 아니다.

● 망부석望夫石

사랑이 목숨보다 중하고 사랑을 위해서는 죽음도 불사하는 열정熱情의 마음은 시대를 초월한다. 남편을 기다리다 돌이 되었다는 박제상朴堤上의 부인 이야기는 물론 하나의 설화이며, 어쩌면 먼 후대에 만들어진 이야기일수도 있다. 그러나 이런 발상發想과 이를 자녀 교

울산에 있는 망부석

육에 빠뜨리지 않았던 선인들의 마음 또한 잊지 말아야 할 것이다.

19대 눌지마립간 때 고구려에 볼모로 잡혀간 왕제王弟를 구해온 박제상은 집에도 들르지 않고 바로 일본에 건너가서 또 다른 왕제를 구해 보낸 뒤에 일본에서 신라의 신하임을 고집하다가 죽는다. 그의 아내는 일본에 간 남편을 기다리다 죽어 망부석이 되고, 그곳 마을사람들은 부인을 칭송稱頌한다. 박제상의 부인은 죽어서 치鵄라는 새가 되고 같이 기다리다가 죽은 세 딸은 술述이라는 새가 되었다.

부인과 딸이 죽어서 새가 되었다고 이야기해 주는 것은 새에게는 멀리 날아가서 그리운 사람을 만날 수 있도록 날개가 달려 공간을 극복할 수 있기 때문이다. 망부석과 새로의 변신은 꾸며진 초자연적인 이야기이지만 그 외는 역사적 사실에 근거했을 것으로 본다.

소지마립간炤知麻立干

21대 소지마립간炤知麻立干은 어느 날 민정시찰을 나갔는데 갑자기 까마귀와 쥐가 와서 울더니 쥐가 '이 까마귀를 따라 가 보라'고 했다. 왕의 부하가 까마귀를 따라갔는데 중간에 돼지 두 마리가 싸우는 것을 구경하다가 그만 까마귀를 놓쳤다. 당황하고 있을 때, 옆에 있던 연못에서 한 노인이 나타나 봉투를 주었다. 그 겉에는 '열어보면 두 사람이 죽고, 열어보지 않으면 한 사람이 죽는다'라고 쓰여 있었다.

그래서 열어보니 '거문고 집을 쏘아라射琴匣'라고 쓰여 있었다. 급히 궁으로 돌아와 무사들을 시켜 거문고집을 쏘았더니 그 안에서 왕비인 선혜부인善兮夫人과 내전에서 불공을 드리는 묘심妙心이란 중이 나왔다. 왕비는 폐출廢黜 당하고, 묘심은 죽음을 당한다.

그로부터 12년 뒤 소지마립간은 변방 순찰 중에 충직한 신하인 파로波路의 접대를 받는다. 파로는 왕을 집으로 맞아 들여 그 잠자리에 자신의 아내를 들여보냈고(貸妻라고도 함), 다음날 왕이 떠날 때는 외동딸 벽화碧花를 비단으로 감싸 수레에 태워 보냈다. 이목이 두려운 왕은 그녀를 집으로 돌려보냈지만 그 미모를 잊지 못하여 자주 파로의 집을 찾았고 급기야 후궁後宮으로 데려왔다. 그런데 지나친 방사房事로 몸이 쇠약해져서 두 달 만에 세상을 버렸다고 한다. 왕의 6촌인 지증왕이 뒤를 이었고, 벽화는 그 뒤를 이어 법흥왕이 되는 김원종의 여인이 된다.

일본의 요바이夜這는 원래 밤중에 성교를 목적으로 모르는 사람의 침실에 침입하는 서西 일본의 옛 풍습이었는데, 그 중에는 길손에게 자신의 아내를 내어주는 것도 포함된다. 이 때 손님이 아내를 거절하면 그 여자는 죽음을 당하기도 했다는데, 약 천 년 전쯤 있었다 사라진 풍습이라고 한다. 그러고 보면 단순히 강간을 목적으로 남의 집에 침입하는 것이 아닌 듯 하며 오히려 우리네 '보쌈'의 일본식 버전이 아닌가 하는 생각도 들게 한다.

일본의 '요바이'. 이런 식으로 결혼에 이르기도 했다고 하므로, 일본식 '보쌈' 같은 것이었을 수도 있다.

신라新羅 97

'바렌'이란 영화에서 '이뉴잇' 에스키모로 나온 안소니 퀸은 자신의 아내를 선교사宣敎師에게 대접했는데 거절당하자 '아내는 늘 새롭다'며 그 선교사를 죽인다. 에스키모 이외에도 인도의 토다족, 시베리아의 척치족, 고대 게르만민족에게도 이런 풍습이 있었다고 하는데 매우 희귀한 경우들일 것이다. 스와핑이나 스윙잉과는 근본적으로 다른 것이므로 구분해야 한다.

그런데 비록 야사野史이지만 신라에서 이런 경우가 두 번이나 나오니 그들의 성 문화를 어떻게 봐야 할지 혼란스럽다.

또 다른 예는 김춘추의 서자인 차득공이 거사居士 차림으로 밀행하던 과정에서 안길安吉이라는 향리 집에 묵었을 때 일어난다. 안길은 밤이 되자 처첩 셋을 불러 말했다. '오늘밤에 손님을 모시고 자면 내가 몸을 마치도록 함께 살 것이오.' 이에 두 아내는, '차라리 함께 살지 못할지언정 어떻게 남과 함께 몸을 섞는단 말이오.' 했지만, 그 중의 한 아내는 '그대가 몸을 마치도록 함께 살겠다면 명령을 받들겠습니다.'라 하고 그의 뜻을 따랐다는 이야기인데, 이는 신라의 남자들이 쉽게 처첩을 버릴 수도 있었다는 의미도 된다. 또 처첩이라 함은 1처 2첩을 의미하기도 하는데 본처와 첩을 동가同價로 놓고 이런 제안을 했다면 안길의 의중意中을 의심케 하는 이야기가 되기도 한다.

● 지증왕

순장제도를 폐지한 것으로 알려진 22대 지증왕은 음경이 너무 컸다고 한다. 무려 1자 5치로 요즘 도량형度量衡으로 환산하면 약 45센티미터가 된다. 평소의 크기인지 발기되었을 때의 크기인지 모르지만 도저히 배필配匹을 구할 수가 없어 신하를 시켜 성기가 큰 여인을 구해오게 했다.

신하가 모량군 동로수 밑에 이르니 개 두 마리가 북만한 크기의 똥의 양끝을 물고 서로 다투고 있는 것을 보고, 마을 사람에게 똥의 주인을 물었다. 한 소녀가 말하기를 '이 마을 상공相公의 딸이 빨래를 하다가 숲에 숨어 눈 것입니다'라고 하므로 그 집을 찾아가니 키가 7자5치(2미터 20센티)나 되는 여자가 있어 궁중으로 맞아들여 황후로 봉하였는데, 그녀가 연제부인延帝夫人이다.

현재 생존자로 기네스북에 올라 있는 가장 큰 음경의 소유자

신라의 토우 중에서

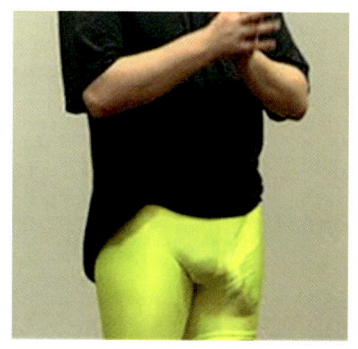

배우 조나 팰컨

는 미국의 배우이기도 한 조나 팰컨Jonah Falcon으로 그 길이가 평상시 24센티, 발기시 34센티라고 한다. 지증왕의 45센티는 과장되었을 가능성이 높지만 이 왕의 성기가 매우 컸던 것은 사실이었을 것이다. 그래도 사실을 숨기지 않고 기록한 것을 보면 몇 가지 긍정적 측면이 느껴진다. 첫째, 성기의 크기가 사회적 위상位相이나 능력能力과 연관되므로 지배자의 권위를 드러내는데 큰 역할을 할 수 있다는 점이며, 둘째, 당시 성에 대한 언어言語를 자유롭게 표현할 수 있었다는 것, 셋째, 남녀 성기의 상징적 의미를 인정하고 그 크기를 숨기지 않았다는 것이 그것이다.

● **도화녀桃花女**

성에 대해 개방적이었던 신라도 정절에 관한 규제는 있었다. 25대 진지왕이 유부녀인 도화의 아름다움에 취하여 궁중에 불러들여 접하려했지만 그녀는 죽음을 무릅쓰고 이를 거부하였다. 한 여자가 두 남편을 섬길 수 없기 때문이라고 했다.

왕은 '남편이 없으면 받아들일 수 있겠는가' 하고 물었는데, 도화녀가 그럴 수 있다고 대답했다고 한다. 남편에 대한 정절은 지켜도 사별한 과부인 경우의 남자 관계는 비교적 관대하게 받아들여지고 있었다는 뜻이 된다.

이야기는 계속되어 진지왕이 죽고 이어 도화의 남편도 죽은 지 열흘이 지났을 때쯤 진지왕의 혼魂이 도화의 방에 나타나 함께 자기를 원했고, 그녀도 이를 따랐다고 한다.

'처녀가 애를 배도 할 말이 있다'는 우리 속담이 있는데, 이 핑계들 중에는 동물, 귀신, 또는 꿈에 나타난 남자들이 등장하는 경우도 많았으므로 확실한 것은 본인만 알겠지만 하여튼 도화는 이렇게 임신을 하여 비형鼻荊이라는 아들을 낳았다. 이렇게 태어난 아이를 귀태鬼胎라고 한다. 비형은 진평왕에 의하여 궁에서 자라게 되며, 후에 도깨비들을 마음대로 부리는 인물로 기록되기도 한다.

진지왕에게는 원래 두 아들이 있었는데, 용수龍樹와 용춘龍春이었다. 〈삼국사기〉와 〈삼국유사〉는 용수와 용춘을 각각 혼동하여 기록하기도 하여, 후세 사람들이 두

중국의 '귀태' 영화, '경성 81호'의 한 장면

사람을 동일인으로 보기도 했다.

그러나 〈화랑세기〉에는 분명히 형제지간으로 되어 있다. 형인 용수는 진평왕의 딸이자 선덕여왕과 자매사이였던 천명부인天明夫人을 아내로 맞아 아들 춘추를 낳았고 벼슬이 대장군에까지 이르렀으나 일찍 죽었다. 그는 아우 용춘에게 아내와 아들을 부탁했고, 용춘은 이들을 자신의 처자로 삼았으며, 춘추는 후에 태종무열왕이 된다.

원래 용수와 용춘은 둘 다 천명을 사모했었다. 천명의 모친인 마야왕후는 어느 날 궁중에서 잔치를 벌이면서 용춘을 불러 천명과 함께 지내도록 했고 둘이는 각별한 사이로 보였다. 천명공주가 사랑하는 인물이 자신이 아니라 동생임을 알게 된 용수는 공주를 동생에게 양보하려 했으나 아우는 힘써 사양해서 형과 결혼하도록 했었던 터였다. 그러나 용춘을 진정으로 사랑했던 여자는 후에 선덕여왕이 되는 덕만 공주였다. 그리고 이들은 한 때 부부로 살기까지 했다. 이런 복잡한 상황들이 천명공주의 거취에도 영향을 미쳤을 것이다. 여하튼 고구려나 북방의 기마민족에서 보던 형사취수의 경우가 신라에도 있었다는 이야기이므로 흥미롭다.

〈삼국사기〉에는 선덕을 천명의 언니라 했지만 〈화랑세기〉에는 천명을 언니라 했다. 그러나 선덕여왕이 죽었을 때 왕위가 사촌인 진덕眞德에게 간 것으로 보아 선덕보다 일찍 몰沒했고 언니이었을 가능성이 더 높다.

필자는 이와 같이 〈삼국사기〉나 〈삼국유사〉와 내용이 다른 점이 오히려 〈화랑세기〉가 위서僞書가 아닐 가능성을 높여준다고 생각한다. 인척관계를 일부러 조작할 이유는 없는 일이기 때문이다.

옥문곡玉門谷

신라 27대 선덕여왕은 매우 총명하고도 현명한 여왕이었다. 한 번은 중국의 황제로부터 작약芍藥 꽃씨와 그림 한 폭을 선물로 받았는데, 여왕은 이 선물을 보고 '이 꽃에는 향기가 없을 것이다'라는 말을 했다. 신하들이 그 이유를 묻자 '그림에 나비가 그려져 있지 않기 때문'이라고 했다. 황제가 독신인 자신에게 놀리려고 일부러 그런 선물을 보낸 것을 알았던 것이다.

경주시 건천읍乾川邑과 산내면山內面 사이에 있는 부산富山은 640미터의 낮은 산이지만 유명有名한 전설傳說을 간직한 여근곡女根谷이 있다. 산 지형이 꼭 여자가 다리를 벌리고 있는 형상이어서 오래 전부터 그렇게 불렀는데, 그곳에는 옥문지玉門池라는 우물도 있다. 산허리를 뻗은 능선은 '썹들'이라고 부르는데, 이 이름도 여근곡과 무관하지 않다고 본다. 이곳은 워낙 음기陰氣가 세어 견디지 못하고 밖으로 나가기 때문에 이 마을에 바람난 처녀가 많다는 우스갯말도 있다.

선덕여왕 5년 어느 추운 겨울이었다. 갑자기 개구리들의 울음소리가 궁안 옥문곡玉門谷, 女根谷 또는 보지 골에서 시끄럽게 들려왔다. 한 겨울의 개구리 소리이니 불길한 징조徵兆라고 모두 수군거리고 있는데, 여왕은 김유신을 불러 명령했다.

'지금 당장 달려가 서북쪽 여근곡에 있

옥문곡

는 적을 섬멸하라.' 과연 썹들 여근곡에 약 500여 명의 백제 군사가 숨어서 진을 치고 있었다. 물론 출동한 신라군은 이들을 모두 섬멸할 수 있었다. 신하들이 어떻게 알았느냐고 묻자 '옥문玉門은 여근女根으로, 여자는 음陰이며, 음은 흰색인데, 흰색은 서쪽을 의미하므로 이로써 알았다. 원래 남근이 옥문에 들어가면 힘을 잃고, 맥을 추지 못하게 되어 있으니 죽는 것이 당연한 일이 아닌가. 이로써 쉽게 잡을 줄 알았다'고 했다.

● 근친혼近親婚

신라는 박, 석, 김 등 다른 성의 왕들이 배출됨으로써 왕실의 순수 혈통인 성골成骨 위주의 왕위계승을 위한 목적으로 근친혼을 장려했던 것으로 보인다. 또 이는 왕실 권력의 분산分散을 방지하고 왕권을 공고히 하는 데에도 도움이 되는 일이었다. 그래서인지 왕실의 근친혼이 고구려나 백제 및 가야에 비하여 월등히 많았다.

8대 아달라 이사금은 5촌 조카인 6대 지마이사금의 딸 내례부인을 아내로 맞았다. 10대 내해이사금은 4촌간인 11대 조분이사금의 누이를 왕비로 맞았으며, 조분이사금은 5촌 종질인 나해이사금의 딸 아이혜부인을 왕비로 맞아들였다. 16대 흘해이사금의 아버지인 우로는 11대 조분이사금의 딸인 명원부인과 결혼하였는데, 이들은 6촌간이었다. 왕실의 근친혼은 17대 내물마립간 때부터 더 심해진다. 그의 왕비인 보반부인은 삼촌인 미추이사금의 딸이니 4촌간이었으며, 21대 소지마립간의 왕비는 아버지 자비왕의 4촌이니 종고모(5촌간)와 결혼한 셈이 된다.

22대 지증왕의 큰 아들은 23대 법흥왕이고, 작은 아들은 입종갈문

왕인데 형인 법흥왕의 딸인 지소와 결혼하여 24대 진흥왕을 낳았다. 갈문왕이란 신라의 왕자 등 가까운 왕족으로 왕이 되지 못했을 때의 호칭이다.

울주 천전리 각석

울주蔚州 태화강의 지류인 대곡천의 상류에 있는 천전리川前里 각석 刻石에는 신석기 시대부터 신라시대까지의 수많은 도형과 문자들이 새겨 있어 국보 147호로 지정되어 있다. 525년 이곳에 갈문왕이 누이 어사추여랑과의 사랑을 알 수 있도록 글을 남겨놓은 것이 있어 이를 원명原銘이라 하는데, 539년에는 그의 부인인 지소가 아들(후에 진흥왕)을 데리고 와서 글을 남겨 이를 추명追銘이라 한다. 어떻게 두 오누이간의 사랑이 이루어지지 않았는지, 어떻게 그런 원명이 있는지 알고 지소는 남편과 남편의 누이가 이미 타계했는데도 거기까지 와서 덧붙이는 글을 쓰게 됐는지는 알 수 없다.

29대 태종 무열왕의 어머니인 천명부인은 진평왕의 딸이었는데, 4촌인 진지왕의 아들 용춘에게 시집을 갔다. 용수와 용춘 두 형제와 형사취수의 경우처럼 살았다는 기록이 있음은 앞에서 말한 대로이다.

헌강왕의 동생으로 51대 왕위에 올랐던 진성여왕은 소녀시절부터 숙부인 위홍과 정을 통했는데, 이와 같은 근친상간은 고려 초기의 왕실에까지 이어진다.

화랑세기 花郎世記

〈화랑세기〉는 성덕왕 (702-737년) 때 김대문에 의해 저술된 책으로 〈삼국사기〉 집필에 인용된 이후 소실된 것으로 추정되어 왔다. 그러던 것이 박창화 씨가 일제 강점기에

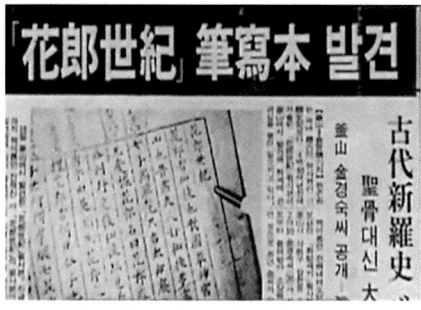

화랑세기 필사본이 발견되었다는 1989년 2월 신문 기사

일본 궁내청 서릉부에 근무하면서 필사筆寫했다고 주장하는 필사본이 1989년에 나온 이후 이어 1995년에 또 다른 필사본이 발견되어 세상에 알려졌다. 서기 540년부터 681년까지의 화랑도의 우두머리인 풍월주風月主 32명의 전기가 담겨 있는 책이다. 뒤늦게 발견된 데다가 내용이 좀 파격적이어서 계속 진위眞僞 논란에 휩싸여 있다. 그러나 당시의 성 문화를 제대로 이해 못하고 현재의 잣대로만 평가해서 오해를 하고 있을 가능성 또한 많다.

화랑은 신라시대 때 무사계급이었지만, 사실 미소년美少年들의 집단集團이었으므로 무술 이외의 다른 형태의 인간 관계들이 얽혀있었을 가능성이 얼마든지 있다. 우선 이들 사이에서 남색男色, 즉 동성애를 포함한 성에 대한 자유로운 풍습들이 있었던 것으로 보인다.

일종의 대부代父 제도인

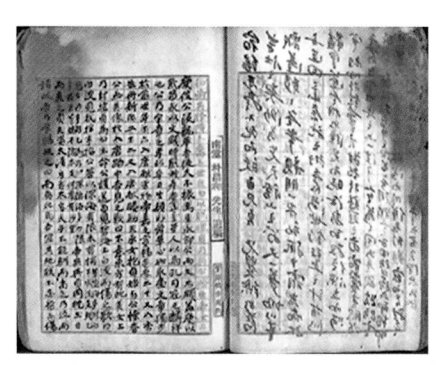

'화랑세기' 박창화 필사본

신라新羅 105

'마복자麻腹子'가 있었는데, 마복자란, 부하가 자신의 부인을 임신시킨 이후에, 상관에게 바치게 하는 것으로 상관은 부하의 부인과 성관계를 맺고 살면서 전 남편과의 사이에서 난 자식의 평생 후견인後見人이 되는 것이다. 자기 자손의 신분상승을 위하여 자신의 여인 하나를 포기하는 것이었으므로 가능할 수도 있는 일이었다. 21대 왕인 소지마립간에게는 7명의 마복자가 있었다고 하며, 유명한 화랑인 사다함斯多含 또한 마복자였는데, 그의 대부인 구리지는 변소에서 관계하여 낳았다 하여 그렇게 이름 지어졌다고도 한다.

23대 법흥왕의 빈첩인 옥진玉珍은 낮잠을 자다가 칠색조가 가슴에 들어오는 꿈을 꾸고 길몽吉夢이라 생각해 왕에게 가서 동침을 요구한다. 그러나 왕은 바쁘다며 부하인 영실과 대신 자게 했는데 여기서 태어난 딸아이가 묘도妙道이다. 묘도가 장성하여 미모가 출중해지자 옥진은 그 딸로 왕을 섬기게 했다. 그러나 묘도는 어미처럼 왕의 마음을 사지 못했다.

그 후 묘도는 법흥왕의 손자인 미진부未珍夫와 사랑을 하게 되고 그와의 사이에서 미실美室을 낳게 된다. 그 사이 법흥왕이 죽고 진흥왕이 그 뒤를 이었다. 옥진은 미실이 진흥왕과 맺어지기를 원했지만 왕의 이복동생인 세종의 첩이 된다. 미실은 첩이라는 이유로 합방을 거절하여 본처의 지위를 얻는다.

한편 진흥왕과 왕비인 숙명은 아버지가 다른 남매간異父同母이었는데, 모친의 원으로 결혼을 했지만 서로 매력을 느끼지 못한다. 그들 사이에는 후에 진지왕이 되는 태자가 있었지만 사이가 매우 좋지 않고 왕후도 4대 풍월주인 이화랑과 불륜을 저지르게 된다. 후에 이들은 결혼해서 원광법사와 보리를 낳게 되는데, 둘이 한날한시에 죽었다는 것으로 보면 혹시 비명非命에 간 것일 수도 있다.

매우 호색했던 미실은 이미 중년의 나이임에도 불구하고 진흥왕의 총애를 입게 된다. 그녀는 진흥왕의 아들인 동륜銅輪과도 인연을 맺은 터였다. 동륜은 왕의 빈첩인 보명을 사랑하여 연을 맺었는데 불행히 개에 물려죽고, 그의 동생 금륜金輪 후에 진지왕이 태자가 되었다. 금륜은 왕이 된 지 얼마 후에 폐위되고 동륜의 아들인 백정이 왕이 되니, 그가 선덕여왕의 아버지인 진평왕이다.

미실은 진평왕과도 연을 맺게 되는데, 결국 진평왕은 자신의 할아버지(진흥왕), 작은 아버지(진지왕), 그리고 아버지(동륜태자)와 몸을 섞은 여인과 함께 한 셈이다.

그러나 〈화랑세기〉의 본론인 풍월주의 이야기에서 미실과 그녀의 충신이자 마음의 애인인 설원랑薛原郎의 이야기는 다시 계속된다. 그 중에는 미실이 자기의 남동생인 미생 그리고 설원랑 셋이서 삼인성교三人性交, 트리섬를 하는 부분도 있다.

〈화랑세기〉는 이런 식으로 계속되는데, 성이 개방된 21세기의 성 태도로도 이해하기 어려우므로 당분간 위서僞書 논란은 계속될 것 같다. 여하튼 중기 신라의 성 풍습이 매우 문란했던 것은 사실이라고 보아야 할 것이다.

그러나 인간의 성은 고정된 실체가 아니며, 정상과 비정상의 경계도 뚜렷이 없는 것임도 감안勘案하여야 할 것이다.

성 행동을 결정하는 중요한 세 가지 요소는 가치價値, 욕구慾求, 그리고 능력能力이다. 그 중 가장 중요한 가치는 문화, 종교, 사상 등의 영향을 크게 받으므로 그 때 당시 사람들의 성에 대한 태도가 어떠했는가에 달려 있는 것이지, 천 년도 더 지난 지금 우리가 지금의 잣대로 평가할 일이 아닐 수도 있다. 여하튼 당시의 사랑에 근거한 남녀의 성은 신분에 별 구애를 받지 않았으며, 성 풍속도 많이 자유로워 재혼, 혼전 관계, 야합 등이 별 문제가 되지 않았던 것으로 보인다.

〈화랑세기〉의 진위론은 성에 대한 가치가 보수적인 사회가 유지되는 한 계속될 것이다. 그러나 이 책의 저자는 물론 필사자가 당대의 유학자로서 자신들이 상상을 초월하는 성적 표현이나 행위들을 창작하기는 매우 어려웠을 것으로 본다.

〈삼국사기〉 열전 '사다함' 편에 '무관랑이 죽자 7일간 통곡하다가 따라죽었다'는 구절이 있는데, 이는 사다함을 동성애자로 보기에 충분한 내용이다. 또 신라 23세 풍월주 양도는 어머니 양명고주가 아비가 다른 누이인 보량과 혼인시키려 하자 처음에 반대하다가 나중에 승낙한다. 그리고 그녀는 '참으로 내 아들이다. 신라에는 신라의 도가 있다. 어찌 중국의 도로 하겠느냐'고 칭찬하였다. 동복남매 끼리의 결혼이 신라의 도이며, 중국과 다른 것은 당연하다는 의미이다.

제주 '건강과 성 박물관'의 '걸리버가 여자라면'이란 작품인데, 발상이 삼국유사의 내용과 흡사하다.

〈삼국유사〉에 의하면 30대 문무왕이 처음 즉위한 661년에 사비의 남쪽 바다 가운데 여자의 시체가 있었는데, 키가 73척이나 되고 발 길이가 6척, 음장陰長이 3척이었다. 걸리버의 거인국에서 떠내려 온 것 같은 시체인데 이런 상상력이면 훌륭한 소설을 쓸 수 있었을 듯하다.

원화源花와 화랑花郞

신라에서는 일찍부터 애국愛國의 목적으로 자발적自發的으로 청소년들이 원화 또는 화랑이라는 단체를 조직했고, 국가에서도 이들을 정책적으로 인정하여 직속 체제하에 두고 단합團合시켰던 것으로 보인다. 국가가 필요로 하는 인재를 얻기 위한 방편으로 젊은이들을 모아 놀게 해놓고 그 행실을 보아서 적절하게 등용하려고 했던 제도인 셈이다.

진흥왕은 300여 명의 여자들을 모아 원화라 이름하고 남모南毛와 교정姣貞이라는 아름다운 두 여자를 뽑아 이들을 거느리게 했다. 그런데 이들이 서로 질투를 하여 교정이 먼저 남모를 살해하여 암매장했고, 이어 남모의 측에서는 교정을 죽이는 비극이 일어났다. 진흥왕의 모후인 지소태후는 크게 노하여 원화를 즉시 해산했다.

화랑은 순국무사殉國武士들이라고도 할 수 있다. 화랑도의 윤리적 지침이었던 '세속오계世俗五戒'를 보면 알 수 있다. 이 다섯 가지 가르침은 충성으로써 임금을 섬기고事君以忠, 효로써 부모를 섬기고事親以孝, 믿음으로써 벗을 사귀며交友以信, 전쟁에서 물러남이 없어야 하고臨戰無退, 살아있는 것을 죽일 때에는 가릴 줄 알아야 한다殺生有擇는 것이었다. 이들의 지도자 격인 풍월주風月主는 위화랑魏花郞, 화랑의 이름이 여기서 나옴으로부터 시작하

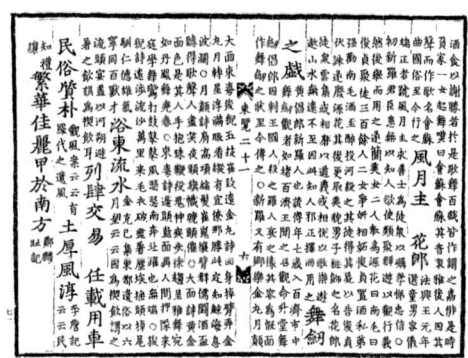

신증동국여지승람 제21권에 있는 화랑과 원화 이야기

는데, 여러 풍월주들이 그 전통을 잘 이어가 지금까지 성공적인 집단으로 전해지고 있다.

〈삼국사기〉에서 화랑에 대해 '아름다운 남자들을 뽑아서 곱게 단장하고 화랑이라 이름했는데, 무리들이 구름같이 모여들었다. 그들은 도의道義를 연마하고, 가악歌樂을 즐기며 각 곳을 유람遊覽하는데, 먼 곳이라도 다니지 않는 데가 없었다'는 기록이 있다. 이들이 무예만 연마한 것이 아님을 알 수 있다. 화랑들은 무엇보다도 인물이 뛰어났던 것 같다. 〈화랑세기〉에서 위화랑을 '공의 얼굴이 백옥白玉과 같고, 입술은 마치 붉은 연지와 같고, 맑은 눈동자와 하얀 이를 가졌는데, 말이 떨어지면 바람이 일었다'고까지 표현했다.

어쩌면 일부에서 자연스럽게 동성애同性愛의 표현을 했을 수도 있다. 원래 동성애자는 태어날 때 결정되는 것이기는 하지만 때로는 사회적 이유 때문에 일시적 동성애 행위를 하기도 한다. 특히 집단생활을 할 때 더 그렇다.

부친의 첩실인 측천무후則天武后를 사랑하여 근친상간을 범한 당 고종의 도움으로 백제와 고구려를 멸망하게 한 통일신라는 당唐나라 불교의 영향을 받아 차차 향락享樂으로 흘렀을 가능성도 있다, 왕자였던 궁예弓裔가 불교개혁을 외치며 궐 밖으로 뛰쳐나와 반란을 일으킨 것도 당시의 불교가 얼마나 타락했던가와 맥脈을 같이 한다.

● 천관녀天官女와 김유신

진평왕의 어머니인 만호태후는 남편인 동륜태자가 죽자 진흥왕의 동생인 숙흘종과 야합하여 김유신의 어머니인 만명萬明을 낳았다. 혼인하지 않고 사통하여 낳은 아이는 사자私子 또는 사녀私女라 하여 신분에 문제가 되는 터인 데다 가야왕족의 후예여서 만명은 아들의 행실에 적지 않은 주의를 기울였던 것 같다.

김유신이 말목을 자르는 바람에 유명해진 천관녀는 원래 하늘에 제사를 지내던 무녀巫女였지만, 612년 신라 왕실이 전통적인 무속 신앙을 버리고 불교를 수용함으로써 천기天妓라 부르는 왕실의 기녀妓女로 왕족의 품에만 안겨야 하는 여인으로 바뀌었다. 16살의 화랑 김유신은 그녀에게 정을 붙이고 다녔는데, 신분상승을 꿈꾸던 그의 어머니는 이를 크게 꾸짖었고 김유신도 다시는 그녀를 안 찾기로 결심했다.

그런데 김유신의 집과 천관의 집은 경주를 가로지르는 작은 내천인 남천만을 사이에 두고 있었다. 어느 날 술에 의지한 채 집으로 향하지만 습관처럼 기방妓房으로 향하는 말의 가는 길을 못 알아차렸고 결국 천관녀와 얼굴을 마주하게 된다. 그리고 주인의 뜻을 읽지 못한 말목을 자름으로써 자기의 확고한 의지를 그녀에게 보여주고 돌아선다.

어머니 때문에 사랑하는 여자와 생이별을 하고 자기 자신과 상대 여성에게 이를 확신시킬 목적으로 말의 목을 치는 유신의 마음은 현대의 가치로도 이해할 수 있을 것이다. 그러나 천녀를 진심으로 사랑했다면 그런 식으로 마음의 상처를 주어서는 안 되는 것이었다. 신라는 삼국 중 가장 여권女權이 신장되었던, 그래서 여왕이 세 명이나 배출될 수 있었던 나라였으므로 이날의 그의 행동은 여자였기 때문이 아니라

천관녀가 살던 곳에 천관사를 지었고, 지금은 그 사찰터만 남아 있다.

그녀의 신분이 낮았기 때문일 것이다. 김유신은 사랑보다 야망을 훨씬 앞세웠던 인물이었다.

김유신에게 보희寶姬와 문희文姬라는 두 누이동생이 있었다. 하루는 언니 보희가 꿈을 꾸었는데, 서산에 올라가 오줌을 누었더니 서라벌에 가득 찼다. 다음날 아침 이 이야기를 하니 동생 문희가 그 꿈을 사자고 했다. 보희는 비단치마를 받고 그 꿈을 문희에게 팔았다. 기실 그 꿈은 왕을 잉태孕胎할 태몽胎夢이었던 것이다. 그로부터 10일 후 김유신이 김춘추와 놀다가 춘추의 옷고름을 떨어뜨렸다. 김춘추는 옷고름을 다시 달기 위해 김유신의 권유로 그의 집에 들어갔다가 문희를 만나게 되는데 어쩌면 유신의 미인계美人計이었을 수도 있다. 그 후 춘추는 그 집에 왕래가 잦더니 문희와 야합하여 임신케 하였다.

이 일이 있은 후 유신은 문희가 춘추와 야합하여 아이를 배었다고 소문을 내고 선덕여왕이 남산에 나들이하는 어느 날, 장작불을 질러 연기를 피워 부정을 저지른 문희를 태워 죽인다고 쇼를 한다. 내용을 알게 된 선덕여왕은 서둘러 둘을 결혼을 시켰다. 그녀가 뒷날의 문명왕후文明皇后이다. 보희는 이를 한탄하다가 나중에 태종무열왕의 후궁이 되었다고도 하는데 특이한 것은 김유신이 60세가 넘어서 여동생 문명왕후의 딸(외삼촌과 생질 사이가 됨)과 혼인해 스스로 왕족이 되었다는 것이다.

'사랑을 바꿀지언정 야망은 못 바꾼다'는 말이 있는데, 이들의 족내혼族內婚들을 보면 맞는 말인 것 같다. 김유신은 신라에 귀순한 가야 왕족의 후손으로서 자신의 신분상승을 위하여 노년에 이르기까지 끝없는 노력을 한 사람이었던 것이다.

탑돌이

38대 원성왕 때 2월 초파일부터 보름날까지 남녀가 흥륜사의 탑을 도는 복회福會, 복을 빌기 위한 모임 풍습이 있었는데, 실제 김현이라는 청년이 한 처녀를 만나 정을 통한 이야기가 나온다. 김현이 탑을 돌고 있을 때, 한 처녀가 그를 따라 돌다가 눈이 맞아 돌기를 마치자 구석진 곳으로 가서 정을 통하였다고 〈삼국유사〉는 전한다. 물론 그 둘만 그런 것은 아닐 것이다.

달 밝은 보름밤에 제祭가 끝나면 젊은 남녀들이 탑을 돌며 흥을 돋우기 위하여 춤을 추면서 자기 소원을 부처님께 빌곤 했다. 원래 탑돌이는 남몰래 염원念願을 하기 위한 것이었으나 많은 사람들이 참가하게 됨에 따라 어느덧 노는 놀이로 변하고, 젊은 남녀들이 교제를 자연스럽게 행하는 장으로 이용되었다. 특히 예전과 같이 남녀가 같이 만나는 기회가 많지 않을 때는 좋은 만남의 광장이었을 것이다.

탑돌이와 비슷한 풍습 중에는 심야에 벌거벗은 부부가 집 둘레를 짐승처럼 기면서 세 바퀴를 도는 것도 있었다. 이와 같은 풍습은 택신宅神, 집의 신에게 주술적으로 성적性的 만족을 시켜주기 위한 행동이었는데, 재래의 성 신앙과 복합된 것으로 보인다.

처용가處容歌

49대 헌강왕 때 처용랑處容郎이 지었다는 향가鄕歌의 이름이다.

> 서울 밝은 달밤에, 밤늦도록 놀고 지내다가
> 들어와 자리를 보니, 다리가 넷이로구나.
> 둘은 내 것이지만, 둘은 누구의 것인고?
> 본디 내 것이다만, 빼앗긴 것을 어찌하리.

처용무. 단원 김홍도 그림. 부분

처용은 동해의 용왕의 아들로 태어나 신라 도성에 들어와 왕정을 돕고 있었다고 한다. 왕이 중매해준 그의 아내는 매우 아름다웠는데, 그가 없는 동안에 역신疫神이 밤만 되면 사람으로 변하여 그의 집에 들어와 몰래 자고 가곤 하였다. 어느 날 처용이 집에 돌아와 역신이 아내를 빼앗아 동침同寢하는 것을 보고 지은 노래라는 것이다.

그 역신이, 이 노래를 듣고 놀라 자신의 본색本色을 드러내고 앞에 꿇어앉으면서, '지금까지 그대의 처를 탐내어 범해 왔는데, 공이 노여움을 나타내지 않으니 감탄하고 존경합니다, 맹세코 공公의 형용만 그린 그림만 보아도 그 집에는 들어가지 않겠습니다.' 하며 탄복하여 돌아갔다는 것이다. 그 후부터 사람들이 처용화상을 그려 문에 달아 두면 악귀惡鬼를 쫓는다고 믿었다고 한다.

당시의 신라 성 풍습으로 보아 흔히 있었던 불륜의 현장이 남편에게 발각된 장면 같다. 그런데 왜 역신이 범한 것이라고 했을까? 그 때에도 많은 외국인들이 서라벌에 살고 있었는데, 그 남편이 아랍게 인물이어서(실제로 처용의 탈이 그렇게 생겼다) 그리고 그가 별 질투심을 느끼지 못해서 이런 노래를 부른 것일까, 질투는 동물들도 하는 건데 그렇게 의연할 수가 있었을까 등의 의문이 뒤따른다.

당시에는 귀신과 교접을 해도 아이를 밸 수 있다고 믿었던 시대로 그렇게 귀신과 가진 아이를 귀태鬼胎라고까지 했는데, 매일 밤 사람으로 변한 역신이 왔다면 왜 처용의 아내는 남편에게 이를 고하지 않았을까?

여하튼 이 이야기는 그로부터 4백 년 후 〈삼국유사〉의 저자 일연一然 스님의 생각이며, 통일 신라 당시의 성 풍속을 잘 몰랐을 가능성이 많다. 진실은 처용이 용왕의 아들이 아닌 서역인西域人이었고, 그 아내는 악귀가 아닌 이웃 남자를 정부情夫로 두었을 것으로 보인다. 고려사는 고려 초기에 한꺼번에 100여 명의 아라비아 상인들이 왔었다고 기록하고 있는데, 이는 신라 때도 마찬가지였을 것임을 쉽게 알 수 있다.

● 원효대사의 파계破戒

이두吏頭를 창시한 것으로 유명한 설총薛聰은 원효스님과 무열왕의 딸인 요석공주瑤石公主 사이에서 617년에 태어났다. 어느 날 원효가 '누가 자루 없는 도끼를 주면 하늘 버틸 기둥을 깎을 터인데(誰許沒柯斧 我斫支天柱)' 하고 외쳐대자, 왕이 그 외침이 큰 인재를 낳고 싶어하는 뜻임을 알아차리고 그를 궁으로 불렀다. '자루 빠진 도끼'는 과부를 뜻하므로 독수공방의 딸을 생각했던 것이다. 관원이 왕명을 받들고 원효를 찾아갔을 때 그는 일부러 물에 빠졌고 젖은 옷을 말린다는 구실로 그곳에 유숙하면서 공주와 밤을 나누어 임신케 하였으며, 그렇게 태어난 아이가 설총이다.

요석공주는 일찍이 김흠운에게 시집가서 두 딸을 낳았으나 그가 백제와의 전투에서 전사하여 오랫동안 독수공방하던 터였는데, 이를 안쓰럽게 생각한 부왕이 원효와 짝을 지어준 것으로 보인다. 이렇게 하여 원효는 한국불교 최초의 깨달은 스님이자 최초의 대처승帶妻僧이 된다.

요석공주의 둘째 딸은 문무왕의 큰 아들인 소명태자와 혼인하였는데 남편이 일찍 사망하자 시동생이며 후에 신문왕이 되는 정명태자政明太子와 재혼하여 역사에는 신목왕후神穆王后로 남는다. 신라 왕가에서 두 번째 형사취수의 예이다.

원효와 요석공주의 인연은 무열왕이 과부 딸에 대한 배려로 꾸민 것일 가능성이 매우 높은 이야기이다. 그리고 역사상 최고의 승려이며, 불교사상가였던 원효대사가 선뜻 파계破戒하여 5년을 요석공주와 같이 살다가 다시 산으로 되돌아간 사실은 주목할 만하다.

● 혜공왕惠恭王과 하대신라下代新羅

우리나라 역사에 최초의 동성애자였던 왕은 신라 36대 혜공왕이라고 보아도 좋다. 그 이전에는 이와 관련된 기록이 없기 때문이다. 혜공왕은 8세에 왕위에 올랐는데, 여자 같이 얼굴이 곱고 여자 옷을 입기를 즐겨 하였으며, 비단주머니를 차고 도사들과 어울려 놀며 정치에는 관심이 없었다고 한다.

따라서 혜공왕은 우리나라 최초의 이성복장성도착증異性服裝性倒錯症의 왕이라고도 할 수 있다. 이성의 옷이나 액세서리 등을 더 선호하는 성도착증의 하나다. 태후가 대부분의 기간을 섭정했다. 이렇듯 왕의 직위에 있으면서 여자처럼 꾸미고 놀기에 열중하다 보니, 그가 원래 여자인데 남자로 태어났으므로 신라에 불운한 일이 일어날 것이라는 소문까지 돌았다. 아들을 몹시도 원했던 경덕왕이 표훈도사를 시켜 옥황상제에게 빌어 성이 바뀐 아이라고도 했다.

〈삼국사기〉에는 780년에 김지정의 난이 일어났을 때 혜공왕이 난리과정에서 처형당하였다고 했다. 그러나 혜공왕이 여자 같이 행동해서이거나 조정에서 동성애자 왕을 용납할 수 없어서 왕을 살해한 것은 아니었다. 오히려 권력다툼의 소용돌이에서 희생된 것으로 보인다. 김지정의 난을 진압한 김양상이 무열왕계를 왕으로 세우지 않고 스스로 즉위하여 37대 선덕왕이 되었다. 김양산은 사다함의 증손이며 혜공왕에게는 외숙이 되는데, 그가 혜공왕을 죽였다는 설도 있다.

혜공왕 이후 신라 왕실은 점차 기력을 잃고 쇠퇴일로를 걸으며, 지방권력과 장보고 같은 권신들에게 휘둘리게 된다. 하대下代 신라가 시작된 것이다.

〈삼국유사〉에 38대 원성왕 때 묘정妙正이라는 승려의 이야기가 나온다. 그가 사미승 때 금광정金光井이란 우물가에서 한 거북에게 늘 먹다 남은 밥을 주곤 했는데, 어느 날 그 거북이 작은 구슬을 하나 주었다. 묘정은 그 구슬을 허리띠 끝에 달았다. 그 후로부터 왕은 물론 그를 보는 사람마다 그를 좋아하여 좌우에서 떠나지도 못하게 하였다. 이 구슬은 다른 사람 특히 이성異性을 매료시키는 주술효과가 있었던 것이다.

묘정을 매우 좋아하는 잡찬迊飡, 벼슬 이름 한 사람이 당의 사신으로 가면서 같이 가기를 청해 왕의 허락을 받고 같이 가게 되었다. 당의 황제도 그를 보고 사랑하게 되었고, 그 신하들 또한 모두 그를 존경하고 신뢰하지 않은 이가 없었다. 이 때 궁중의 한 관상가가 황제에게 '이 사람은 한 군데도 길吉한 상이 없는데 남에게 신뢰와 존경을 받으니, 틀림없이 이상한 물건을 가졌을 것입니다'라고 하였다. 황제가 사람을 시켜서 몸을 뒤져보니 허리띠 끝에 조그만 구슬이 있었다. 그리고 그 구슬은 황제가 여러 해 전에 잃어버린 것이었다. 이 구슬을 뺏긴 후로는 아무도 묘정을 사랑하고 믿는 이가 없었다고 한다.

물건의 주술적 효과는 믿을 수 없는 일이나 성학에서는 이성異性을 매료시키는 '페로몬'이라는 화학물질이 있어 이성을 끄는 힘을 발휘한다고 본다. 물론 사람에서 확실히 증명된 바는 없다. 그러나 남자고 여자고 열 명 중의 한 명 꼴로 특별한 이유 없이 이성들의 마음을 독차지하는 것은 사실이다. 그리고 이성의 마음을 사로잡기 위해 몸에 지니거나 바르는 물건 같은 것은 오늘날까지도 이어진다.

● 진성여왕眞聖女王

51대 진성여왕은 전왕인 정강왕의 누이동생이다. 〈삼국사기〉에는 '왕이 전부터 김위홍金魏弘과 내통하였는데, 이제 항상 궐에 머물게 하다시피 하다가 위홍이 죽으니 그를 추시追諡하여 혜성대왕이라 하였다. 그 후 왕은 비밀히 두세 명의 소년 미장부美丈夫들을 불러들여 음란한 짓을 계속하며, 그들에게 요직을 주고 국정을 맡기기까지 하였다'라고 했지만 〈삼국유사〉에서는 위홍을 배필配匹이라 했다.

위홍은 진성여왕의 숙부로서 어떻게 불륜의 관계가 시작 되었는지 궁금하지만, 당시 신라의 풍

국보 제 8호인 보령 성주사지 낭혜화상탑비(慧和尙塔碑)에 진성여왕이 성군으로 적혀 있다. 최치원의 글로 글자수가 무려 5,120자나 된다.

습으로는 큰 문제가 아니었던 것으로 보인다. 왕실의 가족혼이나 상피相避로 인정되는 근친상간 또한 그리 드문 일이 아니었는데, 이런 풍습은 고려조 초기까지 이어진다. 진성여왕은 젊은 미소년들과 관계를 맺으면서도 늙은 삼촌인 위홍과도 계속 성관계를 하고 있는데, 애정이 있어서라기보다 정치적인 상황이나 권력의 구조를 유지하는 데 필요했던 것이 아닌가 한다.

현대의 시각으로 보면 그녀는 근친상간에 역逆하렘의 대표적 인물로 비난받을 것이다. 실제로 우리나라에서 나온 몇몇 영화나 드라마에 모두 '악녀惡女'로 등장한다. 그녀의 엽색행각 때문에 비난일색非難一色이었다.

그러나 충청남도 보령시 성주사지에 있는 낭혜화상탑비郞慧和尙塔碑, 국보 제8호에는 진성여왕이 성군聖君으로 기록되어 있다. 최치원의 글이다. 망해가는 나라에서 왕으로서 어쩔 수 없었던 일들로 비난을 받을 수도 있겠지만 진실은 알 수 없는 일이다. 지금은 남아 있지 않지만 짧은 재위기간 중에 대구화상大矩和尙과 함께 향가鄕歌를 수집하여 〈삼대목三代目〉이라는 책으로 엮은 것은 큰 업적이라고 할 수 있다.

● 견훤甄萱

광주光州 북촌北村에 사는 한 부자에게 아름다운 딸이 하나 있었다. 어느 날 딸은 밤마다 보랏빛 옷을 입은 남자가 나타나서 자고 간다는 사실을 아버지에게 고한다. 아버지는 딸에게 그 사나이의 옷자락에 긴 실이 달린 바늘을 꽂아 두라고 일렀다. 딸은 아버지의 말대로 하고 이튿날 아침에 그 실을 따라가 보니 북쪽 담 아래 실이 있고 바늘은 큰 지렁이에 꽂혀 있었다. 그 후 딸이 잉태하여 한 남자 아이를 낳았고, 그 아이는 나이 15세에 이르러 스스로 견훤이라 칭했으며, 경복원년景福元年에 일어나 완산군完山郡에 도읍을 정하고 국호를 후백제라 했다는 설화說話가 있다.

여기서 지렁이란 바로 당대 자주 빛 옷을 입은 남자紫衣男, 즉 승려 또는 귀족이었을 것이라고 주장하는 이도 있다. 특히 중은 당시 남의 집 내실內室에 무상출입 할 수 있었으므로 중과의 불륜不倫관계로 본다는 설이 더 유력하다.

고려高麗

● 작제건作帝建

　왕건王建의 4대조인 보육寶育은 지리산에서 도를 닦았는데, 하루는 곡령鵠嶺에서 소변을 보아 삼한을 덮는 꿈을 꾸었다. 이 꿈 이야기를 들은 보육의 형이 자신의 딸인 덕주德周를 아내로 삼게 했는데, 그 사이에 두 딸이 출생했다. 큰딸이 산에 올라가 오줌을 누니 천하가 잠기는 꿈을 꾸었는데, 작은딸 진의辰義가 그 꿈을 샀다. 이 진의는 당나라에서 온 숙종肅宗이라는 어느 귀인과 야합하여 작제건을 낳았는데, 그가 왕건의 조부다.

　작제건은 활을 잘 쏘았다. 16세 때 아버지를 따라 중국으로 가는데, 어느 곳엔가 이르자 배가 더 나아가지를 않았다. 뱃사람들이 점을 쳐보니 고려 사람을 내리게 해야 한다고 해서 그가 바다에 남게 되었다.

　그때 서해용왕이 늙은이의 모습으로 나타나, 부처로 변신해서 자기를 괴롭히는 여우를 물리쳐 달라고 했다. 작제건은 활로 그 여우를 퇴치했고 그 보답으로 많은 보물을 얻고, 용녀를 아내로 맞게 되었다. 용궁에서 얻어온 돼지를 따라가 집터를 잡고 살다가, 아내가 용궁으로 가는 장면을 엿보는 바람에 아내는 용이 되어 영영 가버리고 말았다.

작제건과 용녀는 아들 넷을 낳았었는데, 그 장남인 왕륭王隆은 꿈에서 배필이 되기로 약속했던 미인을 길에서 만나 혼인하였고 그들 사이에서 왕건이 출생하여 삼한의 주인으로 등장하게 된다.

물론 설화이지만 신라시대의 가족혼家族婚은 왕실에서뿐 아니라 일반 백성百姓 특히 상류 가정에서 흔히 있었던 것임을 알려주기도 하는 대목이다.

● 질외사정膣外射精

왕건이 견훤을 공략하고자 나주에 갔을 때다. 길을 잃고 단신 시골 길을 달리다가 어느 샘가에서 한 처녀를 만나 물을 달라고 했다. 이 아가씨는 우물물을 떠서 그 위에 버들잎 한 잎을 올려 말을 타고 있는 사내에게 건넸다. 목이 매우 말랐던 그는 이를 보고 화가 나 왜 그러느냐고 물었다.

'몹시 목이 마를 때 급히 물을 마시면 체하기 쉬우니 천천히 드시라는 뜻으로 그랬다'고 대답했다. 갑자기 너무 귀여운 생각이든 왕건은 그녀를 데리고 인근의 빈 집으로 데려가 바닥에 가마니를 깔고 관계를 가졌다. 장래에 큰 야망을 가졌던 왕건은 그러나 임신

나주 '완사천' 우물 옆에 왕건과 버드나무 한 잎 띄운 물 한 바가지를 건네주는 처녀 오씨의 조각물이 있다.

을 피하기 위하여 가마니 위에 질외사정을 하고 일을 마쳤다. 사내의 비범함을 이미 깨달은 여인은 얼른 일어나 바닥에 흘려진 정액을 마셨고, 기어이 임신을 하게 된다. 집안이 한미寒微했던 이 오吳 씨 처녀는 왕건의 29명의 부인들 중 두 번째인 장화왕후가 되며, 이렇게 태어난 아이가 후에 2대 왕인 혜종인데, 얼굴에 돗자리 무늬 같은 흉터가 있어서 별명이 '주름살 임금님'이었다고 한다. 몸도 쇠약해서 병이 떠날 날이 없었으며, 34세의 나이로 일찍 세상을 버렸다.

질외사정은 구약 창세기의 오난Onan이 과부 형수와 관계 도중 피임 목적으로 행하는 이야기가 나올 정도로 인류가 일찍부터 알고 있는 피임 방법이었다. 그러나 우리나라 역사에 구체적으로 기술되기는 이것이 처음이다. 오 씨 처녀는 임신을 위하여 정액을 질 안에 집어넣었겠지만 먹었다고 표현되어 있다. 중국이나 우리나라에서 혜惠자가 들어가는 임금들은 대체로 몸이 약하거나 자식이 없는 경우들이다.

그런데 이 '두레박에 버들잎 넣는 이야기'는 그 후에도 여러 번 나온다. 조선 태조 이성계와 둘째부인 강 씨가 만날 때, 그리고 갑자사화에 연루되어 도망 다니던 이장곤李長坤과 고리 백정 천민의 딸 봉단과 만날 때도 이와 똑같은 이야기가 전해진다. 백정의 딸이었던 봉단은 중종에 의해 숙부인으로 봉해지는데 그녀는 그 후 임꺽정과 외사촌 간으로 드러나기도 한다. 이 버들잎 이야기는 결국 지혜롭고 똑똑한 여자임을 강조하기 위하여 자주 회자膾炙되는 이야기였다고 보면 된다.

● 고려의 혼례婚禮

고려 때도 삼국시대와 마찬가지로 성의식性意識이 개방되었음은 물론, 남녀의 양성평등兩性平等이 잘 유지되었다. 가정 내에서의 여성의 권리도 매우 높았고 남편이 없는 경우 아들이 있더라도 부인이 호주戶主가 될 수 있었다. 남성 위주의 호주제 형태는 고려 말에나 시작된다. 분재기分財記는 자손에게 물려줄 재산을 기록한 문서이니 유언장 같은 것으로, 이를 보면 상속의 내용을 알 수 있는데, 고려 말부터 조선 중기인 17세기까지만 해도 아들과 딸에게 차별 없이 재산을 분배했음을 알 수 있다. 분배의 대상은 논, 밭과 집 등 부동산은 물론 노비도 들어 있다.

고려의 젊은 남녀들은 팔관회八關會나 연등회燃燈會 같은 행사가 있을 때 자유스럽게 교제하였다. 여자들이 활발하게 남자들과 교제하고 마음에 드는 사람과 혼인할 수 있었다. 물론 부모의 허락을 받아야 했고 그렇지 않으면 혼인은 인정되지 않기는 했지만, 대개의 경우 본인들의 의사意思가 중요시되었다.

그러나 고려 후기에 들어 유교적 사고가 퍼지면서 이와 같은 자유로운 교제들은 통제되기 시작한다. 조정에서는 여자들이 야외에서 그네 타는 것조차 여러 번 금지하였다. 너무 쉽게 남자들과 교제한다는 것이 이유였다. 중매를 통한 혼인만 인정하고 연애결혼은 어려워졌다. 신분이 다른 남녀가 부부가 될 경우에는 관가의 허락을 받아야 했고, 이를 어기면 처벌을 받았다. 이는 평민과 천민이 함부로 섞이는 것을 막으려는 장치였다.

고려 때 일반인들은 '남귀여가제男歸女家制', '서류부가혼壻留婦家婚', '솔서혼率壻婚'이라 하여 처가 중심의 혼인생활을 했다. 여자가 남자의 집에 시집을 가는 것이 아니라 남자가 여자의 집에 장가를 간다는 뜻이다. '장가를 간다'란 말이 이때부터 생긴 것으로 보인다. 장가丈家는 곧 처가를 뜻한다.

대개 18-20세에 결혼을 했는데, 고려 말기 원나라에서 공녀貢女를 바치라는 요구 때문에 심한 조혼早婚으로 바뀌게 된다.

혼인은 간소하게 치렀다. 벼슬아치나 부자들은 폐백幣帛을 보내기도 하였으나 서민들은 저녁에 이웃과 친척들을 불러 신

5남2녀를 기원하는 중형 및 소형 별전

랑, 신부에게 절을 받게 하고, 술과 음식을 나누어 먹는 것이 거의 전부였다. 이렇게 공인을 받으면 한 쌍의 부부가 탄생하는 것이다.

중국을 통일한 최초의 군주인 주周의 무왕武王이 오남이녀五男二女를 낳았는데, 그게 오랜 기간 중국인들의 희망자녀수였다. 우리나라에서도 결혼하면 오남이녀가 소원이었다. 고려 때부터 그랬는데 이 희망사항은 1962년 가족계획이 실시될 때까지 계속되었다 해도 과언이 아니다.

성교性交를 할 때는 하늘을 잘 살피고 땅의 현상까지도 신경을 써야 한다고 믿어 아래와 같은 경우는 피할 것을 권했다.

천지天地가 진동하고, 강한 바람이 불며, 폭우暴雨가 쏟아지고, 천둥번개가 치는 날, 그믐, 초하루, 상하현上下弦과 보름, 일식과 월식, 석가탄신일, 경신庚申과 갑자甲子일, 단오날, 그리고 명산名山이나 대천大川, 불교나 도교 사원寺院, 성현聖賢의 초상 앞, 우물과 부엌 근처, 불빛이 난무하는 곳 등에서다.

일본에서는 오래전부터 음력 5월 16일을 금욕의 날로 지켜왔는데, 그 내력은 잘 모르지만 이를 어기면 3년 이내에 죽는다고 했다.

일본에서는 음력 5월 16일에 성교를 하면 3년 이내에 사망한다는 미신이 있었다.

고려高麗 125

근친혼近親婚

신라 때와 같은 근친혼, 동성애 등이 차차 줄어들기는 하지만 여전히 남아있었다.

태조 왕건은 6명의 왕후와 23명의 부인夫人을 맞았으며, 25남 9녀의 자식을 두었다. 건국 당시 고려는 호족연합체豪族聯合體였다. 새로 나라를 세우면서 지방호족들을 안심시킬 목적으로 왕건은 여러 주요 지역에서 후비后妃들을 얻었다. 황해도가 9명으로 가장 많았고, 경기도 4명, 충청도 3명, 강원도 3명, 전라도 2명, 경상도 6명, 미상이 2명이었다. 물론 그 많은 후비들과 늘 동거한 것은 아니며, 어떤 지방 후비는 방혼訪婚이라 하여 그대로 지방에 잔류하기도 했다.

공교롭게도 6세기말 이슬람교의 창시자創始者인 모하메드가 왕건처럼 부하들에게 질외사정을 권유했었는데, 그의 부인 22명도 왕건의 29명에는 미치지 못한다. 참고로 역사상 가장 많은 비빈妃嬪을 둔 왕은 미얀마의 마지막 왕조인 19세기 꽁파웅왕조 민돈왕의 53명이다.

북한에서 발굴되었다는 태조 왕건의 동상. 밖으로 드러난 음경의 길이가 2센티이다.

왕건 자신은 가족혼을 피했지만 공주公主들은 신라의 마지막 왕인 경순왕에게 시집보낸 두 명을 제외하고는 모두 형제들과 결혼하게 하였다. 이는 왕실권력의 분산을 예방하는 이점利點이 있기는 하지만 후에 외척들 간의 왕권다툼으로 혼란을 가져오게 된다.

2대 왕인 혜종은 자신의 이모와 결혼했고, 4대 광종은 이복누이인 황보皇甫 씨를 아내로 맞아들였으며, 일곱째 아들 대종 또한 이복누이인 선의왕후와 결혼했다. 광종의 누이가 왕건의 딸임에도 성이 황보인 것은 어머니 대목황후의 성을 하사했기 때문인데, 고려 초기에는 이와 같이 외가의 성을 잇는 경우도 왕왕 있어 양성평등 차원에서도 고찰해볼 필요가 있다.

5대 경종은 두 명의 사촌누이들을, 6대인 성종은 광종의 딸인 4촌 누이를 아내로 맞아들였다. 8대 현종은 5촌 관계인 성종의 두 딸인 원정왕후와 원화왕후를 비로 맞았으며, 9대 덕종은 이복누이동생 두 명, 즉 경성왕후와 효사왕후를, 11대 문종 역시 이복누이와 결혼을 했다. 16대 예종은 자신의 이모를 2명씩이나 아내로 맞아들였다.

이러한 근친혼을 비롯한 개방적開放的 성문화는 신라와 마찬가지로 왕실에서만 있었던 현상은 아니고 사회 전반에 걸쳐 있었다. 일반 서민사회에서는 왕실처럼 족내혼族內婚이 성행하지는 않았지만 성문화는 매우 개방적이었다.

고려는 불교를 숭상했지만 차차 유학儒學을 숭상하는 유림儒林들도 생기고 송나라의 영향도 받게 되면서 1096년 숙종 때에 6촌 이내의 결혼을 금지하는 법이 제정되었다. 소공小功 1 이상, 즉 재종형제나 재종자매, 당질과 당질녀 등 가까운 친척 사이에 혼인하여 난 자손들은 벼슬길에 오르지 못하도록까지 규정했다. 또 1147년 의종도 유교제도를 수용하면서 당고종堂姑從 자매, 당질녀堂姪女 사이의 혼인을 철저하게 중지시켰다. 그러나 이들 사이의 결혼이 근본적으로 중지된 것은 아니었다. 그리고 그 원인은 왕실이 근친혼을 버리지 못한 데에 있었다. 조금씩 족내혼을 금기하는 풍조가 생긴 것과는 별도로, 개방적 성행위는 여전히 고려 사회의 전반적인 풍조이었다.

왕비의 간통姦通

왕건의 아들인 안종安宗 왕욱王郁은 일찍이 홀로 된 조카이기도 하고 조카며느리이며, 경종의 비였던 헌정왕후와 인연을 맺어 현종을 낳았다. 광종비와 친남매였던 대종大宗 왕욱王旭과 발음이 같아 간혹 혼동되기도 하는 인물이다.

헌정왕후는 경종이 죽자 대궐에서 나와 집에서 살고 있었다. 어느 날 꿈에 산에 올라 오줌을 누었는데 온 나라에 넘쳐 바다가 되었다. '아들을 낳으면 왕이 되는 꿈이라' 하였지만 '나는 이미 과부가 되었는데 어찌 아들을 낳겠는가'라고 했다 한다. 그러나 당시 그녀의 집이 왕욱의 집과 가까워 자주 왕래하다 둘이 간통해 임신을 하게 되었다. 왕욱은 왕후와 간통한 죄로 사천으로 귀양을 갔다가 죽고, 헌정왕후는 출산 중에 죽었지만 그 아들은 후에 강조康兆에 의하여 추대되어 왕이 된 것이다.

왕비 중에는 이 외에도 왕의 사후死後에 간통을 한 경우가 보인다. 경종의 비 헌애왕후獻哀王后 또는 천추태후千秋太后는 아들 목종이 어린 나이에 즉위하자 자신이 섭정하면서 외척이었던 김치양金致陽과 간통해 아들을 낳았다. 그녀는 그 아들을 왕위 계승자로 정하려 하기까지 했지만, 강조의 정변에 의해 유배를 가게 된다. 목종, 김치양 및 둘 사이의 아들은 이 때 죽음을 당했다.

개성에서 출토된 동경의 앞면으로 직경 9.1센티미터, 두께 0.6센티미터임. 네 가지 다른 성 체위가 있다.

순종의 비였던 장경궁주長慶宮主 이씨는 왕 사후에 외궁外宮에 거처하면서 궁노宮奴와 간통한 죄로 폐비되었다.

기처棄妻와 기부棄夫

왕실의 이혼離婚은 그리 많지 않았다.

문종이 며느리를 미워해 내쫓았다는 기록이 고려사에 있으며, 인종이 이자겸李資謙의 난을 수습한 후 그의 딸인 왕비 둘을 폐비시켰고, 명종은 이의방李義方이 죽은 후 그의 딸 은평왕후 이 씨를 폐비시켰다. 공민왕은 사돈인 안극인이 노국공주魯國公主의 능묘를 크게 짓는 일에 대해 간언諫言하자 왕비 정 씨를 '너를 미워하는 것이 아니라 네 아비를 미워함이라'며 내쫓았다. 이렇게 이들은 대부분이 정치적 이유에서였다.

군부 실세였던 정중부鄭仲夫의 아들 정균과 최충헌崔忠獻의 동생 최충수도 이혼을 했다고 한다. 권력층의 경우 이혼이 남성 측에 의해 주도했음은 물론이다.

그러나 고려에서는 아들을 낳지 못해 왕비를 내친 경우는 없는 것 같다. 오히려 18대 의종은 아들이 없자 왕비와 함께 절에 가서 만일 아들을 얻으면 금과 은으로 화엄경華嚴經 4부를 써서 받치겠다고 서원하기까지 했다. 태조 이래 고려 왕실은 여러 명의 비를 두는 경우가 대부분으로 호칭도 모두 '왕후王后'로 불렀고 굳이 적통을 따지지 않아도 되었으므로 아들이 없다고 폐비될 이유가 없었던 것이다.

왕비 측에서 이혼을 제기한 경우는 거의 없었다. 충선왕비인 계국대장공주薊國大長公主는 원元의 공주였는데, 왕의 사랑을 못 받자 자기 나라로 돌아가고 이 때문에 왕이 폐위된 일이 있다. 그리고 다시 충렬왕이 복위되었다. 충렬왕은 이 며느리를 누 번이나 개가改嫁시키려고 했다. 이렇게 되면 아들 충선왕이 원의 부마 자리에서 밀려나 다시는 왕이 될 수 없다는 생각에서였을 것이다. 충선왕과 10촌의 종친이고 미남이었던 왕전王琠과 사귀게 하여 둘이 매우 가까운 사이가 되기도 하지만, 공주의 아버지인 원의 성종이 갑자기 죽고 충선왕이 다시 복위되자 왕전은 죽음을 당한다. 그러나 이 사건은 충렬왕과 충선왕이 서로 즉위와 복위를 반복하는 과정에서 정치적 목적으로 일어난 일들로 고려의 성문화와는 관련이 없다고 보아도 좋다.

재혼녀가 왕비가 된 경우도 있었다. 성종비 문덕왕후는 홍덕원군의 처였는데 성종의 비가 되었으며, 숙창원비는 과부였는데 충선왕이 충렬왕의 총애를 받던 무비 일당을 제거한 뒤 부왕을 위로하기 위해 그녀를 비로 맞게 했다. 순順비 허 씨는 평양공에게 시집가 3남 4녀를 낳았지만 남편 사후 충선왕과 결혼했다. 충선왕의 비는 계국대장공주 외에도 의비懿妃, 정비靜妃, 순화원비順和院妃, 조비趙妃, 순비順妃, 숙비淑妃 등이 있었다.

충숙왕은 아버지인 충렬왕의 셋째 부인이었던 숙창원비를 자신의 후비로 삼았는데, 그녀는 '밤낮으로 왕에게 백 가지 자태로 아양을 부려 왕이 그에 미혹되어 정사도 친히 보살피려 하지 않았다'고 한다. 수비壽妃 권 씨는 전신全信의 아내였는데, 그 아비가 이혼을 시키고 충숙왕에게 바쳤다. 후궁으로 들어가서 후에 비妃로 책봉되었다. 그러나 4년 후 충숙왕이 죽자 아들뻘인 충혜왕에게 강간을 당했다.

충혜왕은 서모인 권 씨나 경화공주慶華公主뿐만 아니라, 얼굴이 예쁘면 혼인 여부나 신분 등에 상관없이 닥치는 대로 사람을 시켜 빼앗아 강간하는 등 행동에 절제가 전혀 없었다.

과부가 된 여성이 왕비로 재혼하는 데는 그녀들의 미모가 일차적인 역할을 한 것 같다. 자식을 일곱이나 낳고도 왕비가 된 순비는 '영특하고 깨끗하여 아름다운 바탕이 마치 선녀 같았다'고 묘사되고 있었고, 숙창원비 또한 용모가 매우 아름다웠다고 한다. 여하튼 재혼녀가 왕비까지 될 수 있었다는 것은 재혼이 전혀 악덕시惡德視 되지 않았음은 물론, 당시의 정절관념이 조선조 때와는 달리 남편의 사후까지 연결되는 것이 아니었음을 의미한다.

조선조 중기 성종 때부터 성이 보수화保守化되고 남존여비사상이 일반화된 것으로 알려져 있지만 실은 고려 말, 원의 영향 하에 들면서 조금씩 규제되기 시작했다. 크게는 중국문화의 영향이지만 원元의 성 문화도 고려보다는 훨씬 보수적이었다. 칭기즈칸에게 단 한 명의 아내만 있었다는 사실과 '내 아내가 낳았으니 내 아들이다'라는 유명한 말을 남긴 것으로 미루어 짐작할 만하다.

'남녀칠세부동석男女七歲不同席' 같은 가르침은 공민왕 때 우리나라에 들어왔다고 한다. 물론 고려인들은 이를 거의 지키지 않았다.

일반인의 이혼은 왕실의 그것에 비해 좀 달랐다. 특히 고려 말기로 가면서 변해갔다. 우선 이혼 아니 기처棄妻의 원인으로 칠출七出이 있었다. 조선조 때 엄격하게 실시하던 칠거지악七去之惡과 비슷하지만 물론 잘 지켜진 것은 아니었다. 몇몇 사례들이 기록되어 있을 뿐이다. 이것은 원래 가부장적인 가족제도 유지에 필요한 중국의 이혼규정이었는데, 당시의 고려사회와는 맞지 않는 것이었다.

고려사高麗史에는 시어머니를 잘 못 모신 아내를 내쫓은 양원준, 병이 있다 하여 아내를 버린 조계순, 행실이 부정하여 아내와 헤어진 석견, 질투가 심하여 남편의 얼굴에 상처를 내고 옷을 찢은 권 씨와 헤어진 운해 등을 예로 들고 있다. 권 씨는 그밖에도 활을 꺾고, 말을 칼로 찌르고, 개를 때려죽이는 등 악행을 많이 저질렀기 때문에 운해와 헤어졌는데 며칠 되지 않아 왕환王環, 공양왕의 당숙과 결혼했다가 문하부門下府에 잡혀가 국문鞫問을 받기도 했다. 왕환은 그녀와 결혼 후 스트레스 때문이었는지 우리나라 최초의 과거망상증過去妄想症 환자가 된다. 기억을 잃고 행방불명된 뒤 여러 해 만에 일본에서 발견되어 데려왔다.

이들 예에서 보는 바와 같이 왕실과 달리 일반인들은 차츰 유학의 영향을 받고 있는 듯하다. 칠출의 빌미가 되면 문제가 되었고, 음란의 경우 때로는 혼전간음까지 이혼 사유가 되기도 했다. 우왕은 얼굴이 곱다는 이야기만 들으면 신하의 딸들을 가리지 않고 음행하였는데, 이 때 정조를 잃은 도길봉의 딸은 송천우에게 시집갔지만 이런 사실이 알려진 후 헤어져야 했다.

처에게 칠출에 해당하는 사유가 있어도 삼불거三不去에 해당하면 내칠 수 없었다. 이때에도 처에게 나쁜 병이 있는 것과 음란한 것은 예외로 했다. 삼불거란 부모의 삼년상을 같이 치렀다거나 빈천할 때 시집와 뒤에 귀하게 되었다거나 쫓아내면 돌아갈 곳이 없다거나 하는 경우들이다.

칠출에는 들어 있지만 실제로 아들을 낳지 못해 쫓겨난 경우는 거의 없었다. 고려 때는 남자들이 첩을 두는 것이 예사였고, 비부계적非父系的 친족구조가 흔했던 사회였기 때문이었을 것으로 본다. 여자가 결혼 뒤에도 친정에서 산다거나 친정 부모를 모신다거나 딸이나 외손이 친정이나 외가의 제사를 지내기도 했으므로 부계 위주 사회였던 중국이나 조선조에 비해서는 상대적으로 아들의 중요성이 덜했다고도 할 수 있다.

그러나 아들을 원한 사례의 기록도 있다. 문종 때 정승의 자리에까지 올랐던 정배걸의 처 최 씨는 아들을 낳지 못하였다. 정 씨는 일가의 딸을 데려다 길러 그녀가 성년이 되자 남편에게 권하여 첩으로 삼게 하였다.

칠출 중 간통은 처벌의 대상이 되었는데, 1108년 예종은 유부녀가 간음하면 자녀안姿女案, 품성이 나쁜 여자를 기록해 두는 명부에 기록하고, 바느질하는 공인針工으로 삼으라는 명령을 내렸다. 다만 왕실이나 여자 집 세력이 강할 경우 칠출에 해당하는 사유가 있어도 아내와 이혼을 하기가 쉽지 않았던 것 같다. 도길봉의 딸이나 이의민의 딸은 이미 결혼 전에 정조를 잃었고 남편도 이를 알고 있었지만 어찌하지 못했다. 무신집권기 당시 최고 권력자의 딸을 함부로 내치기 어려웠을 것이다.

반대로 칠출에 해당하는 사유가 없는데도 처를 버리면 처벌되었다. 그런데도 고려에서는 정당한 사유 없이 처를 버린 사례가 많이 보인다. 의종 말엽에 송유인은 대장군이 되어 문관文官들과 교제를 많이 하니 무관武官들이 항상 그를 미워하였다. 이때 정중부가 정권을 잡자 그는 위협을 느끼고 자기 처를 섬으로 쫓아내고 중부의 딸에게 장가를 들어 안전을 도모했다.

충렬왕이 세자였을 때 김준제의 처가 미인이라는 소리를 듣고 그녀를 비妃로 맞아들이는데, 그녀는 이미 임신 중이었다. 그 후 딸을 낳자 충렬왕은 그 아이를 마치 자기의 딸처럼 귀여워했다. 시골 현령이었던 이영주는 자기 처를 버리고 그 딸에게 장가들어 국서國壻, 임금의 사위가 되었다. 원래 그는 중이었는데, 파계하고 장가들어 이미 아들 하나를 낳았던 터다.

역시 충열왕 때 대장군 김혼金琿은 상장군 김문비金文庇와 더불어 친하였는데 일찍이 그 집에 가서 바둑을 둘 때 김문비의 처 박 씨가 창틈으로 엿보고 그를 흠모하는 듯함을 느끼고 뜻을 두었다가 김문비가 죽고 김혼의 처가 죽은 후에야 둘은 정을 통했다. 배우자가 살아 있을 때는 정절을 지켜주는 멋이 있었던 것이다. 그럼에도 이 사실을 감찰이 추궁하여 김혼은 귀양을 가고 박 씨는 친정으로 보내졌

고려高麗 133

다. 이들은 과부와 홀아비였으나 고려시대의 간통은 배우자 유무에 상관없이 '혼인 외 관계'를 의미했던 것이다.

충목왕 때 정천기는 처를 버리고 매소부賣笑婦, 창녀 집에서 살았다고 하는데, 그는 충혜왕의 제 1부인인 덕령공주와의 관계를 의심받기도 한 인물이었다.

부귀영달富貴榮達을 위하여 처를 버린 예는 이밖에도 수없이 많다. 조선조 때와는 달리 고려는 재가가 얼마든지 가능한 사회였으므로 상대적으로 남자들이 처를 버리는 데 대한 부담이 덜했던 것도 동기動機의 일부일 수는 있었을 것이다.

고려는 조선에 비하여 비교적 여권女權이 신장되어 있었지만 남자의 권한에는 미치지 못하였다. 기처棄妻는 허용되지만 기부棄夫는 처벌되었다. 기처에 대한 법령은 '부모와 의논하지 않고 까닭 없이 처를 버린 자는 벼슬을 빼앗고 부처한다' 정도였다. 부모의 동의를 얻은 경우는 괜찮다는 이야기다.

그런데 기부의 경우는 달랐다. 굳이 남편과 헤어지고 싶은 여성이 취할 수 있는 방법은 남편을 피해 도망가는 것뿐이었는데, 이것은 범죄가 되었다. '아내가 도망가면 도형徒刑 2년, 도망해 재혼까지 했으면 유배 2천리이며, 첩이 떠나면 도형 1년 반이고, 개가하면 2년 반에 처하며, 그 여자를 취한 자도 그 여자와 같은 죄로 처벌한다. 다만 본남편이 있는 줄 모르고 취한 사람은 죄가 되지 않는 것'이 당시의 국법이었다. 도형은 현대의 개념으로 보면 징역이지만 수용이 어려우면 도형 6개월을 장형杖刑 10대로 환산하기도 했다.

기처가 가장 문제가 된 것은 삼별초군三別抄軍에게 점령당했던 지역에서였다. 원종 13년에 어사대御史臺, 풍속의 교정을 관활한 관서에서 제의하기를 '지난 삼별초 변란 때에 관리들은 자기 가족이 적에게 점령

당했다 하여 거의 다 재취를 하였는데, 이제 세상이 평정되어 본처가 돌아와도 몸을 더럽혔으리라고 의심하거나 또는 새로 결혼한 새댁에게 정이 들어 마침내 본처를 버리고 돌보지 않는 인륜을 거스르는 일들을 하고 있으니 청컨대 이것을 금지하시라' 했고, 왕이 이 말을 따랐다고 했다. 기처가 빈번해 이를 무마하기 위한 조처였을 뿐이라고 하는데, 이상한 점이 한 둘이 아니다.

고려사에는 제주 거점의 삼별초 군이 점령했던 지역은 전라도 연안, 개경에 가까운 서해 중부 연안, 그리고 몽고군의 주둔 처였던 경상도 연안지역으로 대부분 해안지대였다. 농어촌 지역에서 흔히 일어날 상황이 아님이 그 하나이고, 몽고군에게 많은 여자들이 강간을 당해 사회분위기가 매우 어수선했을 때 고려인인 삼별초 군에게 당했다 하여 굳이 기처를 하려 했다는 것이 그 둘이다. 몽고는 30여 년에 걸쳐 여러 번 전국을 유린했고, 삼별초 군은 불과 3년도 못되어 끝이 났다. 그리고 당시는 거듭되는 전화戰禍로 순결이 그리 큰 문제가 되지 않는 사회였던 것이 그 셋이다. 충선왕은 군주임에도 이미 7남매나 거느린 과부 허 씨를 왕비로 맞는 정도였다.

● 재혼再婚

고려시대에는 여성들의 재가再嫁도 별 문제가 되지 않았다. 6대 왕이자 태조 왕건의 손자인 성종은 역시 왕건의 손녀이자 광종의 딸과 결혼했는데, 그녀는 이미 왕건의 또 다른 손자인 왕규와 결혼하여 딸까지 낳았다가 성종에게 재가한 경우다.

일반인들의 경우도 재혼이 금지된 사회가 아니었다. 그러나 모든 여성들이 재혼을 마음대로 하였는지는 의문이다. 특히 정치적 이유나 신분, 부귀富貴 등 때문에 이혼당했다면 재혼하기 어려웠을 수도 있다. 고려시대의 재혼 사례는 이혼녀의 경우보다는 과부의 경우가 더 많아 보인다. 남편과 사별한 여성들도 역시 이혼녀들과 마찬가지로 대부분 친정으로 돌아와 살았다. 정중부의 딸이 과부가 되어 친정집에 머물렀다는 기록과 충렬왕 때 김태현이란 고위관리가 열 살 때 아버지가 세상을 떠나자 어머니를 따라 외가로 갔다는 기록이 있다. 이들은 친정에서 재혼을 했다. 정중부의 딸은 무신란이 일어난 뒤 집에 숨어든 왕규와 결혼했고, 최충헌은 장군 손홍윤을 죽인 뒤, 그의 처 임씨가 아름답다는 소문을 듣고 그녀와 재혼했다.

재혼 가정에서 의부자녀 교육 문제도 등장한다. 명종 때 관리였던 이승장의 묘지에는 다음과 같은 글이 있다.

'아버지가 일찍 돌아가자 어머니가 재혼했다. 의붓아버지는 가난 때문에 나를 공부시킬 수 없다고 했다. 어머니는 내가 먹고 사는 문제 때문에 재혼했는데, 승장을 공부시키지 못하면 무슨 낯으로 죽어서 전 남편을 볼 수 있겠는가라고 강경하게 말하여 아들의 교육을 계속 시켰다.'

🌑 일부다처一夫多妻

왕실의 경우는 일부다처를 지향하고 있었다. 왕손王孫이 끊기는 일을 미연에 방지하여야 하기 때문이다. 그러나 일반인의 경우 공식적으로는 일부일처제一夫一妻制를 표방하고 있었다.

많은 남자들이 첩을 두고 살았는데도 일부일처제였다고 주장하는 근거는 충렬왕 때 임정기가 노진의의 딸에게 장가들어 두 번째 부인을 삼았기 때문에 파면되었다는 기록이 있음에 근거한다. 적어도 충렬왕 때까지는 일부일처제였던 것으로 보인다. 그러나 그가 파면을 당한 것은 두 명의 부인을 거느렸기 때문이 아니라, 당시 '김방경金方慶 무고사건'을 일으켰던 노진의의 딸을 처로 얻었기 때문이라는 설도 있다.

충렬왕 때 박유朴瑜라는 이가 원나라의 축첩제도를 본떠 일부다처제를 왕에게 권하였는데, 이 때문에 시중의 뭇 여성들의 비난의 대상이 되었다. 다음은 그의 상소 내용이다.

'우리나라는 본래 남자가 적고 여자가 많은데도 지금 신분의 고하高下를 막론莫論하고 처를 하나만 둘 뿐 아니라 아들이 없어도 첩妾을 두려고 생각하지 않고 있습니다. 그런데 중국인들이 우리나라에 와서 인원수의 제한이 없이 장가를 드니, 앞으로 사람들이 모두 북쪽으로 몰려갈까 두렵습니다. 청컨대 여러 신하들로 하여금 첩을 두게 하되, 그 관품에 따라서 그 수효를 줄여서 서인庶人에 이르면 한 명의 처와 한 명의 첩을 얻도록 하고, 그 자녀는 적자嫡子와 마찬가지로 벼슬살이를 할 수 있도록 하소서. 만약 이와 같이 되면 인구는 번성될 뿐만 아니라 백성을 위하는 도리도 됩니다.' 당시 고려는 남자에 비해 여자들이 많았는데 천삼지팔天三地八이라 하여 남자 셋에 여자 여덟이라고 할 정도로 불균형이 심했다고 한다. 물론 말도 안 되는 과장이다.

그가 임금을 호위하여 연등회에 갈 때 한 할머니가 나서서 '축첩畜妾을 청한 자가 저 늙은이다' 하고 소리쳤고, 이 소리를 듣고 서로 전하여 손가락질하니 온 마을에 붉은 손가락이 다발을 이루었다고 한다. 결국 박유가 건의한 축첩제도는 이루어지지 않았다.

그러나 최충헌은 두 명의 부인을 동시에 거느렸고, 이성계는 경처京處와 향처鄕處로 각각 불린 두 명의 부인이 있었다. 실제로는 일부다 처라도 별 문제는 없었던 것으로 보인다.

고려 말의 지윤池齋은 희첩姬妾이 거의 30명에 이르렀는데, 다만 부유한 여자만을 취하고 미색으로 취하지는 않았다고 했고, 강윤충康允忠이란 사람은 처가 있는데도 아직 남편의 장례도 마치지 않은 조석견의 처에게 장가를 들어 그의 가산까지 차지하였다는 기록이 있다.

● 기녀妓女

동서양 모두 기녀의 원조를 고대 무녀巫女로 보는 견해가 많다. 제사와 정치가 분리되면서 무녀가 매춘부나 기녀로 전락했다는 설, 또 전쟁 포로나 죄인 중에서 미모와 기예를 갖춘 젊은 여인이 기녀가 되었다는 설들이 있다.

고려시대의 시녀들

우리나라에서는 삼국시대부터 기녀가 있었던 것으로 추정된다. 그러나 관청에 소속된 관기官妓 제도는 고려 때부터였다. 고려시대 기녀 중 관기는 왕과 귀족, 가기家妓는 사대부, 사기私妓는 양인이나 천인을 상대했다. 당시 이미 기녀를 양성하는 학교인 교방敎坊이 있었다.

고려 초기에 백제 유민들 특히 어부漁夫 출신들을 노비로 삼았는데, 그 중 인물이 괜찮은 여자들을 가무를 시키고 화장도 하여 기생으로 삼았다고 한다. 그리고 이들이 고려 여악女樂의 시초이다. 여악은 당악唐樂과 향악鄕樂을 주로 연주했다고 한다.

교방은 원래 향악을 담당했던 기관인데 기생학교를 겸했다. 창기娼

妓와 기예技藝 있는 자를 뽑았으며, 이 제도는 고려 때부터 조선 때까지 이어졌다. 중국이나 일본에는 없던 제도였으므로 주목할 만하다.

고려사에는 충렬왕 때 교방의 인원을 충당하기 위해 지방기地方妓, 무당, 관비官婢 중에서 재才, 색色, 예禮를 겸비한 여인들을 선택하여 인원을 구성하였다는 기록이 있다. 고려 때는 관기에 대한 기록이 많지 않지만, 기녀가 관아의 관비로서, 여악의 담당자로서 등장하고 또 여러 음악 연주에 참여하고 있으니, 조선전기의 관기제도와 별 차이가 없다고 볼 수 있다.

고려의 요화妖花라고도 불리는 자운선紫雲仙은 양수척楊水尺 출신의 기녀였다. 그 후 이의민의 아들인 이지영의 첩이 되었는데, 최충헌이 이 부자를 죽인 이후 그의 첩이 되었다. 양수척은 조선조 백정白丁의 고려 때 이름으로 천민의 하나였다. 원래는 백제의 농민 출신 병정兵丁들이었는데, 백제 멸망 후 포로로 잡혀와 멀리 삭주 지방으로 쫓겨났던 사람들의 자손들이라고도 한다. 자운선은 한 때 거란 병에게 잡혔다가 다시 돌아오기도 했는데, 워낙 인물이 뛰어나고 교태가 넘쳐 평생을 호강하며 살았다. 자운선은 무국적자 같았던 양수척의 신분 상승을 시도했는데, 오히려 이들이 공납公納 때문에 시달리게 되어 원망을 사기도 했다.

연쌍비는 우왕의 후궁 명순옹주明順翁主가 된 기생으로 활을 메고 비단 옷을 입고 다니면 매우 예뻤다고 한다. 충렬왕의 총애를 받던 기생 적선래謫仙來가 맡았던 교방에 있던 기생으로, 역시 우왕의 후궁이 된 소매향小梅香, 훗날의 화순옹주과 같은 교방 출신이었다고 한다.

고려 중엽 이후부터는 기생을 사랑하고 처첩으로 삼는 경우가 많아져 그 자식들이 벼슬길에 나가기도 했는데 그러다보니 말엽에는 기생첩을 감추는 풍속이 성행했다. 명종 때 공부상서工部尙書를 지낸

조원정은 기생 옥공玉工의 아들이었는데, 그 할머니도 관기였다. 최충헌의 손자인 최항崔沆도 창기가 낳은 아들이었다.

김방경 장군은 기생을 거절한 것으로 유명한데, 이는 대부분이 기생을 거절하지 않았다는 뜻도 된다. 부하들이 한 창녀唱女를 그의 방에 들였는데 거절했고, 동료와 부하들이 부끄러워하며 사과했다고 한다.

시를 잘 쓴 기녀들도 많았다고 하는데 동인홍動人紅과 우돌于咄의 글이 남아 있을 뿐이다. 다음은 동인홍의 '자서自誓'라는 시다.

> 기생과 양가집 여자(娼家與良家) / 그 마음가짐은 무엇이 다른가(其心間幾何) / 가련하다 백주의 절개여(可憐柏舟節) / 다른 마음 안 품겠다고 스스로 맹세했네(自誓矢靡他).

다음은 술좌석에서 관기를 가까이 하지 않던 송국첨이란 학사에게 던지는 우돌의 시인데 자기에게 무심한 데 대한 자존심이 엿보인다.

> 송광평처럼 철석간장인 줄은 일찍이 알았기에 / 내 본래 무심하여 잠자리에 함께 들면 졸음이나 올 것을 / 다만 원하건대 하룻밤의 시주 즐기는 자리에서 / 풍월이나 읊으며 꽃다운 인연이나 함께 했으면.

그 때는 기생이라고 하여 의리가 없을 것이라고 생각하지 않았는지도 모른다. 우리 속담에 '갈래 없이 흐르는 게 기생 정이다'라는 것이 있는데, 기생 정이라고 헤픈 게 아니고 때로는 아녀자보다도 순수하고 외곬으로 흐른다는 뜻이었다.

또 고려의 기생은 바둑을 잘 두었다는 기록이 있다. 이규보가 바둑의 고수인 평양 기생 진주眞珠에게 바둑 한판 두기를 바라는 시를 썼을 정도였다. 그리고 이런 현상은 조선조까지 이어졌다.

기생 중에 개인의 집에 거주하며 노래와 춤을 익히면서 주인의 명에 따라 외간 남자들의 수청을

바둑 두는 기생들. 조선조 말기

드는 경우를 가기家妓라 하고, 소속 없이 주점을 중심으로 몸을 파는 경우를 사기私妓라 했는데 이는 공공연히 매춘賣春이 있었다는 이야기가 된다. 다만 고려의 경우 기록이 별로 남아 있지 않다.

고려사에 따르면 고종 때 이수라는 사람은 부인이 죽자 부인의 조카며느리와 간통하다 발각됐다. 이 일로 이수는 귀양을 갔고 부인의 조카며느리는 유녀적遊女籍이라는 명부에 이름이 올라 매춘부가 되었다고 기록되어 있다. 성범죄자로 낙인烙印찍힌 여성은 형벌刑罰로 매춘을 강요받았고, 이들은 유녀 또는 자녀姿女로 불렸다.

● **고려도경**高麗圖經

송宋나라 휘종이 고려에 사신을 보낼 때 수행했던 서긍徐兢이란 사람이 고려에서 보고 들은 것을 그림과 함께 기록한 책이 〈고려도경〉인데(전 23권), 다음은 이 책에 기록된 고려 성 풍속에 관한 글들이다. 잠시 다녀간 이국인이 기록이므로 오해誤解된 부분들도 있겠지만 그의 눈에 비친 고려의 성 풍속은 매우 개방적인 것이었다.

'고려인들은 은혜를 베푸는 일이 적고 여색女色을 좋아하며, 쉽게 사랑하고 재물을 중히 여긴다.'

'남녀 간의 혼인에서도 쉽게 합치고 쉽게 헤어져(輕合易離) 전래傳來를 본받지 않으니 참으로 우스운 일이다.'

'아침에 일어나면 먼저 목욕을 한 후 집을 나서며, 여름에는 하루 두 번씩도 목욕을 한다. 흐르는 시냇물에 여럿이 모여 남녀 구별 없이 모두 의관衣冠을 언덕에 놓고 물굽이 따라 속옷을 드러내는 것을 괴상하게 여기지도 않는다.'

서긍의 고려도경

고려 사람들의 자유로운 성문화를 경멸輕蔑하는 듯한 투였다. 심지어 우리가 오랑캐라고 부르던 몽고蒙古의 한 사신도 '고려의 남녀들은 앞마당에서도 갖은 음탕淫蕩한 행동을 다 한다'고 썼다.

조선 초기 김종서, 정인지 등이 쓴 고려사에서도 '여자들이 절에 가서 술 먹고 춤추고 놀아 풍기風紀가 문란紊亂하다'고 지적하는 글이 여러 번 나온다.

한글이 없던 당시의 고려인들은 90퍼센트 이상이 문맹文盲이었을 것으로 추산된다. 자연히 대부분의 백성들은 사회 문화에 맹종盲從되고 있었을 것이다. 어느 정도 이해가 필요한 부분이다.

21세기의 지금을 사는 젊은이들 중에 교육을 못 받은 이는 거의 없고, 현재 우리나라는 성이 매우 보수화되어 있어 선인先人들을 이해하는 데 어려움이 있을 것이다. 그러나 글로벌한 시각으로 세계의 성문화를 보면 신라나 고려인들의 풍습을 비난만 할 수는 없다.

인간의 가치價値는 개인차가 심한데 이는 학습學習으로도 얻어지고

repression paradigm, 만족滿足으로도 얻어지기content paradigm 때문이다. 여기서 만족에 가장 큰 영향을 미치는 요소가 권력이라고 한다. 사회 계층에 따라 성 가치가 달라지는 이유가 될 수 있다.

● 고려가사高麗歌辭

고려시대 남녀 간의 애정을 노래한 고려가요들이 많은데 정읍사井邑詞, 동동, 쌍화점雙花店, 가시리, 사모곡思慕曲, 청산별곡靑山別曲 등이다. 이들을 통해 당시 우리나라의 성 풍속이나 성의 사회상을 유추할 수 있는데, 성이 매우 자유로웠던 것을 알 수 있다.

남녀상열지사男女相悅之詞는 글자 그대로 '남녀가 서로 좋아하는 내용의 가사'라는 뜻이며, 고려시대 평민층에서 나온 것들이다. 그러나 후에 조선조의 유학자들에 의해 음사淫詞로 매도된다.

그중 충렬왕 때의 가요인 쌍화점雙花店, 만두가게은 모두 4절로 되어 있는데, 당시의 성풍속이 적나라하게 나타나 있다.

> 만두집에 만두 사러 갔더니만 / 회회 아비 내 손목을 잡더이다. 이 소문이 가게 밖에 나며 들며 하면 / 다로러거디러 조그마한 새끼 광대 네 말이라 하리라 / 더러둥성 다리러디러 다리러디러 다로러거디러 다로러 / 그 잠자리에 나도 자러 가리라 / 위 위 다로러 거디러 다로러 / 그 잔 데 같이 답답한 곳 없다.
>
> 삼장사에 불을 켜러 갔더니만 / 그 절 지주 내 손목을 잡더이다 / 이 소문이 이 절 밖에 나며 들며 하면 / (후렴)
>
> 두레우물에 물을 길러 갔더니만 / 우물 용이 내 손목을 잡더이다 / 이 소문이 우물 밖에 나며 들며 하면 / (후렴)
>
> 술파는 집에 술을 사러 갔더니만 / 그 집 아비 내 손목을 잡더이다 / 이 소문이 이 집 밖에 나며 들며 하면 / (후렴)

쌍화점은 조선조 때 남녀상열지사라 하여 금기하던 가요다. 그러나 당시에는 궁중악으로 연출되기 위해 대화식으로 구성되었다. 요새로 치면 뮤지컬의 대본인데 매우 선정적인 내용이었고, 주로 기생들이 공연했다고 한다. 한 명이 '만두 사러 갔더니 내 손목 잡더라'라고 하면, 다른 한 명이 '나도 가고 싶어……' 하는 식으로 되받고, 후렴구를 같이 노래하는 형식이었다.

충렬왕 5년 오잠吳潛이 전국에서 기생들을 선발하여 여자 배우단을 만들어 쌍화점을 뮤지컬로 개편하여 공연했다. 그는 또 궁 안에 향각香閣이라는 임금의 전용극장을 만들어 변태적 취미를 가진 왕을 위해 기생들이 남장을 하고 나와 이상야릇한 춤을 추게 하기도 했다. 역사서에 기록된 대로라면 충렬왕은 피학대음란증被虐待淫亂症, masochism과 학대음란증虐待淫亂症, sadism을 동시에 가진 인물이었다.

연대미상이지만 역시 고려 말엽의 가사 만전춘滿殿春은 정사情事 장면도 묘사하고 있다.

> 얼음 위에 댓잎 자리 펴서 임과 내가 얼어 죽을망정 / 얼음 위에 댓잎 자리 펴서 임과 내가 얼어 죽을망정 / 정둔 오늘 밤 더디 새소서, 더디 새소서. (중략) / 남산에 잠자리를 보아 옥산을 베고 누워, 금수산 이불 안에서 사향 각시를 안고 누워 / 향기로운 가슴을 맞추십시다. 맞추십시다. (중략) / 아소서, 임이시여, 영원히 이별할 줄 모르고 지냅시다.

여기서 사향각시를 '사슴머리(짧은 머리)를 한 각시(소녀)'라 보는 이도 있지만 향을 피우는 향로라고 주장하는 이도 있는데, 이는 마치 죽부인을 '바람각시'라고도 하는 것과 같은 컨셉이라는 것이다.

서경별곡西京別曲은 고려 속요 가운데 남녀의 이별과 이에 따른 슬

품의 정서가 가장 잘 드러난 작품이다. 이 노래는 서경平壤을 중심으로 서민층에서 널리 불리다가 궁중의 음악으로 채택된 것이다.

> 서경이 서울이지만 / 우리 사랑 키운 서울 사랑하지만 / 이별할 바에는 길쌈과 베를 버리고 / 사랑하신다면 울면서 따르겠습니다. (중략) / 구슬이 바위에 떨어진들 / 끈이야 끊어지겠습니까? / 천년을 홀로 살아간들 / 믿음이야 변하겠습니까? (중략) / 대동강이 넓은 줄 몰라서 / 배를 내어 놓았느냐, 사공아 / 네 아내가 욕정이 많은 줄 몰라서 / 내 님을 배에 실었느냐, 사공아 / 내 님은 대동강 건너편 꽃을 / 배 타고 들어가면 꺾을 것입니다.

여기서 제1연은 사랑하는 임과 이별하느니 차라리 모든 걸 버리고 임의 뒤를 따르겠다는 심정을, 제2연은 비록 오랫동안 이별하고 있더라도 일편단심一片丹心의 신의信義를 지키고 있을 것임을, 제3연은 임을 싣고 떠나는 뱃사공을 원망怨望하며 이별 이후에 있을지도 모를 임의 변심을 우려하는 심경을 나타내고 있다.

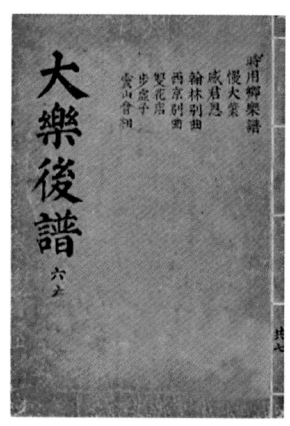

국립국악원 소장의 '대악후보'. 서경별곡, 쌍화점 등이 보인다.

한림별곡의 마지막 8장을 소개한다. 공민왕의 남색男色을 빗대 부르는 노래라고도 한다.

> 호두나무, 쥐엄나무에 붉은 실로 붉은 그네를 매니 / 당기시라 미시라 정 소년이여 / 아, 내가 가는 곳에 남이 갈까 두렵구나 / 옥을 깎은 것처럼 고운 두 손길에, 옥을 깎은 것처럼 고운 두 손길에 / 아, 손을 마주 잡고 함께 노는 풍경이 어떻습니까?

미소년인 정 소년과 시 쓴 이가 같이 그네를 타고 즐기며, 남의 방해를 받지 않고 둘이서 손잡고 소풍을 가고 싶다고 애절하고도 낭만적으로 노래하고 있는 내용이다.

이 밖에도 이상곡履霜曲 등 많은 가사들에서 고려인들의 성 태도를 엿볼 수 있다.

● 충자왕忠字王들

충렬왕 이후 충정왕까지 6명의 왕은 원元에 충성한다는 뜻으로 '충忠' 자로 시호諡號가 시작된 왕들이다. 원은 소급해서 고종에게 충헌왕忠憲王을, 원종에게 충경왕忠敬王을 내렸지만 우리 역사는 이를 인정하지 않는다.

이들은 원의 왕족들을 왕후로 맞았고 원의 지시대로 나라를 다스려야 했으므로 대부분 자포자기自暴自棄형 왕들이라고도 할 수 있다. 역사는 강화도에서 나와 원에게 굴복하고 그들의 요구에 따라 삼별초를 토벌하고 일본 원정까지 가야 했던 원종이나 김방경 등을 부정적으로 평가하고 있지만 이 부분은 다른 각도에서도 보아야 한다고 생각한다.

고려는 당시 원나라를 물리칠 힘이 없었는데도, 정권을 쥐고 있던 무인武人들은 왕실을 이끌고 강화도로 도망가 '나 몰라라' 식의 소위 '대몽항쟁對蒙抗爭'을 했다. 그 동안 강화도를 제외한 육지의 백성들이 얼마나 비참한 전화戰禍의 시달림을 받았는지, 특히 고려의 여인女人들이 어떻게 저들의 성노에 역할을 해야 했는지 생각하면 한심閑心한 생각이 든다. 고려의 여인들은 전쟁이 길어지면서 가장 큰 피해를 본 당사자들이었다.

굴욕적이지만 그나마 화친和親을 하고 피해를 줄일 수 있었던 것을 역사는 다시 평가評價해야 한다고 생각한다. 물론 많은 공물, 공녀와 심지어는 환관까지 바쳐야 했고 패전국敗戰國으로서의 설움이 있었지만 어쩔 수 없었던 부분도 있었을 것이다.

칭기즈칸은 패전국들을 민족民族에 따라 그리고 저항의 정도에 따라 다르게 다루었는데, 고려를 멸망시키지 않은 이유는 '고구려와 월남越南은 형제국이니 없애지 말라'는 그의 유언 때문이었다는 설도 있다. 고구려를 이은 나라이

충열왕의 장인이기도 한 쿠빌라이 황제. 징기스칸의 손자이다.

기 때문에 명맥命脈을 유지할 수 있었다면 정말 불행 중 다행이라고 안 할 수 없다.

당시 서하西夏는 중국 간쑤 성甘肅省 일대에 탕구트 유목민들이 세운 고려의 세 배가 넘는 크기의 불교국가로 고유문자가 있을 정도로 문화가 발달했던 국가였다. 이들은 원元의 여섯 번에 걸친 침략을 우리처럼 화친과 저항을 반복하며 명맥命脈을 유지했었는데 원이 요구한 호라즘전戰 참가를 거부하고, 7차 침략에 강하게 저항했다는 이유로 칭기즈칸은 철저하게 살육멸족殺戮滅族 시켰다. 최근 CCTV의 보도에 의하면 현재 서하인의 유전자를 가진 후손을 발견하기 어렵다고 한다.

공녀貢女 때문에 삼장액물三藏厄物이란 말이 나왔다. 즉 딸을 낳으면 세 번 숨길 일이 생긴다는 것으로, 한 번은 왕실결혼으로 간택령揀擇令이 내렸을 때 숨기고, 두 번은 공녀貢女를 위한 채홍사가 들이닥치면 숨기고, 세 번째는 유랑극단流浪劇團이 오면 숨겨야 한다는 뜻이다.

'충' 자 왕의 첫 임금인 충렬왕은 원종의 아들로서 원나라의 황제 쿠빌라이의 딸 제국대장공주와 결혼하여 원나라의 부마였다. 그는 왕으로서는 처음 기생을 사랑한 것으로도 유명하다. 어느 날 적선래 謫仙來라는 기생이 궁에서 태평가를 불렀는데 그 가사를 듣고 어느 학문 높은 자와 내통했을 것으로 생각하여 질투심에 얼굴이 달아올랐다는 이야기가 전해진다.

충선왕은 대원제국 내지內地의 번왕藩王, 요동의 심왕瀋王을 겸직하여 삼국의 왕이 된 셈이었는데도 친원파들을 미워했다. 충선왕의 부인은 쿠빌라이의 황태자인 친킴 가문의 계국대장공주薊國大長公主였는데도 대놓고 그녀를 구박하였다. 보란 듯이 바람을 피워 5명의 첩과 비를 두었다. 특히 몽골의 천한 여자인 의비를 가까이 해서 왕자를 둘이나 낳게 하여 공주를 몹시 격분시켰다. 여자라면 귀천을 가리지 않았다. 이때 아버지 충렬왕은 잃은 왕위를 다시 찾기 위해 아들에게 여자를 붙여주거나, 바람피우는 것을 묵인하였고, 심지어 며느리인 몽골 공주에게 이혼과 재가까지 권유하였다. 몽골 공주는 충선왕에 맞서 계속 맞바람을 피웠고, 국정國政은 말이 아니었다.

1279년의 몽골의 점령지역

유학자 이제현은 충선왕이 사랑했던 여자가 다른 곳에서는 창녀와 다를 바 없이 즐기고 산다는 거짓말까지 해가면서 왕의 여자들을 떼어놓으려고 노력했지만 허사였다고 한다.

원나라 왕실은, 충선왕을 단 4개월 만에 다시 퇴위시키고, 충렬왕을 왕으로 재즉위시키기까지 했다.

27대 충숙왕은 몽골 공주가 아닌 의비가 낳은 아들이다. 충숙왕은 원의 공주를 셋이나 맞아들였다. 그 첫 째가 복국장공주濮國長公主였는데, 왕은 그녀를 구타毆打로 사망케 했다. 당시 왕은 고려인 아내 덕비에 빠져 있었다고 한다. 두 번째는 조국장공주였는데 그녀 또한 아들을 낳은 지 두 달 만에 의문의 죽음을 맞는다. 세 번째 부인인 숙공휘령공주肅恭徽寧公主는 살아남지만, 남편이 죽은 후 그의 아들인 충혜왕에게 겁탈을 당한다. 그것도 그녀가 완강히 거부하자 송명리 등을 시켜 움직이지 못하게 잡은 다음 입을 틀어막고 강간을 했다. 원나라 공주였던 그녀는 이 일을 원에 일러바쳐 충혜왕을 하야下野케 했다. 충숙왕은 또 기생 만년환萬年歡을 사랑해서 그녀의 집까지 몰래 찾아가 은폐銀幣를 주고 오기도 했다고 전해진다.

충혜왕은 아버지의 수비였던 권 씨도 겁탈했다. 그녀는 몇 달 뒤 사망했는데, 수치심으로 자살을 했을 가능성이 높다.

같은 해에 사망한 부친 권렴이 39세였던 것으로 보아 그녀는 매우 어린 나이였던 것 같다.

성학性學에는 증오성憎惡性, hate sex이니 복수성復讐性, revenge sex이라는 게 있어 미워하거나 복수할 목적으로 성교를 하는 경우가 있는데, 부자지간의 심했던 갈등과도 관계가 있는지 모르지만 반만 년 우리 역사에서 보기 힘든 사건들이었음은 틀림없다. 충렬왕 때 최세연이란 사람은 자기의 처가 워낙 사납고 질투가 심하자 스스로 거세去

고려高麗 149

충혜왕비 몽골의 정순숙의공주
(貞順淑儀公主)

勢하여 환관宦官이 되었는데, 이 또한 다른 형태의 복수성이다. 즉 미운 아내와 헤어지는 대신 이런 형태로 복수한 것이다.

충혜왕은 천성이 근본적으로 심히 음탕淫蕩했던 것으로 보인다. 조선조 연산군의 패륜엽색행각을 훨씬 능가한다. 얼굴이 예쁘면 근친관계, 혼인 여부, 신분 등에 상관없이 강간하는 등 행동에 절제가 전혀 없고 패륜을 일삼았다. 외숙 홍융의 처, 즉 외숙모와 장인 홍탁의 후처 황 씨도 불러 간음했다. 황 씨는 이 때문에 임질에 걸렸는데, 충혜왕은 승려 복산을 시켜 그녀의 임질을 치료토록 하였다고 한다. 이렇게 되자 많은 백성들이 압록강을 넘어 중국으로 피신하기까지 했다고 한다.

공민왕은 이전의 왕들과 다르게 바람을 피우지도 않았고, 몽골 공주를 적대시하지도 않았다. 오히려 몽골 출신의 노국공주魯國公主가 죽자 식음을 전폐하고 슬퍼했다. 신돈辛旽의 딸만을 귀비로 받아들였을 뿐 동성애에 몰입하여 왕비나 후궁들과의 동침마저 기피했다. 그러나 이성계가 폐위의 명분으로 삼았던 우왕과 창왕의 신돈 후손설後孫說은 조선조 때 조광조나 송시열 같은 학자들에 의하여도 비판받았고, 1910년 대한제국이 멸망한 이후에는 이를 조작이었다고 인정認定하였다.

● 결혼도감結婚都監

결혼도감은 원종 15년(1274년) 원나라 만자군蠻子軍의 혼인을 위하여 고려의 부녀자를 뽑아 보내던 한국사 최초의 결혼센터이다 만자

군이란 원나라 때, 남송南宋의 귀순병을 중심으로 하여 조직된 군대로 한족漢族들이었으나 원에서는 멸시를 받기도 했다. 고려는 원

원의 화가가 그린 고려 공녀

의 요구에 할 수 없이 결혼도감을 설치하여 여자를 징발했는데, 이들을 야만족으로 보는 고려 여자들이 응하지 않자 민간을 수색하여 혼자 사는 여자나 역적의 처, 파계한 중의 딸 등으로 겨우 수를 채웠다. 물론 백성들의 원성怨聲이 높아 만자가 여자들을 데리고 북으로 갈 때 우는 소리가 천지를 진동했다 한다.

원종은 '우리나라는 비록 임금이라 할지라도 오직 한 명의 적실嫡室과 혼인하며, 또 다른 첩을 두지 않기 때문에 인구가 많지 않다'며 호소하기까지 했다. 결국 2년 뒤 결혼도감을 과부처녀추고별감寡婦處女推考別監이라 바꾸고, 관리 5명을 지방에 파견하여 여자들을 선발하게 했다.

그 뒤 공민왕 초에 이르기까지 80여 년 동안 공녀貢女 등 여자 차출 문제로 다녀간 사신이 50여 차례이며, 금혼령禁婚令까지 내려가면서 거의 해마다 공녀들을 보내야 했다. 공민왕 4년(1355년)에도 공녀를 바친 기록이 남아 있으므로 그때까지 계속된 것으로 보인다.

● 도교道敎의 영향

오랫동안 중국은 유교儒敎의 영향으로 성을 매우 엄격하게 다루었지만 고려는 불교 국가이면서 도교道敎 사상의 영향을 받았기 때문에 성에 대하여 비교적 관대하고 현실적이었다.

별자리 특히 북두성(北斗星)을 신앙하여 연생(延生)을 기원하는 도교의 육십갑자 음양부호. 부적의 부호들의 기원을 알 수 있음.

도교는 중국에서 생긴 다신교多神敎라고도 할 수 있는데, 우리나라에는 고구려 말경에 들어왔지만 크게 전파되기는 고려 때이다. 도교를 숭상했던 송나라의 영향이 컸을 것이다.

도교에서는 모든 사람이나 사물을 차별하지 않는 사상을 기본으로 하여, 사람 끼리의 조화調和, 사람과 자연과의 조화를 이루는 삶을 강조하였다. 억지로 무엇을 하려고 하지 말고, 주어진 인간 본연의 모습대로 자연스럽게 세상을 살아가는 것이 옳다고 가르쳤다. 따라서 성행위도 음양陰陽의 조화로 받아들이고, 이를 통한 모든 술법을 방중술房中術이라 불렀으며, 이를 통하여 건강을 얻을 수 있다고 가르쳤다.

복식호흡을 태아의 호흡법이라고 믿어 이를 연습시키면서 사정射精을 참는 데도 이용하게 하였다. 사정을 안 해야 음기陰氣를 백퍼센트 얻게 되는데, 특히 여자의 오르가슴이 남자에게 음기를 최대한 부여賦與하는 효과가 있다고 믿었다. 그 외에 남자가 사정을 참기 위하여 '눈을 감고 정신을 집중하기, 목과 허리에 힘주기. 혀를 입천장에 강하게 밀기, 코로 깊은 숨 쉬기, 왼손의 둘째 및 셋째 손가락으로 회

카오슝(高雄)의 도교 사원. 1층에는 관운장 등 실존인물들을 모셨고, 2층에는 부처님을, 그리고 3층에는 옥황상제(하느님)를 모셨다.

음부會陰部를 강하게 누르면서 이를 여러 번 악물기' 등을 권했다.

'접이불루接而不漏 환정보뇌還精補腦', 즉 '성교는 하되 사정은 하지 말라. 그러면 정精이 되돌아서 뇌를 보호한다'고 믿었다. 이는 중국의 성전性典 중의 하나인 소녀경素女經에도 나오는 말이다. 흔히 소녀경을 단군보다 앞선 중국의 황제黃帝와 어느 보통 여자素女와의 대화 내용을 쓴 4천여 년 전의 책으로 알고 있지만, 기실 수나라 때 어의였던 양상선楊上善이란 사람이 썼던 책을 근거로 당나라 때 손사막孫思邈이란 사람이 쓴 '천금방千金房'에서 나온 것이다. 여기서 황제는 성을 통해서 영생을 얻으려는 목적으로 소녀에게 여러 가지를 배우게 된다.

거기에는 남자가 여자와 성교性交를 하면서 사정을 안 하면 기氣를 축적할 수 있다고 믿었고, '사정을 한 번 참으면 기력이 왕성해지고, 두 번이면 귀와 눈이 밝아지고, 세 번이면 만병이 없어지며, 네 번째는 오장五臟의 상태가 모두 좋아지고, 다섯 번째는 혈액순환이 잘되며, 여섯 번을 참으면 허리와 등이 강해지고, 일곱 번째는 엉덩이와 대퇴부가 강해지며, 여덟 번이면 몸에 윤기가 흐르게 되고, 아홉 번째면 수명이 연장되며, 열 번이면 신선神仙이 된다고 한다'고 했다. 이 또한 도교의 가르침에서 유래한 말이다.

남성이 오르가슴을 참으면서 여성이 여러 번 오르가슴을 갖게 하는 것이 음을 얻는 데 가장 좋은 방법이라고 믿었다. 남자는 여자와 방사房事함으로써 음의 기를 받아 생명력을 강화하고, 정신적 에너지를 축적하여 기를 쌓은 후 자기 처에게 임신을 시키면 훌륭한 아들을 낳을 수 있다고도 믿었다. 물론 서양 의학적 관점에서는 어불성설語不成說이다.

현대에 와서 되돌아보면 도교는 힌두교와 비슷한 일면이 있고, 도교식 방중술은 '탄트라Tantra 성'과도 통하는 일면이 있다.

● 취수혼聚嫂婚

원의 지배를 받으면서 족내혼族內婚은 금지되기 시작했지만 한동안 잊혀졌던 취수혼법이 다시 시행되었다. 원나라는 한漢족을 비롯한 점령국들의 국민들을 동화시킬 목적으로 자신들 유목민족의 방식을 시행케 했던 듯하다.

즉 혼자가 된 과부는 시댁 가족 중 하나와 재혼하거나 그들이 원하면 돈을 받고 팔 수도 있으며, 과부의 재산은 시댁이 처분권을 갖는다는 것이다. 물론 고려의 경우, 이를 따르는 사람은 별로 없었다.

이 제도가 여자를 재산으로 본다는 해석도 있지만, 인류학자들은 대체로 잦은 전쟁으로 남자가 부족하고 척박瘠薄한 유목 환경에서 생존능력이 절대 부족한 여자와 어린자식을 보호하기 위한 거의 불가피不可避했던 방법으로 이해하고 있다.

남편이 죽고 자식이 없을 때 레비레이트levirate 혼인이라 하여 죽은 남편의 형제나 최 근친자가 그 과부를 아내로 삼는 관습은 유태인을 포함하여 티베트, 일본, 유대인, 중앙 및 남아프리카의 여러 소수민족, 남미 아마존 유역 야노마모족, 북아메리카 아파치인디언, 중국 마오난족 등 비 유목민족에게서도 나타나는 현상이다.

반대의 개념으로 소로레이트sororate 혼인이 있는데, 죽은 아내의 자매와 결혼하는 것을 일컫는다. 소로레이트는 의무라기보다 본인들이 원할 때 사회적으로 허용해주는 측면이 있다. 이는 고대 중국에서도 존재하였고, 한국이나 일본에서도 묵인默認된 관습이다. 특히 고려왕조에서는 태조 왕건부터 시작해서 3대 정종, 5대 경종, 8대 현종, 9대 덕종, 11대 문종, 17대 인종의 사례에서 심지어는 사촌간인데도 소로레이트 혼婚이 있었을 정도로 흔했던 것이고 일반 백성들도 행했던 풍습이었다.

● 동성애同性愛

고려시대 때 남색男色, 즉 남자 동성애의 기록도 나오는데, 왕으로서는 7대 목종과 31대 공민왕이 그 대표적 인물들이다.

목종은 19살에 왕위에 오르지만 모후母后 헌애왕후의 섭정攝政에 놀아난 허수아비와 다를 게 없었다.

노국공주와 공민왕. 이성계가 공민왕 신당에 봉헌한 그림

헌애왕후는 정부情夫인 김치양과 부부 연을 맺고 정권을 마음대로 농락했고 심지어는 둘 사이에서 출생한 성姓이 다른 동생을 태자로 삼으려고까지 했다. 목종은 유행간庾行簡이란 미소년을 사랑하여 남색으로 총애하였는데, 그는 또 유충정이란 꽃미남 친구를 불러들여 왕과 삼각의 동성애를 계속하면서 정사를 농간하다가 '강조의 변變' 때

모두 죽음을 당한다.

　공민왕은 그의 아내인 원나라 출신 노국공주가 병사하자 큰 슬픔과 고통 속에서 살았다고 한다. 그러다가 자제위子弟衛라는 궁정 청년 근위대를 만들고 그들과 동성애를 즐겼다. 왕이 궁정에서 여러 귀족 미남 청년들과 남색을 즐기고, 평소에도 여자 옷을 입고 치장治粧하기를 즐겼다는 기록도 있다. 노국공주를 유난히 사랑했던 그는 동성애자라기보다는 양성애자兩性愛者였을 것이다. 그러나 20세기 이전에는 양성애에 대한 개념이 없었으므로, 그의 남색만 들어났을 것으로 본다.

　공민왕은 적자嫡子를 보아야 한다는 압박감 때문에 자신의 동성애 상대인 홍륜을 후궁인 익비와 사통私通케 했고 그녀가 임신을 하자 비밀을 유지하기 위하여 홍륜을 제거하려다 오히려 죽음을 당한다.

　공민왕이 동성애자였음은 틀림없지만 그의 비극이 그의 동성애 행위 때문에만 일어난 것은 아니라는 시각도 있다. 그가 남색을 했다고 하여 조정 안팎에서 비난받은 적이 한 번도 없었을 뿐 아니라, 자제위 또한 왕의 욕망만을 위해 만들어진 궁중 내의 호스트 집단이 아니라 원명元明 교체기에 친원파를 견제하기 위하여 만든 조직이었다는 설도 있기 때문이다. 초기 조선조의 사가史家들이 부패한 고려 왕실의 필연적 멸망을 정당화하기 위한 왜곡과 과장된 기록에 영향을 받았을 가능성도 있다고 본다.

　한림별곡翰林別曲에도 남색과 관련한 내용이 나오는데, '마치 옥을 깎은 듯이 가녀린 가인佳人의 아리따운 두 손길을, 아! 옥 같은 손길 마주 잡고 노니는 광경, 그것이야말로 어떻습니까?'라는 내용에서 가인이 '미소년'을 의미한다고 한다.

　고려의 개방적이었던 성문화는 그러나 원나라에서 주자학朱子學을 배우고 돌아온 26대 충선왕에 의하여 어느 정도 주춤하게 된다. 그는 근친혼을 금지시켰고 각종 유교정책을 시행하기 시작했다. 고려말기에 학자들 가운데 주자학을 따르는 사람들이 늘면서 사회 분위기도 달라져 이전과 같은 개방적인 성 풍조가 차츰 보수화되기 시작한다.

● 고쟁이

우리들의 옛적 어머니들이 입었던 수많은 '속곳'들은 오랑캐들로부터 정절을 지키려던 몸부림이었고 '고쟁이'는 무능한 고려조의 국왕들이 자신의 백성인 부녀자들을 몽고군이 보다 편리하게 겁탈

여인의 옷. 고쟁이, 치마, 저고리

劫奪할 수 있도록 도와주려는 정책의 일환으로 태어난 속옷이라고 기록된 책이나 인터넷 기사들이 많지만 결코 이것은 사실이 아니다.

고쟁이는 우리 고유의 옷으로 그 역사는 멀리 고구려시대까지 올라간다. 당시 여자들도 속옷과 겉옷으로 바지를 입었는데, 고구려 벽화에도 보인다. 더구나 살창 고쟁이는 더위에 바람 들어오도록 치마 단 바로 밑으로 구멍을 내어 놓은 것이지 겁탈에 편리한 구조가 아니다.

무인 정치를 하다가 몽고에 쫓겨 왕을 데리고 강화도로 들어가 29년이나 '나몰라'식 피난을 하고 있던 무인武人 지도자들과 그들의 사병私兵들이었던 삼별초군三別抄軍이 역사에서 미화되고 있음은 유감有感이다.

그 동안 원의 군사들이 전 국토를 아홉 번이나 유린蹂躪하면서 황룡사黃龍寺를 비롯한 귀한 문화재들을 수없이 불사르고 그 많은 고려 여인들을 욕보인 것을 생각하면, 그것은 결코 옳은 선택이 아니었다. 그나마 원종이 김방경金方慶 등의 도움으로 뭍으로 나와 원에 굴욕적이지만 화친을 하여 나라의 존망存亡과 백성들의 고초苦楚에 도움을 준 것은 다행이었다.

공물과 공녀를 보내라는 원의 계속되는 요구를 최소화하려는 고려 말년의 군신들의 노력은 고려사를 비롯한 많은 역사서에 기록되어 있다. 따라서 나라에서 조직적으로 새로운 옷을 고안해 가면서까지 몽고군의 만행을 도왔다는 기막힌 주장은 터무니없는 이야기다.

오히려 고려는 물론 조선조까지 여인들은 치마 밑에 안으로부터 다리속곳, 속속곳, 바지, 단속곳을 순서대로 입었다. 자주 전쟁에 휘말리다보니 정절을 지키기 위한 몸부림으로 보이기도 한다.

고려말 문신 박익의 무덤벽화로 당시 고려인의 의상을 볼 수 있다.

인류의 긴 역사에서 거의 매 전쟁 때 여성들은 비참하게 겁탈劫奪이나 능욕凌辱을 당해왔다. 그리고 이것은 침략군들이 주로 전쟁에

이기는 요인이 되기도 했다. 겁탈은 병사의 굶주린 성욕을 채울 뿐 아니라 피점령 주민들에게 더없는 공포심과 좌절감을 안겨주어 복종심을 유발하는 점령정책이 되기도 해서 대부분의 지휘관들 또한 이를 묵인하거나 조장했다.

세계적으로 전쟁 때마다 그랬다. 드디어 1907년 이를 전쟁범죄로 규정한 '헤이그육전협약'이 체결되지만 별로 달라진 것은 없었다. 1945년 4월 베를린이 함락될 때 스탈린의 붉은 군대는 베를린 여성의 50퍼센트, 약 10만 명을 겁탈했다고 알려져 있다. 이후 베트남, 콩고, 방글라데시, 우간다의 전쟁에서도 대량의 겁탈이 자행되었고 특히 1991년의 유고슬라비아 내전內戰에서 세르비아계 병사들이 비 세르비아계 처녀들을 공개 장소에서 가족들이 보는 앞에서 집단 겁탈한 것은 잘 알려져 있는 사실이다.

오랫동안 강화도를 제외한 우리 영토에 정규 고려군이라고는 찾아볼 수도 없었다. 몽고군들의 많은 겁탈이 자행되었을 것 또한 불 보듯 빤하다. 하지만, 고려왕이 고개를 숙이고 개경開京으로 돌아와서 고려 여자들이 쉽게 겁탈당하도록 고쟁이를 입도록 법령을 공포했다는 주장은 전혀 근거도 없고 어불성설이다. 고려가 공녀貢女를 차출할 때 미혼여성들 중에서 했기 때문에 나라에서 서둘러 여자들을 조혼시켰던 사실만 보아도 당시에 어느 정도 질서秩序가 있었고, 여자들을 보호하려는 국가의 노력이 있었음을 알 수 있다.

더구나 우리 대한민국 국민의 반 이상이 몽고의 피가 섞였다는 생각은 말이 안 된다. 전국이 몽고군에게 점령당해도 그들의 주력은 주로 성城을 중심으로 주둔하고 있었고, 백성의 9할 이상은 농촌에 흩어져 있었기 때문이다. 당시의 도로와 교통상황을 지금의 기준으로 생각해선 안 된다. 우리나라는 예로부터 이런 외침外侵에 대비해서

고려高麗 159

큰 도로를 만들지 않았었고, 호환虎患을 당하면서도 산길을 많이 이용했던 특이한 나라였다. 개화기에 일본인들이 와서 길을 넓혔을 때 이를 신작로新作路라고 부르기까지 했다.

또 몽골인의 인상이 우리와 거의 같은 것은 몽골이 원래 고조선 때 우리나라에서 떨어져 나간 민족이기 때문이지, 원元 통치 아래서 그들의 피가 많이 섞여 들어와서 그런 것이 아니다.

발해

발해는 중국인들이 '해동성국海東聖國'이라고 할 만치 기강이 바른 나라였다. 일찍이 일부일처제를 확고히 했다. 이는 발해인들의 무덤 발굴에서도 확인된다. 기녀도 없고, 홍등가나 창녀도 없었고 남자가 첩을 두는 일도 없었다고 한다.

발해국

중국 남송 시대에 쓰인 〈송막기문松漠紀聞〉에 발해의 사회상이 나온다.

'부인들은 대체로 성격이 사납고 투기가 심하다. 대大 씨는 다른 성씨와 서로 맺어 십자매十姉妹를 이루었는데, 번갈아 남편을 감시하여 남편이 첩을 두는 것과 다른 여자와 사귀는 것을 용납하지 않았다. 만일 이런 일이 알려지면

송막기문

독毒을 넣어 남편이 총애하는 여인이 죽도록 꾀하기도 했다. 남편의 죄를 그 아내가 알지 못하더라도 다른 아홉 명의 부인들이 모두 일어

중국인이 그린 발해인의 혼례도. '남자는 오른쪽, 여자는 왼쪽'에 선다고 함.

나 그를 꾸짖으면서 다투어 증오하는 것을 서로 자랑으로 여겼다. 그러므로 거란, 여진 등의 여러 나라에는 모두 여창女娼이 있고 남자들이 모두 첩小婦이나 몸종侍婢들을 갖고 있으나 오직 발해에는 그런 일이 없었다.' 여기서 '10자매'가 무엇인지 정확히는 알 수 없지만 여인들의 계모임 같은 조직으로서 남편을 감시하는 공동체로 보이는데, 가능한 대로 왕족인 대 씨를 포함했던 것으로 보인다.

발해의 인종은 고구려 계 이외에도 거란契丹, 여진女眞, 말갈靺鞨족이 있었으므로 혼인풍습 또한 다양했을 것으로 보인다. 금金의 역사 기록에는 발해에 '창혼搶婚'이라 하여, 일종의 약탈혼이 존재했다고도 하지만 이는 말갈인들 사이에서나 있었던 풍습이었을 것으로 보인다.

발해 지배층이었던 고구려 계 주민의 혼인은 고구려시대와 별 차이가 없었을 것이다. 〈수서隋書〉와 〈신당서新唐書〉의 〈고려전高麗傳〉에 '발해의 고구려인은 남녀가 서로 좋아하면 바로 혼인을 행하고, 남자의 집에서 돼지와 술을 보낼 뿐 재물로 맞는 예禮가 없으며, 혹 재물을 받는 자가 있으면 사람들이 모두 이것을 부끄럽게 여긴다고 하였다'고 되어 있는데, 이는 고구려의 혼례의식과 같은 것이다.

조선조朝鮮朝

● 성리학性理學

가. 가치價値의 변천變遷

조선을 건국한 태조 이성계는 우왕이 공민왕의 아들이 아니라 신돈辛旽과 그의 첩 반야般若 사이에서 태어난 가짜라고 주장하여 왕을 폐위시키는 데에 공감대를 이끌어냈고, 결국 고려를 멸망시키는 명분의 하나로 삼았다. 반야는 지혜智惠라는 뜻의 '팔리어' '빤냐'를 한자로 옮긴 것이므로, 신돈이 지어 준 이름인 것은 맞을 것이다.

이런 사회적 분위기 조성으로 무질서한 성행위와 불륜 관계 등을 비난하는 여론輿論을 일으켜서, 정도전의 척불숭유斥佛崇儒 정책을 돕고 국가를 개혁하는 계기로 삼으려 했을 것이다. 그러나 일반인들이 누려온 오랜 성 개방사조開放思潮가 그렇게 쉽게 바뀌지는 않았다.

고려 때에 비하여 정치, 경제, 사회, 사상 등 모든 면에 걸쳐 그래도 많은 변화가 일어났다. 새로운 양반층이 형성되었고, 성리학性理學이 정치이념政治理念으로 자리잡으면서, 일상생활의 규범이 되었다. 그러나 조선 초의 정치상황政治狀況은 불교, 도교, 풍수지리설, 민간신앙 등도 포용할 정도로 유교 외적 이념들에 대해서도 비교적 관대하여, 건국 초기에는 중후기中後期에 비해 일반인들의 생활에서 유교적 영향력은 그리 크지 않았다. 남성과 여성이 비교적 대등한 관계를 유지하였을 것으로 본다.

태조 때의 박강생은 명문가의 부녀자들이 남편이 죽으면 재가再嫁는 물론 삼가三嫁까지 하는 사례가 많으니 이를 나라에서 단속하자고 주장하기도 했지만 받아들여지지 않았고, 같은 시기에 태자비가 내시內侍와 관계를 맺다가 들켜서 쫓겨났으며, 태종 때는 내시와 정종의 후궁과의 관계가 드러나 귀양을 가는 사건도 있었다.

세종은 간부로부터 속죄 표를 내면 간통죄를 용서해 주던 법을 바꾸어 실형實刑을 가하도록 했다. 간통한 여자에게 간부의 표찰標札을 붙여 사흘 동안 시장 바닥에 세워둔 후 참형斬刑을 시행해 보기도 했지만 오랜 전통의 방탕한 성 풍습이 쉽게 사라지지 않았다.

그러나 사림士林 세력이 본격적으로 등장했던 16세기 이후에는 유교 중심의 문화가 지방의 깊숙한 곳까지 퍼져 나갔으며, 이에 따라 모든 영역에서 성리학 이념이 우선되고 지금의 우리에게 익숙한 조선시대의 유교적 가치가 정착되었다.

주희朱熹의 '하늘의 이치는 보존하고 개인의 욕심은 지워야 한다(存天理, 滅人欲)'는 거창한 명분을 내세운 가르침이 대세가 된 것이다. 주자가 만든 '소학小學'은 유년시절 반드시 읽어야 할 책 중의 하나였고, 거기 담긴 남녀의 분별과 욕망의 억제와 같은 도덕률이 모든 이들의 일상에 깊이 뿌리내리게 되었다.

유교를 재해석하여 성리학을 집대성한 주자

성性은 생명 출산을 위한 행위이며, 가문유지家門維持의 방편으로 여성을 여색女色으로 간주하고 남성이 덕치德治를 하는 데 가장 경계해야 할 대상으로 규정되었다. 이러한 출산 위주의 성 인식은 성을 은밀하고 부끄러운 영역이며 심지어는 불결하다는 인식을 심어주었고, 이런 사상은 아직도 우리 국민의 유전자遺傳子에 깊이 박혀있다.

나. 남존여비男尊女卑

조선조 초기의 성 문화는 국가의 정책에 의해서 갑자기 바뀐 것이 아니라 양반 계층의 성리학 사상에 의하여 서서히 이루어진 것이다.

본래 성리학이 남성 중심의 사상을 앞세웠던 것은 아니다. 그러나 음陰과 양陽의 대등한 관계와 조화를 말하고, 모든 사물을 음양으로 구분하여 존비尊卑, 귀천貴賤, 강유强柔, 동정動靜 등으로 이분화二分化하다 보니 사회에서는 주종관계가 뚜렷해지고 가정에서는 강력한 부계의 가족질서가 확립되는 데 큰 역할을 하게 되었다.

성리학에 바탕을 둔 조선조 가부장제 아래에서의 성문화는 필연적으로 남성우월주의로 흐를 수밖에 없었다. 이런 남자 위주의 성 사고에 따라 성은 자연히 남녀 사이의 상호적이며, 인격적 교류행위交流行爲가 아닌 신체적 감각행위感覺行爲로 전락하였고 성기중심性器中心의 사고로 빠지게 되었다.

성리학에 근거한 여성관은 기본적으로 성차별性差的이었으며, 여자는 남자에게 복종해야 하는 존재가 되었다. 그리고 이런 사고는 양반집 여자들뿐 아니라 모든 여성들에게 적용되었다. 성윤리에서 남자와 여자는 완전히 이중적 잣대로 평가되어, 남자들은 성적 충동을 자유롭게 발산할 수 있었으나 여자들은 정절貞節을 생명처럼 여기도록 세뇌되었다.

유학자이면서도 이와 같은 불합리한 조선조의 성 규제에 반론을 제기한 학자들도 적지 않았다. 허균은 '인간의 본성과 정감은 하늘로부터 부여받았기 때문에, 인욕人慾을 절제시키는 가르침과 성인이 제정한 분별의 윤리와 이념을 따를 수 없다'고까지 주장했다. 그는 전근대적 예교禮敎의 가르침을 전면적으로 거부하고, 남녀 간의 정욕을 인위적으로 억압하는 것은 옳지 않다고 했다. 그러나 이런 몸부림들은 모두 찻잔 속의 태풍으로 끝났다.

여자들의 사회활동은 금지됐고, 이름마저 부르지 않고 '누구 댁宅', '어디 댁宅이니, '무슨 실室'이니 하거나 아이들의 이름을 따서 '아무개 모母'니 하며 불렀다. 또 여자들이 할 수 있는 직업은 중인이나 하위 층 출신에 한해 궁녀宮女, 의녀醫女, 무당巫堂, 기생妓生 등의 네 가지 정도가 다였다고 해도 과언이 아니다.

여자는 사회적 지위도 매우 낮아, 모든 법률적 행위는 남편이나 가장을 통하거나 그의 허가가 있어야 되었으며, 교제나 외출도 엄격히 제한되어 가족이나 가까운 친척이 아니면, 남자와 대면하지 못하였고, 외출해야 될 때에는 상류계급에서는 너울羅兀을 쓰고 하류계급이라도 장옷長衣, 건모巾帽 등을 써서 얼굴을 가리게 하였다.

조선의 신분계층은 크게 네 가지로 구분되었다. 양반兩班, 중인中人, 양인良人, 천인賤人이 그것인데 이와 같은 교육방식과 내외법은 양반층이나 일부 중인층에 해당되는 이야기이며, 상민常民이나 천인 층에서는 크게 개의치 않아도 되었다. 물론 남아와 여아가 다른 대우를 받으며 크기는 했지만 부모들이 워낙 생업에 바빴기 때문에 이들에게 정해진 교육의 틀은 거의 없었다.

높은 교육 수준과 재능이 있었지만 단순히 여자라는 이유로 차별적 테두리를 벗어날 수가 없었던 경우는 허다했다. 허난설헌許蘭雪軒

이나 신사임당申師任堂 같은 분들이 좋은 예이다. 또 시문詩文에 능하고 명필이었던 정부인貞夫人 장 씨張氏는 남편과 60년간을 서로 손님처럼相敬如賓 살았고, 열 자녀들에게 '너희들이 비록 글 잘한다는 소리가 들린다 해도 나는 귀하게 생각하지 않는다. 다만 착한 행동 하나를 했다는 소리가 들리면 아주 즐거워하여 잊어버리지 않을 것이다'라고 가르치고 훌륭히 키움으로써 17세기 이후 '맹자의 어머니와 같은 여인'으로 칭송받았으나 결국 평범하게 무명無名의 여인으로 생을 마칠 수밖에 없었다.

허난설헌의 시와 난초 그림

다. 내외법內外法

조선시대 외간外間 남녀는 마주 보지도 않고 서로 피해 다녔다.

삼강오륜三綱五倫에서 유래한 남녀유별男女有別 풍습이 '내외법'이란 관습법을 만들었고, 이를 빌미로 여자들을 여러 가지 형태로 구속하게 되었다. 마님이 사내종을 직접 불러도 안 되고, 서방님이 계집종을 소리 내어 불러도 안 되었다.

안채와 사랑채를 구분해서 부부간에도 서로 떨어져 살았다. 부부가

남녀유별. 김준기의 '단오' 그림인데, 엿 장사만 빼고는 모두 여인들이다.

각각 다른 공간에서 생활을 하기 때문에 줄에 방울을 매달아 놓는 등의 장치가 필요했다. 주인의 허락 없이 안마당에 들어선 사람은 간혹 죽을 수도 있었다. 외부 사람의 시선이 안채에 이르지 못하도록 내외벽을 치기도 했다. 중문이 열렸을 때 마당에서 안채의 내부를 들여다보지 못하도록 하는 것인데, 이런 주거문화는 점차 하류층 주거에도 영향을 주어 이를 흉내 낸 '널벽'이라는 것도 생기게 되었다. 남녀유별에 대한 관념이 모든 계층에까지 퍼졌음을 알려주는 상징물인 셈이다.

'이리 오너라.'
'누구시냐고 여쭈어라.'
'아랫마을 김진사인데 주인장 계시냐고 여쭈어라.'
'지금 외출하고 안 계신다고 여쭈어라.'
'어디 가셨냐고 여쭈어라.'
'안골 박 주사 댁에 가셨다고 여쭈어라.'

가운데 여종을 두고서 또는 없어도 여종이 있는 듯 찾아온 손님과 주인 아낙 사이에 벌어지는 이런 대화는 조선시대에는 흔히 볼 수 있었던 내외법의 한 모습이었다.

장옷

남녀칠세부동석은 '일곱 살이 되면 남녀는 자리를 함께 하지 않고, 음식을 같이 먹지 않는다'는 예기禮記의 구절에서 비롯된 남녀 간의 성도덕이었다. 오랫동안 유명무실하던 이 구절도 조선시대에 들어와 '내외법'이라는 이름으로 법률화되었다, 아이가 일곱 살만 되면 부동석은 물론 옷도 한 고리에 걸면 안 되었다.

남존여비男尊女卑 사상이 넓게 퍼졌고, 출가외인出嫁外人이라 하여 여자는 상속에서도 배제되었다. 삼종지도三從之道의 도리를 강조했고, 여필종부女必從夫니 부창부수夫唱婦隨니 하여 남녀 사이의 관계는 주종관계主從關係로 바뀌어 나갔다.

김홍도의 '돌밥'인데, 상민들로 남녀 사이에 별로 내외하지 않는다.

뿐만 아니라 빈계지신牝鷄之晨이라 하여 '암탉이 울면 집안이 망한다'며, 공공연히 여자를 무시했다. 또 '망진자亡秦者는 호야胡也' 즉, 진나라를 망하게 한 것은 오랑캐가 아니라 아들 호해胡亥였다는 역사적 사실을 빌미로 집안 식구 특히 아내의 이야기는 듣지도 않으려 했다.

● 혼례婚禮

가. 결혼은 의무

'부부는 인륜의 시작이고 온갖 복의 근원이다. 비록 지극히 친하고 가까우나 또한 지극히 바르고 삼가야 하는 자리이다(夫婦 人倫之始 萬福之原 雖至親至密 而亦至正至謹之地),' 퇴계 이황이 손자 이안도李安道의 혼례 때 보낸 편지의 일부이다. 조선의 성리학을 대표하던 학자의 결혼과 부부관을 읽을 수 있는 대목이다.

혼기가 지났는데도 결혼을 못한 총각을 '광부曠夫', 처녀를 '원녀怨

女'라고 했다. 광부는 집에 들어가 봐야 아무도 없으니 공허하고 허전한 남자라는 뜻이고 원녀는 시집 못간 여자는 그 원한이 하늘을 찌른다는 뜻이다. 조선시대에는 장가나 시집 못간 노총각, 노처녀들은 고아나 홀아비, 과부 등과 함께 반드시 구제해 주어야 할 대상이었다. 늦게까지 장가나 시집을 못가면 '떠꺼머리총각' 또는 '떠꺼머리처녀' 소리를 들었다.

김준근의 '시집 가는 날'

따라서 성인이 되면 반드시 결혼해야 한다는 사고와 중매결혼 풍습, 나아가 과도한 혼수로 인한 폐습은 이미 이때부터 시작되었다 해도 과언이 아니다. 나이가 차도록 결혼하지 않는 것은 죄악罪惡처럼 인식되었고 그 책임은 관官에까지 미쳤다. 집안에서도 '불효 중의 불효'로 인정받았고, 특히 후손이 없는 것은 가장 큰 불효였다.

〈경국대전經國大典〉에 의하면 남자의 나이 15세, 여자의 나이 14세가 되면 혼인하는 것을 허락한다고 되어 있으나, 혼인 연령에 대한 강제적 규정은 없었고 보통 여자는 14세부터 20세에 이르는 기간에 혼인하는데, 대체로 신랑이 두어 살 정도 어린 경우가 많았다. 원나라에 공녀로 뽑히지 않으려고 10살 정도만 되어도 시집을 보내던 풍습이 남아 조선 초기엔 이런 심한 조혼이 많았지만 차차 달라졌다.

그러나 일부에서는 조혼早婚 특히 신부 측의 조혼이 생활고, 노동력의 획득 등과 맞물리면서 조선조 말까지 계속되었다. 이 조혼에 따른 폐단 또한 한둘이 아니었는데, 심한 경우 시아버지와의 불륜도 있었고 극단적인 경우 '부부살해' 즉 색시가 신랑을 죽이는 경우까지 있었다.

집안이 가난하지 않은데도 서른이 넘도록 시집보내지 않으면 그 집 가장을 죄인으로 다스리기도 했다. 가난하여 결혼을 못하는 노총각과 노처녀가 있으면 그곳 수령은 왕에게 혼수 비용을 청구하기도 했다. 정부로부터 문책을 당할 수 있었기 때문이다. 특히 정조는 '혼기를 넘긴 처녀 총각을 조사하여 2년마다 한 번씩 결혼시키도록 하라'며 미혼남녀들을 구제해 주기도 했다. 이보다 앞서 성종 때에는 전국의 25살이 넘도록 시집 못 간 처녀들을 조사하여 만약 집안이 가난하면 쌀이나 콩을 주어 결혼할 수 있도록 도와주기도 했다.

나. 친영제親迎制

친영이란 '친히 맞이하다'란 뜻으로 신랑이 신부 집에 가서 신부를 데리고 온 후, 신랑 집에서 혼례를 치르는 것을 말한다. 신부가 시부모를 뵙는 폐백과 혼례 이후 신부가 신랑 집에 머물러 사는 것까지도 친영에 포함된다. 말하자면 남자 집 중심의 결혼 풍속이라고 할 수 있다.

결혼은 두 사람의 동의에 의한 결합이 아닌 부모의 의사에 따른 결합으로 이루어졌다. 신부를 선택할 때는 가능한 한 아들을 잘 낳을 여자를 고르려 했고 이 때문에 관상觀相을 많이 봤다. 궁합宮合은 거의 예외 없이 봐야 했다. 원진살怨嗔煞이라 하여 부부간에 까닭 없이 미워하게 된다는 액운厄運이 있는지도 봤다.

혼례는 신랑이 신부 집에 가서 예식을 올리고 신부를 맞아오는 절차를 밟았는데, 고례古禮와 속례俗禮의 두 가지가 있다. 고례는 전통 예절을 그대로 따르는 것으로 신랑이 저녁 때 신부 집으로 가서 전안례奠雁禮, 신랑이 기럭아비와 함께 신부 집에 가서 신부의 어머니에게 기러기를 드리는 예만 올리고 신부를 자기 집으로 데리고 와서 모든 예를 올리고, 미리 마련한 신방에서 첫날밤을 보낸다. 그 다음날 아침에 시아버지와 시어머니에게 폐백을 드리고, 사흘 동안 시댁에서 보낸 뒤 일단 친정으로 돌아간다. 그 뒤 신행新行, 于歸 또는 于禮이라 하여 정식으로 날을 받아 신랑 집으로 돌아온다. 혼례식을 마친 당일에 신행하면 당일신행當日新行, 첫날밤을 보내고 다시 이틀을 더 묵은 뒤에 신행하면 삼일신행三日新行이라고 한다. 신행 때 신랑 신부가 떨어져 걸어야 하는데, 그 거리가 서른세 발이라고 했으니 이미 결혼 초부터 남존여비를 느끼게 하려는 목적이 있었던 듯하다.

속례는 반半 친영제라고도 하는데, 신랑과 신부 집의 거리나 기타 사정으로 신부 집에서 모든 예식을 치르는 경우이다. 첫날밤도 신부 집에서 보내고 계속 사흘간 머무르다가 신부를 데리고 신랑 집으로 돌아온다. 이때 신부는 시부모에게 드릴 폐백을 준비한다.

신랑은 해지기 전에 장가를 들지 못하며 반드시 촛불에 인도되어 들어야 한다고 했다. 결혼結婚이란 말도 '황혼에 맺어진다'는 뜻이며, 이는 혼례를 간단히 치르기 위한 선조들의 지혜의 소산이었다.

서민들에게는 간혹 '매매혼賣買婚, 結納'과 '봉사혼奉仕婚'이란 것이 있었다. 매매혼은 보통 소 한 마리 값에 해당하는 돈을 혼례 전에 신부 집에 보내는 경우이고, 봉사혼은 신부로 데려올 조건으로 신부 집에 가서 노동을 제공하는 것을 말한다.

고려 때 남자가 처갓집에서 일정기간이나 계속 살아 '장가를 가는 것'이었던 것에 반해 이제는 친영제로 신부가 남자 집으로 '시집을 오는 것'이 원칙이 되었다. 이렇게 가부장제적 봉건질서가 자리를 잡기 시작했고 모계제의 유습인 '처가살이 혼婚'이 '시집살이 혼'으로 바뀌어 나갔다. 3일만 자고 오는 3일 친영은 20세기 후반까지 이어졌다.

요즈음도 결혼을 하면 신혼여행을 갔다가 처가의 집에서 하룻밤을 보내는 경우가 많은데, 이것은 바로 고려시대 풍습이 남아있는 것이라고도 할 수 있다.

다. 복수결혼福手結婚

혼인날이 임박하여 신랑 집에서 신부 측에 함函을 보내는데, 신부의 상하의 두벌, 폐물幣物, 혼서지婚書紙 등과 형편에 따른 예물들을 같이 넣으며, 이를 납폐納幣라 한다. 납폐를 포함하여 혼례비용이 많이 들기 때문에 형편이 안 되는 빈민층에서는 아예 전통혼례식을 포기하고 장독대에 정화수井華水를 떠놓고 사모관대紗帽冠帶와 혼례복 차림만으로 소위 '정화수 혼례'를 올리기도 했다. 그리고 조선조 후기에 들어오면서 이마저 생략하는 '복수결혼' 일명 '빈자결혼貧者結婚'이 나온다.

결혼 전날 신부는 댕기머리를 쪽 지어 얹기 위해, 신랑은 떠꺼머리를 상투 틀어 꽂기 위해 친지를 부른다. 이 쪽지며 상투 꽂는 사람을 복수福手라 한다. 때로는

권 테레지아와 남편 조숙의 동상. 이들은 결혼 후에도 동정을 지켰으며, 2014년 프란시스코 교황에 의해 복자로 추대되었다.

결혼 상대자가 서로 복수가 되어 신랑은 신부의 귀머리髢를 얹어주고 신부는 신랑의 상투 끈을 매어주는 것으로 성례成禮가 되기도 했다. 이 경우 혼례복도 생략하고 약간의 음식만 장만하여 친척 및 이웃사람들과 나누어 먹은 후 상투와 쪽을 진 후 신방에 드는데, 이를 복수결혼이라 한다.

양반으로서 최초로 복수결혼을 한 경우는 1795년 주문모 신부에게 세례를 받고 결혼을 한 권테레지아라는 천주교 신자인 여자이며, 그녀는 결혼한 지 얼마 되지 않아 천착죄인天主學罪人이란 죄목으로 잡혀서 효수梟首형에 처해졌다.

라. 수신방守新房과 자리보기

신방新房 밖에서 친척 여성들이 모여 신방의 방문 종이를 뚫어놓고 신혼부부의 동정을 살피는 풍속이 있었는데, 이를 '수신방'이라 했다. 언제 생긴 풍속인지는 확실치 않으나 신방의 신혼부부, 특히 신부는 이런 풍속 때문에 더욱 더 언행의 제약을 받고 근신謹愼하지 않으면 안 되었다. 여성들의 근신생활은 혼인 첫날밤부터 시작되는 것이라 할 수 있다.

수신방이라 하여 신방 문구 구멍을 뚫고 '신방 엿보기'를 했다. 청암민속박물관에서.

또 '자리보기'라 하여 혼례 이튿날 신부 집 동네 젊은이들이 '색시 훔친 죄'를 묻는다고 신랑을 대들보나 나무에 매달고 몽둥이로 발바닥을 때리는데 갖은 음탕한 말로 첫날밤 일을 묻는다. 말을 잘 안 하면 마구 때려 간혹 병신이 되거나 죽기도 했다고 한다.

이러다가 신랑이 죽어 색시가 과부가 되는 수도 있었다. 이를 '동승과부' 또는 '마당과부'라 하여 과부 중에 제일 불쌍한 과부로 생각했다. 그러나 '까막과부' 또는 '망문과부望門寡婦'라 하여 혼인을 정했다가 신랑감이 죽는 바람에 얼굴도 못보고 홀로 된 처녀과부가 더 딱한 경우였다.

선조 때 전라도 해남에서 윤두수와 윤선도의 후손인 한 소녀가 까막과부로 신행新行 아닌 장례를 치르러 시댁으로 향하던 도중, 가마 안에서 목을 매어 자살을 시도했다. 하지만 '살다가 정 서러워 못 살 경우가 되면 그때는 자는 듯이 죽는 약을 꼭 구해다가 줄 것이니 이렇게는 죽지 말라'는 삼촌의 당부에 울먹이며 시댁으로 향했다는 이야기가 전해져 내려온다.

마. 시집살이

여자가 시집을 가는 것은 신부가 시집 식구 전체에 들어가는 것을 뜻했고 따라서 여자에게 있어서 결혼이란 남자와 여자 간의 일대일 결합이 아니라, 한 집안 대 한 여성의 결합을 의미했다. 고려 때나 조선조 초기만 해도 처가살이 형태의 결혼 풍속이 있었지만 이는 가부장적 질서를 세우려는 유학자들에게 거부되었고, 그 후 새로운 혼례 풍속인 친영제로 대체되어 갔다.

이 제도는 신부가 신랑 집에서 죽을 때까지 살아야 하는 소위 '시집살이'를 바탕으로 한 혼인제도였다. 따라서 기존의 혼속婚俗과의 마찰은 불가피한 일이었는데, 가장 문제가 된 것이 혼수와 재산상속 문제였다. 전에는 신부가 신랑 집에 처음부터 살지 않아도 되었기 때문에

우물가의 여인들

신부는 혼수를 혼례 이후에 천천히 준비해도 되었지만 이제는 혼례 때 예단禮單을 포함하여 많은 것들을 마련해야 했고, 이로 인한 시집과의 마찰이 신혼 초부터 시비의 대상이 되어 어려운 시집살이의 빌미가 되기도 했다.

시집살이는 그저 신부가 시집에서 사는 것이란 뜻이지만 조선조 중기 이후 워낙 시집에서 고생을 하며 살아야 했기 때문에 여인들에게는 '한恨'의 대명사였다. 특히 그 중심에는 시어머니의 학대虐待가 있어 때로는 비참한 삶을 살아야 했다.

괴로운 시집살이를 조금이나마 잊으려고 일하면서 부르던 '시집살이 노래'가 많이 전해져 내려오고 있다. 다음은 경상도 경산지방에서 부르던 민요조의 노래를 예로 든 것이다.

형님 온다 형님 온다 분고개로 형님 온다. 형님 마중 누가 갈까. 형님 동생 내가 가지 / 형님 형님 사촌 형님 시집살이 어떱댑까? 이애 이애 그 말 마라 시집살이 개집살이 / 앞밭에는 당추 심고 뒷밭에는 고추 심어, 고추 당추 맵다 해도 시집살이 더 맵더라 / 둥글둥글 수박 식기 밥 담기도 어렵더라. 도리도리 도리 소반 수저 놓기 더 어렵더라 / 오리 물을 길어다가 십리 방아 찧어다가, 아홉 솥에 불을 때고 열두 방에 자리 걷고 / 외나무다리 어렵대야 시어버니 같이 어려우랴? 나뭇잎이 푸르대야 시어머니보다 더 푸르랴? / 시아버니 호랑새요 시어머니 꾸중새요, 동서 하나 할림새요 시누 하나 뽀족새요 / 시아지비 뽀중새요 남편 하나 미련새요, 자식 하난 우는 새요 나 하나만 썩는 샐세 / 귀 먹어서 삼년이요, 눈 어두워 삼년이요, 말 못해서 삼년이요, 석 삼년을 살고 나니 / 배꽃 같던 요 내 얼굴 호박꽃이 다

되었네. 삼단 같던 요 내 머리 비사리춤이 다 되었네 / 백옥 같던 요 내 손길 오리발이 다 되었네. 열새 무명 반물치마 눈물 씻기 다 젖었네 / 두 폭 붙이 행주치마 콧물 받기 다 젖었네. 울었던가 말았던가 베개 머리 못沼이 됐네 / 그것도 못이라고 거위 한 쌍 오리 한 쌍. 쌍 쌍이 때 들어오네.

이와 같이 극심한 시집살이는 병자호란 이후부터였다고 하니 그리 오래된 풍습은 아니었던 것 같다. 고추 또한 임진왜란 후에나 들어온 것이어서, 위의 노래에서는 당추가 고추이며, 고추가 후추임을 부언 附言한다.

요즈음 양성평등의 입장에서 보면 여성은 사람 취급을 받지 못하였다고 보아도 무방하다. 다음은 우리 전통 속담의 몇 가지 예이다. 조선시대 여성들의 지위를 쉽게 알 수 있어 소개한다.

'암탉이 울면 집안이 망한다.'

'여자와 북어는 팰수록 부드러워진다.'

'여자와 접시는 밖으로 내둘리면 깨진다.'

바. 화처花妻

하층 남자에게는 '화처'가 존재했다. 양반들은 잠깐 데리고 노는 소위 '젊은 노리개첩'을 이렇게 부르기도 했지만, 화처는 하층민下層民의 첩이라고 보는 게 더 옳다. 그러나 그들에게는 양반에서와 같은 정식 결혼이 없으니 때로는 처첩妻妾을 구분할 수 없다고도 할 수 있

같은 유교권인 일본의 니꼬 또조궁의 '귀머거리 3년, 벙어리 3년, 장님 3년'을 상징하는 조각도 시집살이 지혜라고 한다.

다. 처음 만난 여자와 얼마간 살면서 자식을 얻었다면 그를 처라고 할 수 있을 것이고, 어차피 제대로 된 결혼 절차도 없이 살았으니 이혼도 필요가 없을 터인데 그 상태에서 다른 여자를 만나 살면서 자식을 얻었다면 그 여자는 처와는 다른 이름을 붙어야 할 것이다. 그 때 붙여진 이름이 화처이다.

조선 후기 박의훤이란 사람은 죽기 전에 여덟 명 자식에게 재산을 나누어주는 상속 문서를 남겼다. 자기가 현재 함께 살고 있는 다섯 번째 처 이전의 처들은 모두 다른 남자를 만나 자기를 떠났으므로 그들 전처 자식들에게는 재산을 조금만 나누어주겠다고 했다. 이들 다섯 부인 가운데 본처가 누구인지 확언할 수는 없지만 첫 아들을 낳은 부인 외에는 모두 화처로 간주할 수 있을 것이다. 상민常民으로 많은 여자들과 살았다면, 이 부인들 가운데 어떤 여자는 박의훤을 소대남편으로 두었을 수도 있다. 소대남편은 속어로 '샛서방'인데, 화처와 서로 짝을 이루는 개념이다. 그리고 결국 중복혼重複婚이 존재했다는 이야기가 된다.

● 투기 妬忌

조선시대 여인들의 남편 관리는 어떠했을까? 과연 시앗을 보았을 때 즉 남편이 첩을 얻었을 때 양반 신분의 여인네들은 고분고분 남편의 사랑이 돌아오기만 기다리고 있었을까?

투기는 칠거지악의 하나였으므로 참아야 했다. 그러나 그렇지 않았던 경우도 많았던 듯하다. 남편의 사랑을 뺏긴 아내들은 간혹 갖은 방법으로 첩妾이나 남편의 사랑을 받는 종들을 학대하고 심지어 죽이기까지 했다.

망신주기, 때리기, 머리 자르기, 심지어는 성기性器를 못 쓰게 만들기 등이 흔히 행하던 린치 방법들이었다. 칠거지악이니 남녀상열지사니 하여 남존여비의 사상이 마치 오래된 한국인의 관념이라고만 생각하기 쉽지만 그렇지 않았던 경우들도 있었다.

현모양처賢母良妻의 귀감인 신사임당도 여자였던지라 남편에게만은 질투심이 강했다고 한다. 기방에 출입하는 것을 눈치라도 채면 남편을 꼬집는 등 화도 잘 내었다고 한다. 연산군의 어머니 폐비 윤 씨는 왕후이면서도 후궁을 질투하여 용안龍顔에 상처를 낸 것이 사단事端이 되어 비극의 나락으로 떨어졌다.

조선왕조실록에 나오는 투기에 의한 최초의 살인사건은 태조 6년에 벌어졌다. 교서감이었던 왕미는 자신의 종과 놀아났는데, 이를 알고 그의 처는 그 종을 죽여 길가에 버렸다. 관원이 잡으러 가자 왕미는 처와 함께 도망쳤다고 한다.

세종 때 집현전 관리였던 권채는 종이었던 덕금을 첩으로 삼았다. 아내 정씨는 덕금을 몹시 미워하여 기회만 노리던 차에 덕금이 할머니의 병간호를 위해 몰래 집을 나가는 일이 생겼고, 기회를 잡은 아내 정씨는 권채에게 덕금이 다른 남자와 간통하기 위해 몰래 나갔다고 거짓으로 일렀다. 화가 난 권채는 덕금의 머리를 자르고 고랑을 채워 방에 가뒀다. 이때부터 정씨는 남편의 묵인 아래 덕금을 괴롭히기 시작했다. 음식을 주지 않고 대신 똥오줌을 먹였다. 구더기까지 생긴 똥오줌을 덕금이 먹지 않자 항문을 침으로 찔러가며 억지로 먹였다. 다행이 이웃의 고발로 권채는 외관직으로 좌천당하고, 아내 정씨는 곤장 90대를 맞는 형벌에 처해졌다고 한다.

세종 때 좌찬성을 지낸 이맹균의 아내 이 씨는 나이 일흔이 가까웠는 데도 질투가 심했다. 남편이 집안의 계집종을 가까이 하자 그것을

중국에서는 2세기 경 말의 성기를 삽입시키는 형벌이 있었는데, 이와 같은 성기를 못 쓰게 만드는 벌은 중죄인에게나 시행하던 방법이다.

질투하여 종을 학대했다. 머리를 자르고 움 속에 가두어 굶겨 죽였다. 이에 이맹균은 하인들에게 시켜 그녀를 암매장했는데 시신이 발견되어 범인을 찾는 수사가 진행되자 이맹균은 자수하여 귀양을 가게 되었지만 그의 처는 대신의 아내라고 하여 벌을 받지 않았다.

성종 연간에 엽기적인 살인사건이 일어나 장안을 떠들썩하게 했다. 여인이 죽은 채로 강물에 떠 내려왔는데 시체가 몹시 훼손되어 있었다. 온몸에 상처 자국이 있었고 성기에서 항문까지의 부위가 칼로 도려내져 있었다. 중종 때의 한 사건은 더 끔찍하다. 남편과 가까이한 종의 입을 솜으로 막은 다음 불에 달군 쇠로 음부를 지지고 돌로 내리쳐 화를 풀고는 죽인 일이 발생했다.

남편이 정식으로 맞아들인 첩일 경우에는 갖은 모략으로 우선 남편과 떼어놓은 다음, 학대하거나 창피를 주어 내쫓았다. 심지어 독살毒殺하는 경우도 있었다. 중종 때 장현 현감 홍천의 첩, 첩의 딸, 노비 두 명이 모두 독살되어 죽었는데 홍천의 부인이 질투하여 저지른 일이었다고 한다.

조선조 때 첩의 신분은 비참한 것이었다. 첩에게서 낳은 자식은 서자庶子, 서녀庶女가 되어 온갖 신분상의 제한을 받았고 과거에 응시할 수도 없었다. 첩은 남편의 친족과 친족의 호칭 관계를 가질 수 없었고, 죽어도 남편과 함께 묻힐 수 없었다. 비참한 처지에서 첩이 살아갈 수 있었던 유일한 동기動機는 바로 남편의 사랑이었다. 따라서 그들은 늘 웃음과 애교를 지니고 살아야 했다.

첩은 권리는 없지만 의무는 많아서 남편이나 정실부인, 혹은 정실부인의 소생이 죽었을 때는 길면 3년까지 상복을 입어야 했고, 남편에 대해서 정조의 의무를 지켜야 했다.

● 원이 엄마의 편지

1586년 6월 1일 31살 나이로 세상을 떠난 남편 이응태에게 부인이 보낸 편지가 몇 해 전 묘를 옮기던 중 관 안에서 미라와 함께 발견됐다. 부인의 이름이 따로 없어 '원이 아버지'에서 이름을 빌려와 사람들은 '원이 엄마'라 불렀다. 조선시대 여인의 사랑편지를 직접 볼 수 있는 희귀한 경우여서 전문을 소개한다.

남편 이응태와 부친이 주고받은 편지들도 함께 있어 이를 통해 그가 처가살이를 했고, 전염병에 걸려 사망했다는 것과 원이 엄마가 남편을 '자네'라 불렀다는 사실도 알 수 있었다. 아마 임진왜란 전이어서 처가살이가 어느 정도 남아 있을 때였을 것으로 추정한다.

> 원이 아버지께,
> 당신은 언제나 날더러 머리 희어지도록 같이 살다가 같이 죽자고 하셨지요. 그런데 어찌 나를 두고 당신 먼저 가십니까? 나와 어린 아이는 누구의 말을 듣고 어떻게 살라고 다 버리고 당신 먼저 가십니까? 당신은 내게 어떤 마음을 주셨고 또 나는 당신에게 어떤 마음을 가졌었나요? 함께 누워 항상 나는 당신에게 말했지요. '여보, 다른 사람들도 우리처럼 서로 어여삐 여기고 사랑할까요? 남들도 정말 우리 같을까요?' 어찌 그런 일들을 생각하지도 않고 나를 버리고 먼저 가시나요?
> 당신을 여의고는 아무리 해도 나는 살 수 없을 것 같아요. 나도 빨리

당신께 가고 싶어요. 나를 데려가 주세요. 당신을 향한 마음을 이승에서 잊을 수가 없고 서러운 뜻 또한 한이 없습니다. 내 마음을 어디에 두고 자식들과 함께 당신을 그리며 살 수 있을지 모르겠습니다. 이 편지 보시고 내 꿈에 와서 자세히 말해 주세요. 꿈속에서 당신 말을 자세히 듣고 싶어서 이렇게 써서 넣어드립니다. 자세히 보시고 나에게 말해 주세요.

당신 내 뱃속의 자식 낳으면 보고 말할 것 있다 하시고 이렇게 가시니, 뱃속의 자식 낳으면 누구를 아버지라 하라시는 겁니까?

아무리 한들 내 마음 같겠습니까? 이런 슬픈 일이 하늘 아래 또 있겠습니까? 당신은 한갓 그곳에 가 계시겠지만 아무런들 내 마음같이 서럽겠습니까? 한도 없고 끝도 없어 다 못 쓰고 대강만 적습니다. 이 편지 자세히 보시고 내 꿈에 와서 당신 모습 자세히 보여 주시고 또 말해 주세요. 나는 꿈에는 당신을 볼 수 있다고 믿고 있습니다. 몰래 와서 보여주세요.

하고 싶은 말 끝이 없어 이만 적습니다.

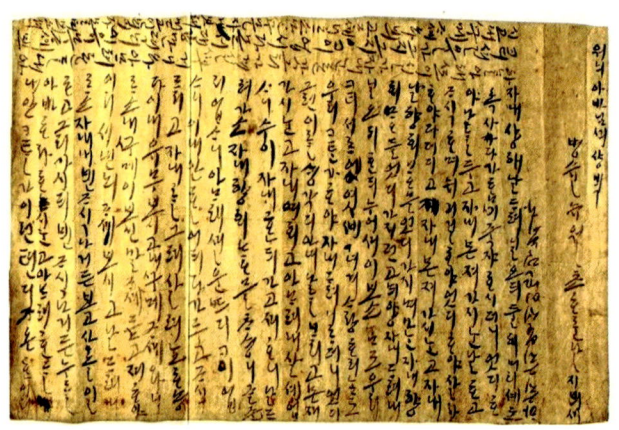

원이 엄마의 편지

남편이 병중에 있을 때 어서 일어나 신기를 원하며 자신의 머리카락과 삼을 함께 엮어 만든 미투리도 같이 있었다. 미투리를 싼 종이에도 '이 신을 신어 보지도 못하고······.'라는 글도 적혀 있었다.

반대로 남편이 죽은 아내의 관에 넣어 준 한글 편지도 있다. 당진군 송악면 고대리에 1576년인 선조 9년에, 23세의 꽃다운 나이로 세상을 버린 아내에게 쓴 글이다. 역시 이장移葬을 하다가 발견했는데, 가로 82㎝, 세로 53㎝의 지질이 매우 좋은 한지 2매에 쓰어 있었다.

> (전략) 병든 나는 살고 병 없는 그대는 백년해로할 언약을 저버리고 갑자기 하루아침에 어디로 가신고? 이 말을 이르니 천지가 무궁하고 우주가 공허할 따름이네. 차라리 죽어 가서 그대와 넋이나 함께 다녀 이 언약을 이루고 싶네. 홀어머니 걱정되어 우는 것도 마음대로 못하니 내 서러운 뜻 어찌 이를까. (중략) 내 뜻은 자식이 있으니 그대 삼년상을 지내고 양첩을 얻어 그대 자식들이 후에 어려움이 없게 하겠네. 하지만 늙은 어머니가 계시니 일을 종래 내 마음대로 못할 것이네. 내 뜻대로 삼년을 기다리다가 장가를 일절 아니 들고 싶지만 그대를 위해서 최소한 한 해는 상복을 입겠네. (하략)

이 글을 쓴 안민학安敏學은 조선 중기의 문신으로 사헌부 감찰, 대흥현감, 아산현감 등을 역임하였고 〈풍애집楓厓集〉을 썼다. 그래도 삼년을 못 기다리고 재혼하게 될 경우를 생각하며, 미리 변명을 하고 있다. 그는 율곡 이이李珥와 매우 가깝게 지냈다고 한다.

사자死者에게 보내는 사랑의 편지는 아니었지만 추사秋史 김정희가 43살 때 평양平壤에서 한양漢陽의 아내에게 보낸 한글 편지에 흥미를 끄는 부분이 있어 소개한다.

> (전략) 나는 여전하며, 서울의 집일은 여기서도 잊고 있으니, 당신만 하여도 다른 의심을 하실 듯하나, 이집의 말이 다 거짓말이니 곧이 듣지 마소. 누이의 말을 참말이라고 여기고 인제 머리가 허연 나이에 그런 것에 거리끼겠습니까? 웃소. (후략)

이집李室은 이 씨 집안으로 시집간 추사의 누이를 뜻한다. 당시 평양 관찰사觀察使로 가 있던 부친이 병이 나서 추사뿐 아니라 그 누이 둘도 평양에 와 있었는데, 그들 중 누가 평양에서의 추사의 기생과의 염문艶聞을 서울에 전했던 듯하다.

당시 평양 기생이 얼마나 매력이 있었기에 '평안감사도 저 싫으면 그만'이라는 속담이 나왔을까? 추사가 '희증패기죽향戱贈浿妓竹香, 장난삼아 평양기생 죽향에게 주다'이라고 하여 평양 기생 죽향에게 써 준 칠언시 두 수가 〈완당집阮堂集〉에 전하는 것으로 보아, 그 때 그 풍문이 전혀 근거가 없었던 것은 아닌 듯하다.

그보다도 겨우 마흔 셋에 머리가 희어 바람 피울 나이가 지났다고 변명하는 추사의 모습이 옛일 같지만 않다.

● 이혼관례離婚慣例

이혼 법에 해당하는 성문화된 법전이 존재하지 않았으나 남자들은 마음만 먹으면 얼마든지 여자를 쫓아낼 수 있는 사회였다.

다만 조선 초기에는 고려 시대의 양성평등 풍습이 남은 탓이었는지 양반의 이혼출처離婚出妻는 좀 까다로워 임금에게 허락을 받아야 했다. 성종 때 이윤검이 처 손 씨를 간통죄로 고소했다. 남편은 서울, 아내는 청도에 떨어져 살았는데, 아내 손 씨가 노비 금산과 사통했다 하여 휴서休書, 이혼증서를 만든 남편은 아내와 별거에 들어갔다. 그러자 아내는 다른 남자와 재혼을 했다. 이윤검은 '정식으로 이혼하지 않았는데, 부인이 재혼했다'며 고소장을 제출했다. 성종은 그러나 '간통하는 현장을 잡은 것이 아니면 논죄하지 않는다. 끝까지 추궁하더라도 사실을 파악하기 어려울 것'이라고 했다. 그래도 남편들이 첩을 얻는 데는 문제가 없었다.

가. 삼종지도三從之道와 칠거지악七去之惡

유교의 윤리법처럼 인정되던 소위 여필종부女必從夫, 삼종지도, 칠거지악은 공자의 부도婦道를 밝힌 본명해편本命解篇에 나오는 매우 오래된 내용이었지만 조선조 초기까지만 해도 거의 유명무실하였다. 삼강오륜의 부창부수夫唱婦隨, 부부유별夫婦有別 등도 마찬가지였다. 남녀칠세부동석은 고려의 마지막 왕인 공민왕 원년에 처음으로 법으로 공포가 되었다. 이는 정몽주, 정도전 등 성리학파들의 영향이었을 것으로 보인다. 그러나 이 또한 별로 지켜지지 않았었다. 원래 남녀칠세부동석은 같은 자리(돗자리나 요 같은)에 앉지 말라는 뜻이었는데, 후에는 얼굴도 보지 못하게 변질된다. 그러던 것이 성종 때 재가녀자손금고법再嫁女子孫禁錮法 등이 공포되면서 이들 규정들이 법이 되어 엄격하게 지켜지기 시작했다.

삼종지도, 즉 여자가 지켜야 할 세 가지 도리는 어려서는 아버지를 좇고, 시집가서는 남편을 좇고, 남편이 죽어서는 아들을 좇음을 의미했다. 칠거지악은 부인을 내쫓아도 되는 7가지 경우로, 시부모를 잘 섬기지 않는 경우不順父母去, 아들을 못 낳은 경우無子去, 여자가 색을 너무 밝히는 경우淫去, 그래서 성행위 중에 함부로 소리를 내어서도 안 되었다. 질투를 하는 경우嫉妬去, 나쁜 병이 걸린 경우惡疾去, 말이 많은 경우多言去, 그리고 도둑질을 한 경우竊盜去 등이 그것인데, 이 중에 하나라도 해당되면 안 되었다.

하지만 삼불거三不去라 하여 내쫓아서는 안 되는 3가지 조건도 있었다. 첫째, 시부모 3년 상을 같이 치른 경우, 둘째, 시집와서 재산을 많이 불린 경우糟糠之妻, 셋째, 쫓아내면 오갈 데가 없는 경우는 이혼을 할 수 없었다. 만약 이를 어겼을 경우 1년 6월의 도형徒刑이나 곤장 100대를 때린 뒤 다시 함께 살게 했다.

반대로 아내가 이혼을 요구하려면 남편이 집을 나가 3년 이상 행방불명되었거나, 남편이 처의 조부모, 부모를 때리거나, 형제, 자매를 죽이는 등의 매우 한정된 경우에만 가능했다. 그러나 이 규정도 중기 이후에는 유명무실해졌다. 여자에게 일부종사一夫從事. 평생 한 남자만 따름가 더 큰 덕목德目이 되었기 때문이다.

공주와 같은 왕실의 여인들은 칠거지악의 적용을 받지 않았다. 공주가 자식을 낳지 못한다 해도 그 남편은 재혼할 수가 없었다. 공주가 남편보다 먼저 죽었을 때는 3년 상을 치른 후 재혼할 수는 있지만 정실로 맞아들일 수 없었다. 간혹 왕실에서 궁녀를 그 후실로 내리는 경우도 있었는데, 물론 첩실의 자격으로 내려간다. 부마駙馬, 임금의 사위의 후실이 자식을 낳았다고 해도 그 자식은 신분적으로 서출에 속하게 되므로 봉제사를 할 수 없어 근친에서 양자를 들여야 했다. 왕실의 여자가 자식을 낳지 못할 경우에는 그 남편은 다만 동종의 지파支派 자손으로써 양자를 세울 수밖에 없도록 제도화하였다.

나. 할급휴서割給休書

상민층의 이혼 방식은 두 가지가 있었다.

부부간에 만부득이한 사정이 있을 때 결별 이유를 밝히고 서로 응낙한 뒤 이혼하는 현대의 합의이혼 같은 방식을 사정파의事情罷議라 했고, 이혼문서 같은 것으로 어떤 징표를 주기도 했는데, 가장 흔한 형태가 지아비가 아내에게, 또는 아내가 지아비에게 자신의 저고리의 옷섶을 가위로 잘라서 주는 방식이었다. 이를 '할급휴서' 또는 '수세'라 했는데 수세는 휴서가 와전된 것인 듯하다. 국법에 이혼의 조문이 없기 때문에 이혼 문서를 만들어도 어차피 의미는 없다. 할급은 '가위로 옷을 베어서 준다'는 뜻이다.

서낭당 또는 성황당은 마을 신을 모셔두는 곳으로 정월 대보름에 집단적으로 제사를 지냈다.

같은 이혼의 절차이지만 '사정파의'는 너무 싱겁고, '할급휴서'는 지나치게 극적이다. 남편에게서 쫓겨난 여인이 이른 새벽 서낭당에서 가위로 자른 옷깃을 들고 남자를 기다리는 경우도 있었다. 그래서인지 간혹 노총각들에게 '새벽에 서낭당에나 가보아라' 하며 놀리기도 했다. 여하튼 여인이 보쌈 당해 가기를 기다리면, 이 소박녀를 처음으로 보는 남자가 집으로 데려가 살아야 한다는 관습이 있어 이를 '습첩拾妾, 첩을 줍다'이라 했다. 간혹 암행어사를 만나 팔자를 고치기도 했지만, 머슴을 만나 더 큰 고생을 하기도 했다고 한다.

다. 소박疏薄

소박은 '친하지 않고 얇다'는 뜻인데 이혼은 아니지만, 집안에서 별거別居 상태로 지내는 경우를 뜻한다. 소박에는 남편이 부인을 외면하는 외소박과 반대로 처가 남편을 외면하는 내소박이 있는데, 주로 남편에 의해 여자가 소박 받는 경우가 대부분이었다. 남편이 제 아내를 박대하거나 미워하여 아내로 생각하지 않는다고 보면 된다.

부인으로서 갖추어야 할 덕성이나 자격이 부족하면 소박을 당한다고 하지만 부인이 추녀醜女일 경우가 많았다. 행실이 나빠서 남편으로부터 미움을 받는 경우도 있었겠지만 흔치 않았다. 얼굴도 보지 않고 결혼하던 풍습이 빚어낸 불행 중의 하나인데, 이 경우 대부분 남편은 부인을 소박 하고 첩에 빠져 지내곤 했다.

'소박맞다'라는 말은 남편에게 소박을 당한다는 뜻이다. 소박당한 부인은 친정으로 가지도 못하고 죽으나 사나 구박을 받더라도 시댁에서 삶을 마감했다. 이렇게 소박은 생이별生離別이나 사별死別과 다름이 없어 소박맞은 아내들은 평생 뒷방차지 상태로 늙어가야 했다. 간혹 소박당한 여자들 중에는 소박이 부부간의 궁합에 원진살이 낀 탓이라 생각하여 무당이나 점쟁이를 찾아다니며 살풀이를 하는 등 갖은 치성을 다하여 소박에서 벗어나려고 몸부림치기도 했다.

라. 보쌈縛쌈

'보쌈' 또는 '과부 업어가기'라 하여 과부를 보에 싸서 납치해 가는 풍습도 있었다. '보쌈'은 강제로 잡아가는 경우이고 '과부 업어가기'는 합의하에 일어났을 때로 구분하기도 하지만 섞어서도 쓸 수 있는 말들이다. 독신자들의 성문제를 해결해주는 장치여서 그랬는지 관官에서도 대부분 묵인하였고, 합의하에 이루어지는 보쌈도 적지 않았다. 명분도 살리고 문제도 해결한 조상들의 지혜 중의 하나가 아니었나 생각된다.

'과부 업어가기' 풍속은 재혼 기피의 양반 풍속이 서민에까지 전파되어 타율적 형태로 가장假裝시켜 최소한의 명분을 세워준 재가再嫁 허용의 한 방법이라고 할 수 있다. 이 경우 미리 합의하에 남자 측이 튼튼한 장정들을 보내 과부를 약탈해간다. 이미 약속되어 있다 하더라도 체면상, 여자 쪽에서는 그냥 뺏기고 있을 수도 없어 몽둥이를 가지고 부형父兄들이 뒤쫓아 가는 시늉을 했다. 그러나 이와는 반대로 문자 그대로 일방적 약탈의 경우도 없지 않았다. 대체로 이것은 가난해서 혼인을 못한 늙은 총각이나 홀아비인 경우이다. 이같은 형태의 혼인은 약탈혼掠奪婚으로 범죄행위인데, 만일 상호합의하의 경우라면 재미난 풍속이 아닐 수 없다.

또 다른 형태의 보쌈이 있었는데, 이는 여자 집에서 외간남자를 보에 싸서 잡아다가 강제로 동침시키는 경우로 남편을 둘 이상 섬겨야 할 팔자인 딸을 위해 양반집에서 외간남자를 잡아다가 처녀와 동침시킨 후 함구령을 내린 채 풀어주거나 죽이는 경우였다. 이렇게 하면 과부가 될 액운厄運을 면해 안심하고 시집을 갈 수 있다고 믿었기 때문이다.

영화 '씨받이'의 포스터

경우는 조금 다르지만 아들이 불임인 경우, 모르는 남자를 잡아다가 며느리와 동침케 하는 소위 '씨내리'는 아이를 다른 여자가 배어 낳아 주던 '씨받이'의 반대인 '대리부代理父'의 개념인데, 가문을 중요시하던 조선조에 있었던 비극들 중의 하나라고 할 수 있다.

정절貞節이데올로기에 휩싸인 사회, 재혼再婚을 할 수 없는 사회에서 과부나 이혼녀들의 양산은 큰 사회문제가 될 수 있다. 그래서인지 보쌈이나 서낭당 각시줍기 같이 조선조 사회에서 용납될 수 없는 범죄도 본인들이 문제를 삼지 않는 한 묵인

동국대 학림관 앞에 '동악선생시단'이 있다.

되곤 했다.

선조 때 유명한 시인이었던 이안눌李安訥의 호는 동악인데 보쌈을 당해 만난 역관의 딸과 양가 부모의 허락을 받고 결혼까지 했다고 한다. 그 사연은 이렇다. 정월 대보름날밤 답교踏橋, 즉 다리 밟기 놀이를 마치고 집으로 돌아가던 그는 갑자기 골목에서 장정들에 붙잡혀 정신을 잃은 채 어느 여인 홀로 있는 규방에 들게 되었다. 여인의 말은 자신은 의탁할 곳도 없는데, 섬길 수만 있게 해주면 소실小室이 돼서라도 정성껏 모시겠다는 것이었다. 총각은 여인을 위로하고 과거에 급제할 때까지 기다려 달라고 했다. 그리고 선조 32년 29살에 문과에 2등으로 급제한 후 정식으로 결혼을 했다. 그는 후에 벼슬이 예조참판까지 이른 조선의 명신名臣 중의 한 사람이었다. 지금도 동국대 사범대학건물인 학림관 앞 언덕에 '동악선생시단東岳先生詩壇'이라고 새겨진 바위가 있다고 한다.

이런 뒷이야기가 세상에 알려져 내려오는 것을 보면 국가나 사회가 요즈음으로 치면 납치에 해당하는 중죄重罪를 사회의 필요에 따라 묵인한 경우가 많았던 것으로 추정된다. 물론 법으로는 금지되어 있었다. 순조 5년 '보쌈은 도둑의 행위로 본다縛娶之類 施以治盜律'는 법령이 있었다. 그러나 대부분 관에서도 탓하지 않았다.

🌑 자녀안姿女案

자녀라 함은 '방자放恣한 여자', 즉 '행실이 음란하고 방탕한 여자'를 가리키는 말로, '자녀안'은 바로 그런 여자들을 기록하여 국가에서 신분을 낮추거나 그 자손들이 일정한 관직에 오름을 제한하기 위해 만든 대장臺帳이었다. 그 대상은 양반집 여자였고, 양반가문의 여자가 간통 등을 저질러 행실이 바르지 못하였거나 세 번 이상 시집을 갔을 때 이 문서에 기록했다.

양반집 여자가 자녀안에 기록되는 것은, 음탕淫蕩한 여자라는 낙인이 찍혀 당사자는 물론 가문이 사회적으로 매장되는 것이었기 때문에, 자신의 집안에 이런 일이 발생하거나 발생할 염려가 있을 때, 남자들이 그 여자를 죽이기도 하는 등, 스스로 처벌을 가해 많은 사건들이 일어나기도 했다. 그러나 이런 처벌은 대개 덮어지기 마련이었다.

조선조 초기만 해도 여자들에게도 상속권이 인정될 정도로 여권女權이 인정되었지만 후기에 들어서면서 여성의 권리는 거의 상실되어 억울한 린치를 당하거나 심하면 죽임을 당하기도 했다. 그리고 이런 불합리한 제도는 1894년 갑오개혁 때가 되어서야 달라지기 시작한다.

가. 역린逆鱗을 건드리다

역린은 '용의 턱밑에 거꾸로 난 비늘'을 뜻하는 말로, 그것을 건드린 자는 용의 노여움을 사 죽는다는 데서 쓰이는 말이다. 왕과 같은 최고실력자의 약점을 건드렸을 때를 의미한다.

세종 무렵, 병조판서를 지냈던 황상과 도총제 벼슬에 있는 이순몽 사이에 기첩妓妾을 두고 시비가 벌어져 일어난 상소上疏 사건에서 문제가 된다. 이들은 원래 형제와 같은 전우였는데 황상이 모친상을 당해 자기의 기첩 월하봉月下逢과 관계가 뜸해진 사이에 이순몽이 그녀를 가로챈 데서 문제가 비롯된다. 화가 머리끝까지 치솟은 황상은 노비 등을 데리고 가서 이순몽과 월하봉을 실컷 두들긴 뒤 망신을 주기 위해 두 사람의 머리를 박박 깎아버렸다. 머리를 깎인 이순몽은 왕의 순시巡視에 못 나가게 되어 탄핵을 당하고 장형 70에 처해졌다. 그런데 이 사건의 처벌에 관해 대사헌 조계생 등이 올린 상소가 엉뚱한 곳에 불똥이 튀게 만들었다.

'황상은 전에 김우와 더불어 첩을 서로 다투어서 더러운 소문이 중외中外에 자자하게 들리던 자인데 (중략), 이순몽은 천성이 포악하고, 또 재능과 행실이 없는데도 다만 공신功臣의 맏아들이라 하여 벼슬에 올랐으나, 일찍이 근신함이 없었고, 여색을 탐하여 순시하던 날은 임의로 사람들의 눈을 피해 도보로 가서 황상의 첩을 도둑질하여 간통하다가. (하략)'로 된 상소문에 나오는 황상과 김우가 첩을 다투던 일은 태종 때인 1407년에 있었다. 상기上妓였던 가희아可喜兒를 사이에 두고 둘이 다투었던 것인데, 이 사건으로 이를 알게 된 태종이 나중에 가희아를 궁으로 불러서 옹주翁主로 삼았다. 세종으로서는 자기 아버지의 여인을 거론했기 때문에 그냥 둘 수가 없었다. 역린을 건드린 것이다.

결국 상소한 말 가운데 불경한 말이 있다 하여, 조계생 등을 의금부에 가두고 죄를 물어 지방에 귀양을 보냈다.

조선시대 남성에게 이와 같은 성적 스캔들은 제도화, 일상화되어 있었던 것 같다. 그래도 이들의 예를 드는 것은 조선조 초기의 일이며, 처첩을 두고 고관들이 서로 다툼을 하는 일이 가능했음과, 이에 연루되었던 여인을 미색이 있고 노래를 잘 했다는 이유로 왕이 후궁으로 삼았다는 사실이 당시의 성 풍조를 이해하는 데 도움이 되기 때문이다.

나. 유감동과 어우동

이들은 현대의 시각으로 보면 당시 남성들의 성적 지배구조에 반기反旗를 들었던 여인들이라고도 할 수 있다.

유감동은 세종 때 무안군수 최중기의 아내였다. 남편의 임지를 따라가지 않고 병을 핑계 삼아 홀로 한양에 머물면서 수많은 남자들과 정을 통했다. 음란여淫亂女로 낙인찍혀 사헌부에 고발당한 그녀가 털어놓은 불륜 상대는 39명에 이르는 당대 세도가들이었다. 사헌부 지평, 공조판서 등의 고위 관리에서부터 각지의 수령, 남편의 매부에 이르기까지 다양했다.

장형(볼기 때리기)

당시의 법에 의하면 양반 부녀자와 간통한 남자는 극형으로 다스리는 것이었으나 국가 공신의 아들까지 끼여 있어 그렇게 형량을 결정하지 못하고 장형杖刑이나 파직罷職 정도의 가벼운 처벌을 내렸다. 유감동에게도 변방의 관비로 보내기로 결정해 목숨은 건졌다.

세종은 사대부 부녀자들의 간통사건이 꼬리를 물자, '우리나라의 일을 가지고 말하더라도, 윤수와 이귀산의 아내가 다 음탕하고 더러운 행위로 일이 발각되어 사형을 받아, 악행을 징계하는 법이 엄중하지 않은 것이 아니건만, 감동甘同, 금동今同, 연생延生 등의 유사한 사건이 잇따라 나왔으니, 남녀 사이의 정욕을 어찌 한갓 법령만으로 방지할 수 있겠는가' 하며 극형을 자제했는데, 이것이 조선조 초기의 간통에 대한 입장이라고 보아도 좋을 것이다.

이귀산의 아내 유 씨는 조서로를 10대 초반부터 사랑해 14살에 처음 관계를 맺었고, 그 뒤 사랑 없이 나이 많은 이귀산에게 시집갔었는데 다시 조서로를 만나 간통을 하였다 하여 저자 거리에서 공개처형을 당했다. 그럼에도 남자는 유배를 가는 정도에 그쳤다.

어우동은 성종 때 종실 이동李仝에게 출가해 외명부에 봉작된 여인이며, 세종대왕의 형님인 효령대군의 손주 며느리였다. 그녀의 스캔들에서 주목해야 할 점은 근친상간이 많다는 점이다. 팔촌 시아주버니가 되는 이기와 그리고 육촌 시아주버니인 이난(세종의 손자)과 통정했다. 그녀는 마음에 든 사내에게 자신의 이름을 문신文身하도록 강요하기도 했다. 전의감 생도였던 박강창은 팔뚝에, 서리 감의동은 가슴에 어우동이라는 글자를 새겨 넣었다.

조선조 때 자신과 정을 통한 이에게 무슨 징표를 남기려 한 경우들은 참으로 많았다. 옷이나 몸에 묵필墨筆로 글을 쓰거나 그림을 그리는 것까지는 요즈음으로 치면 '싸인'을 받는 것이므로 애교로 볼 수도 있지만, 문신을 남기거나 상대의 이를 뽑아 영원한 흔적을 남긴 경우들도 많다. 특히 자기와 놀아난 남자들의 이를 모으는 기생의 이야기는 고전 산문이라고도 할 수 있는 〈배비장전〉에도 나온다.

어우동과 관계한 남자들 중에는 병조판서 어유소와 직제학直提學 노공필도 있었고, 오종년과 같은 아전衙前도 있으며, 과거에 등과해서 벼슬길에 올랐던 홍찬은 그녀로 인해 신세를 망친 사내 가운데 한 사람이다. 조선왕조실록에 기록된 그 외 간통 남자들은 은장이, 방산수, 형뻘인 수산수, 박강창, 이근지, 이승언(춘양군의 사위), 홍찬, 감의향, 지거비(밀성군의 종), 어유소, 김휘 등이다. 성종은 그녀에게 사약死藥을 내렸지만 남자들은 대부분 사면되어 풀려났다. 어우동에게는 번좌라는 딸이 하나 있는데, 그 아비가 누군지 모른다고 한다. 성종은 다른 간통 사건도 엄중히 처벌했으며, 삼가三嫁가 아닌 재가再嫁까지도 금지했다.

이렇게 조선조 초기의 사회는 간통 사건이 자주 있었다. 세종이 스스로 떠올린 사건들만 하여도 다음과 같다.

변계량의 누이동생이 자기 집 종과 간통했고, 유은지의 누이동생이 중과 간통하고, 이를 알게 된 자신의 종 세 명을 죽인 일이 발생했다. 관찰사 승지인 윤수의 처 조 씨는 고종사촌 홍중강과 장님 하경천과 통간하여 벌을 받았으며, 금음동과 동자는 둘 다 양가의 딸인데 종형이나 외간 남자와 통간하여 법에 따라 천인으로 내쳐졌다. 유장의 딸은 고종사촌 홍양생과 통간하였고, 이춘생의 딸인 별 시위의 아내는 부사정 이의산과 상인인 허파회와 통간하였다.

다. 백정의 딸

폭군 연산은 예쁜 여자라면 유부녀건 처녀건 가리지 않았던 것으로 유명하다. 심지어는 채홍사採紅使를 임명하여 전국의 미녀들을 구해 오도록 명했고 특히 시집가지 않은 여자들을 청녀靑女라 해서 사족士族의 미혼처녀들을 뽑기 위해 채청사採靑使를 8도에 파견할 정도였다.

이장곤이라는 관리의 아내가 예쁘다는 소문을 들은 연산군은 그녀 또한 욕을 보인다. 그리고 이장곤은 갑자사화甲子士禍에 휘말려 거제로 귀양을 갔었는데 몰래 함경도로 도주했다. 그는 함흥에서 양수척楊水尺의 무리에 끼어 살면서 목숨을 부지했다. 중종반정 이후 다시 관직에 임명되어 후에 대사헌, 이조판서, 좌찬성 등을 역임했다. 일설에는 그가 아내를 죽였다고도 한다.

도망자 신분의 이장곤은 우물가에서 두레박에 버들잎을 넣어 준 동네 처녀 분이粉伊와 사랑하는 사이가 되어 백정의 사위가 된다. 그리고 도망자 생활 3년 만에 중종의 즉위로 조정으로 돌아온다. 서울로 돌아올 때 그는 천인인 아내를 가마에 태워 당당히 동행했다.

그리고는 조정에 선처善處를 부탁했고 중종은 이를 받아줬다. 결국 이장곤 덕에 부인 양씨는 정경부인이 되고, 친정은 모두 천민 신분에서 벗어날 수 있었다. 이 정경부인 양씨의 이야기는 나중에 소설 '임꺽정'에도 등장하는데 임꺽정은 정경부인 양씨의 외사촌으로 설정돼 있다.

라. 궁녀宮女의 경우

조선의 궁녀는 공노비公奴婢에서 뽑는 것이 원칙이었으나 간혹 일반 백성이나 사노비私奴婢의 딸들도 입궁했다. 입궁 시기는 대체로 10살 전후였지만, 궁녀가 되기 위해 입궁을 하면 가장 먼저 치르게 되는 깃이 앵무새 처녀 감별법이다. 의녀醫女가 앵무새 피를 여자아이의 팔목에 묻혀 흘러내리지 않고 잘 묻으면 처녀라고 생각해 궁녀가 될 수 있었다.

한나라 때의 의서醫書인 〈양생방養生方〉에 '앵무새를 잡아서 옹기에 넣고 단사丹沙, 붉은 모래를 넣어 먹인 후 그 피로 팔에 한 문신은 남자와 희롱하면 그 색이 흐러지게 된다'고 적혀 있었던 데서 유래했다고도 한다. 그리고 이러한 방법으로 처녀성을 감별하는 사람을 수궁사守宮砂라고 했다.

대전大殿의 궁녀는 죽을 때까지 왕을 위해 살아야 했으며 중궁전의 궁녀가 되면 왕비를 위해 목숨을 바쳐야 했다.

궁녀가 왕의 낙점을 받아 잠자리를 하면 하루아침에 정 4품의 벼슬을 받으며 특별상궁, 또는 승은상궁承恩尙宮이 되어 내명부에 올라 왕과 잠자리를 갖고 후손을 낳는 것 이외에는 그 어떤 일도 하지 않는다. 만약 후손을 낳으면 바로 후궁으로 승진해 노비에서 왕족으로 신분상승까지 되었다.

궁녀들 사이에서 대식對食, 여자 동성애이 적지 않았다. 정조실록에는 궁녀들이 기생이나 별감들을 데리고 꽃놀이나 뱃놀이를 즐겼다는 기록도 있다.

조선조 때 편찬된 법전에는 '궁녀가 바깥사람과 간통하면 남녀 모두 부대시처참不待時處斬, 즉 시기를 기다리지 않고 참형斬刑을 가한다'라고 규정했다. 즉 궁녀가 국왕 이외의 남자와 성관계를 하는 것을 중한 범죄로 규정하는 것이다. 조선조 때는 주로 추분이나 춘분 때 사형을 집행했는데, 궁녀의 경우는 즉각적으로 형벌을 집행하도록 한다는 의미였다. 임신이라도 하게 되면 아이를 낳고 100일 동안 젖을 물릴 수 있는 일반 여성 죄인과는 달리 출산과 동시에 사형에 처했다. 왕과 관계가 가능한 궁녀에 대한 성적 제약은 상상을 초월하는 것이었다.

궁녀가 간통하면 남녀 모두 바로 참한다는 법령

궁녀의 성 스캔들 가운데에서 가장 유명한 것은 현종 8년(1667)에 일어난 '귀열이 사건'이다. 대비전의 시녀인 귀열이는 서리 신분의 말단관원이었던 형부兄夫 이홍윤과 은밀한 관계를 가졌다가 발각이 되었다. 두 사람 사이에 아이가 생겼기 때문이다. 왕은 교수형에 처하자는 형조와 승정원의 주장을 뿌리치고 참수형을 명했다. 그 후부터 모든 궁녀의 성범죄는 참수형으로 정해졌다. 그런데 이 사건에서 귀열이만 참수형을 당했을 뿐 이홍윤은 도주하여 목숨을 보전했고 귀열이의 부모는 불고지죄不告知罪로 유배형을 당했다.

'한 번 궁녀는 영원한 궁녀'이었다. 모시는 상전이 죽으면 3년 상을 치르고 출궁해 결혼도 하지 못하고 오직 상전의 명복을 빌며 외롭게 살아가야 했다. 따라서 전직 궁녀의 성관계 또한 중형의 대상이었다.

세종 때 이영림이란 군관이 전직 궁녀와 성관계를 가진 사건이 발각되었는데 남자는 사약으로 여자는 참수형으로 목숨을 잃었다. 같은 죽음이라도 여자 쪽이 더 무거운 형벌을 받은 것이다. 그 후 현종 때 승지 김시진이 '전직 궁녀에게도 결혼의 기회를 허락함으로써 그들의 답답한 기운을 풀어주자'는 취지의 상소를 올린 적이 있는데, 왕은 답도 하지 않았다고 한다.

정식 궁녀가 아닌 방아이(각심이)도 예외가 아니었다. 숙종 때 월금이와 영업이는 궁녀의 방에서 심부름을 하는 아이였다. 그런데 흥미로운 것은, 월금이, 영업이가 성관계를 가진 상대방이 내시들이었다. 이때도 내시들은 유배형을 임시직 궁녀였던 둘은 참형을 당했다.

그러나 예외의 경우도 있었다. 다음은 조선 후기 민담집인 〈금계필담錦溪筆談〉에 수록되어 있는 이야기다.

어느 날 밤, 성종은 내시 한 명만 데리고 홍문관을 시찰했다. 그곳에서는 숙직 중인 조위가 열심히 책을 읽고 있었다. 성종이 문을 열려는 순간, 그 방의 뒷문을 열고 얼른 들어가는 궁녀가 있었다. '저는 평소 선비님을 늘 사모했습니다.' '이러시면 안 됩니다.' 조위가 완강히 거부하자, 궁녀는 칼을 꺼내 자살을 하려 했다. 조위는 할 수 없이 궁녀를 끌어안았다. 방안에서는 불이 꺼졌고, 남녀는 잠이 들었다. 이 광경을 밖에서 지켜보던 성종은 입고 있던 돼지가죽 옷을 벗어 내시에게 주며 이들에게 덮어주게 했다.

다음 날 아침, 조위가 이를 자복하며 사형을 자청하자 성종은 아무도 모르는 일이라며 덮어주었다. 그런데 이를 목격했던 신종호란 선비가 있어 이 일을 임금에게 보고했고, 성종은 그에게도 함구를 지시했다. 성종은 유능한 관료들을 잃기 싫었던 것이다. 그리곤 신종호를 평안도 암행어사로 파견했다. 성종은 떠나는 신종호에게 당부했다.

'평안도에는 미인이 많으니, 너는 여인을 가까이하지 말라.'

신종호가 떠난 뒤, 성종은 평안도 관찰사에게 어떻게든 그에게 평양 기생을 붙여주라는 밀명을 내렸다. 관찰사는 미모가 매우 뛰어난 옥매향이란 관기를 시켜 그를 유혹하게 했다. 첫눈에 반한 신종호는 신분을 밝히라는 그녀의 요구에 자기가 암행어사라는 이야기까지 했다. 초라한 옷차림에 거절당할까 두려웠을지 모르지만 그것은 절대 숨겨야 하는 일이었다. 그리고 이날 밤, 신종호는 왕명을 어기고 기생을 가까이했고 정표로 부채까지 주어 물증을 남겼다.

그가 임지에서 돌아왔을 때 성종은 '자네 실수는 지난 번 조위의 사건과 다르지 않으니 그리 알도록' 일렀다. 그리고는 조위와 궁녀를, 신종호와 옥매향을 연결해주었다. 각각 살림을 차리도록 했던 것이다.

국법은 엄해도 이렇게 예외는 있었다. 다른 사례에서도 그랬듯이 성 관련 사건들은 왕의 재량에 따라 다르게 처리되기도 했는데, 이는 성적 욕구가 인간에게 큰 약점이었음을 통치자로서 이해하고 있었다는 의미이다.

● 남녀상열지사男女相悅之詞

고려시대 평민층에서 흔히 쓰던 사랑의 표현을 나타낸 남녀상열지사男女相悅之詞의 원뜻은 '남녀가 서로 좋아하는 내용의 가사'로 결코 음란한 내용이 아니었으며, 대표적 남녀상열지사에 정읍사, 동동, 쌍화점, 가시리, 사모곡, 청산별곡 등이 있다. 그러나 조선조에 들어와 유학자들이 구악舊樂을 정리할 때 이들을 비방하면서부터 음사淫詞 또는 음설지사淫褻之詞로 취급되었다. 심지어는 유교 윤리에 어긋나는 속된 노래이므로 싣지 않는다는 뜻으로 '사리부재詞俚不載'라는 말을 쓰기도 하였다.

그리고 조선조 중기부터는 남녀상열지사는 시쳇말로는 간통의 뜻으로 쓰이게 된다. 인간이 사는 곳은 동서고금을 막론하고 정상적으로 부부로 이루어진 사이가 아닌 남녀의 성적 행동이 허다하게 있었지만 조선조 또한 예외는 아니었다. 조선왕조실록에만도 수많은 사례들이 나온다.

가. 간통姦通

여자들의 간통을 하대하여 '서방질'이라 하였는데, 이는 '남자의 침실壻屋로 들어간다'는 뜻이다.

조선시대에는 남녀 모두 기혼 유무를 막론하고 혼외 성관계를 가지는 것을 모두 간통으로 취급했다. 미혼 남녀의 경우는 기혼 남녀의 간통에 비해 가볍게 처벌받기는 했지만 엄연한 간통으로 인정되었다. 또한 간통죄는 부부 상호간의 고소 여부에 상관없이 적발 즉시 처벌 대상이었다. 지극히 개인적인 문제까지 국가가 개입하여 처벌할 정도로 성적 문란함을 엄격히 단속하고자 했다.

성종은 어우동 사건을 계기로 성을 탄압하기 시작하는데, 이 후부터는 심한 남녀차별적이며 가부장적인 성문화가 형성되기 시작했다. 이런 사회 분위기는 여성들의 언행은 물론 부부간의 행위마저 여러 형태로 법적 규제를 가하게 되는데, 대부분의 책임과 의무를 여성이 감당해야 하는 내용들이었다. 가부장제적 성문화는 당연시되었고, 이런 가치는 20세기까지 이어져 내려왔다.

심지어 여성에게는 성행위가 생식기능 이외에 즐거움의 대상이 되어서는 안 된다고 생각해 칠거지악 중 '음거淫去'를 '여자가 성을 좋아하면, 즉 음탕하면'으로 해석하기까지 했다.

중기 이후 여성에 대한 성 탄압은 점점 그 정도가 심해져서 숙종 7년 유진무의 딸 순順이 자신의 종과 정을 통했다는 이유만으로 사형당했을 정도로 법도 강화되었다. 조선 후기의 여성 억압은 신분제 강화와 맥을 같이 하는 것으로서 영조 때 간행된 〈속대전續大典〉은 '여종의 남편이 처의 상전과 간통하면 부대시不待時 참斬한다.'고 까지 규정짓고 있다. 이렇게 자유로운 성풍속도가 사라지면서 여자들의 야합夜合은 곧 죽음이었다. 더욱이 소문만으로도 명예를 더럽혔다고 생각할 정도여서 이 때문에 자살하는 여자들이 생겼다.

조혼의 풍습으로 어린 아들과 나이가 찬 며느리와의 결혼 때문에 며느리와 시아버지의 나이 차이가 많지 않아 간혹 이들 사이의 화간和姦도 일어났는데, 이로 인하여 며느리와 시아버지가 함께 자살하는 경우들도 있었다.

양갓집 처녀가 강간强姦에 의해 몸이 더럽혀졌다거나 애매한 누명을 쓰게 되면 가문을 더럽혔다는 수치와 분노, 그리고 자신의 결백을 증명하기 위해 자살하는 경우가 많았다. 그렇지 않으면 도리어 부모가 딸을 죽이기도 했다. 지금 아랍국가에서 많이 일어나고 있는 소위 '명예살인名譽殺人'이 우리나라에서도 있었던 것이다.

조선시대 후기에는 남녀가 밥상에 같이 마주 앉는 것도 간통죄 적용을 했을 정도였다. 계급사회의 질서를 유지하기 위해 신분이 다른 계층 사이의 간통은 여성이 더 엄하게 처벌받았는데, 남성들은 유교적 이념에 힘입어 별 문제가 되지 않기도 했다.

여자들은 간통한 것으로 의심만 받아도 그에 따른 불이익이 주어졌다. '자녀안'에 이름이 기재되어 평생 간음녀로 낙인찍히거나 관비가 되는 경우도 종종 있었다. 게다가 여자들의 간통은 결혼 이전에는

조선 중기 작가미상의 그림인데, 젊은 정부와 도망가던 아내가 지팡이를 짚고 뒤쫓아 오는 늙은 남편을 떠밀어 추락시키는 장면이라고 한다.

파혼의 사유가 되었고, 결혼 이후에는 이혼의 사유가 되었다. 반면 남자들은 장모와 간통했을 경우에만 이혼 대상이 되었다.

정조 때 의성에 살던 최광률이란 남자가 길에서 양반 출신의 과부를 만났는데, 갑자기 그녀의 손을 잡았다. 이 여인은 치욕이라고 생각해 자신의 팔을 잘라 버렸다. 법은 '사족士族의 아내나 딸을 겁탈하는 자는 강간했거나 미수에 그쳤거나 묻지 않고 즉시 참형에 처한다'라 했으므로 그는 바로 참형에 처해졌다.

영조 때 나주에 사는 정태옥은 자신의 처가 귀양 와 있던 삼문이란 남자와 상을 같이하여 밥을 먹고 있는 것을 보고서 그를 돌로 쳐서 죽였다고 한다. 한 방에서 밥을 같이 먹었으니 간음한 것과 다르지 않다고 보고 가볍게 유배의 벌을 내렸는데도, 왕은 그를 '석방하라' 명하였다.

그러나 모든 사람들이 법대로만 처벌을 받은 것은 아니었던 듯하다.

조선후기 영조 때 구수훈具樹勳이 쓴 〈이순록二旬錄〉에 용산의 한 수레꾼車夫의 이야기가 있다. 그가 하루 일을 마치고 날이 저물어 집으로 돌아가는 길이었다. 수각교水閣橋 길가 인가의 벽 뒤에서 소변을 보는데, 한 여인이 다락의 창문에 몸을 반쯤 숨기고 부른다.

'잠깐 들어오세요.' 그는 의아해 하면서도 들어가 보았다. 그녀는 나이 갓 스물 정도로 자색이 뛰어났다. 반가이 맞이하며 유숙留宿하고 가라고 했다. 남편은 별감別監인데 그날 밤 숙직이라고 했다.

그가 '소를 다른 곳에 맡기고 오겠다'고 하자, 그녀는 '약속 꼭 지키라'며 두 번 세 번 다짐을 했다. 저녁을 같이 먹고 이어 비단이불 속으로 함께 들어갔다.

밤이 거의 삼경이 되었을 때 갑자기 남편이 돌아왔다. 그녀는 깜짝 놀라 급히 간부를 다락에 숨기고 남편을 맞아들였다. 남편은 숙직 중에 잠이 들었는데, 꿈에 집에 불이 나서 걱정이 되어서 왔다고 했다. 기왕 집에 온 김에 그냥 갈 수 없다는 남편을 그녀는 억지로 돌려보냈다.

그는 다락에서 내려와 다시 음사淫事를 계속했고, 그녀는 곧 피곤해서 먼저 골아 떨어졌다. 수레꾼은 바로 잠을 들지 못하고 등불 아래서 고민에 휩싸인다. '남편은 나보다 백배나 훌륭하고, 나는 보잘 것 없는 짐꾼인데, 무단히 끌어들여 이런 짓을 하니 이는 전혀 음욕 때문이다. 사람이란 누구나 의기義氣가 있는 법인데, 가만 둘 수 있나.' 그는 칼로 그녀를 죽이고 새벽 일찍 도주했다.

얼마 뒤, 이 수레꾼은 한 사형수가 옥문을 나와 수레에 오르는 것을 보게 되는데, 지난번 다락에 숨어서 등불 아래로 보았던 그 여자의 남편이 아닌가? 처를 죽인 죄인이 된 것이었다. 차부는 '어찌 나의 죽음을 아껴 무죄한 사람을 죽이랴'며, 자수하여 자기가 범인이라고 고백했다. 그런데 관에서는 '한 음녀淫女를 죽이고 한 무고한 자를 살렸으니, 이 사람은 의인義人이다'라며, 죄도 사해주고 면천免賤까지 시켜주었다.

구수훈은 좌포도대장을 지냈던 인물로 〈이순록〉에 자신의 경험담을 많이 수록한 것으로 미루어 이 이야기는 사실일 가능성이 높다. 조선시대의 여성 역시 성욕의 주체이었음과 성 관련 처벌은 일괄성이 결여된다는 사실이 역사를 넘나든다는 것을 알 수 있는 대목이어서 소개한다.

개화기인 1905년 공포된 〈형법대전〉에도 종전 조선왕조의 법전에 따라 간통을 처벌하는 규정을 둔 바 있다. 그러나 1908년 일본의 영향으로 그들의 예에 따라 남자는 처벌치 아니하고 간통된 유부녀만 처벌하는 것으로 개정되었으며, 이어진 일제강점기 하에서도 일본형법의 적용으로 역시 동일하게 유부녀 간통에 대해서만 2년 이하의 징역형으로 처벌하였다.

우리나라는 1930년대 축첩蓄妾제도가 없어진 데 이어, 해방 후인 1953년 9월 신 형법을 제정할 때 간통죄 존폐 여부를 두고 계속 논란이 있었는데, 남녀 동등하게 간통을 처벌하는 간통죄 규정을 마련한 정부안이 국회본회의에서 재석의원(110명)의 과반수(56표)에서 한 표가 많은 57표의 찬성으로 간통죄가 형법에 포함됐다. 당시 처음으로 남편의 간통도 처벌하는 '남녀쌍벌雙罰주의'가 도입되었는데, 2015년 헌법재판소는 간통죄를 폐지했다.

나. 여인윤락女人淪落

태종 때 승지였던 윤수 부인의 윤락 행위를 사형으로, 세종 때 이귀산 부인의 윤락도 사형으로 다스렸다. 이렇게 양반계층의 윤락행위는 상상도 할 수 없는 일이었다.

그러나 중기에 들어서면서 달라지는 듯하다. 〈송남잡식松南雜識〉에 보면 중종 때 한양에 백운계白雲契, 청운계靑雲契라는 윤락조직들이 있었다고 한다. 청운계는 부귀한 부녀자들, 백운계는 빈천한 부녀자들의 조직으로 단골 할미가 있어 건장한 사나이들을 물색해 어두운 벽장 안에서 곗날 사랑을 나누게 했다고 한다. 처음에는 청상계靑孀

契, 백상계白孀契라 하여 과부들끼리의 모임이었던 것이 유부녀로 확대 된 것이라고 한다. 대단히 큰 조직이어서 우연히 부부가 거기서 서로 만나는 바람에 들통이 나기도 했다고 한다.

광통교, 일명 광교의 옛모습

또 나이 많은 과부들이 계를 조직하여 운종가雲從街를 지나는 서생書生들을 잡아 다락방에 숨겨 두었다가 곗날 당첨된 과부가 그 벽장 속에 들어가는 습속도 있었다고 한다.

부녀자의 음란행위가 심한 경우로 총각 약탈의 예도 있어 광해군 때의 유몽인이 쓴 〈어우야담於于野談〉에 그 사례들이 적혀 있다. 정덕년은 과거 보러 한양에 올라왔다가 광통교 부근에서 장사 네 명에게 가죽 주머니에 담겨 어느 집 방 안에 들여 놓였다. 잠시 후 묘령의 미녀가 시비의 부축을 받으며 들어오고, 주안상이 따라 들어왔다. 유생은 모든 것을 운명에 맡기고 이 여인과 뜨거운 운우지락雲雨之樂으로 아쉬운 하룻밤을 보내고 다시 가죽주머니에 담겨져 광릉교로 돌아왔다. 이런 남자보쌈은 과부여인의 윤락을 위한 방편이기도 했지만 그 외 이부종사二夫從事할 팔자를 가진 규수의 액운厄運을 때우기 위한 경우도 있었다.

다. 달레신부의 보고서

조선 후기에도 축첩과 기생 제도 등 남성의 성적 방종을 부추기는 제도는 여전했다. 19세기 중반 조선에 온 샤를르 달레라는 프랑스 신부는 조선을 성적 방종이 판치는 사회로 그리고 있다. 그는 〈한국천주교회사〉에서 '풍기風紀의 문란紊亂은 모든 상상을 초월한다. 그것은 사람들의 과반수가 그들의 진짜 부모를 모르고 있다고 감히 단언할 수 있을 정도이다'라고 쓰기까지 했다. 당시의 천주교 신부들은 숨어 지냈기 때문에 정확한 정보를 얻지 못한 채 본국에 보고했을 가능성이 높지만 일단 참고參考할 일이다. 그들은 누구보다 조선 민중 사이에 깊이 들어갔던 사람들이었기 때문이다.

이와 같이 조선조 후기에 의외로 개방적 성행위들을 하는 사람들도 많이 있었던 것 같다. 남성의 축첩제도는 알지만, 여성이 둘 이상의 남편을 두는 관행은 잘 모르는 경우가 많다. 그러나 '소대남편' '소대남진' '소대서방'이란 말들이 있는데, '샛서방' 또는 '간부間夫'라고 생각하면 된다. 그런데 〈포의교집布衣交集〉과 같은 소설을 보면, 하층 여성이 자신의 소대남편을 굳이 본남편이나 굳이 시집에 숨기려 하지 않고 있다. 이 소설은 남녀 주인공이 한양에서 열등감과 소외감을 느끼며 이것을 극복하는 방편으로 자기애自己愛에 몰입하는 사랑을 추구하는 특이한 내용을 담고 있다.

라. 인고전忍苦錢

왜 조선조 여자라고 성욕이 없었겠나? 재가도 못하고 독신으로 평생 수절을 해야 했던 조선 과부의 심경을 박지원이 쓴 '열녀함양박씨전'에서 살펴본다.

> (전략) 과부의 두 아들은 높은 벼슬을 하고 있었는데, 어느 날 형제는 어떤 사람의 벼슬길을 막을 방도를 어머니 앞에서 의논한다. 그 어머니가 연유를 묻자, '그의 선조 중 과부가 된 부인이 있었는데, 소문이 좋지 않습니다'라고 말한다. 그 말을 들은 어머니는 품속에서 엽전 한 닢을 꺼내어 보여준다. 아무런 문양도 글자도 윤곽도 남아 있지 않은, 양면이 모두 닳아 편평해진 엽전, 소위 '인고전'이었다. 어

머니는 눈물을 흘리며 말한다. '이것이 바로 네 어미가 죽음을 참아온 증거다. 과부라는 것은 외로운 인생이라, 슬프고 서러운 감정이 끊이지 않는다. 또 혈기가 때에 따라 왕성하니, 과부라 하여 어찌 정욕이

열녀함양박씨의 실제 인물은 남편의 3년상을 마치고 자결하여 그녀의 정녀비가 있다.

없겠느냐. (중략) 그럴 때마다 나는 방안에 이 동전을 굴렸는데, 이 동그란 것이 한번 굴리면 어두운 방 안 어딘가에 굴러가더구나. 그것을 더듬어 온 방 안을 찾고, 또 굴려서 온 방 안을 찾는 것을 여섯 번 정도 반복하면 날이 새고는 했었지. 그렇게 굴리는 사이 점점 그 횟수가 줄어들었고, 또 10년을 그렇게 굴리고 나니 닷새에 한 번, 혹은 열흘에 한 번 굴릴 정도로 그 횟수가 줄어 들었단다. 지금 나는 혈기가 이미 쇠해 이 동전을 굴릴 필요가 없어졌다. 그래도 20년이 지나도록 이렇게 잘 싸서 간직하고 있는 것은 이 동전이 고맙기도 하고, 또 스스로 깨우치기 위함이다.' 말을 끝내고 어머니와 아들들이 서로 붙잡고 통곡하였다.

조선조 때 의외로 여자가 남자에게 '성으로의 초대'를 먼저 하는 경우들도 꽤 있었던 듯하다. 영조 때 안석경이 쓴 시문집 〈심심당한화 深深堂閑話〉에 다음과 같은 글들이 실려 있다.

대갓집에서 하루 밤 묵어가려던 선비에게 집주인인 처녀가 나타나 그 선비에게 사신의 일생을 의탁하려다 거절당해 자결하는 이야기, 성리학자 조정암이 그를 사모한다는 여인을 끝까지 받아들이지 않은 이야기, 권석주라는 청년이 산길을 가다가 묵은 어느 큰 기와집의 노

조선조朝鮮朝 207

신윤복의 그림으로 추정되는 '서생과 아가씨'. 국립중앙미술관 소장. 처녀가 서생을 찾아와 말을 못 붙이고 기둥에 기대어 서 있다. 서생은 단정히 앉아 시선을 딴 곳에 두고 있다.

부인이 자신의 손부를 받아들일 것을 간청하지만 끝내 응하지 않아 그 손부가 자결하게 되는 이야기, 이자의를 사모하여 자는 곁에서 밤새 자리를 지켰던 여인을 끝내 받아들이지 않아 한이 맺혀 죽는 이야기 등이다.

참고로 숙종조 때의 이익李瀷의 〈성호사설星湖僿說〉 중의 '색욕色慾' 부분을 소개한다. 이 책은 그가 평소에 기록해 둔 글과 제자들의 질문에 답한 내용을 1740년경 조카들이 정리한 것으로, 30권으로 되어 있다.

> 무릇 가축을 제외한 짐승들은, 암컷과 수컷이 쌍을 지어 날고 나란히 다니면서 서로 난잡하게 관계를 맺지 않고, 각각 정해진 짝이 있다. 이것이 바로 분별인 것이다. 하지만 사람들은 더러 그렇지 아니하니, 집에 아내와 첩이 있건만, 반드시 다른 집에서 음란한 관계를 갖고자 하고, 저잣거리에서 곱게 단장을 하고 음탕한 짓을 가르치며 조금도 부끄러움이 없으니, 이것이 금수禽獸에게도 미치지 못하는 바인 것이다.

소나 양의 무리는 반드시 새끼를 배는 철이 있어, 새끼를 배게 되면 곧 교미交尾를 그만둔다. 사람은 그 경우에도 미치지 못한다. 금수는 짝을 택할 때면, 곱고 미운 것을 가리지 않지만, 사람은 추醜한 상대를 싫어하고 예쁜 상대를 좋아하며, 늙은 짝을 팽개치고 젊은 짝으로 달려간다. 남자는 여자를 좋아하고, 여자는 남자에 빠져, 하루 종일, 한 해 내내 음란한 짓거리를 마음대로 다하고도 쉴 줄을 모르니, 그 더러움과 악惡함을 이루다 말할 수 없을 정도다. 이것이 무슨 천리인가? 내 견해로는, 가축 중에 닭이 가장 음란한 짓을 많이 하는 것 같다. 한데 그 죄는 수탉에 있고 암탉에 있지 않다. 오직 사람만은 남자와 여자가 어울려 싸다니며 밤이야 낮이야 가리지를 않으니, 금수에도 미치지 못하는 것이다.

● 재가녀자손금고법再嫁女子孫禁錮法

〈콩쥐 팥쥐〉, 〈장화홍련전〉 등의 조선조 동화에서 계모는 거의 욕심이 많고, 성질이 고약하며, 본처의 자식을 구박毆縛하는 여인으로 묘사되고 있는데, 어쩌면 여자의 재혼을 간접적으로 금지시키려는 의도에서 나온 것일 수도 있다.

재가녀자손금고법은 성종 때 발효되었는데, 이는 '재가再嫁하였거나 실행失行한 부녀의 자손 및 서얼자손은 문무과, 생원진사과 시험에 응시하지 못한다'는 법으로 가문을 매우 중시하던 당시의 양반들에게는 멸문滅門의 화禍를 입는 것에 버금가는 법이었다. 보통 3대만 과거를 통과하지 못하면 중인으로 몰락할 수도 있었으니, 이 법으로 인한 폐단이 한 눌이 아니었다.

가. 열녀문烈女門

열녀문은 열녀정문烈女旌門이라고도 한다. 정문은 충신이나 효자, 열녀 등을 기리기 위하여 집의 문 앞이나 마을 입구에 세우는 문이다.

성종 때 두 번 이상 시집가는 여자의 자손에게는 벼슬을 금하도록 하는 등 수절守節의 의무를 법으로 만들었다. 중종 때는 이들 여성을 법으로 다스리기까지 했다. 그리고 이것은 기원전 2세기 중국 연燕나라 왕 촉王蠋의 '충신은 두 임금을 섬기지 않고, 여자는 두 남자로 바꾸지 않는다忠臣不事二君 烈女不更二夫'에 근거했다. 명심보감에도 나오는 말이다.

반상班常의 차별이 뚜렷하고 가문이 무엇보다도 중요했던 당시로서는 무서운 법이 아닐 수 없었다. 남자를 만나는 과부 어머니를 살해하는 소위 명예살인名譽殺人이 일어날 정도로 여자들의 수난 시대가 오기 시작한 것이다. 과부를 '아직 죽지 못했다'는 뜻인 미망인未亡人이라는 모욕적인 이름으로 부르기까지 했다.

남편을 잃고 바로 자살한 여자는 1등 과부, 자식의 젖을 뗄 때까지 기다렸다 죽으면 2등 과부로, 이들은 열녀문도 세워 주고 자식들의 병역과 부역賦役까지 면제해 주었다. 그 외 대부분은 그저 수절만 하여 3등 과부였고 그 이하는 거의 없었다.

열녀 제도는 양반에게는 몰락한 가문을 다시 일으키게 하는 수단이 되었고, 양인에게는 과중한 부역에서 벗어날 수 있는 도구였으며, 천민에게는 신분상승의 방법이 되기도 했다.

충북 괴산군에 있는 은진 송씨 열녀문. 1845년 남편이 죽자 장례 전날 밤 30세의 나이로 죽음을 택하였다. 철종에 의하여 정부인으로 증직되고 열녀문이 섬.

자연히 부녀자들은 다른 남자와 손만 만져도 죽을 수 있는 사연이 되었고, 또 그렇게들 죽어가기도 했다. 임진왜란 후에 행해진 한 표창에서 효자가 67명, 충신 11 명, 열녀가 356명이었음은 음미吟味할 만하다.

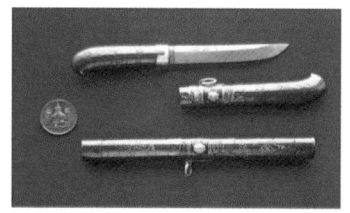
은장도

상류 계급의 여성들은 은장도銀粧刀를 차고 다녔다. 은장도가 공격용이라고 주장하는 사람도 있지만 길이가 약 10센티, 폭이 2센티 정도였으니까 성폭행을 피하기 위한 자살용이라고 보는 것이 좋을 것이다.

역사 속에서 보면 대체로 여성의 성은 동서고금東西古今을 통하여 본인의 의사에 의하여만 결정되는 것이 아니라 그 시대의 정치, 도덕, 종교, 문화, 사회 등의 영향을 받는 것은 사실이나 조선시대의 경우는 그 정도가 너무 심했다고 할 수 있다. 특히 왕들은 원하기만 하면 성적 상대를 얼마든지 바꿀 수 있었다. 자식을 많이 보아 왕실을 튼튼히 한다는 것이 명분이었다. 여자가 임금과 성관계를 갖는 것을 성은聖恩, 임금님의 성스러운 은혜을 입는다고까지 했다.

결혼은 남녀 모두 조혼早婚이 특징이었고, 주로 중매를 통하여 부모가 일찍부터 정하는 경우가 많았는데, 남자는 아내가 죽은 뒤에 얼마든지 재혼을 하여도 무방하였지만, 여자의 경우는 수절을 해야 함은 물론 심할 때는 정혼자定婚者가 죽었다 하여 성례도 못한 채 평생 혼자 살아야 했다. 이를 마당과부라 했는데, 청상과부青孀寡婦보다 더 억울한 '처녀과부'였던 셈이다.

이 조선시대가 만든 열녀는 결국 여성에 대한 대단히 비인간적이고 반인간적 억압抑壓의 소산이었다. 또 열녀는 자식에게까지 혜택을 주었으므로 사이비도 생겨 '열녀전 끼고 서방질 한다'는 속담까지 생겨났다. 정약용도 그의 목민심서에서 효행, 열녀 등의 허위성을 신랄히 비판하면서 특히 열녀정표 문제에 대해 '청상과부가 된 것도 감당키 어려운데, 자살을 열녀라 하여, 알리고 포상함은 지극히 부당한 것'이라고 비판했다.

나. 화냥년

대륙과 일본의 침략을 수없이 받아온 우리나라는 때로는 적지 않은 아녀자들을 그들에게 빼앗기곤 했다. 고려 말에 원나라에 공녀들을 보냈듯이 조선 때도 명나라의 요구로 처녀들을 뽑아 보내야 했다. 명나라에는 태종 때부터 중종 때까지 거의 10여 차례 환관과 함께 공녀를 보낸 기록이 있다.

그뿐이 아니었다. 병자호란 후에는 유방이 큰 여인大乳女 3천 명과 암말 3천 필을 청 태조가 태어난 국경지대에 정착시키라고 요구하여 이를 들어 주었다. 그들은 이렇게 하면 그 지역에 인구와 물산이 풍부해질 것이라고 믿었다는 것이다. 이 때문에 유방을 억세게 조여 맬 수 있게 하는 말기치마가 생겨났다는 속설도 있다.

바람기가 있거나 몸을 함부로 굴리는 여인을 비속하게 부르는 '화냥년'은 병자호란 때 청나라에 붙잡혀 갔던 여인들이 고향으로 돌아왔다고 '환향녀還鄕女'로 불렀다는 이야기가 가장 유력한 설이지만 그 외에도 만주어로 음탕한 여자를 뜻하는 '한양'에서 왔다는 설, 음란한 짓을 제멋대로 하는 유녀를 뜻하는 '화랑花郞'에서 유래했다는 설, '놈을 기르다'는 뜻의 '한양漢養'에서 왔다는 설 등 한 둘이 아니다.

여하튼 병자호란 전쟁 중 적에게 강제로 끌려갔다가 고향으로 돌아온 여자들은 정절을 잃었다는 이유로 남편들로부터 공개적으로 이혼 요구를 받았다. 최명길을 포함한 몇몇 중신들이 '그들이 자의自意

에 의하여 불륜을 저지른 것도 아니며, 조정과 정부 대신들의 잘못으로 청나라에 끌려가서 능욕을 당한 것이니 잘못은 조정의 대신들에게 있는 것이라'며 이들을 용서할 것을 주장하기도 했다. 그러나 사회 분위기는 청淸에 끌려가서라도 목숨을 걸고 정조를 지켰어야 했다는 것이었고 소위 화냥년들은 계속 작부酌婦의 취급을 받았다.

임진왜란 후 선조도 자신이 일본군에게 겁탈 당했던 여인 둘과 동침하면서까지 일본군에게 당한 부인들을 내치지 말 것을 호소했지만 대부분의 남편들은 모두 첩을 얻어 살며 부인을 멀리했다고 한다.

● 성범죄

결혼 외의 성관계를 각각 화간和姦, 조간刁姦, 강간强姦으로 나누고, 제각기 다른 형을 적용했다. 화간은 남녀 합의하에 이뤄진 성관계를 말하며 장 80대로 처벌하되 간통한 여자에게 남편이 있을 경우에는 장 90에 처하도록 했다. 조간은, 사전적 의미로는 '여자를 후려내어 통간하는 것'인데 화간이 은밀한 간통 행위를 지칭한다면 조간은 여자를 다른 장소로 데리고 다닐 만큼 공공연한 간통 행위를 의미한다. 이는 장 100에 처했다. 강간은 성폭행으로 간통과는 다른 의미인데 강간범은 교형絞刑에 처했고, 강간 미수자는 장 100, 유배 3천리에 처하도록 규정했다.

또한 12세 이하의 소녀와의 간통은 비록 화간이라 할지라도 강간으로 처벌하도록 규정했다. 혼인 전이나 혼인 후를 막론하고 합법적인 배우자 외의 이성과 성관계를 맺는 것은 모두 간통으로 간주하였다. 단지 미혼 남녀의 경우 기혼 남녀의 간통보다 처벌이 약간 더 가볍게 취급되었다.

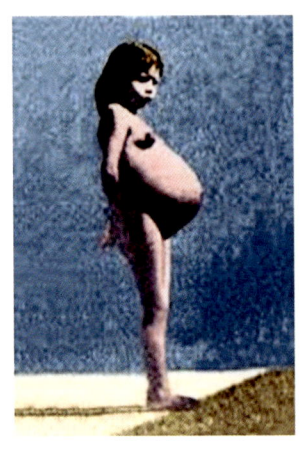

페루의 리나 메디나는 5살 반 때인 1939년 2.7킬로의 남아를 제왕절개로 분만했다.

영조 때 경상도 산청에서 일곱 살 여아가 아이를 낳은 괴변怪變에 대한 기록이 있다. 아이의 아버지는 소금 장수로 밝혀졌는데, 열두 살 이하의 아이와 간통한 자는 사형에 처한다는 법률에 따라 소금장수는 처벌을 받았고, 여아 역시 음기陰氣가 꽉 찬 괴물이라고 하여 죽였다. 역사 속에서 가장 어린 엄마로 기록된 페루의 린다 메디나는 5살 반 때인 1939년 제왕절개를 통해 남아를 출산했는데, 일곱 살에 임신은 가능해도 어떻게 출산을 했는지 의심스럽지만 아마 조산早産으로 매우 일찍 낳았을 가능성이 크다. 이런 일은 조발사춘기早發思春期라 하여 물론 병적으로 조숙한 여아에서만 일어난다.

노비와 양반 여자와의 간통의 경우 각각 장 80, 90이었고, 양반 남자와 노비 간의 간통도 각각 장 70, 80으로 규정되어 있긴 했지만 실제로 이에 대한 처벌 사례는 거의 기록에 남아 있는 것이 없다. 당시의 지배계층이 오히려 피지배계층의 간통에 대해 엄격하게 형법을 적용하지 않았거나 묵인하는 사례가 많았던 것이라고 할 수 있다.

오히려 주인이 노비奴婢나 노비의 딸을 원할 때 이를 거절하지 못하는 경우가 대부분이었다. 심지어는 여자

'양반이 여종의 손목을 끌다.' 혜원 신윤복 그림

노비를 통해 자식을 낳아 노비를 늘리려고 겁탈劫奪을 하는 경우도 있었다고 한다.

명종 때 문인인 성여학의 〈속어면순續禦眠楯〉에 십격전술十格傳述이라 하여 밤에 계집종과 사통하는 단계를 열 가지 동물의 동작으로 비유한 글이 있는데, 이를 보면 계집종을 성 노리개로밖에 보지 않았던 것 같다.

> 첫째는 굶주린 범이 고기를 탐내는 격이니 계집종을 사통할 마음이 생길 때고, 둘째로 백로가 물고기를 노리는 격이니, 목을 빼고 계집종을 훔쳐볼 때고, 셋째는 늙은 여우가 얼음 소리를 듣는 격이니, 아내가 잠들었는지 귀 기울일 때고, 넷째는 추운 날 매미가 껍질을 벗는 격이니, 몸을 빼서 이불에서 나오는 때고, 다섯째는 날쌘 고양이가 쥐를 가지고 노는 격이니, 온갖 기술로 여종을 달래는 것이요, 여섯째는 매가 꿩을 잡는 격이니, 빠르게 여종을 덮칠 때고, 일곱째는 옥토끼가 방아를 찧는 격이니, 옥문에 꽂았다 뺏다 하는 것이요, 여덟째는 검은 용이 여의주를 토하는 격이니, 사정을 그와 같이 하는 것이요, 아홉째는 오나라 소가 달만 바라보아도 헐떡거리는 격이니, 힘들어서 가쁘게 숨을 몰아쉬는 것이요, 열째는 늙은 말이 집으로 돌아가는 격이니, 자취를 감춰 몰래 제 방으로 돌아가는 것이다.

이칠소음동침二七少陰同寢이라 하여 14살 정도의 소녀를 밤새 끌어안고 자면 젊은 여자의 기를 받아 회춘을 하거나 노쇠를 방지한다는 어처구니없는 믿음도 있었다. 주로 아들이 효도孝道 한다고 돈을 주고 여자 아이를 사오기도 했지만, 때로는 종이 자신의 충직忠直함을 보이기 위하여 자진하여 자기의 딸을 늙은 주인의 방으로 들여보내기도 했다. 이때 늙은 주인이 꼭 교접을 하지는 않았다고는 하나 알 수 없는 일이다.

로마시대에 슈나미티슴shunamitism이라 하여 젊은 처녀의 기를 받

로마시대의 슈나미티슴(shunamitism). 젊은 처녀의 기를 받아 정력을 회복시키려는 양생법.

아 정력을 회복시키려는 양생법養生法이 있었는데, 클라우디우스 황제皇帝가 몸이 아플 때 소녀들을 침실로 불러들여 동침하여 효험을 본 데서 시작되었다고도 한다. 그래서 인지 중세에 프랑스 등지에서는 노인 고객에게 소녀들이 알몸으로 동침同寢 서비스를 해 주는 회춘回春살롱이 번성하기도 했다. 유명한 인도의 간디도 이 슈나미티슴을 신봉하였다는데 확실치는 않다. 슈나미티슴은 구약성경 열왕기 상권 1장 3절의 '다윗왕이 늙고 기운이 쇠하자 왕의 정기를 보강하는 방안으로 슈남 마을에 사는 동녀童女 아비삭을 바쳐, 동침을 하지만 관계는 하지 않았다'는 이야기에서 유래한다.

또 십대 처녀들의 질 안에 마른 대추를 밤새 넣어 놓고 아침에 빼면 삼투압 현상 때문에 통통해진다. 이 대추들을 소주에 담아 대추주를 만들어 마시면서 회춘을 기대하기도 했다. 이런 종류의 시도는 한두 가지가 아니지만 모두가 의학적 근거가 전혀 없음은 물론이다.

● 짧은 저고리

정조 때 이덕무가 쓴 〈사소절士小節〉에 당시 여자들 사이에서 유행하던 짧고 꽉 끼는 저고리와 길고 넓게 부풀린 치마에 대한 불만의 이야기가 나온다. 소매통이 좁아 팔을 꿰기가 어렵고 팔을 구부리기만 하면 솔기가 터질 정도에, 심한 경우 팔이 부어서 소매를 찢어야만 벗을 수 있는 정도였다고 했다. 불편한 패션도 당시의 남성들에게 인기가 있으면 유행이 되는 법인데, 확실한 경위는 알 수 없다.

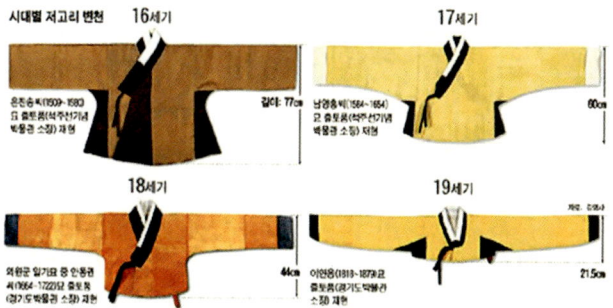

'시대별 저고리 변천' 김혜순의 '아름다운 우리 저고리'에서

　조선조 중기 이후, 저고리의 소매가 좁고 옷자락이 짧은 것이 풍속이 되었다. 일설一說에는 임진왜란과 병자호란을 겪으면서 여성의 외출이 금지되었고, 이에 따라 저고리는 겉옷의 역할을 하게 되면서, 몸에 꼭 맞는 선정적인 모습을 띠게 되었다고도 한다. 특히 저고리의 길이는 조선조 초기에는 77센티이던 것이 18세기 중엽에 이르러서는 28센티가 되었으며, 그 이후에는 점점 더 짧아져 1900년경에는 20센티 정도로 옆선이 거의 없어 겨드랑이가 보일 정도가 되었다.

혜원의 유명한 '단오풍정'인데, 남녀의 성기가 숨은 그림처럼 들어 있다. 가운데 나무의 둥치와 동승 앞의 돌.

신윤복의 단오풍정 등 풍속화風俗畵에서 여인이 입고 있는 저고리의 길이가 25센티도 안 되어 보이는 것은 시대가 1790년 이후라는 것을 의미한다.

19세기 말, 20세기 초, 서양 선교사나 외교관, 교사들이 우리나라에 와서 유방이 노출된 여인들의 사진을 다량 찍어 본국에 돌아가 사진 엽서용으로 전 세계에 보급함으로써 20세기 초 국제무대에서

19세기 말 조선에 와 있는 프랑스 인이 찍어서 유럽에 퍼뜨린 사진 엽서. 서울의 여염집 여인이 외간 남자에게 유방을 들어내고 포즈를 취하고 있다.

대한제국이 불리한 입장이 되는데 크게 일조一助를 했다고 본다.

복식사服飾史 학자들 중에는 저고리의 길이가 짧아진 것이 생활이 궁핍해지면서 옷감을 절약하기 위한 것으로 임진왜란 이후부터였다고도 하지만 설득이 잘 되지 않는다. 득남得男을 자랑하기 위한 것이란 더 말이 되지 않는다. 특히 19세기 들어서는 젖가슴이 거의 드러날 정도로 저고리 길이가 더 짧아지는데, 이를 설명할 수 없다. 결국 고운 맵시를 위해 가는 허리를 남에게 자랑해 보이려고 한 것으로도 볼 수 있는데, 정확한 계기는 알려져 있지 않다.

1906년 5월 30일자 데국신문은 '유방 노출을 예사로 여겼다'는 기사에서 다음과 같이 썼다.

러시아로부터 조선을 꾀어내려는 일본을 풍자한 불란서 만평에서도 '짧은 저고리'가 보인다. 세계인들이 우리를 어떻게 보았을까?

> 녀자의 복색이 덕당하다고 할슈 업산거시 비록 남자라도 슈족밧게 붉은 살이 보이거스면 톄면을 일엇다 하난데 함을며 녀자리오. 우리나라 녀자의 젹오리란 거슨 소매 뿐이오 길이가 업서서 아모리 단속하난 부녀라도 허리가 들어나 붉은 살이 들어나지 안이치 못한 즉 만일 쳐음 보난쟈로 말하면 그런 괴이한 일이 업고 또 의복이 빗치 여러 가지로 유두분면으로 단장한즉 남 보기에 사람의 모양갓지 안이 한지라.

결국 '붉은 살이 드러나서 체면이 말이 아니라'는 취지의 글이고 보면 당시의 시각으로도 차마 보기 힘들었다는 이야기가 된다.

잉글랜드의 경우, 15세기 때 모르는 사이의 남녀가 인사를 나눌 때 악수 대신 키스를 했고, 16세기가 되어서는 키스 인사법이 여성의 젖가슴을 쓰다듬으며 하는 것으로 바뀌었다. 그리고 여인의 패션이 15세기에는 V-라인으로 파이다가 16세기에 들어서는 U-라인으로, 그리고 지금처럼 젖가슴을 많이 드러내는 쪽으로 진화했다.

물론 내외법이 엄격했던 조선조의 경우는 상상조차 할 수 없는 일인데, 아마 김홍도, 신윤복과 같은 당시의 풍속 화가들이 기녀들을 많이 그려 일반인들에게 알렸던 것과 관계가 있을지도 모른다. 여염집 여자들이 기녀들의 화려한 모습에 매료되었을 가능성이 크다. 또 이들은 치마도 크게 부풀려서 상박하후上博下厚의 모습을 하였다. 이런 패션은 처음에는 중인 및 하류층에서 유행하기 시작했지만 차차 양반계층 여자들도 복식에서만큼은 기녀나 하류층의 복식을 모방하는 현상이 나타나게 되었다.

● 주점과 매춘

가. 주막酒幕

주막은 '술막' 또는 '숫막'이라고도 불렸고, 주로 길가에 세워져 밥과 술을 팔거나, 돈을 받고 나그네를 묵게 하는 집이었다. 고려, 조선 때 여관과 술집의 업무를 병행並行하였던 곳이라고 할 수 있다.

고려 때는 화폐가 많이 통용됐으나 조선조 들어서면서부터 정책적으로 이를 억제했기 때문에 엽전과 같은 저가低價 화폐의 통용이 거의 없었다. 조선이 가난한 국가가 된 가장 큰 원인이었다고 본다. 그리고 물물교환시대物物交換時代로 돌아갔다. 은병銀甁이나 어음이 있었고 중국의 돈을 쓰기도 했지만 일반 상거래용은 아니었다. 하멜은 그의 표류기에서 '여행자들이 쌀을 갖고 다니다가 민가에 찾아가 자기가 먹을 만큼 내어 놓으면 집주인이 밥을 지어 반찬과 함께 차려주었다'고 했다.

그러다가 상평통보常平通寶가 많이 통용되던 효종 때부터 주막이 늘기 시작한다. 한때는 작은 시골지역까지 주막이 있었으며, 마을이 아니어도 사람들이 지나다니는 길에는 주막이 있었다.

더구나 화폐가 없을 때 불특정 다수에게 성을 제공하고 그 대가를 받기가 쉽지 않았었기 때문에 주막 같은 곳에서 떠돌이 손님들을 대상으로 매춘賣春을 하는 여인들은 거의 없었다. 오히려 호구지책糊口之策이 막연한 여인들이 손님에게 성을 제공하는 대가로 숙박업소에서 일정기간 숙식을 해결하는 경우는 더러 있었다고 한다.

이런 주막은 그러나 구한말부터 일제초기, 신작로新作路가 뚫리고 자동차들이 다니면서 점차 사라지기 시작했다.

구한말에 주막시설을 이용해 본 영국여성 이사벨라 비숍은 '좁은 방에 몇 명이 들어 자는데 벌레가 들끓고 방은 화상火傷을 입을 정도로 뜨거웠다'라고 썼다.

주막집의 가장 큰 방을 '봉놋방'이라 하여 여러 나그네가 한데 모여 잤는데, 구들만 뜨듯했지 이부자리 없이 목침 하나씩만 주었다고 한다. 여기서 여자도 같이 잘 수밖에 없었다. 속담에 '복 없는 년은 봉놋방에 가서 자도 고자 옆에 눕는다'란 게 있는데, 당시의 풍속을 조금은 엿볼 수 있는 내용이 아닌가 싶다. 남녀 구별을 두고 방을 주지 않으므로 여인네들은 방구석에서 앉은 채로 날을 새우는 경우가 대부분이었겠지만 경우에 따라서는 옆에 누어 자기도 했으며, 때론 성추행도 이루어졌고 일부 여자들은 이를 은근히 기대하기도 했다는 의미가 담겨져 있다.

대개 작은 규모의 주막들이 많았지만 큰 주막일 경우 찬모饌母가 있거나 설거지 담당 아낙과 중노미도 있었다. 중노미는 허드렛일을 하는 남자다.

주막에서는 늘 술을 담그기 때문에 술지게미가 많이 나와 여기에 물을 타두었다가 술이 약한 주객에 주기도 했는데 이를 '모주母酒'

주막. 단원 김홍도 그림

또는 '모주망태'라 했고, 모주를 즐기는 사람을 모주꾼이라고 불렀다.

나. 선술집

선술집은 꼭 서서 마셔야 되는 술집이었다. 만약 앉아서 마시는 사람이 있으면, 다른 술꾼들이 '점잖은 여러 손님들이 다 서서 마시는

데, 버르장머리 없이 주저앉아 있단 말인가? 그 놈을 당장 집어내라'고 시비를 걸었고, 큰 싸움이 벌어지기도 했다고 한다. 선술집에서는 술 한 잔을 사면 안주 하나를 끼워준다. 대체로 조선시대 선술집은 술값에 안주가 포함되어 있었기 때문이다. 객客이 술을 주문하면 중노미가 술과 안주접시를 목로木壚에 놓으면서 잔 수를 계산해 주곤 했다. 선술집의 중노미는 잔일도 하고 호객도 했는데, 특별히 월급을 받는 게 아니라 넉넉히 먹고 자는 걸로 만족했다.

이런 술집이 생긴 것은 조선조 정조 때부터다. 영조 때 금주령으로 오랫동안 술집은 모두 문을 닫아야했다. 이 금주령은 정조가 왕이 되면서 비로소 풀렸고, 서울 시내에 술집이 우후죽순雨後竹筍처럼 생겨났는데 선술집 역시 이 때 이후 번창하게 된 것이다.

다. 내외주점內外酒店

요즈음 개념으로는 셀프서비스 형태의 술집이라고 할 수 있다. 보통 가정집 대문에 술병모양의 백지白紙를 붙여 놓은 집이다. 안방술집 또는 안침술집이라고도 한다.

대문에 들어서면서 '이리 오너라' 하면 안에서 '거기 있는 자리에 앉으시라고 여쭈어라' 하는 식으로 장사를 했다. 남녀가 내외하는 형태라서 내외주가라고도 했다. 내외주점은 여염집 아낙네가 살길이 막연하여 차린 술집으로, 문을 사이에 두고 술꾼과 거래를 하던 주점이라고도 할 수 있다. 물론 접대부는 없다.

그 시절만 해도 남녀 사이의 내외가 엄격하던 실정이라 마주 대하지 못하고 문 사이로 팔뚝만 내밀어 술상을 건네주었다고 '팔뚝 집'이라고도 했다. 그래도 선술집보단 약간 고급이었다.

일제강점기인 1920년대 이후 내외술집이라 이름하고 작부酌婦들을 고용한 집들이 많이 생겼는데, 이들은 명칭만 그랬을 뿐 원래 의미의 내외주점이라고 할 수 없다.

라. 객주客主집

길 가는 나그네들에게 술이나 음식을 팔고 손님을 재우는 영업을 하던 집으로 주막과 크게 다르지 않다.

그러나 약간 와전訛傳된 언어다. 객주란 객상주인客商主人이라는 뜻이며, 주인이란 주선하는 사람을 의미하던 말이다. 따라서 그들의 집인 객줏집은 상업, 금융기관이라고도 할 수 있는 곳으로 주로 포구에서 활동했다. 또 기본적으로는 객주와 같지만 자본이 좀 많으면 여각 廬閣이라고도 불렀는데, 이들은 대부분 큰 창고를 갖고 있었고 여관업도 겸하였다.

마. 색주가色酒家

술을 거르는 데 쓰는 용수에 갓을 씌워 긴 장대에 꽂아 세워놓은 집은 색주가였다. 대개 그 옆에 자그마한 등을 달아놓았다. 그래서 색주가가 있는 동네는 밤이 되면 반짝반짝 빛이 나는 독특한 분위기의 동네가 되었다. 그래서 사람들은 색주가들이 모여 있는 곳을 홍등가紅燈街라고 부르게 된다. 해가 지고 거리에 등불이 하나 둘 켜지면 화장을 짙게 한 여자들이 나와서 잡가雜歌를 부르면서 지나는 행인을 잡는다. 매춘賣春을 겸하는 술집이라고 보면 된다.

사람의 왕래가 잦았던 지방의 길목이나 장터, 항구, 광산

색주가. 김준근 그림.

등에 많이 있었다. 이들 여자는 기생妓生도 아니며, 잡가나 부르는 유녀遊女라고 보는 것이 옳다. 술과 함께 몸을 팔기도 했는데, 술을 따르는 여인이란 뜻의 작부酌婦도 여기서 유래된 것으로 보인다. 색주가는 조선조 말末에 나타났으며, 여자가 있다 뿐이지 안주도 술도 볼품이 없고 손님들에게 바가지 씌우기가 일쑤인 곳이었다.

조선시대의 성매매는 오늘날과 같은 전업성專業性이 아닌 대부분 개인 위주의 형태였다. 포주 등 알선자가 없는 프리랜서였다고 보는 것이 옳다. 직업은 생계를 위해 한 가지 일을 계속적으로 하는 것을 말하므로 작부도 직업이었다.

색주가는 술파는 집이었지 현재의 집장촌처럼 일정 공간을 점유해서 성매매를 목적으로 이뤄진 것이 아니었다. 〈조선해어화사朝鮮解語花史〉의 저자 이능화는 '원래 도성都城에는 갈보가 없었다. 고종조 갑오경장 이후에 비로소 번성하게 되면서 사람들이 나라가 쇠망할 징조라고 했는데, 허언虛言이 아니었다'고 밝혀 구한말에 이르러서 성매매가 본격적으로 시작됐음을 시사하고 있다.

색주가는 서울의 경우 홍제원에 집단적으로 있었고, 뒤에 이것을 본떠 남대문 밖 잰배紫巖와 서울 파고다 공원 뒤와 동구안授恩洞 서편 뒷골목에 집단으로 있었다고 한다.

바. 목로주점木墟酒店

가장 대중적大衆的인 술집은 목로주점이었다. 돼지고기, 빈대떡, 산적 등을 안주로 손님 요구대로 팔았다. 목로란 술잔을 놓기 위해서 쓰는 널빤지로 좁고 기다랗게 만든 상을 의미한다. 따라서 목로주점이란 '목로를 차려놓고 술을 파는 집'이란 뜻이다. 요즈음 개념으로는 집안에 차려놓은 포장마차라고 생각하면 된다. 프랑스 소설 에밀 졸라의 '목로주점'을 연상하면 느낌이 다를 수 있다.

대중가요 '목로주점'의 '(전략) 가장 멋진 목소리로 기원하려마 / 가장 멋진 웃음으로 화답해줄게 / 오늘도 목로주점 흙바람 벽엔 / 삼십 촉 백열등이 그네를 탄다. (후략)'는 근현대의 이야기지만 목로주점의 환경을 잘 묘사한 부분이라고 할 수 있다.

또 '사발막걸리집'이라 하여 막걸리를 사발로 파는 목로주점이 있었다. 사발막거리집은 목로주점의 형태이긴 하지만, 막걸리만 팔고 안주로는 간단한 조리 음식만 판매하는 저렴한 간이주점이라고 보면 된다.

사. 들병이

요즈음도 아무 곳에서나 매춘을 하는 소위 '떳다방', '담요부대', '돗자리 아줌마'라는 것이 있어 장소에 구애받지 않고 등산길에도, 훈련소 담 너머에도 하여튼 이런 영업이 될 만한 곳에는 있다고들 하는데 그 역사는 조선조 때로 거슬러 올라간다.

'들병이'는 주막에서 동이 술을 떼어다 길손들이 많은 길목에서 낱잔으로 팔면서 추파를 던지다가 몸을 파는 여성들을 말한다. 들병이는 경제적으로 어려운 여자들이라 은근히 손목을 잡는 남자를 따라가기도 하였고 으슥한 산기슭으로 끌고 들어가기도 했다. 물론 그 대가를 받았다.

직업이라고는 할 수 없지만 '통지기' 또는 '반빗아치'라 하여 예전에, 반찬을 만드는 일을 맡아 하던 하녀가 밥통을 들고 거리에 서 있으면 한량패들이 수작을 걸어 쉽게 오입을 할 수 있었다고 한다. 속담에 '통지기 오입이 제일이다'라는 것도 있다. 약간의 해의채解衣債, 옷 벗은 대가를 챙기기도 했다.

여악女樂과 기생妓生

가. 여악

여악은 좀 광의廣義의 용어이다. 원래는 궁중과 지방관청에 매여 악기연주나 가무歌舞를 하는 여기女妓, 또는 그들의 가무를 통칭하는 말이지만, 의녀醫女, 침선비針線婢, 관기官妓를 포함하는 개념이었다. 조선시대의 여악제도는 서울의 사비司婢와 삼남지방의 읍비邑婢 가운데 예쁘고 나이 어린 여자 아이들을 뽑아 교육시킨 후 고향으로 돌려보내는 것이 원칙이었다. 이렇게 해서 서울의 가무가 지방으로 전해지도록 했다.

여악의 수는 1423년에는 108명이었는데, 1447년에는 서울에만 125명이었다. 경기京妓, 서울의 기생의 수는 시대에 따라서 일정하지 않았지만, 1510년에는 150명, 1615년에는 70명, 1624년에는 80명으로, 대체로 80명 내외였다. 나라에서 관리하는 기녀는 서울의 경기와 지방 고을의 향기鄕妓가 있었는데, 경기는 늘 인원이 부족하여 지방의 향기들을 선출하여 임시충원하기도 했다. 지방에서는 대개 악사樂士와 관비의 딸들 가운데 인물이 곱고 재주가 뛰어난 어린아이들을 골라 교방에서 관기로 길러냈다. 경기에 빈자리가 생기면 관기 중에 재능 있는 자를 서울로 불러들였는데, 이들은 상기上妓라 하였다.

여악은 우리나라에만 있던 제도였다. 세종 때 김종서, 남지 등이 여악제도

조선의 여악(女樂)

를 폐지하자고 주장했다. 그들은 이 때문에 사대부 간에 서로 반목이 생기고, 관기가 많아져 그 폐해가 크다고 했다. 그 후 중종에 이르는 기간 동안 일부 사대부들은 성리학의 도덕성을 내세워 기녀제도를 폐지하자고 했다. 그 정점을 이루는 것이 조광조를 위시한 기묘己卯명현들이었는데, 이들은 사화로 패퇴했고, 그 후에는 기녀제도를 폐지하자는 주장은 사라졌다. 여악과 기녀제도 폐지 운동이 이와 같이 계속 실패한 데에는 조선조 가부장제家父長制의 그늘 밑에서 남자들이 여성의 성을 착취하고자 하는 욕망이 깔려있었기 때문이다.

조선이 망하고 일제강점기에 들어서서는 여악의 전통이 기생조합인 권번券番으로 이어졌다. 그리고 여악이 삼패三牌 기생들과 섞여 하류시민으로 인식되면서 사회적으로 더 경시輕視되었다.

나. 기녀妓女

조선시대의 기녀는 가무歌舞의 기예技藝, 침선針線의 기술, 의약이나 침술 등을 배워 익혀서 나라에서 필요할 때에 봉사하던 여자들을 일컫던 말이었다. 주로 노래, 춤 등의 기예 등을 통하여 남성들에게 기쁨을 주며 삶을 유지해 갔다. 이들은 우리 문화예술사에서 예악禮樂을 담당하고, 당대 예술을 선도하였던 여성들이기도 하다. 기녀妓女, 여기女妓, 또는 기생妓生이라는 용어를 썼다. 조선시대에 이러한 여성들은 제도적으로 관청에 소속되어 있었으며, 신분상으로는 천인賤人에 속하였다.

기생, 창기娼妓, 여악女樂, 의녀醫女 등으로 각각 하는 일이 다르기는 하지만 시키면 때로는 중복되는 일을 하기도 했다. 그러나 당시로서는 일반 여성들과는 너무 다르게 개방된 성생활을 할 수 있어 여자이면서도 어떤 면에서는 남자처럼 살았고, 보통 여인들은 접근하지 못했던 문화 예술 분야까지 눈을 떴던 시대를 앞서 간 여인들이기도 했다.

'몸은 천민이요, 눈은 양반'이란 말은 기생을 두고 한 적절한 표현이었는지 모른다. 조선시대 이중적 신분구조 안에서 기녀는 여성문화의 중심에 서 있었다. 그들은 예인藝人과 창녀娼女란 이중의 시선을 받아왔다. 기생을 일명 해어화解語花라고도 하는데, 이는 '말이 통하는 여자'란 뜻으로 여염집 여자들과는 비교가 안 된다는 의미도 된다.

그들은 신분상으로는 천민이었지만 귀족 부녀자들보다 더 많은 사치와 자유를 누리기도 하였는데, 이것은 그들이 여악과 의녀 역할, 장수將帥의 위로, 사신使臣 접대 등을 담당했기 때문이다. 기녀는 성을 제공하기는 하지만 일반적인 매춘과는 달리 높은 수준의 문화와 예능, 기술을 보유하고 있었고, 그것이 사회적으로 기녀라는 특수 계급으로 인정받는 중요한 요소였다. 간혹 기생에게 자기의 생니를 뽑아준 대감들이 있었을 정도다.

보통 3년에 한 번씩 기생을 뽑는 제도인 선상제選上制를 통하여 선출되었으며, 여기에 든 기생들은 우선 교방敎坊에 속하게 되지만 그 중에서 일부는 장악원掌樂院에 소속되어 가무歌舞 등을 배우기 시작했다. 세습적으로 모친을 따라 기녀가 되는 경우가 일반적이고, 역적으로 몰린 자들의 처자들이 기녀로 전락한 경우, 양반의 고아孤兒가 기녀가 되는 경우, 양반의 자녀 가운데 화려한 생활에

구한말. 성장한 기생들

'원균이 운우당에서 기생과 놀다.' 일본인 그림

대한 동경과 유혹, 그리고 자신의 음탕함 때문에 스스로 기녀가 되는 경우도 있었다.

기녀는 노래와 춤으로 잔치를 흥겹게 만드는 이외에 성性을 제공해야 하는 의무도 있었다. 특히 지방의 관기官妓들은 밤이 되면 사신이나 고관의 잠자리 시중을 들고 함께 자기까지 해야 하는 방기房妓가 되는데, 이를 수청기생守廳妓生이라 했다. 방기를 둔 것은 관찰사나 어사 또는 사신 등이 지방 고을에 갈 경우 그들의 객고를 풀게 하기 위함이었다. 관기가 수청을 거부하면 목숨을 잃을 수도 있었다. 태종 때 만경 현령 윤강이 나주에 갔을 때 관기 명화名花가 수청을 거절하였다 하여 심한 매를 맞아 사흘 만에 죽기도 했다. 그 외 변방에 근무하는 군관들에게도 수청을 들어야 했다. 이들이 오지奧地에 가족을 데리고 갈 수 없으므로 기녀를 두어 수발을 들게 했던 것이다.

그러나 고을 사또는 경우가 달랐다. 관리가 창기와 잠자리를 같이하면 곤장棍杖 60대에 처하게 되어 있었다. 그러나 '춘향가'에서 보듯이 사실상 수령과 관기의 관계는 묵인되었다.

임진왜란 때 일본인이 그린 '원균이 기생과 노는 그림'이 있다. 적을 눈앞에 두고 있을 수 없는 일이나 당시의 법으로는 무관했다. 이순신 장군의 업적에 묻혀 공적公敵처럼 평가되기도 하지만 그는 나라를 위해 싸운 무장이었으며, 후배인 이순신이 상관으로 임명되자 크게 반발하였고, 이순신이 투옥된 후 삼도수군통제사가 되었다가 도원수

권율의 명으로 재침하는 왜군과 싸우다 전사하여 선조에 의해 선무일등공신에 책봉되었다. 역사는 이렇게만 기술하면 된다고 본다.

기생은 잔치나 술자리에서 노래나 춤으로 주로 남자들의 흥을 돋우는 여인을 포괄적包括的으로 부르는 이름이지만 조선 후기 특히 구한말에 기녀들이 자신들을 창기娼妓와 구분하기 위하여 전파시킨 명칭이다. 창기는 수청을 들거나 몸을 파는 기녀이고, 여악은 궁중이나 관의 연회 때 악기를 타고 연주를 하며 노래도 하고 춤도 추던 기녀였고, 의녀는 기생으로서 의술을 배워 심부름하던 여자를 뜻했으므로 각각 격格이 다름을 드러내고자 했을 것이다.

의녀제도가 처음 생긴 것은 태종 초로 여성의 진료를 맡을 사람이 필요했기 때문이다. 조선시대에 유교적 질서가 강화되고 내외법이 엄격해지면서 여성이 병에 걸려도 남자 의원에게 보이길 꺼려하여 간단한 처방으로 고칠 수 있는 증상을 악화시키거나 방치하여 사망하게 되는 경우가 발생하자 남자의원을 대신할 의녀 제도를 만들게 된 것이다. 의녀는 내의원內醫院과 혜민서惠民署의 의녀로 나눌 수 있

혜원 신윤복의 '청금상련(聽琴賞蓮)'. 우에서 두 번째 여인은 의녀의 복장을 하고 있다. 다른 기생들과 놀이에 흥을 돋우는데 같이함.

는데, 이 중에서 내의원 기생을 홍문관격弘文館格이라 하여 '옥당玉堂 기생'이라 부르고 최고로 꼽았다. 옥당은 홍문관의 다른 이름이다. 특히 대궐 안의 약방기생은 예복으로 녹의홍상綠衣紅裳에 큰 머리를 하고, 고름에는 침통을 찰 수 있는 이례적 대우를 받기도 했다.

초기에는 기녀를 기妓와 창娼으로 구분하여 인식과 대우를 달리 하는 경향도 있었지만 후대로 내려올수록 대부분의 기녀들이 남성들의 노리개 정도나 창기와 대등한 개념으로 인식된다. 이러한 사회 분위기 속에서 도덕을 중시하던 사회 지도층은 기녀에 대한 폐단을 지적하면서 창기를 없애자는 논의도 여러 번 있었으나 실현되지 못했다.

조선시대에는 전국적으로 약 2만여 명의 기녀가 있었는데, 구체적으로는 각 현縣에 20명, 군郡에 40명, 부府, 목牧에 60~80명, 도道에 100~200명 정도씩의 기녀가 있었다고 한다. 그들은 관기로서 나라로부터 1년에 2석 정도의 쌀을 받기는 했으나, 생계비, 의복비의 해결이 어려워 부유한 상인, 포교捕校, 별감別監, 사령, 청지기, 아전 등을 기부妓夫, 일명 '기둥서방'으로 삼아 생계를 유지하는 경우가 많았다. 간혹 종을 거느리기도 했다.

석천한유도(石泉閑遊圖). 1748년 김희겸

숙종 때 기생집을 출입하다 기부에게 맞아서 팔이 부러진 영유 현령 김세진을 관원으로서의 수치라 하여 파직시킨 기록도 있다.

관기가 30살이 넘으면 수청기들은 뒷전으로 물러나 노동을 해야 했다. 퇴직할 때는 조카나 딸 등 하나를 대신 들여놓아야 하는데 이를 대비정속代婢定屬이라 했다. 기녀는 그 신분이 기안妓案에 올라 있으므로 거기서 빠져나오려면 소위 속신贖身을 해야 하는데, 고관이나 부자의 소실小室로 들어가면서 돈을 내고 사오는 것 같은 수순을 밟았다. 이들 퇴기退妓는 대부분 양반의 소실이 되거나 술장사를 하며 이후의 생계를 꾸려나갔다.

조선 후기 이후에는 기녀의 종류와 등급을 세분하여 나누었다. 고종 때를 전후하여 일패一牌, 이패二牌, 삼패三牌 등 크게 세 등급으로 나누어 구분한 것이 그것이다.

일패는 교방에서 시가서화詩歌書畫를 익힌 품격 있는 기생이요, 이패는 은근자慇懃者라고도 하여, 숨어서 몸을 파는 경우로 대부분 타락한 일패 출신의 기생이다. 삼패는 술도 몸도 더불어 파는 색주가 여인이다. 삼패는 일명 탑앙모리(搭仰謀利, 태우는 일로 돈을 번다)라고도 했는데, 타박머리, '타박네', 또는 '논다니'라고도 불렀다. 당시 서울 각처에 산재해 있던 삼패들을 남쪽 시동詩洞에 거주를 한정시키고 이들이 사는 집을 상화실賞花室이라 부르기도 했다. 그러나 이들도 유력자의 후원을 받아 신창조합新彰組合을 창립하고 스스로 기생이라 부르면서 삼패라는 이름은 차차 사라지게 되었다.

다. 기방妓房

기방은 기생집이다. 사람들은 홍루紅樓와 청루靑樓로 나누어 불렀다. 청루에서는 윤락행위도 했던 것으로 보인다. 세종이 기방을 철폐하려 하자 허조가 '이를 없애면 사신으로 오는 이들이 양가집 여인들을 겁탈할 염려가 있으니 그대로 두자'고 하여 왕도 그의 뜻을 따랐다고 한다.

점잖은 양반들은 기방을 피하려 했다. 과거에 합격하여 출세하려면, 무엇보다 이목이 중요한데 만일 젊은 날 기방 출입이 잦았다거나, 아무개 기생하고 놀아났다든가 하는 소문이 나면 곤

혜원의 '유각쟁웅', 즉 '유흥가에서 사내들의 다툼'.

란하기 때문이다. 그러나 양반 중에서도 무반武班은 예외였다. 출세를 위하여 세상 물정을 알기에 이곳만큼 좋은 곳이 없었기 때문이다.

기방에 들어갈 때에는 독특한 문화가 형성되어 있었다. 잘못하면 주먹이 오고가고 싸움이 벌어져 패가망신할 수도 있는 곳이기 때문이다. 우선 먼저 와 있는 객이 '두루……' 하거나 하인이 '드롭시오' 하면, 들어가는 사람이 '평안호?' 하고, 기생이 '평안합시오' 하면, 별일 없다고 믿고 들어갔다.

양반들이 기방에 드나들지 않는 것은 이처럼 까다롭게 여겨질 정도로 복잡한 기방의 법도 때문이기도 했다. 혹 법도에 맞지 않게 굴다가 지체가 낮은 대전별감大殿別監이나 포교 따위에게 변을 당할 수도 있기 때문이었다.

라. 명기名妓

명기는 대체로 자색이 뛰어나고 가무를 잘 하며, 시사詩詞, 해학諧謔이 있고, 신의를 잘 지키며, 자선慈善을 베푼 경우 등 뛰어난 재주와 미모가 있어야 했다. 나누어 재모와 이채異彩가 있는 명기, 시가와 서화에 능한 명기, 해학을 잘 하는 명기, 그리고 의기義妓, 절기節妓, 효

기孝妓, 지기智妓 등으로 분류할 수 있다.

　이들은 대부분 술자리에서 웃음을 파는 일이나 성의 노리개로 자신을 상품화하기보다는 자신의 재능을 발휘하여 자신을 비웃는 자에게는 재치로 대응하고, 노래나 악기 연주를 잘 하여 재물을 상으로 받거나, 시축詩軸을 얻기도 하였다. 진주기 승이교나 경기 성산월, 황진이, 부안 기생 계생 등은 총명하여 시법을 해득하고 작품을 창작하기도 하였다.

　황진이는 중종, 명종 때의 기생으로 명월明月로도 알려져 있다. 중종 때 개성의 황진사의 서녀庶女로 태어났다. 특이한 행적 등으로 인해 여러 사람들에게 회자되고 있는데, 다재다능하여 일반적으로 살아가기에는 사회적 제약이 있음을 스스로 받아들였기에 기녀가 되어 여러 사람들과 교류하고 자신보다 뛰어난 사람에게는 스스로 찾아가 배움을 청하기도 하였다. 그녀는 성리학 지식과 사서오경四書五經에도 해박하여 시를 잘 지었고, 그림에도 능하였다. 많은 선비들과 이런 저런 인연과 관계를 맺으면서 전국을 유람하기도 하고 그 가운데 많은 시와 그림을 작품으로 남기기도 했다. 당시 생불生佛이라 불리던 지족선사知足禪師를 10년 동안의 면벽수도面壁修道에서 파계시키는가 하면, 호기로 이름을 떨치던 벽계수碧溪水라는 왕족의 콧대를 꺾어 놓기도 하고, 실패하지만 당대 최고의 은둔학자 화담 서경덕徐敬德을 유혹하기도 했다. 서경덕, 박연폭포와 함께 송도 3절節로도 불렸다.

　　청산리 벽계수靑山裏 碧溪水야 수이 감을 자랑 마라.
　　일도창해 一到蒼海하면 돌아오기 어려우니
　　명월明月이 만공산滿空山하니 쉬어간들 어떠리.

　황진이의 시다.

이렇게 볼 때 명기라고 일컬어지는 이들은 대부분 조선 전, 중기의 인물들이다. 이들이 명기라고 불렸던 것은 그들의 소양과 재능이 뛰어난 점도 있었겠지만, 기녀를 대했던 남성들의 태도가 조선후기와는 달랐던 것으로 생각된다.

김지미 주연의 1957년 영화 '황진이.' 흰 치마폭에 쓰인 벽계수의 시가 인상적이다. '황진이'는 수많은 영화와 드라마에 나왔지만 가장 인상적인 장면 중의 하나다.

단양의 수절명기 두향杜香은 명종 때 48세의 나이로 단양 군수로 왔던 퇴계 이황을 10개월 정도 모시다가 그가 단양을 떠날 때 열여덟 꽃다운 나이에 처음으로 마음을 준 사내와의 이별에 '차라리 소녀의 젖가슴 하나를 베어 사또를 향한 미망迷妄에서 벗어나게 해 주소서' 하며 저고리 옷고름을 풀어헤치고 젖가슴 하나를 베어내 달라고 울면서 애원했다고 한다. 그 뒤 10여 년 간 수절하며 마음으로 사랑하다가 퇴계가 죽은 뒤 '내가 죽거든 무덤을 강선대 위에 만들어주오. 내가 퇴계선생을 모시고 자주 시문을 논하던 곳이라오.'라는 애절한 유서를 강선대 아래에 묻어두고 26세의 젊은 나이로 생의 종말을 고했다고 한다. 단양 문화보존회에서는 매년 5월 5일 두향을 추모하는 '두향제'를 지내고 있다.

두향의 무덤이 있는 말목산

조선조에 명기로 이름난 기생들은 수없이 많다. 부안의 명기 이매창李梅窓은 당시 문인과 명신들인 허균許筠, 이귀李貴 등과 교분이 두터웠고, 중종 때는 선비들이 그녀의 시비를 세워 주기도 하였다. 그밖에 송이松伊, 소춘풍笑春風 등 시조시인으로 이름을 남긴 시기詩妓들이 많았고, 진주기생 논개論介는 조선시대의 대표적인 의기로 꼽힌다.

마. 금란의 연서恋書

다음은 '금란'이란 이름의 조선조 기생이 쓴 시다.

> 북쪽에 전全 님이 계시면, 남쪽에는 저 승丞이 있지요(北有全兮南有丞). 제 마음은 정처가 없는지라 구름 같이 떠돈답니다(妾心無定似雲騰). 만일 제 맹세 때문에 산이 변할 수 있다면(若將盟誓山如變) 저 월악산은 지금쯤은 수도 없이 무너졌을 거예요(月嶽于今幾度崩).

그녀가 살던 시대가 확실치 않아 단언할 수는 없지만 '서금란'이라는 기생의 한글 연시戀詩가 남아 있는데, 이들이 동일인同一人이라고 믿는 사람들은 '역시 기생은 기생'이라고 쓴 웃음을 짓기도 한다.

> 정 생원 전에 상서하나이다. 때는 봄, 새가 재재거리고 복숭아꽃과 살구꽃이 피는 봄이외다. 정 생원의 몸 안녕하시옵는지 나날이 뵈옵지 못한 소첩은 멀리 앉아서 동경할 뿐이외다. 그간의 소식 알지 못해 궁금하던 차 이곳 소첩은 무엇을 얼마나 화락하며 하리이까. 한갓 일신은 무고하오니 생원님이 이 더러운 소첩을 정신적 사랑의 혜택으로 엎드려 생각할 때 감사한 뜻과 마음은 다 표하지 못하옵니다. 그런데 황공한 말씀 지금에야 고하나이다만, 전번에는 이 더러운 소첩을 생각하시와 황금 같은 시간을 허비하시고 옥수로 친히 쓰신 옥서를 받자옵고 당금까지 상서치 못함은 참으로 소첩의 죄 어찌

다 고하오리까. 용서하여 주시옵소서. 이 소첩을 사랑하신 마음으로 정생원이시여 실제 그때 답상서를 고하려고 한 마음 태산 같았지만 원수로다 그때야말로 무슨 죄이던가. 이 몸이 병에 누워 실상은 붓을 들고 편지를 고할 용기가 생기지 아니하여 죄송스러운 죄를 짓고 말았나이다. 그러니 소첩의 잘못을 널리 용서하시고 허물을 잘 양해하시고 귀보를 뵙기 바라옵나이다. 물론 바쁘신 중 이리 복청하옴은 너무나 소첩의 행동의 무리함을 용서하시고 다만 소첩의 소청에 응하셔서 한 번만 이 땅에 왕림해 주시면 소첩의 한 영광으로 엎드려 생각하고 죄송한 말 다 고하지 못하고 우선 이만으로 끝내 높으신 왕림만 바랄 때 옥안을 엎드려 뵈올 날을 천만번 고대하나이다. 3월 2일 소첩 서금란 상서.

금란의 편지

조선조 중기 때의 것으로 추정되는데, 기생이 절개와 관계없이 글 안에 '사랑'이란 단어가 있음에 유의할 필요가 있다. 만일 '사랑 사랑 내 사랑아 어화둥둥 내 사랑아'로 이어지는 춘향가보다 앞선다면 사

조선조朝鮮朝 237

랑이란 말이 쓰인 최초의 것일 수 있기 때문이다. 원래 '정인을 그리워하는 마음思에 살生다'의 '살'과 명사의 파생접사인 '앙'이 합쳐져 '사랑'이 됐다고도 하며, 사량思量이 우리말로 바뀐 것이라고도 하나 확실히는 알 수 없다. 참고로 사랑의 고어古語는 '다솜'이다.

바. 화랑유녀花娘游女와 여사당패女社堂牌

기녀에도 급이 있어 일패, 이패, 그리고 삼패로 나누는 것은 앞에서 말했는데, 그 뒤로 화랑유녀와 여사당패가 있는 셈이었다.

19세기 말의 사당패 놀이

화랑유녀는 떠돌이 창녀로 유녀游女 또는 화랑花娘이라 불렸는데, 성종 때 지방에서 생겨나 전국에 퍼지게 되었다.

이긍익에 의하면 출가하지 않은 여자 불자佛者를 우바이優婆夷 또는 사당社堂이라 불렀다고 한다. 그런데 어떻게 여기서 사당패가 나오고 특히 여사당이 나왔는지는 알 수 없다. 아마 이들이 사원 근처에서 활동하다가 나온 오해에서 비롯되었을 것으로 보인다.

> 한산 세모시로 잔주름 곱게 곱게 잡아 입고 / 안산 청룡사로 사당질 가세 / 이내 손은 문고리인가 / 이 잡놈도 잡아보고 저 잡놈도 잡아보네 / 이내 입은 술잔인가 / 이 잡놈도 빨아보고 저 잡놈도 빨아보네 / 이내 배는 나룻배인가 / 이 잡놈도 타보고 저 잡놈도 타보네.

이 곡은 '여사당 자탄가自歎歌'라 하여 조선시대에 전국을 떠돌며 북과 징을 치면서 노래와 춤, 곡예를 하던 사당패의 여자, 즉 여사당들이 몸을 팔기도 해서 나온 자신들에 대한 탄식의 노래이다.

조선조 때 공식 비공식으로 자신의 의사에 관계없이 수청이나 매춘의 형태로 몸을 팔던 여인들은 관기官妓, 가기家妓, 사기私妓 등 여러 부류가 있었는데, 그 중에 이들도 포함된다.

〈부북일기赴北日記〉는 조선시대 선조부터 인조 대에 걸쳐 박계숙朴繼叔, 박취문朴就文 부자가 약 40년의 시차를 두고 각기 변방지역에서 약 1년씩 병영생활을 할 때 남긴 일기이며, 울산에서 회령까지 오가는 노정路程이 자세히 적혀 있어 당시 무인, 양반, 기생 등의 생활상을 밝혀줄 수 있는 자료이다. 여기서 박취문(1617-1690년)은 병영으로 가는 동안 주막에서 잠자리를 같이한 여인 20여 명의 이름과 동침 날짜를 일기에 꼼꼼히 적어놓았다. 여기에는 '분이, 향환, 예제, 옥매향, 옥순, 월매, 설매' 등 같이 잔 여자들의 이름이 자세히 적혀 있다. 회령에서는 군관들을 위해 소속된 방직기녀房直妓女가 있었으므로 더 이상 돈을 주고 여인을 사지는 않았다고 쓰고 있다. 이 글을 보면 조선조 때 사방에 매춘녀들이 있었다는 것을 알 수 있다.

공식적으로는 조선시대에 국가는 매춘을 금지했다. 양반 가정의 여성이 매춘을 하다 발각되면 노비로 전락하거나 관비가 되었다. 이런 여자를 사들여 창녀로 만든 자는 곤장 100대의 형을 받았고 포주는 그 재산을 몰수했다. 그러나 들켜봐야 손해 볼 게 별로 없었던 천민 출신 유녀들은 적발된 뒤에도 계

부북일기

속 매춘을 하는 경우가 많아 잘 근절되지 않았다. 임진왜란 때는 명나라 군인들을 상대로 한 매춘이 성행해 조정에서 명나라 군인과 매춘하다 발각된 유녀들을 성 10리 밖으로 쫓아내기도 했다.

대식對食과 남색男色

대식은 여자동성애를 뜻한다. 궁녀들은 일단 궁에 들어가면 밖으로 나올 수가 없어 가끔 남자가 아닌 가족이나 친지들을 궁궐로 불러들여 함께 밥을 먹기도 하였는데, 이 때 어떤 형태든 성 표현이 있었던지 '같이 밥을 먹는다'는 뜻의 대식이 여자동성애를 뜻하는 말이 되었다.

세종의 며느리이자 문종의 둘째 부인인 봉奉 씨가 세자빈 때 궁녀인 소쌍召雙과 동성애를 벌이다 발각돼 쫓겨난 일이 있었다. 당시 궁녀들 사이에는 이런 동성애가 성행했고, 서로 벗으로 부르며 엉덩이에 '붕朋'자를 문신하기도 했다고 한다.

'빈께서 저의 나머지 옷을 다 빼앗고 강제로 눕게 하여, 남녀가 교합하는 형상과 같이 희롱하셨다'고 소쌍은 적나라하게 이야기했다.

당시의 동성애자들의 성 표현 방식에 대한 기록은 거의 찾아 볼 수 없다. 다만 소쌍의 자복自服에서와 같이 대체로 여자는 '밴대질'이라 하여 여자끼리 성교의 흉내를 내는 것이 고작이었던 것 같다. 이런 여자끼리의 성기접촉이 마치 맷돌을 돌리는 걸 연상케 한다 하여 '맷돌부부'라는 명칭을 붙이기도 했다.

남자는 '비역질'이라 하여 남자끼리 성교 흉내를 내거나 '바구리(또는 바구니)', 일명 항문성교를 하거나 서로 '용두질', 즉 수음행위手淫行爲, 自慰行爲를 해주는 것이 대부분이었다. '용두질 안 치는 놈 없고, 손가락 안 넣는 년 없다'는 속담에서 알 수 있듯이 자위는 예나 지금이나 가장 흔한 성 표현이었던 듯하다.

남자 동성애를 남색男色, 남총男寵, 미동美童, 용양龍陽, 계간鷄姦, 외색外色 등의 용어로 불렀다. 동성애에 대한 기록은 조선전기 통신사 기록에 거의 빠지지 않고 등장하며, 일부는 '짐승 같은 일'이라고 비난하고 있다.

무릎싸움

이규경이 소개한 명나라 〈오잡조五雜组〉에 다음과 같은 글이 있다.

'불서佛書에 보면 사람의 몸에 성적 흥분을 일으키는 곳이 일곱 군데로 기록되어 있는데, 즉 앞의 음부, 뒤의 항문 및 입과 두 손, 두 발바닥이다. 서역, 천축에도 남색의 풍습이 있는데, 입으로 침을 받아먹는 자도 있고, 입으로 오줌을 받아먹는 자도 있으니, 애무해서 성적 흥분을 일으키는 것이야 무어 그리 괴이할 것이 있겠는가.' 동성애는 원래 여자들보다 남자들에게 주로 있는 현상이므로 이 중국의 기록과 같이 다양한 형태의 성 표현을 했었을 가능성도 있다.

동성애자가 아니라도 동성애적 표현을 많이 했던 것 같다. 특히 시골에서 사내 녀석들 사이에 '바구리'는 흔히 있던 일이다. 만약 미동美童이 마을에 하나 있으면, 여럿이서 서로 차지하려고 무릎싸움놀이 같은 것을 해서 이긴 자가 바구리를 했다고 한다. 조선조 철종 말년부터 고종초기까지 이 풍속이 대단히 성하였으나 오늘날에는 볼 수 없다.

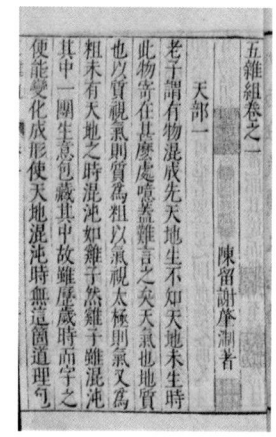

'오잡조'의 시작 부분

조선조朝鮮朝 241

작가미상의 조선 후기 소설인 〈매화전梅花傳〉에 동성애적인 요소가 들어있다. 매화는 남장여인인데, 양유는 남자인줄 알고 접근하는 이야기다. 다음은 그 일부분이다.

> 양유 매화의 손을 잡고 왈, 그대 아름다운 태도를 보니 내 마음이 상하도다. 어찌하여 사랑하는 마음을 풀리요. 하니, 매화 왈, 그대는 장부 아니로다. 피차 남자 간에 무엇이 사랑타 하리요. (중략) 오늘밤 나의 몸을 만져 보고 마음을 풀게 하라. 양유 대희하여 매화의 가슴을 만지며 왈, 그대의 가슴이 별로 살이 많아 여자의 젖가슴 같도다. 하고 또한 몸을 만져보거늘 매화 대경하여 손을 떨치고 일어나거늘 양유 할일 없이 세월 보내더라.

조선조 때 개가금지改嫁禁止와 같은 여자들에 대한 정절情節이 중시되다 보니 성학적 의미의 여자동성애자는 드물지만 행동적 동성애에 빠지는 경우는 적지 않았을 것이다. 더구나 과부나 궁녀 같이 일생을 남자 없이 보내야 할 처지의 여자들이 풀지 못하는 서로의 성욕을 발산하기 위한 방편으로 동성애를 택했을 가능성은 매우 높다.

● 어지자지

'어지자지'는 두 발을 번갈아가며 제기를 차는 것을 뜻하는 말인데, 중성中性이나 남녀 양성兩性을 같이 갖고 있는 인간을 의미하기도 한다. '남녀추니'라고도 한다.

조선시대 대표적인 어지자지로 흔히 세조 때의 '사방지舍方知'를 꼽는다. 그러나 사방지는 엄밀한 의미에서 암수동체의 사람은 아니었던 듯하다. 어쩌면 그저 여장남성女裝男性이었을 가능성도 있다. 그는 여복을 입고 사대부와 귀족 집 안방을 드나들며 마님들과 간통을 해오다 들켰는데 이를 '사방지의 음풍옥사淫風獄事'라 한다. 그는 정승인 이순지의 과부된 딸과 10년을 동거해 온

사방지와 같은 성기 이상녀들을 모은 일본인의 그림

사실도 있어 조정이 발칵 뒤집혔다. 사헌부에서 성 검사를 했더니 양성兩性 역할을 다 할 수 있게 되었더라고 했다. 그러나 그가 여자 역할을 했다는 기록은 없다.

명종 때 길주吉州의 임성구지林性仇之는 처음엔 장가들어 아내를 얻어 살다가 다시 시집을 가서 아내 노릇을 했다. 괴물 취급을 받아 사간원에서는 사형을 주장했지만 왕은 이를 받아들이지 않고 사방지의 예처럼 외진 곳에 따로 두고 왕래를 금지해 사람들 사이에 섞여 살지 못하게만 했다.

같은 시기에 감덕甘德은 반인간半人間으로 불리기도 했는데, 무당행세를 하면서 왕족과 정승판서들의 처첩들과 추문을 일으켜 장살杖殺을 당했다. 장살이란 때려죽이는 벌로 '산 채로 살을 회膾 뜨는 형벌'인 능지처참陵遲處斬 다음으로 중한 벌이었다.

고대 희랍인들은 반음양半陰陽인 사람을 헤르메스와 아프로디테의 사이에서 태어난 헤르마프로디테hermaphrodite와 같이

'잠자는 헤르마프로티테'. 2세기 고대희랍 대리석 작품.

오히려 완전한 사람으로 보았다. 조선조 때 이들을 죄인 취급한 것과 너무 대조적이다.

다음은 봉이鳳伊 김 선달金先達 이야기이다.

동네 친구 셋이서 과거를 보러 가는데, 봉이 김 선달도 따라붙었다. 세 친구는 어떻게 하면 저 자를 떨쳐버릴까 하고 궁리한 끝에 아주 묘한 수를 생각해냈다. 길을 가다가 처녀를 만나, 그녀의 XX를 보여 줄 수 있게만 해주면 과거 끝나고 돌아올 때까지의 일체 경비를 대주고, 못 하게 되면 따로 떨어져 가기로 하는 내기였다. 이것만은 절대 못 할 것이라 생각하며, 셋은 회심會心의 미소까지 지었다.

한참 걸어가니, 마침 개울 아래 빨래하는 처녀가 보였다. 셋은 선달에게 그 내기를 꺼냈다. 그런데 흔쾌히 그렇게 하겠다고 했다. 그리곤 거기 있으라며 셋을 세워두고 처녀 가까이로 갔다.

'가자.' '네?' '네 이년! 너 XX가 두 개지? 다 알고 왔으니, 나하고 포도청으로 가자.' 처녀는 사실도 아니지만, 포도청으로 끌려가면 큰일이라 생각하면서 그저 벌벌 떨고만 있었다. '떠는 걸 보니까 사실임이 틀림없구나. 가자.' '아녜요.' '만약 확인 해 보고 아니면 그만이지만, 두 개면 너의 가족들까지 숨긴 죄로 살아남지 못할 것이다.' 선달은 큰 소리로 엄포를 놓았다.

그리곤 억양을 낮추어 셋이 있는 쪽을 가리키며, '한양에서 오신 분들인데, 저 세 양반들이 확인해야 한다. 나는 안 볼 테니까 그렇게 할 수 있겠나?' 그 처녀는 할 수 없이 속곳을 보일 수 있는데까지만 살짝 내리고 치마를 덮어 썼다.

조선조 후기의 만담漫談일 뿐이지만, 인간의 육체적 결함缺陷이 죄가 되던 시절의 이야기다.

● 판소리와 민요

　조선 후기 성에 대한 성리학적 억압 속에서도 판소리, 춘화春畵, 욕辱, 속담俗談, 춘화전春畵錢 등은 비교적 성에 대하여 노골적이며 야한 표현을 서슴지 않으면서 그 맥을 이어 갔다. 표면적으로 심하게 억압당하는 성에 대한 카타르시스적 반발이었을 수도 있다.

부분 그림으로 평양의 능라도에서 모은갑이 판소리를 부르는 장면.

　노골적 성 언어를 사용하는 판소리 중에 왈짜(술과 노래와 기생들을 즐기던 사람) 타령, 춘향전과 변강쇠전이 있는데, 다음은 변강쇠전의 일부분이다.

　　천생 음골 강쇠 놈이 여인 양각陽刻 번쩍 들고 옥문관玉門關을 굽어보며, 이상히도 생겼구나. 맹랑히도 생겼구나. 늙은 중의 입일는지 털은 돋고 이는 없다. 소나기를 맞았던지 언덕 깊게 패였구나. 콩밭 팥밭 지났는지 돔부꽃이 비치였다. 도끼날을 맞았든지 금바르게 터져 있다. 생수처生水處 옥답인지 물이 항상 고여 있다. 무슨 말을 하려는지 옴질옴질 하고 있노. 천리행룡千里行龍 내려오다 주먹바위 신통하다. 만경창파 조개인지 혀를 빼쭘 빼었으며 임실 곶감 먹었는지 곶감 씨가 장물이요, 만첩산중 으름인지 제가 절로 벌어졌다. 연계탕軟鷄湯을 먹었는지 닭의 벼슬 비치었다. 파명당破明堂을 하였는지 더운 김이 그저 난다.
저 여인 살짝 웃으며 갚음을 하느라고 강쇠 기물 가리키며, 이상히도 생겼네. 맹랑이도 생겼네. 전배사령前陪使令 서려는지 쌍걸낭을 느직하게 달고, 오군문五軍門 군뇌軍牢던가 복덕이를 붉게 쓰고 냇물가에 물방안지 떨구덩 떨구덩 끄덕인다. 송아지 말뚝인지 털고삐를 둘렀구나. 감기를 얻었던지 맑은 코는 무슨 일인고. 성정性情도 혹독酷毒하다 화 곧 나면 눈물난다. 어린아이 병일는지 젖은 어찌 게웠으며, 제사에 쓴 숭어인지 꼬챙이 구멍이 그저 있다. 뒷절 큰방 노승인지 민대가리 둥글린다. 소년인사 다 배웠다, 꼬박꼬박 절을 하네. 고추 찧던 절굿대인지 검붉기는 무슨 일인고. 칠팔월 알밤인지 두 쪽이 한데 붙어 있다. 물방아, 절굿대며 쇠고삐, 걸낭 등물 세간살이 걱정 없네.

우리에게 익숙한 춘향전의 사랑가도 알고 보면 매우 선정적이다.

이리 오너라 업고 놀자. 사랑 사랑 사랑 내 사랑이야. 사랑이로구나 내 사랑이야. 네가 무엇을 먹으랴느냐? 둥글 둥글 수박 웃봉지 떼띠리고 강릉 백청을 다르르를 부어 씰랑발라 버리고 붉은 점 흡벽 떠반간진수로 먹으랴느냐? 아니 그것도 내사 싫소. 그러면 무엇을 먹으랴느냐? 당동지 지루지허니 외가지 단참외 먹으랴느냐? 아니 그것도 나는 싫어. 사랑 사랑 내 사랑이야 아매도 내 사랑아. 포도를 주랴 앵도를 주랴 귤병 사탕 외화당을 주랴? 아마도 내 사랑. 시금털털 개살구 작은 이도령 서는디 먹으랴느냐? 저리 가거라 뒷태를 보자. 이리 오너라 앞태를 보자. 아장아장 걸어라 걷는 태를 보자 빵긋 웃어라 잇속을 보자. 아마도 내 사랑아.

그 외, 모를 심으면서 부르는 민요인 '모내기소리', '이앙가移秧歌'에도 성적인 내용이 담긴 것들이 적지 않다. 모를 심을 때 남자들이 주로 부르는 이 노래는 성행위 장면을 연상케 한다. 특히 젖가슴에 많은 관심을 두는 듯하여 흥미롭다. 조선조 후기에는 여자 저고리의 길이가 매우 짧아 많은 여자들의 유방이 노출되었는데, 이 때문에 유방은 아기를 위한 수유授乳기관이지 성적 기관이 아니었던 것으로 보는 학자도 있는데, 이에 대한 반론이 될 수 있다고 본다.

'여그도 꽂고 저그도 꽂고, 쥔네 마누래 개허리도 꽂고 어서 바삐 돌아가서, 우는 애기 젖도 주고, 반달 품안에 잠자러 가세'
'삼가 합천三嘉陜川 공골 못에 연실蓮實 따는 저 처자야, 연실 던실 내따 주께, 요 내 품에 잠을 자게.'
'모시야 적삼 시적삼에 분통같은 저 젖 봐라. 많이 보면 병난다네. 살금살금 보고 가자.'

소설小說

남녀 간의 애정 사를 그린 음사소설淫詞小說들도 적지 않았지만, 소설보다는 희곡에 가까운 한문 작품들로 〈북상기北廂記〉, 〈백상루기百祥樓記〉, 〈동상기東廂記〉 등이 유명하다.

이 중 북상기는 아주 선정적이며, 성행위를 묘사하면서 성적 욕망을 거침없이 드러낸다. 61세 낙안 선생이 18세 처녀기생인 순옥과의 성을 거침없이 묘사한 한 대목을 소개한다.

관객 여러분! 들어보세요. 이 여자의 계산은 사람을 홀리는 데 있는지라, 미리 올가미를 만들어놓고 물건을 집어넣으면 거부하여 그의 마음을 어지럽히지요. 이번에는 깊이 집어넣으니 여자의 정로精露가 벌써 새어나와 옥지玉池가 진진합니다. 이 방울이 연달아 들쑤셔 놓아 화심花心, 자궁에서는 아직 쏟지 않았으나 봉릉縫稜은 찢어질 듯했지요.

백상루기에는 비교적 비유적인 표현들이 많다. '꽃가지를 꺾다', '벌과 전갈이 꽃받침을 뚫는다', '물과 물고기가 잘 어울린다', '잠자리가 수면을 스치듯 한다', '모란꽃이 피어 이슬이 떨어진다' 등과 같은 식이다. 그러나 '당신의 음문에 좁은 구멍이 넓혀짐을 느낀다'라든가 '당신의 그것이 놀랍게도 엄청 커졌다' 같은 노골적 표현도 있다.

그 외에도 '남성훼절소설男性毁節小說'이라 할 수 있는 〈정향전丁香傳〉, 〈지봉전芝峯傳〉, 〈종옥전鍾玉傳〉, 〈오유란전烏有蘭傳〉 등 많은 소설들이 있다. 여기서 훼절은 여색에 초연한 척하는 양반들의 절개를 꺾어 남자의 호색본능을 폭로하는 것이라고 생각하면 된다.

● 춘화春畵

조선시대의 포르노그래피라고도 할 수 있는 춘화는 관상觀賞, 주술呪術, 또는 성교육性敎育을 위한 목적으로 만들어졌다. 관상용이란 혼자 보면서 즐기기 위하여 또는 이성을 흥분시킬 목적으로 보여주기 위함이며, 주술용이란 여인의 다산을 기원하거나 남자들 특히 노인들이 정력을 회복하기 위하여 또는 이를 부적符籍처럼 소지함으로써 이성들이 쉽게 자기에게 끌릴 것이라는 믿음 때문에 갖고 있는 경우이고, 교육용이란 이를 통해 성지식을 가르치고 배우는 것이다.

양가집 규수들은 혼례를 치르기 전 어머니에게 받은 춘화를 보며 첫날밤의 두려움을 덜어보기도 했고, 유모나 나이든 하녀들이 방사

房事의 지식을 그림을 보여주면서 가르치기도 했다. 또 기방 같은 곳에서는 새로운 체위를 습득하는 도구로 사용되기도 했을 것이다.

중국과 일본의 각각 최초로 추정되는 목판화. 좌는 1600년 중국의 목판화이며, 우는 1678년 일본의 작품임. 우리나라에서는 이런 목판 춘화의 흔적이 전혀 없다.

우리나라의 춘화는 중국이나 일본이 목판木板까지 동원하며 대량 출판한 것에 비하면 매우 빈약하지만 몇몇 전문 화가들의 화첩畵帖이 남아 있고, 그 외의 민화民畵들도 적잖이 있다. 또 외국 특히 중국의 춘화들이 수입되어 시중에서 많이 팔리기도 했다. 주로 서울 광통교 다리 위에 걸어놓고 팔았다고 한다. 이규경은 화동기원변증설華東妓源辨證說이란 글에서 '요사이 춘화가 북경에서 들어와 널리 퍼졌다. 사대부들이 많이 돌려가며 보고도 부끄러운 줄을 모른다'고 하였고, 김창업의 연행燕行일기에는 춘화를 팔러 찾아온 중국인을 타박하는 구절이 있다. 중국 북경 등지에서 다수 수입되고 있었던 것으로 보인다.

중국 소설 '금병매'의 삽화들

중국의 춘화는 체위 위주로 되어 있는 것이 많은 것으로 보아 교육용으로나 여러 가지 기교들을 섭렵涉獵하기 위한 목적

조선조朝鮮朝 249

으로 그려진 것들이 많은 것 같고, 일본의 경우는 사무라이武士 시대를 거치면서 인구 특히 남자들의 인구가 감소함에 따라 이를 극복하기 위한 성개방을 목표로 했던 것으로 보인다.

중국의 외설 소설인 〈금병매金甁梅〉는 여러 장의 성행위 장면들을 그림으로 싣고 있기도 했는데, 18세기 후반에는 우리나라에서도 이 책을 읽지 않은 것을 수치로 여기기도 했다고 한다. 또 〈별춘화도別春畵圖〉라 하여 〈춘향전〉을 그림책으로 만들어 여러 애정장면들을 보여주었다고 하니 춘화가 이미 대중 속에 깊이 자리 잡고 있었음을 알 수 있다.

조선조 후기에는 춘화와 함께 다양한 성도구性道具도 유입되었다. 명나라 장수였던 모문룡毛文龍이 인조에게 보낸 선물 품목에 상아로 만든 남녀 성교 조각이 포함되어 있었지만, 비도덕적이라 하여 다시 돌려보낸 적이 있다는 기록이 남아 있다. 당시 국내에 유통되던 성性기물器物들은 대부분 연행燕行 사신들이 갖고 들어온 것으로 보인다.

주변의 풍경과 잘 어우러진 성애장면이다.
저고리만 입고 가랑이를 벌리고 앉은 여인이 사내의 음경을 잡고 있고, 반쯤은 누웠듯한 사내 또한 적나라하게 그려진 여인의 음부를 애무하고 있다. 오른 쪽 바위는 여자의 음부를, 둘이 앉아있는 바위는 남자의 음경을 상징하기도 한다. 김홍도의 춘화.

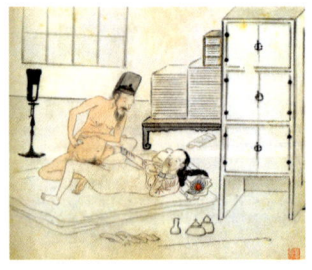

많은 책이 쌓여 있는 것으로 보아 늙은 선비의 방이며, 여자는 머리를 땋은 것으로 보아 일하는 여종일 가능성이 많다. 옆에 춘화 두루마리를 펴놓은 것이 특이하다. 표정으로 보아 어제 오늘 일이 아닌 것 같으며, 남자가 들고 있는 용기와 여인의 손가락으로 가리키는 자세와 웃음이 궁금증을 더해준다. 신윤복의 춘화.

우리나라의 춘화는 중국이나 일본의 것들과는 다른 조선적인 특징을 가지고 있다. 특히 단원檀園 김홍도나 혜원蕙園 신윤복의 춘화들은 성 유희 장면을 담고 묘사하면서도 그 장면에만 초점을 맞춘 것이 아니라 반드시 어떤 이야기를, 즉 당대 사회에서 일어났을 법한 이야기들을 암시하고 있다. 또 그 배경을 이루는 바깥 풍경이나 실내 장식품을 적절하게 배치하여 예술성을 지닌 풍속도 같은 차원 높은 것들이 많다. 조선의 전문 화가들이 그린 춘화들은 이렇게 매우 수준 높은 작품들이었다.

또 조선의 춘화는 분위기 중심적이고, 대체로 보편적 형태의 성적 행위들을 보여주고 있는 것이 특징이다. 이 점은 일본의 우키요에浮

명(明) 후기 춘화. 달리는 말 위에서 여성 상위로 남자 가학행위까지 동시에 함.

작가미상의 조선조 후기의 민화들. 예술성은 낮으나 침구, 의상 등으로 당시의 생활상의 일부를 엿볼 수 있다.

世繪처럼 심하게 과장되어 있거나 일탈적逸脫的이지 않으며, 중국의 춘화보다 훨씬 덜 색정적이다. 그러나 중국이나 일본의 춘화들을 본 떠서 그린 많은 민화民畵들이 있어 간혹 잘못 인식되기도 한다.

일본의 춘화는 화려한 의상과 가구, 과장되게 매우 큰 성기, 일일이 그려넣은 음모陰毛가 특징이며, 때론 기괴하고 변태적인 속성도 보여준다. 일본의 춘화는 우선 강렬한 인상에서 그 특징을 찾을 수 있다. 중국의 춘화는 '소녀경' 등에서 나오는 다양한 성교 체위를 묘사하는 데 초점이 맞추어져 있고, 그 묘사에 있어서도 그들 특유의 정교함과 섬세함이 돋보인다.

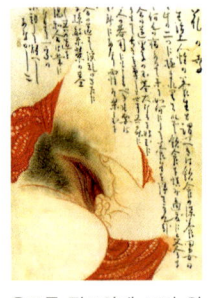
음모를 정교하게 그린 일본 춘화의 부분화

화려한 의상과 색채 그리고 과장된 크기의 성기 등이 일본 춘화의 특징이다.

왕실에서는 되도록 빨리 후사後嗣를 얻어야 하므로 왕자, 특히 세자를 일찍 장가들였는데, 이 때 세자와 세자빈을 대상으로 하는 성교육은 시급한 과제 중의 하나였다. 교재로 춘화를 많이 이용한 것으로 보인다. 그리고 이는 단원이나 혜원 같은 어진御眞, 임금의 초상화을 그린 궁중 화가들이 춘화첩을 남긴 이유일 수도 있다. 단원의 화첩은 〈운우도첩雲雨圖帖〉이며, 혜원의 화첩은 〈건곤일회도첩乾坤一會圖帖〉이다. 그 외 조선조 말기에 정재 최우석이 그린 〈운우도화첩雲雨圖畵帖〉도 남아 있다.

그러나 한국의 춘화는 성을 터부시하는 사회 분위기 때문에 호사가好事家의 안방이나 서가 등에 묻혀 있다가 대부분 없어진 듯 다른 나라에 비해 희귀한 편이다.

● 춘화전春畵錢

춘화전은 조선조의 별전別錢 중의 하나라고도 할 수 있다. 별전이란 이전耳錢이라고도 하며, 조선 후기 민간에서 용역으로 엽전을 만들 때 견본용으로 쓰던 본돈母錢이나 기념 화폐용으로 만든 엽전류의 것들을 말한다. 별전 중 문자文字가 적힌 문자 전을 보면, 자손창성子孫昌盛, 수복강녕壽福康寧, 인의예지仁義禮智, 수복다남壽福多男, 오남이녀五男二女, 만사여의萬事如意, 이성지합二姓之合, 오자등과五子登科 등이

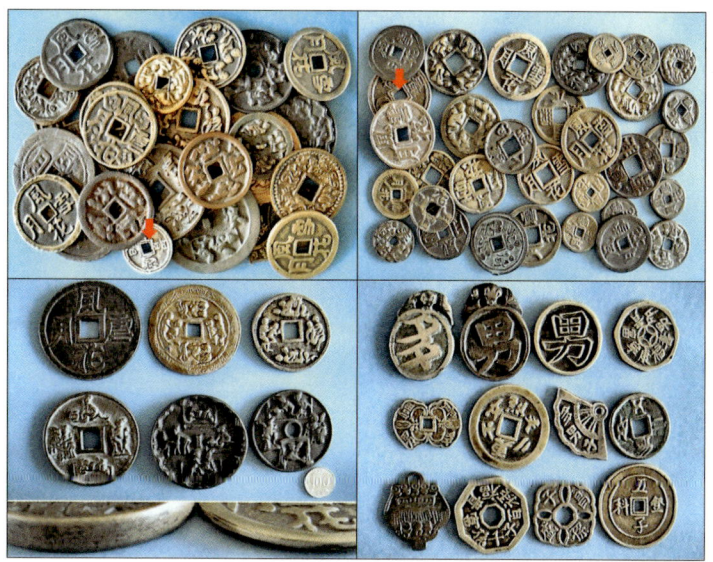

춘화전들. 화살표가 500원 동전 크기임. 전면은 글자(주로 風花雪月)이며, 후면은 4 체위의 성교 장면이 있음. 크기와 두께 등이 각각 다르다. 우하는 일반 별전으로 五男二女, 烈女不更二夫, 子孫昌盛 등의 글귀가 보인다.

적혀 있어 별전의 용도를 짐작케 한다.

춘화전은 성교육 목적 또는 마스코트용으로 시집가는 딸의 혼수 속에 넣어주기도 했고, 사대부가의 한량閑良들이 은밀히 보고 즐기기도 했으며, 불임이나 발기부전 등의 성기능장애에 효과가 있다고 믿거나 이성에게 매력적으로 느껴질 것을 기대하면서 부적符籍처럼 지니고 다니기도 했다. 실제로 돈 있는 사람들은 부적 대신 별전 종류를 지니고 있었으므로 종이 부적보다 고급인 셈이다.

역사 속의 유곽 대용화폐(brothel token). 좌상부터 로마 시대, 중국 한나라, 중세 유럽, 아래는 미국 서부의 18, 19세기.

조선조 때 여자가 '여우보지'를 차고 있으면 남자들이 쉽게 끌린다고 믿어, 포수에게 부탁해서 이를 구해 말려서 몸에 지니던 여인들(특히 궁녀들)이 있었는데, 이런 부적효과를 기대했을 가능성이 크다. 모양은 서양에서 창녀들의 '삥땅'을 방지하기 위하여 현금 대신 쓰던 토큰 brothel token과 유사해 보이지만 완전히 다른 것이다.

전면에는 주로 '풍화설월風花雪月'의 네 글자가 쓰여 있고, 뒷면에는 남녀의 성교 그림이 각각 다른 체위로 네 개가 있는 종류가 가장 많지만 다른 모양의 것들도 있다. '풍화'는 걱정을 일구는 여자를, '설월'은 차디 찬 눈 속의 달이 매서운 추위를 거뜬히 이겨내는 힘이 있다 하여 남자를 상징한다.

● 성기숭배性器崇拜

우리의 민속신앙에 남성과 여성의 성기를 닮은 바위나 모양 앞에서 자신들의 소원을 비는 풍속이 있었고 아직도 부분적으로 남아 있는데, 이는 성기숭배신앙의 유습遺習이라 할 수 있다. 상위의 개념으로 '성숭배'라 할 수 있고, 하위개념으로 '성기숭배' 또는 '성교숭배'로 나눌 수 있다.

그런데 조선조 중기 이후 풍요를 기원하는 원래의 신심信心은 사라지고, 대부분 아들을 낳도록 기원하는 이른바 기자祈子에 모아졌다. 그래서 이런 바위들을 흔히 기자암이라 부른다. 부녀자들은 보통 남모르게 빌어야 효험이 있다고 믿어서 밤중이나 새벽에 사람들의 눈길을 피해 간단한 제상을 차리고 치성을 올렸는데, 단지 치성만을 드린 게 아니라 실제 성행위와 유사한 동작을 함으로써 그 주술성을 높일 수 있다고 믿기도 했다. 바위에 치성을 드린 후 바위에 걸터앉아 엉덩이를 앞뒤로 흔드는 행위, 남근석을 손으로 쓰다듬는 행위 들이 바로 개인적인 형태의 모의 성행위 숭배형태이다.

사직단社稷壇은 원래 고을수령이 제사지내던 토단土壇이다. 사社는

미국 캘리포니아 주 '여호수아 나무의 공원'에 있는 '사막의 여왕'. 필자가 보아 온 많은 자연 '여근석'들 중 가장 리얼하여, 외국의 것이지만 소개함. 2015년 7월 촬영.

토신土神이고, 직稷은 곡신穀神인데 우리나라에 처음 생긴 것은 고려 문종 6년(1052년) 개성에서였고, 조선조에서는 태조 3년(1394년) 서울 인달방仁達坊, 지금의 사직동에 지어 현재 사적 제 121호로 지정되어 있다.

일제는 1915년에 이를 미신이라고 모두 헐어 버렸는데, 이때 그 속에서 나무를 깎아 만든 남근들이 많이 나왔다고 한다. 남근숭배 사상에 따라 신물神物로 바쳐진 것들일 것이다. 또 이를 부근附根이라 고도 하는데, 사직단을 부근단附根壇이라고도 불렀던 것은 이 때문일 것이다. 사직단은 풍년을 기원하던 제단이므로 서울에만 있었던 것이 아니고 전국 각 고을에 거의 다 있었다.

조선왕조실록 중종 편에 '우리나라 각 관청에 붉은 칠을 하고 푸른 글씨를 쓴 목제 남근男根을 만들어 제사하는 풍습이 있는데, 행해 온지 이미 오래되어 아무도 혁파하는 자가 없었다. 이때에 이르러 사헌부가 먼저 이를 불사르고, 각사에 관문을 보내 모두 불사르게 하고 그 제사를 금하니, 쾌快하다고 말하는 사람이 많았다'라는 글이 나온다.

남근은 물론 때로는 여곡女谷도 숭배하는 풍습이 동서고금에 다 있었는데, 오백년 전 우리나라에서 이런 일이 있었던 것은 놀라운 사건이었다. 조선조 중기 미신에 대한 사람들의 인식을 알 수 있는 대목이다. 그래도 이런 풍습은 조선후기를 거쳐 일제강점기까지 남아 있었다.

불교에서도 남근을 깎는 풍속이 있었다. 속리산 법주사에서는 해마다 설날에 나무로 남근을 깎아 봉납하는 '송이松耳놀이'가 전해졌다. 이 때 남근을 깎아 바치는 것은 쾌락적인 성을 위해서가 아니라 생산을 가져다주는 존재로 숭배하기 위함이었다고 한다.

전라도 정읍의 지방 민속자료 제 13호로 지정된 소위 '자지바위' 또는 '좃바위'는 165센티 크기의 남근석男根石인데, 17세기말 또는 18세기 초에 세워진 것으로 추정한다. 남근석 맞은편 마을의 뒷산에는

'민들바우', 혹은 '농바위'라고 하는 여근석女根石이 있다. 민들 바위를 잘못 건드리면 마을 처녀들이 바람이 난다고 하여, 남근석을 세웠다는 이야기도 있다.

남근 바위에 치성을 드려 아들 낳기를 바라는 일은 분명히 미신적 행위이지만, 해방 전까지만 해도 우리나라 모든 농촌 지역에서 보편적으로 전래되어오던 일종의 토속신앙 같은 것이었다.

경우는 다르지만 마을을 지키는 수호신 격인 장승長栍 또는 벅수도 득남得男과 자손번창子孫繁昌을 비는 대상이었고, 제주도에서는 하루방이 이를 대신하는 것으로 보아 다른 형태의 남근상일 수도 있다. 특히 그 기원에 대한 설이 주로 근친상간近親相姦과 관련이 있는 것에 주목할 필요가 있다.

시골로 귀향간 아비가 딸을 범하려고 하자 딸이 아비에게 마루 밑에서 개처럼 세 번 짖으면 몸을 허락한다고 했는데, 아비가 그대로 하자 이를 본 딸은 목을 매었다고 한다. 그 후 후회의 눈물을 흘리는 아비의 모습을 본 뜬 것이 장승이라는 설이 있다.

다른 설은 오누이 간의 이야기로, 하루는 임금과 신하들이 만일 오누이를 외딴섬에서 단둘이만 두면 어떻게 될까를 이야기했는데 한 대신인 장승상蔣丞相이 오누이 관계를 유지할 것이라고 했다. 그러나 실제로 남매를 외딴섬으로 보냈더니 이들에게 아이가 생겼고, 이에 인륜을 지킬 것이라고 주장했던 대신은 자결을 했다. 임금은 이 대신의 모습을 만들어 전국에 세우게 했는

한국의 장승. 1920년대.

데 이것이 장승의 기원이라는 이야기다.

● 민속과 성

　오랜 민속으로 알고 있는 행사나 습속들 중에는 성과 관련 있는 것들이 적지 않다.

　농경사회로 정착하여 살았지만 농사일은 하늘만 쳐다봐야 했다. 오랜 가뭄으로 흉년凶年이 걱정이 되면 위로는 임금으로부터 아래로는 고을 사또까지 기우제祈雨祭를 지냈는데 여기서 주목되는 것은 여성이 신과 대립對立하는 존재로 출현한다는 사실이다. 이것은 남자는 하늘, 여자는 땅으로서 기우를 담당하는 신인 남자가 땅인 여자에게 물을 뿌리게 하려면 남녀의 대립을 바탕으로 한 모욕侮辱 행위가 제격이었다고 생각한 듯하다.

　기우제는 지방에 따라 별의별 풍속風俗이 다 있었다. 청주, 춘천 지방에서는 아들을 못 낳는 여인네들만 골라서 쌀 까부는 키에 강물을 담아서 키 틈으로 새어 나오는 물을 온몸에 맞으며 맹렬한 비빌이 춤 (속 고쟁이를 벗고 통치마를 돌려가며 추는 춤)을 추게 하였고, 부녀자에게 삿갓을 씌우거나 과부에게 솥뚜껑을 씌워놓고 물을 퍼붓기도 했다. 옥천지방에서는 할머니부터 며느리까지 3대 과부가 사는 집에 부녀자들이 모여 세 과부에게 솥뚜껑을 씌워놓고 둘러서서 물을 필사적으로 끼얹었다. 곡성, 옥구, 장성지방에서는

조선 여인의 삿갓

동네 부인들이 총동원되어 인근 동산에 올라가 일제히 오줌을 눔으로 써 비를 빌었다. 경주에서는 수십 명의 무녀巫女들을 모아놓고 머리에 버들가지로 만든 모자를 씌우고 음탕한 춤을 추게 하기도 했다.

줄다리기는 현대인들도 즐기는 놀이이다. 예전엔 주로 동쪽과 서쪽 마을, 윗마을과 아랫마을, 남녀로 편을 갈라 승패를 겨뤘다. 여기서 줄 자체를 남성 신을 상징하는 용龍으로 인

1976년에 열린 충남 당진군 송악면 기지시리(機池市里)의 줄다리기 모습. 1982년 중요 무형문화재 제75호로 지정, 보존되고 있다.

식하거나 남녀의 성기를 상징한다고 생각하였다. 줄은 암줄과 숫줄로 만드는데, 여기에 빗장을 꽂아서 서로 연결한다. 암줄은 줄 머리를 올가미처럼 둥글게 틀어 고리모양을 만드는데 이 암줄의 도래는 여성기의 형상을 본뜬 모습이다. 여기에 숫줄의 앞부분을 빗장처럼 끼워 남녀의 성적 결합을 상징했다.

줄다리기는 짧게는 하루, 길게는 며칠간에 걸쳐서 행해지며 여자편이 이겨야만 풍년豊年이 든다는 속신俗信 때문에 여자편이 대개 승리했다. 줄을 서로 밀고 당기면서 큰 소리로 음담패설淫談悖說을 주고받기도 했다. 따라서 줄다리기는 성행위의 놀이적 상징화라고 할 수 있으며, 줄다리기의 성행위 상징이 곧 풍요다산을 기원하는 의식과도 무관하지 않다.

박연(朴燕 또는 朴延)

박연의 본명은 얀 얀츠 벨테브레에Jan Jansz Weltevree, 1595년-?로 조선 인조 때 귀화한 네덜란드인이다. 그는 한국에 처음으로 유럽을 소개했다고 할 수 있다. 인조 5년(1627년) 홀란디아Holandia호의 승무원으로 일본으로 가는 도중 두 동료와 함께 땔감과 음료수를 구하러 제주도에 상륙했다가 관헌에게 붙잡혀 한양에 호송되었고 그 후 조선에 정착하여 살며 훈련도감訓鍊都監에서 근무했다. 귀순한 일본인과 포로가 된 청나라 군 같은 외국인들을 감시하는 역할을 했고, 명나라에서 수입한 홍이포紅夷砲의 제작법, 조종법을 지도했다고 한다. 병자호란이 일어나자 세 사람은 모두 출전하였는데 박연을 제외한 두 사람은 만주에서 전사하였다.

박연은 조선 여성과 결혼하여 1남 1녀를 낳았다. 또 하멜이 표류해 왔을 때 이를 감독하는 한편 한국의 풍속을 가르쳐 주고 통역했다고 한다. 그는 겨울에 솜옷을 입지 않을 정도로 건강했으며, 동양 각국의 풍물은 물론 선악善惡이나 화복禍福에 대해 자주 이야기했다고 하는데 천주교天主敎의 교리를 조선인들에게 전하려 했던 것으로 보이기도 한다.

화란의 De Rijp에 새워진 박연의 동상인데 조선 복장인 듯하다.

조선 말기 대원군의 쇄국정책 때 서양인들을 마치 도깨비나 오랑캐쯤으로 취급했던 것과는 매우 대조적인 일이었고, 당시로서는 없었던 어쩌면 첫 백인과의 성공적인 국제결혼이었기에 기억해 둘만하다. 박연은 고국에 있을 때 외아들이 있었는데, 1991년 그의 13대손이 우리나라에 와서 박연의 한국계 후손을 찾으려 했지만 실패했다고 한다.

● **육담**肉談

육담은 성기性器, 성행위, 남녀 간의 관계 등을 소재로 해서 꾸며진 이야기들을 말한다.

조선조 때 육담은 그 외설농도에 따라 해서楷書, 반행半行, 초서草書라는 은어隱語로 구분했다. 서체에 비유한 것이다. 비교적 점잖은 것은 해서, 그저 잡스러운 정도면 반행, 아주 음란하면 초서가 된다.

이규태 선생의 예문들 중에는 '야밤에 실바람이 실어다주는 옷 벗기는 소리' 수준은 해서, '방앗간도 아닌데 방아 찧는 소리'는 반행, '소낙비 소리 뚫고 어디선가 들려오는 감창甘唱 소리'는 초서에 해당된다.

성종 때 학자 서거정이 〈태평한화太平閑話〉 일명 〈골계전滑稽傳〉이라는 육담집을 썼다. 여섯 왕을 섬겼고 대제학, 좌찬성까지 지낸 이가 육담을 엮어 책으로 썼다는 것이 놀랍다. 그 외에도 강희맹姜希孟의 〈사숙재집私淑齋集〉, 홍만종洪萬宗의 〈명엽지화蓂葉志話〉 등 점잖은 양반님들의 육담집들이 있다.

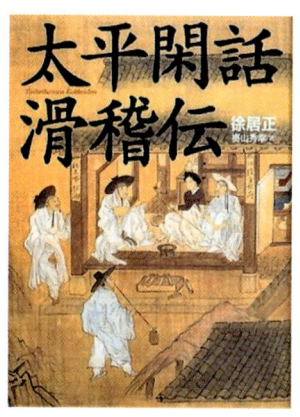

일어로 번역된 서거정의 '골계전'

또 육담의 입담꾼으로서 소문난 사람들도 많았는데, 즉 성종 때의 유청풍兪淸風, 박명월朴明月 등과 한말韓末의 정가소鄭可笑, 정수동鄭壽童 등이 그들이다.

중국 연변 조선족들은 지금도 육담을 '고기이야기' 노는 쌍남이라 한다. 이때의 고기는 '육肉'을 유머러스하게 번역한 것인데, 고기는 다름 아닌 사람의 '몸'을 뜻한다. 조선조로 넘어오면서 문학에서 성의 표현은 금기되기 시작하지만 사람의 속마음은 변한 게 별로 없었던 듯하다. 국문학의 대가라고 일컫는 송강松江 정철鄭澈마저 진한 음담 시조를 지었으니 아래와 같다. 기생 진옥眞玉과의 대화조로 〈근화악 부權花樂府〉에 나온다.

> 정철: 옥이 옥이라커늘 번옥燔玉만 여겼더니 이제야 보아하니 진옥眞玉일시 분명하다. 내게 살 송곳이 있으니 뚫어볼까 하노라.
> 진옥: 철이 철이라커늘 섭철鍱鐵만 여겼더니 이제야 보아하니 정철正鐵일시 분명하다. 내게 골풀무 있으니 녹여볼까 하노라.

여기서 골풀무는 남자를 녹여내는 여자의 성기性器를 은유하고 있다.

육담은 성에 관한 무지나 오해로 인하여 기이한 행위, 오류, 실수 등이 일어나는 것을 내용으로 하여 때로는 성교육 자료도 되고, 이성을 유혹하거나 성욕을 자극하며 성감을 고조시키는 데 도움이 되고, 때로는 계략計略, 기지機智 등의 생활의 지혜를 터득하게도 했다.

조선조 때 육담에서 흔히 쓰던 용어들은 다양하다. 남자의 성기를 우리말로 자지, 연장, 그것, 좆, 물건, 거기라 했으며, 한자로는 남경男莖, 양물陽物, 양경陽莖, 양도陽道, 옥경玉莖, 옥근玉根, 신경腎莖, 좌장지坐藏之, 신腎이라 했다. 여자의 성기는 우리말로 보지, 밑, 씹, 또는 아래로, 한자말로는 음부淫婦, 음문陰門, 음호陰戶, 국부局部, 국소局所, 소문小門, 하문下門, 옥문玉門, 비추芘芻, 보장지步藏之, 목불지처目不地處, 차마 보기 민망한 곳라 했다. 좌장지와 보장지는 각각 '앉으면 감춰지고, 걸으면 감춰진다'에서 나왔다니 재미있는 표현이다.

성행위의 우리말은 씹, 밤일, 그것, 그일, 그짓이며, 한자어는 성교性交, 육교肉交, 방사房事, 음사陰事, 합궁合宮, 범방犯房, 행방行房, 합환合

歡, 합금合衾, 교합交合, 접합接合, 사통私通이다. 씹은 한자의 십十자를 남녀를 겹쳐놓은 모양으로 본 데서 나온 말이라고도 하는데, 서양에서도 이와 비슷하게 섹스sex를 X로 표시하기도 한다.

가. 고금소총古今笑叢

〈고금소총〉은 민간에 전하는 소화笑話 책들 중 가장 대표적인 것으

1962년 조영암 번역의 '고금소총'. 원래는 한문 서적임.

로 저자, 연대 미상인데 음담패설이 많이 실려 있다. 조선 후기에 들어 필사본이 민간에서 널리 읽혔다. 세 가지만 소개한다.

> 어떤 소년 과객過客이 추운 겨울에 거리에 쓰러져 떨고 있는 것을 보고 마을 과부가 불쌍히 여겨 방안으로 불러들였더니, 밤이 깊어지자 과부의 배 위로 올라왔다.
> 과부가 꾸짖기를, '너는 어찌하여 이렇게 무례한 짓을 하느냐? 포도청에 알려 네 죄를 다스리도록 하겠다'라고 말했으나 그때는 이미 소년 과객이 과부의 몸 안에서 물건을 진퇴進退시키고 있을 때라, 과부의 몸이 점점 후끈 달아오르고 마음도 따스해져 갔다.
> 이때 소년 과객이 '그러면 이제 그만 빼고 일어날까요?' 하고 묻자 과부는 황급히 '그렇게 하면 정말로 포도청에 알리겠다'고 말했다. 이에 소년 과객은 어떻게 해야 할지를 몰라 '이른바 진퇴유곡進退維谷이란 바로 이런 것인가?' 하면서도 그래도 진퇴를 계속하여 일을 끝냈더라 한다.

다음은 신부토실新婦吐實이야기다.

어떤 신랑이 첫날밤에 신부가 의심스러워, 분명 누군가 지나간 자취가 있을 것이라 생각하고 신부로 하여금 실토를 하게끔 만들겠다고 마음먹었다. 그래서 손으로 신부의 음호陰戶를 어루만지며, '이 구멍이 심히 좁으니 칼로 찢고 나서 내 양물陽物을 넣어야겠다' 하고서 차고 있던 칼을 빼어 신부의 아래를 찢는 시늉을 하자 신부가 기겁을 하며, '건너 마을 김 좌수 막내아들은 그렇게 찢지 않고서도 능히 구멍에 넣으며 작다는 말은 하지 않더이다' 하고 얼떨결에 그만 과거를 실토하고 말았더라.

다음은 마님께서 병을 고쳐 주셨다는 이야기다.

어느 촌의 의원 집에 새로 머슴이 들어왔는데 좀 모자라는 듯해도 일만은 몸을 아끼지 않고 잘 하였다. 그래서 의원은 늘 그 머슴을 칭찬하곤 했다. 그런데 어느 날 머슴이 '나으리 어쩐지 요새 몸뚱이가 굼실굼실 이상스럽네유' 했다. 어디가 아프냐고 물었다.
'아픈 것이 아니구유, 어쩐지 아래가……' 하면서 머슴은 자기 사타구니의 불룩하게 솟아오른 장소를 가리켰다. 의원은 고개를 끄덕이고 빙그레 웃으며, '아, 그 병이라면 걱정할 것 없다. 내일 하루 시간을 줄 테니 읍내에 갔다 오너라. 네 그 병을 고치려면 읍내 색시들한테 갔다 오면 낫게 되니까.'
'고맙습니다.' 얼간이 머슴은 주인에게 감사하였다. 읍내 색시라는 뜻은 잘 알지 못했지만 주인이 무슨 소개장이라도 써주는 줄 알고 크게 기뻐 이 일을 안방마님에게 자랑했다. 안방마님은 '그렇다면 내일까지 기다릴 것 없다. 오늘 저녁 나리께서 먼 마을에 왕진가시니 저녁 먹고 몰래 내 방으로 살짝 들어오게나.'
이튿날 의원이 사랑채에서 동네 사람들과 재미있게 웃으면서 이야기를 하고 있는데, 머슴이 지나간다. '그래 어떠냐? 읍내에 다녀왔느냐? 그리고 내 병은 어제보다 좀 나아졌느냐?' 하자 머슴은 대답했다.

'네, 나리 어제 밤 안방마님께서 읍내까지 갈 것도 없다시며 다섯 번이
나 고쳐 주셨어유. 아주 개운해서 읍내 색시집엔 안 가두 되겠시유.'

나. 속담俗談 및 욕辱

속담이나 욕 속에는 노골적인 성 표현을 하는 것들이 참으로 많았
다. 엄격한 성리학 사회가 된 조선조 말기, 아니 해방 직후까지도 일
반인들이 사용하던 욕은 매우 저속低俗한 그리고 성과 관련된 것들이
대부분이었고, 사내아이들은 말끝마다 욕을 달고 살다시피 한 정도
였다. 그리고 여기엔 양반과 상인의 구별도 없었다. 성 언어에 대한
심한 터부 속에서도 이를 발산하려는 욕구가 욕을 통해 그 명맥을 면
면綿綿히 이어왔는지도 모른다.

욕은 대부분 남의 부모나 상대의 성기 또는 성행동을 저속하게 표
현해서 쓴 것들이 많아 글로 표현하기가 민망할 정도이다. 예를 들어
'니기미 씨팔'은 사내아이들 사이에 가장 흔하게 쓰던 욕 중의 하나인
데, '네 어미와 씹을 할'이란 뜻이니 요즈음으로서는 할 말을 잃는다.

따라서 욕은 이 정도로 생략하고, 성 관련 속담 중 몇 개만 예를 든
다. 이런 속담이 오백여 개가 넘는데, 당시의 성 언어뿐 아니라 성 풍
조까지 엿볼 수 있다.

> 가재는 작아도 바위를 지고, 여자는 작아도 남자를 안는다.
> 겹은 나도 도둑 씹 맛이 제일이다.
> 계집과 숯불은 쑤석거리면 탈난다.
> 계집은 상 들고 문지방 넘으며 열두 가지 생각을 한다.
> 고자가 하룻밤에 열두 번 배에 오른다.
> 계집은 씹 잘 하면 좋은 일 없어도 사흘 웃는다.
> 씹 잘 하고 난 아침에는 쌀 씻는 소리가 다르다.
> 바람기 없는 계집 없고 허풍기 없는 사내 없다.

늦바람난 여편네 속곳 마를 새 없다.
열녀과부 바람 들면 강 건너 고자까지 코피 터진다.
구멍 파기에 미치면 녹아내리지 않을 삭신이 없다.
색넘에 빠진 놈은 약사여래가 환생을 해도 못 막는다.
계집이라면 회로 집어 먹으려 한다.
봄 썹은 사흘에 한 번이고, 여름 썹은 엿새에 한 번이고, 가을 썹은 하루에 한 번이고, 겨울 썹은 하루에 열 번이다(春三夏六秋一冬無).
사내는 봄 썹 세 번하고 네발로 가고, 계집은 세 번 하고도 물고 늘어진다.
가을 좆은 쇠판을 뚫고, 봄 보지는 쇠젓가락을 끊는다.
사내들이란 숟갈질할 힘만 있어도 딴 여자 볼 궁리를 못 버린다.
사내는 설 때까지지만 계집은 관 뚜껑 닫을 때까지다.
사내의 정은 들물과 같아 여러 갈래로 흐르고, 여편네 정은 폭포 같이 완골로 쏟아진다.
서방질 한 번 하나 열 번 하나 말 듣기는 매 한가지다.
죽 떠먹은 자리 없고, 썹한 흔적 없다.
칠 년 과부 좆 주무르듯 한다.

다. 성 언어性言語

우리나라에만 있는 안타까운 현상들 중의 하나는 언어를 순화醇化한다는 명분하에 고유전통언어들이 사라지고 있다는 사실이다. 이는 전 세계에서 우리나라에서만 일어나는 현상으로 정확한 이유는 알 수 없으나 자기비하自己卑下적인 사고가 과거에 쓰던 언어를 부정否定하려는 것이 아닌가 한다.

수백 아니 수천 년을 조상들이 써 오던 언어를 이와 같이 짧은 시간에 거부하거나 사어화死語化시키는 것은 옳지 않다고 본다. '일 하는 애'→'식모食母'→'가정부家政婦'→'가사家事도우미' 등과 같이 일반 언어에서도 많은 변화를 가져왔지만 특히 심한 것은 성과 관련된 언어이다.

불과 50여 년 전만 해도 아침저녁으로 흔히 듣던 말들조차 지금은 모르거나 어색해서 쓰기가 어려워진 것들이 너무 많다. 젊은이들은 대부분 알지조차 못한다. 가장 많이 쓰이고 아무 잘못도 없는 '자지'나 '보지' 같은 순수 우리말들도 쓰기가 어려워졌고, 오히려 음경이니 페니스니 외음부니 하는 영어나 한자로 말해야 되게 되었다. 일부러 외국말을 하고 있는 것이다.

잊혀 가는 몇 개의 예를 들면, '갈보', '덕이'(성매매 여성), '개짐', '가지미' '서답' '달거리포'(월경대), '거웃'(음모), '공알'(음핵), '달거리'(월경), '몸' 또는 '몸엣것'(월경 피), '몸하다'(월경하다), '보지시울'(음순), '불'(음낭), '불알'(고환), '불두덩'(치골부), '샅', '사타귀', '사타구니'(두 다리 사이), '서방질'(여자의 간통), '씹'(성교, 어른 여자의 음부), '씹 거웃'(여자의 음모), '용두질'(자위, 수음), '젖꼭판'(유륜), '좆'(어른의 자지), '좆심'(남자의 성적 능력), '흘레'(동물의 교미) 등 끝이 없다.

요즈음 '짝짓기'라는 말을 많이 쓰는데, 이는 매스컴에서 억지로 만든 말로 '둘씩 짝을 짓다'는 뜻이므로 사실 틀린 말이다. 이 때문에 '친한 친구끼리 짝짓기'란 말도 못쓰게 됐다. '흘레'란 말을 굳이 피하려면 차라리 북한에서 쓴다는 '쌍붙임'이라는 단어가 더 나을 것으로 생각한다.

우리가 아직까지 쓰고 있는 말들 중에 '샅샅이'는 '가랑이 사이까지', '흘레바람' 또는 '궁둥잇바람'은 '땅을 적셔주는 비바람', '헐레벌떡'은 '짐승이 흘레 할 때의 숨찬 모습', '후레자식'은 '개와 흘레해서 낳은 자식', '헛삽질 하다'는 '남성기를 넣다 뺐다 하는 행위를 엉뚱한 곳에다 하다', '깔치'는 '여자친구'의 은어隱語이지만 성행위시 여자의 위치 때문에 '깔'이라는 것과 사람을 낮추어 부르는 '치'를 합친 단어이다.

라. 공알타령

음핵陰核은 영어로 클리토리스라고 하는데, 이를 모르는 사람은 거의 없지만 순수 우리말인 '공알'은 의외로 모르는 젊은이들이 많다. 물론 동그란 '알'이라는 뜻이었을 터이니, 우리 조상들은 일찍이 이 기관의 중요성을 알고 있었던 것 같다.

다음은 경기도와 황해도 지방에서 뱃사공들이 노를 저으면서 또는 그물손질을 하면서 불렀다던 '알 타령' 또는 '공알 타령'이다. 내숭덩어리인 오늘의 우리보다 훨씬 솔직했던 것 같아 죄송한 마음마저 든다.

섬에 가면 알 좀 사나요, 알만 사나 민알도 사지, 민알만 사나 조기알도 사지, 조기알만 사나 불알도 사지, 불알은 왜 사나 공알을 사야지, 공알도 가지가질세, 어디 한번 셈겨나 보세나, 새빨갛다 앵두 공알, 새파랗다 청과 공알, 팔랑 떴구나 댕기 공알, 아궁이 앞에는 발린 공알, 시렁 위에는 얹힌 공알, 발딱하구나 대접 공알, 납작하구나 접시 공알, 우뭉하구나 주발 공알, 암팡맞다 종지 공알, 장대 끝에는 늘어진 공알, 싹싹 쓸어서 빗자루 공알, 훔침질에 걸레 공알, 독수공방 궁상 공알, 갱궁 건너서 쎌쭉 공알, 일월영춘에 짝짝이 공알, 언덕 밭에는 쎌그러진 공알, 장대 끝에는 걸린 공알, 둘둘 말아서 멍석 공알, 활짝 폈구나 부채 공알, 밤콩밭에 왕방울 공알, 수수밭에 붉은 공알, 쿡쿡 찔러서 보리 공알, 목화밭에 펑퍼진 공알, 감자밭에 혹 달린 공알, 옥수수 밭에 달짝지근 공알, 공알 서 되로 모를 붓고, 좃대 활량이 댕겨가네, 어서 가자 어서 가자, 갯가 공알로 어서 가자. 꽉 물었구나 조개 공알, 톡톡 쏘누나 해파리 공알, 휘감았구나 낙지 공알, 쪽 빨았다 거머리 공알, 미끌미끌 장어 공알, 쌩도라졌다 가재미 공알, 죽고 못 살아 소라 공알, 요리조리 미꾸리 공알, 정신없다송사리 공알, 물만 나오는 샘물 공알, 복상사 무서운 갯벌 공알, 이 공알 저 조개 다 던져두고, 내 집 공알이 제일일세. 우리 집 공알은 사리 때 마둥, 치마 춤 잡구서 발발 떤단다. 무심만 되면 공알 새가, 다 빨아 먹고 빈 좃대만 남았구나. 자 다 왔소. 어서 내리슈.

제천의 '음지만지공알바위'. 아직도 치성을 드리는 사람들이 많다. 블로그 '申祺承의 伸天之路'에서 인용

그래도 '세상에 별의별 공알이 다 있지만, 할 때마다 치마 춤 잡고 발발 떠는 내 아내의 공알이 최고'라는 결론이 너무 좋다.

● 설화說話

설화는 실제로 역사에 있었던 이야기는 아니다. 그러나 수없이 많은데, 대부분 오랜 세월 민가民家에 전해져 내려오는 이야기들로 혹은 실화가 와전訛傳된 것도 있고, 혹은 아이들에게 권선징악勸善懲惡용으로 재미있게 만들어 들려주던 소위 '옛날이야기'들일 수도 있으므로, 당시 사회의 문화, 종교, 사상들과 무관無關하지 않아 역사에서 살펴볼 가치가 충분히 있다고 본다.

설화도 크게 담론談論형, 교육형 및 풍속형의 세 종류로 분류할 수 있는데, 그 각각을 하나씩만 들어 본다.

가. 구대독자九代獨子

어느 시골에 아버지까지 8대가 호환虎患으로 죽은 집의 9대 독자가 살고 있었다. 동네의 유명한 점쟁이가 그 아이 역시 호랑이에게 잡혀 먹힐 운運이라며 날짜까지 가르쳐 주었다. 그의 어머니는 외출을 못하도록 단속했지만 이제 청년이 다 된 그는 '이렇게 앉아서 죽을 수는 없다'며, 어머니 몰래 집을 나와 서울로 갔다.

그는 서울의 유명한 점쟁이를 찾아 갔는데, 그 또한 모某월 모某일에 호환을 당할 것이라 했고 어떻게 이를 피할 방법이 없는지를 애타게 묻는 그에게 '서울의 김 정승의 집에 숨어 있으면 무슨 도리가 있을 것이라'고 했다.

이 말에 따라 그는 김 정승 집 딸 방 다락에 몰래 숨어 있었는데, 마침 출출했던 딸이 간식을 먹으려 다락문을 열었다가 그를 발견하게 된다. 김정승의 딸은 매우 놀랐지만 헌칠한 키에 준수俊秀한 용모를 지닌 그를 보고 침착하게 묻는다.

'그대는 사람이요? 귀신이요?' 남자에게 자초지종自初至終을 듣는 중에 그녀의 친구인 이 정승의 딸이 놀러왔다. 두 처녀들은 그를 살려주고 싶어졌다. 그 때 마침 밖에 호랑이가 와서 그를 내어 놓으라고 소리쳤다. '내가 여태까지 99명의 사람을 잡아먹어 하나만 더 잡아먹으면 사람으로 변신할 수 있는데, 당장 그를 내어 놓으시오.' 그러나 두 처녀는 끝까지 버티었고 드디어 닭이 울고 호랑이는 떠나버렸다.

두 처녀는 그를 부모에게 소개했다. 이튿날이 마침 과거科擧 일이었는데, 이 총각은 거기에 장원급제를 했다. 소원을 묻는 왕에게 두 처녀를 다 아내로 맞고 싶다 했고 왕은 이를 허락하여 셋이 행복하게 오래 살았다고 한다.

나. 달래고개

소나기가 내리는 고갯길을 넘어가는 오누이가 있었다. 얇은 옷이

비에 젖자 몸에 찰싹 달라붙었다. 이에 누나의 드러난 몸매를 보게 된 남동생은 자기도 모르는 사이에 강한 성적 충동을 느꼈다. 그리고 동생은 그 자책감 때문에 멀찍이 처져서 걸어가다가 자신의 남근을 돌로 찍었고 피가 많이 나서 결국 죽었다.

동생이 뒤따라오지 않는 것을 느낀 누이는 죽은 동생을 발견하고 그 경위를 알게 된다. 사랑하는 남동생의 어처구니없는 죽음 앞에 누이는 어쩔 줄 모른다. '그게 뭐라고, 차라리 한번 달래나 보지'를 연발하며 울었다. 그로부터 그곳을 '달래고개'라 불렀다 한다.

'달래나 보지.' 이 한마디는 이야기꾼이나 듣는 이들의 욕망, 특히 남자들의 성적욕망을 자극한다. 여자의 정조貞操도 필요에 따라 달라질 수 있을 것이라는 환상幻想을 남자들의 마음에 심어주기 때문이다. 달래산은 지금도 거기 있다고 한다. 그리고 달래내길, 달천, 달래고개, 달래강, 달래산 등의 이름을 가진 강이나 개울, 산과 고갯길이 여러 곳에 흩어져 있는 것을 보면 이 이야기가 대단히 많은 이들의 관심과 공감 속에서 구전口傳되었다는 것을 알 수 있다.

여기서 누이에 대한 욕정은 죄악이라는 근친상간近親相姦 금기가 그 주범이다. 그리스신화의 오이디푸스는 아버지를 죽이고 어머니와 결혼하리라는 예언자의 말 때문에 버림을 받았다가, 버려졌기 때문에 어머니와 결혼하는 비극에 빠져 결국은 파멸에 이른다. 동서를 막론하고 근친상간의 금기는 신화神話나 설화의 중요한 주제 가운데 하나다.

달래고개 표시판

다. 해신당海神堂

옛날 삼척 신남마을에 덕배라는 총각이 있었다. 어느 날 약혼자인 애랑이란 처녀가 바위섬에서 미역을 따겠다고 해서 데려다 주고 밭에 나가 일을 하고 있었는데, 갑자기 강한 바람이 불어왔다. 덕배가 놀라 쫓아가봤지만 애랑은 거센 풍랑에 휩쓸려 바다에 빠져 죽은 뒤였다.

그런데 그 후론 바다에서 사고도 잦고, 고기도 잡히지 않아 어부들은 모두 실의에 빠져 술로 세월을 보내게 되었다. 그러던 중, 한 어부가 화가 나서 바다를 향해 욕을 하면서 오줌

해신당 공원의 조각들

을 누었다. 그런데 다음 날 출항했을 때 다른 배들은 모두 허탕을 쳤는데, 욕하고 방뇨放尿했던 그 어부만 만선滿船을 끌고 돌아왔다.

다른 어부들이 이상해서 웬일인지를 물었고, 그 어부는 어제 바다를 향해 했던 일을 자세히 알려줬다. 그 이야기를 들은 다른 어부들도 똑같이 바닷물에 방뇨를 했는데 모두 만선으로 돌아올 수 있었다고 한다. 신남마을 사람들은 처녀의 원혼冤魂 때문이라고 판단하고 애랑이를 달래기 위해 남근男根 모형을 깎아 모시기 시작했다고 한다.

이곳엔 애랑이를 모시는 해신당이 지어졌고, 지금도 음력 정월 대보름과 10월의 오일午日에 제사를 지내고 있다고 한다. 남근조각공원에는 국내외 조각가들의 작품이 많이 전시돼 있다.

원래 여근도 있었지만 여성단체의 '성 상품 반대'에 부딪쳐 지금은 창고에 넣어두었다고 한다. 어처구니없는 이야기다. 이런 가치價値들

때문에 나라의 인구가 줄어들 것을 본인들은 알지도 못할 터이니, 답답한 일이다.

이와 비슷한 설화들은 우리나라 각지에 많이 흩어져 있다.

● 키스(입알, 심알, 입맞치)

양치질이 도입되기 전에는 키스를 하지 않았을 것이라고 주장하는 학자도 있는데, 키스는 고대古代로부터 있어 왔다. 기원전 1,110년경 지중해 연안까지 점령했던 아시리아에 여자의 승낙 없이 키스를 했을 때는 남자의 아랫입술을 자르고, 여자의 동의를 얻어 키스를 해도 남녀 모두 간통죄로 사형까지 당할 수 있는 법령이 있었음은 참고할 만하다.

입술은 매우 예민할 뿐 아니라 의복으로 가리지 않고 밖으로 노출되어 있는 유일한 점막粘膜이며 성감대性感帶인데, 이를 모를 수가 없을 것이기 때문이다. 왜 많은 동물들 중에 인간만 입의 점막粘膜 부분이 외부로 노출되게 되었나? 일본 에도시대의 춘

민화에는 키스 장면이 자주 등장한다.

화들에서 보면 남녀가 키스하는 장면이 많이 나온다. 우리나라도 풍속화가의 그림 중에는 없지만 민화에서는 더러 나온다.

옹녀가 사내를 유혹할 때 썼다는 옹녀분탕질, 즉 눈흘레, 손흘레, 입맞치, 젖쥔치, 거드모리 등에도 나온다. 여기서 눈흘레는 눈요기로

상대방과 성교하는 일을 상상함이고, 손요기는 손으로 하는 짓거리이며, 입맞치는 물론 입맞춤이다. 젖퀸치는 유방을 애무하는 행위이고, 거드모리는 옷을 걷어 부치고 급하게 하는 짓이다. 하긴 여사당패의 자탄가에 '내 입은 대폿집의 술잔인가, 이 잡놈도 빨아보고, 저 잡놈도 빨아보네'란 대목이 있으니 의심의 여지는 없다.

유랑극단流浪劇團 남사당패들의 한마당이 끝나면 짓궂은 남자들은 입에 동전을 물고 입술을 내어밀었다 한다. 그러면 여사당이 춤을 추며 가까이 와서 입으로 그 동전을 받아 물어 가곤 했다. 일종의 팁 형태의 '키스머니kiss money'라고 할 수 있다. 조선조의 풍습이라고 하지만 고려 때도 그랬을 수 있다.

우리 조상들은 혓바닥 아래 두 개의 구멍이 있는데 하나는 심기心氣와 통하고 하나는 신기腎氣와 통한다고 믿었다. 이 두 기운이 합쳐 침이 되는데 입을 맞춘다는 것은 침 속에 들어 있는 너와 나의 정기精氣를 서로 나눈다는 뜻이 있었다.

키스를 '입알'이라고도 하고 '심알을 잇는다'고도 한다. 성과 관련된 순수 우리말엔 '공알', '불알'을 비롯하여 '알'이 유난히 많이 나온다.

설화說話 하나를 소개한다.

학동 100명을 입맞춤하여 죽이면 승천昇天할 수 있다는 여우가 여자로 변신하여 한밤중에 서당을 찾아갔다. 마침 서당에서 자고 있던

단원 김홍도의 '사당패 놀음'에서 팁 받는 여인

100명의 학동學童 중 99명까지는 입맞춤을 하였으나 한 학동은 미리 눈치를 채고 피신하였다. 여자가 매우 애통해하며 밖으로 나가므로 학동이 뒤쫓아 가보니, 여자는 공동묘지의 바위 뒤로 숨어 버렸다.

다음 날 학동에게 추파를 던지며 다가선 여자는 학동의 입 속에 여의주如意珠를 넣었다 뺐었다 하였다. 여자가 똑같은 짓을 며칠 계속하자, 학동은 기력氣力이 없어져 거의 죽게 되었다. 이유를 알게 된 글방 훈장이 그 여자는 필시 구미호九尾狐일 것이니 그 여의주를 삼키라고 가르쳐주어 그렇게 했다. 그런데 학동이 여자 입 속에서 여의주를 꺼내 물고 삼키기 전에 하늘을 먼저 보았으면 하늘의 이치를 잘 알게 되었을 것을, 땅을 먼저 보아서 땅 위의 일만 알게 되었다고 한다.

● **상피**相避

상피란 원래 가까운 친척親戚들을 한 근무지에서 일하게 하지 못하게 하는 제도로 고려 선종 9년(1092) 때의 '오복五服 끼리의 상피법'에서 비롯된 말이다. 오복이란 누군가 상을 당했을 때 함께 상복을 입는 사이를 뜻하는데, 특히 참최斬衰라 하여 부모형제 사이는 엄격한 상피의 대상이었다. 경국대전經國大典에 의하면, 조선조 때는 감사와 수령은 동성同姓 삼촌과 질녀姪女의 남편까지도 상피법의 적용을 받았다.

상피란 서로 피해야 할 경우를 뜻함으로 자연히 형제부모나 가까운 친척 사이의 성관계는 물론 이들과 관계를 맺은 사람과의 성 관계 또한 상피의 대상이 되었다. 피가 섞이지 않았더라도 시아버지와 며느리, 형과 계수 사이와 같은 경우도 마찬가지다. 보통 '상피 붙다'로 표현하며, 금수禽獸만도 못한 행위로 보았다. '말馬도 사촌까지는 상피한다'라는 속담까지 있다.

이완용을 풍자한 1909년 7월 25일 대한민보 만평

아무에게나 수청을 들어야 하는 관기도 만일 그녀가 상대 남자의 부친과 잠자리를 한 적이 있으면, 그 아들에게 알리고 이를 피했다. 개화기나 일제강점기 때의 기생들도 이처럼 했다고 한다. 이와 같이 서로 인연을 맺어서는 안 되는 관계에서의 상피는 특히 조선조 후기에 매우 엄격히 지켜졌다.

상피에 대한 기사記事로 대한민보의 1909년 7월 25일자 만평에 남자가 도끼로 나무를 찍고 있고 나무에 '임이완용任爾頑傭 자부상피自斧傷皮'라고 새겨져 있는 것이 있다. '재주가 없는 품팔이 일꾼에게 일을 맡겼더니, 자기 도끼에 상처만 입었다'는 뜻이지만 발음으로 보면 '이완용李完用이 며느리와 상피를 하고 있다'는 말이 된다. 이완용이 절세미인이었던 큰며느리와 통정을 계속했고, 이 때문에 그의 큰 아들이 자살을 했다는 소문이 돌고 있었을 때다.

나아가 여름철에 끌어안고 팔 다리를 편안하고 시원하게 해주는 죽부인竹夫人, 바람각시도 의인시擬人視하여 아버지의 것을 아들이 끌어안으면 안 되었으며, 부친이 죽은 후에는 묘 옆에서 태우거나, 제사 때 제청 한 쪽에 놓아두기까지 했다. 마님이 안고 자는 것은 죽노竹奴라 하여 건장한 종놈을 연상케 했는데, 이 또한 함부로 관리하지 않았다고 한다.

교접금기 交接禁忌

광해군 때 허준이 편찬한 〈동의보감東醫寶鑑〉에 병丙, 정丁일, 보름과 초하루, 바람이 심하게 불거나 비오는 날, 안개가 자욱하거나 천둥번개가 칠 때, 매우 춥거나 더울 때, 일식과 월식 때, 지진이 있을 때 그리고 임신 중에는 교접을 하지 말라고 되어 있다. 만일 이 때 범犯하면 남자는 100배나 신명身命에 손상을 입고 여자는 병을 얻으며, 자식을 낳아도 반드시 우둔하거나 바보천치가 된다는 것이다.

매우 비과학적인 이야기다. 혹시 가족계획을 위하여 성동격서聲東擊西식의 엉뚱한 이유로 금욕을 권유했던 것은 아닌가 느낄 정도이다.

같은 시기에 이창정이 쓴 〈수양총서壽養叢書〉에는 성관계에서 금해야 할 경우를 11가지나 열거하고 있다.

추위와 더위가 심할 때, 배불리 먹었을 때, 술에 취했을 때, 기쁨과 노여움이 가라앉지 않을 때, 병이 아직 낫지 않았을 때, 먼 길을 걸어 피곤할 때, 임금의 행차 중에나 외출했을 때, 대소변을 막 보았을 때, 막 목욕을 마쳤을 때, 여자가 생리를 할 때, 하고 싶은 마음이 없는데도 억지로 할 때로 이런 경우는 모두 사람의 신기身氣를 어지럽히고, 심력心力을 부족하게 만들고, 온 몸이 허虛하고 야위게 만들어 온갖 병이 나게 하니, 마땅히 조심해야 할 것이라고 했다.

해와 달, 별 아래서나, 성황당이나 절에서, 그리고 부엌이나 뒷간 근처, 무덤이나 시신, 관 옆에서는 모두 성관계를 가질 수 없다. 사람의 정신을 손상시키고, 자식을 낳아도 불구자가 되기 때문이라고 했다.

항문성교, 구강성교와 같은 성교 방식에 대한 기술은 거의 찾아보기 어렵다. 그런데 이런 금기들은 남성중심주의적 시각에서 나온 것임을 알 수 있다. 여성을 남성의 정精을 소모시키는 존재로 본 것이다.

다음은 동의보감에 있는 정에 대한 설명이다.

정은 지극히 보배로운 것이다. 정이란 가장 좋은 것을 말한 것이다. 사람의 정은 가장 귀한 것이지만 그 양은 매우 적어서 온몸의 정을 다 합하여야 모두 한 되 여섯 홉이 된다. 이것은 남자가 16세까지 정을 배출排出하지 않았을 때의 분량으로, 한 근의 무게가 됨을 말한다. 정을 쌓아 가득히 채우면 석 되가 되고, 정을 손상하거나 잃으면 한 되가 채 안 된다. 정精과 기氣는 서로를 길러주는데, 기가 모이면 정이 가득하게 되고 정이 가득하면 기가 왕성하게 된다. 현대의 개념으로 정을 정액精液으로 보았다면 매우 황당할 뿐이다.

● 성교육性教育

어렸을 때는 성에 대하여 무관심하거나 모르는 게 좋다고 생각하며 키웠다. 혹시 아이가 물어도 '다리 밑에서 주워 왔다'느니, '호랑이가 물어다 놨다'느니 했다.

그러나 성을 금기시했던 조선시대에도 성장하면서의 성교육은 있었다. 다만 성교육의 목적이 행복한 가정생활을 위한 것이라기보다는 자손을 많이 낳기 위한 방법을 주로 교육했는데 조선시대에는 다산多産 특히 다남多男이 가장 큰 덕목 중의 하나였기 때문이다. 남녀의 신체구조나 피임법은 잘 알지 못했기 때문에 주로 삽입방법이나 성 체위가 많이 다루어졌다.

여자아이들은 성교육을 주로 어머니로부터 받았다. 양반의 경우 가문의 대를 잇지 못하면 시앗을 보거나 버림을 당하는 것은 물론 일생을 비극 속에서 살아야 될 입장이기 때문에 성교육은 아들을 낳는 방법에 집중되곤 했다.

음향오행에 따라 손마디를 이용해 간지干支를 헤아려 남편과 동침하는 날을 정하는 '간지법'을 비롯해 소위 '속궁합'과 아들 낳는 비방을 가르쳤다. 봄(甲乙), 여름(丙丁), 가을(庚申), 겨울(壬癸)일로 계절에 따라 이 간지 날에 관계를 가지면 아들이 생긴다고 믿었다.

원래 나이만 맞추어 보는 걸 겉궁합이라 하고, 사주四柱를 오행에 따라 맞추어보는 게 속궁합인데, 궁합이 '어울린다'는 뜻이고 보니 '속이 어울리는가'가 속궁합의 기준이 되기도 했다. 성기의 크기, 모양과 기능, 성교시간, 성욕의 크기와 주기 등이 속궁합의 내용이었다.

또 '여자는 경도가 그칠 때를 기다렸다가 깨끗한 생리대를 차고 피가 붉은색을 띨 때는 관계를 피하고, 금빛을 띠면 그로부터 나흘 안으로 관계를 갖게 했다. 이 나흘 중 홀수 날에 관계를 가지면 아들이 태어나고 짝수 날에 관계를 맺으면 딸이 태어난다고 생각했다. 이렇게 남자의 정을 받는 날을 '귀숙일貴宿日'이라 불렀다. 물론 아들을 기대하고 관계하는 날들이다.

이러한 간지법이나 수태법은 '큰머리 치레'라는 풍속을 통해 전수되었는데, 시집갈 날을 잡고 큰머리를 얹으면, 성경험이 풍부한 유모나 집안의 친척이 와서 이를 가르쳐 주었다.

남자아이들은 서당에서 보정保情이라는 과목을 가르쳤다. 보정은 중국의 도가서道家書 포박자抱朴子의 영향을 받아 만들어진 조선의 성교육 과목이었다. 보정은 사람의 본성을 지키고 몸가짐을 정갈히 하며, 지혜롭고 절도 있는 성생활을 하도록 가르치는 것인데, 이중 가장 중요하게 여긴 것이 남녀의 교합횟수를 뜻하는 '방중절

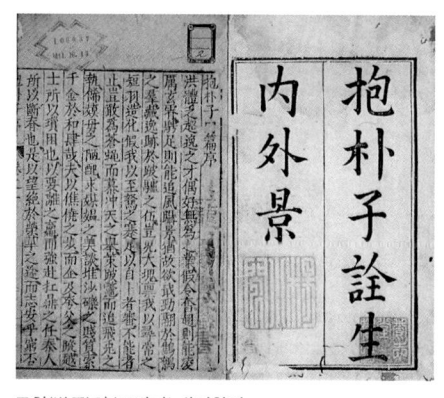

도학(道學)의 '포박자' 내외합편

도일房中節度日'이다.

20대는 3~4일에 한 번, 30대는 8~10일에 한 번, 40대는 16~30일에 한 번, 50대는 한 달에서 석 달 사이에 한 번, 60대는 7달에 한 번씩 관계를 맺어야 오래 살 수 있다는 것이다. 조선시대 사람들은 성관계가 남자의 건강을 해쳐 수명을 단축하고 병에 걸리기 쉬워진다고 믿었으므로 가능한 한 성교를 줄이려고 한 흔적이 보인다. 물론 요즈음의 지식으로는 말이 안 되는 이야기다.

또 남자들은 관례冠禮라는 성인식을 치를 때 '상투탈막이'라는 칠언절구시七言絶句詩를 외우게 했다. 그 내용은 민간에 구전口傳되어온 성교육 자료로서 바른 성지식을 암기하게 하는데 그 목적이 있었다. 여성의 신체에 대한 묘사와 관계 때 주의할 점, 태교胎敎 방법들로 이루어져 있어 첫날밤을 앞둔 새신랑에게 유용한 성지식과 부성父性 태교, 특히 성생활 때 그리고 남아의 임신을 위해 반드시 알아야 할 사항들이다.

칠언절구는 원래 한자 일곱 자씩을 모아 짓는 시이지만 우리말로 읽기 좋게 박자를 맞추어 지었다.

'골짜기 속 복숭화 꽃은 어디에서 찾을까? 그 깊이가 1촌 2푼이라는데……' 하는 식이었다.

'삼촌댁 사랑들이'는 친부모가 결혼을 앞둔 아들에게 직접 성교육을 해주는 것이 민망한 일이라 여겨 친척이나 친구에게 미리 부탁하여 아들을 심부름 보내는 형식으로 실시된 것이다. 심부름을 위장僞裝하여 찾아온 총각조카에게 말 그대로 '실전實戰 성지식'을 가리키는 풍습이었다. 여인의 몸은 어떻고, 어떻게 옷을 벗기고, 어떤 식으로 삽입을 해야 하는지를 노골적으로 가르쳤던 것인데, 이런 낯 뜨거운 이야기를 아버지가 직접 하기 어려워서 집안의 다른 어른에게 부탁해 성교육을 시켰던 것이다.

그러나 궁중의 왕자나 공주들은 그렇게 할 수 없었으므로 교육방법이 달랐다.

동의보감東醫寶鑑에 '남자가 여덟 살이 되면 신장의 기운이 충실해져 머리털이 길어지고 영구치가 난다. 남자가 열여섯이 되면 신장의 기운이 왕성해져 정액이 만들어지고 정기가 넘쳐나며 음양陰陽이 조화調和된다'고 하였는데, 엄격한 궁중의 법도로 보아 왕이나 왕자의 성생활은 열여섯 살 때부터 권장되었다고 본다. 그러나 왕자들의 혼인 연령은 대개 열 살 전후였다. 따라서 혼인하더라도 공식적인 합방은 열다섯 살이나 열여섯 살이 되어야 이루어졌다고 본다.

보통 어린 세자와 빈궁의 성 교육은 환관과 상궁들이 시켰으나 그들도 별로 아는 것이 없어 공부를 해서 가르쳤다고 한다. 그들은 이를 위하여 방중술房中術도 공부하고 〈소녀경素女經〉도 읽었을 것으로 보인다. 때로는 빈궁의 사가에서 따라온 유모나 몸종이 몸으로 보여주며 가르치기도 했다. 김홍도나 신윤복의 춘화첩을 보면 그 수준이 일반 민화들에서 보는 그림과 확연히 달라 궁중에서 성교육용으로 사용되던 것으로 보인다.

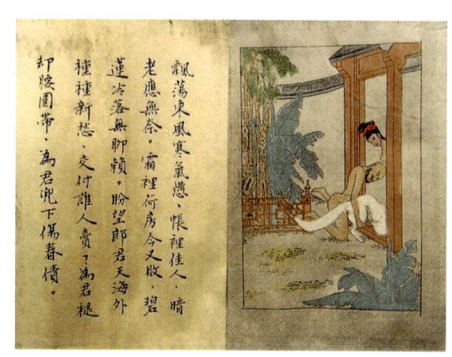
청(淸)대의 필사한 그림 소녀경

● 태아胎兒

가. 태교胎敎

임신 중의 임부妊婦의 마음가짐이나 생활 등이 태아에게 영향을 미칠 수 있으므로 성품을 단정히 하고 금기할 것은 금기하여 장차 태어날 아기에게 좋은 영향을 미치게 하려는 태중교육胎中敎育을 태교라 할 수 있는데, 세계적으로 특히 우리나라에서 그 믿음이 강한 편이며, 그 중에는 성과 관련된 부분들도 꽤 있다. 1999년 대한태교연구회(회장 박문일)가 창립되기도 했다.

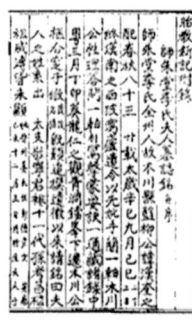
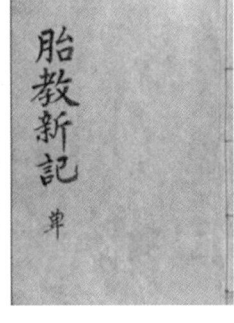

태교신기

특히 남자의 태교는 방사房事 때의 마음가짐이나 몸의 상태가 중요하다 생각했으므로, 매 성교시마다 태교를 염두에 두었을 수도 있었던 만큼 성행동에 미쳤을 영향 또한 적지 않았을 것이다.

'아버지에게 머물렀던 하루와 어머니에게 머물렀던 열 달'이 각각 다르지 않다고까지 생각했으므로 많은 주의를 기울였을 수도 있다.

왕조실록王朝實錄 등 거의 모든 문헌에서 태교를 언급할 때마다 중국 주周나라 때 태임太任이 문왕文王을 임신 했을 때 태교를 잘하여 문왕이 태어나서 현명하고 성인다웠다는 고사古事를 예로 들고 있지만 실제 중국인들은 태교에 대하여 별 관심이 없다. 동양 삼국 중에서도 유독 우리나라의 여자들이 임신 중에 열심히 태교를 했고 지금까지 이어오고 있는 것 또한 흥미로운 일이다. 산후조리産後調理도 마찬가지다.

여자는 임신 전부터 심신의 건강과 심리적 안정을 위해 노력하게 했다. 기氣를 보충하고 자궁이 튼튼해지도록 흑염소, 잉어, 가물치 등을 먹게 했고, 심리적 안정을 위해 심

절에서 들려오는 은은한 종소리를 생각만 해도 좋다.

성心性과 교양을 간추린 사덕四德, 즉 화평한 얼굴婦容, 정성을 드리는 솜씨婦功, 진심이 우러나는 언어婦言와 후덕한 심성婦德을 강조하였다. 임신이 되면 영양가 높은 잉어, 수탉, 가물치, 고추, 대추, 밤 등의 식품을 먹도록 했고, 양의 간, 개고기, 엿기름, 마늘, 메밀 등은 피하도록 했다.

태교의 본질은 임부가 임신 후 출산 시까지의 모든 일에 대해서 조심성을 간직하고 나쁜 생각이나 거친 행동을 삼가며, 편안한 마음으로 말이나 행동을 하면, 태아에게 정서적, 심리적, 신체적으로 좋은 영향을 주므로 여기에 태중교육의 의미가 있다는 것이다.

원래 태임은 '성품을 단정히 하고, 순하고, 정성스럽게 하여 오직 덕행德行을 행하다가 임신을 했는데, 눈으로는 나쁜 것을 보지 않고, 귀로는 음탕한 소리를 듣지 않으며, 입으로는 오만한 말을 하지 않으며, 태교를 잘 실천했다'라고 한다.

우리나라에서도 임부는 깨진 그릇에 음식을 담아 먹지 않고, 과일 등은 네모반듯하거나 완전한 원형으로 깎아 먹고, 바른 자리에 단정하게 앉으며, 늘 착한 생각을 하고 남을 미워하지 않는다는 금기사항 등이 전해진다.

이와 관련된 책으로 사주당師朱堂 이 씨의 〈태교신기胎敎新記〉, 빙허각憑虛閣 이 씨의 〈규각총서閨閣叢書〉 등이 전해온다. 〈태교신기〉는 1800년에 출간되었으며, 총 10개의 장으로 구성되었는데, 제1장에서는 태교의 이치理致를, 제2장에서는 태교의 효험效驗을 설명하였고, 제3장에서는 태교의 중요성重要性을 강조하였다. 제4장에서는 태교의 구체적 방법들을 항목별로 나누어 설명하였고, 나머지 부분에서는 태교의 필요성을 다시 강조하며 옛사람들이 행한 일이나 관계 조항을 인용했다. 마지막 장은 남편에게도 태교의 책임이 있으므로 부인에게 가르쳐주도록 하였다. 이 씨는 이 책을 한문으로 썼는데 그 아들 유희柳僖가 한글로 번역하여 〈태교신기언해胎敎新記諺解〉를 출판했다.

〈태교신기〉의 제1장에 '스승이 10년을 잘 가르쳐도 어미가 열 달을 뱃속에서 잘 가르침만 갖지 못하고 어미가 열 달을 가르쳐도 아비가 하룻밤 부부 교합 때 정심正心함만 못하다'는 유명한 글이 있다.

태교를 요약하여 7가지 법도, 즉 칠태도七胎道로 압축한 것이 있는데 다음과 같다.

제1도(임신 중 다섯 가지 금기사항)는 머리 감지 말 것, 높은 마루, 바위 위에 올라가지 말 것, 술 마시지 말 것, 무거운 짐, 험한 산길, 위태로운 냇물을 건너지 말 것, 밥 먹을 때 색다른 맛을 금할 것.
제2도는 말 많거나 웃거나, 놀라거나, 겁먹거나, 곡하거나 울지 말 것.
제3도는 태아를 해치는 살기殺氣가 서려 있는 곳을 피할 것.
제4도는 임산부는 조용히 앉아서 아름다운 말만 들으며美言, 선현의 명구를 외우며講書, 시나 붓글씨를 쓰며讀書, 품위 있는 음악을 들어야 한다禮樂. 그리고 해서는 안 될 삼불三不은 나쁜 말을 듣지 않고, 보지 말며, 나쁜 생각을 품지도 말라는 것이다.

제 5도는 임산부는 가로 눕지 말고, 기대지 말고, 한발로 서지 말라.
제 6도는 서상犀象, 난봉鸞鳳, 주옥珠玉, 종고鐘鼓, 명향名香 등 고급 소도구를 구하여 얼굴에 쏘이거나 가까이 두고 어루만지고 완상하라. 이들 물품이 지닌 기품이 태아에게 투사投射될 수도 있다. 풍입송風入松이라 하여 소나무에 드는 바람소리를 듣고자 노력하고, 암향暗香 즉 매화나 난초의 은은한 향을 맡으라고도 가르쳤다.
제 7도는 해산달에 부부관계를 하면 아기가 병 들거나 일찍 죽으니 피하라는 것 등이다.

이러한 조선시대 태교는 임신 이전에 시작되었다는 점과 부성父性 태교를 강조했다는 점이 특이하다. 조선시대에는 합방 때의 여러 기피사항뿐만 아니라 합방 이전에 임신을 위해 부모의 심신건강을 강조하면서, 임신을 기대하고 준비하는 임신 이전의 기간도 태교의 수행기간으로 보았다.

그 외의 태교 문헌으로는 정몽주의 어머니 이 씨 부인의 〈태중훈문胎中訓文〉, 허준의 〈동의보감〉, 소혜왕후 한 씨의 〈내훈內訓〉 등이 있다.

서양에서는 동양에서처럼 체계적인 것은 아니었지만 구약성서나 히포크라테스의 기록 등에 언급되어 있다. 1920년대 엘리스 등은 임부의 마음을 감동시키는 강렬한 심적 인상이 태아에게 중요한 영향을 준다는 연구를 발표했고, 임신한 것을 기쁘게 생각하지 않는 임부는 기쁘게 생각하는 임부보다 입덧이 더 심하며 구토가 심하였다는 보고도 있었다. 오늘날 태교는 자칫 근거가 없는 미신적인 것으로 간주되기 쉬운데, 무조건 비과학적이거나 미신적이라고만 생각해서는 안 될 것이다.

나. 태아예지 胎兒叡智

태아예지는 산모의 신체 모습이나 태몽胎夢을 통해서 뱃속의 아이의 상태나 성별을 구별하는 것이다. 일반적으로 산모의 배가 툭 튀어나오면 딸이고, 산모 엉덩이가 둥글둥글 하면 아들이라고 생각했다. 배꼽이 똬리처럼 둥글고 물렁하면 아들이고, 배꼽이 나오면 딸이다. 딸은 배에서 놀 때 팔짝팔짝 뛰고 아들은 꿈틀거린다. 이름을 불렀을 때 산모가 고개를 왼쪽으로 돌리면 아들, 오른쪽으로 돌리면 딸이라고 여기는 내용 등이 있다.

장터 같은 곳에서 글자에 꽃과 그림을 섞어 그리던 혁필화(革筆畵)의 효(孝)자이지만 잉어와 아들(子)을 같이 그려 넣곤 했다.

태몽 또한 태아예지 중의 하나로 볼 수 있다. 주로 아이를 밸 징조의 꿈으로 보지만 태아의 성별이라든가 미래의 운명까지 알려 준다고도 믿었다.

임신을 했을 때 해, 별, 인삼, 석웅황石雄黃, 흰초茁草, 잉어, 붉은 단추, 고추, 오이, 가지, 용龍, 학鶴, 황소, 수탉, 큰 우렁이, 도끼, 금비녀, 붉은 밤, 자라, 호랑이 등의 꿈을 꾸거나 혹은 큰 고기를 잡거나, 뽕을 따는 꿈을 꾸면 아들을 낳을 것으로 생각했다.

그리고 덜 익은 과일, 파란 대추, 계란, 알, 복숭아, 구슬, 꽃, 열매, 금붕어, 바가지, 작은 우렁이, 벌어진 밤, 오이, 바늘쌈지, 뱀, 반지, 조개 등을 꿈에 보거나 또 연꽃을 받는 꿈, 앵두를 얻는 꿈 등을 꾸면 딸을 낳을 징조라고 여겼다.

아들을 낳지 못하면 칠거지악의 하나였으므로 결혼한 지 몇 년이 지나도 아들이 없거나 또는 이 때문에 쫓겨나거나 시앗을 볼 위험에 있는 경우 신神이나 부처에게 아들을 낳게 해 달라고 비는데, 이를 기자祈子라 한다. 치성기자致誠祈子와 주술기자呪術祈子가 있다.

치성기자는 아기를 낳지 못할 때에 불공을 드리고, 점을 치고, 기도를 하는 것으로, 북두칠성에게 빌어 아들을 낳았다고 이름을 '칠성'이라고 짓기도 했다. 주술기자는 아들을 여럿 낳은 여자의 속옷을 몰래 훔쳐다 입거나, 새로 심은 나무의 처음 과일 따 먹기 같은 것이다.

조선조 때 성교육의 대부분은 아들 낳는 방법을 가르쳐 주는 것이었다. 아들을 많이 낳은 집의 식도食刀를 훔쳐 이로써 작은 도끼를 만들어 패물처럼 허리끈에 매고 다니기도 했다. 세종실록에 아기를

아직도 행해지는 기자의식이라며 중국인 관광객이 찍은 사진

못 낳는 여인이 도끼 부적을 지니면 사기邪氣를 쫓아내 임신할 수 있다고 하여 신하들에게 이를 하사한 기록이 있는데, 이 또한 도끼의 남성적 상징성 때문으로 보인다.

수탉의 고환을 생으로 입에 넣고 꿀꺽 삼키기, 황소의 고환을 삶아 먹기와 같은 소위 유감주술類感呪術도 있었는데, 이것도 수탉이나 황소의 남성성이 바로 아들로 연결된다는 사고에서 나온 풍습이었다. 심지어는 돌도 갈아 먹었다. 돌부처나 하루방의 코를 떼어다가 가루를 내어 먹으면 아들을 낳는다고 믿었기 때문이다. 코는 남성을 상징했다.

심청전 속의 '뺑덕어멈'이 코큰 남자를 좋아하는 것도 그 때문이었고, 변형시킨 민요 가사에는 이런 것도 있었다.

언니는 좋겠네, 언니는 좋겠네 / 형부의 코가 커서 언니는 좋겠네.
동생아, 아우야, 그런 말 말아라 / 형부는 코만 컸지 실속은 없단다.
어기야 디여자 / 어기야 디여 어기 여차 뱃놀이 가잔다.

또 달걀 껍데기에 꼬챙이를 꿰어 출입문 위에 걸고 아들 낳기를 빌기도 했고, 우물가에 토란을 심고 마당에 대추나무나 석류나무를 심어 아들 낳기를 기원하기도 했다. 여기서 우물과 마당은 여근女根을 상징하고 토란, 대추나무, 석류나무는 남근男根을 상징한다. 깨끗한 소금을 먹고 치성을 드리면 자식을 낳을 수 있다고도 믿었다. 여기서 소금은 왕성한 생명력을 상징하는데, 소금장수의 정력이 세다는 믿음도 여기서 나온 것 같다.

개화기開化期와 일제강점기日帝强占期

● 갑오개혁甲午改革

반상班常의 구별이 뚜렷하고, 여성의 권리가 극도로 억압되었던 조선사회는 구한말 개화기에 들어서면서부터 엄청난 변화를 겪게 된다. 비록 서구, 일본 그리고 민중봉기 등에 힘입은 바 크기는 하지만 양반, 중인, 상인, 천인으로 구분되던 계급체계가 붕괴되기 시작하고, 모든 남녀 백성들에게 성姓과 이름을 갖게 하여 호적戶籍에 올리게 했다.

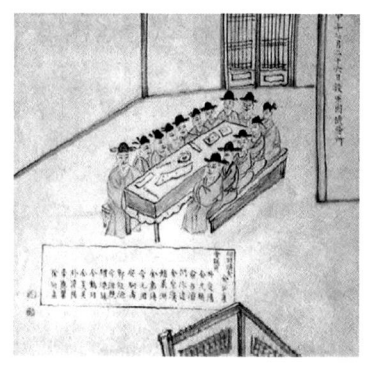

일본인이 그린 '갑오경장'

점진적이기는 했지만 그동안 억압되어 있던 하층계급이나 여자들의 인권 및 사회적 지위가 나아지기 시작한 것이다. 서당도 가지 못하던 '계집아이'들이 다닐 수 있는 여학교女學校가 생기는 등 급격한 개화

이화학당 소풍 행렬. 1908년

의 바람을 타고 오랜 세월 억압되었던 여성들의 성적性的 권리도 조금씩 고개를 들기 시작했다.

갑신정변의 주역이었던 박영효는 1881년 1월에 올린 상소에서 남녀동등론男女同等論을 주장했다. 그는 '남편이 아내에게 힘으로 대하지 말 것', '소, 중등학교를 세워 남녀아동 6세 이상을 취학케 할 것', '남자의 축첩畜妾을 법령으로 금할 것', '과부의 개가改嫁를 허락할 것' 등을 제시하였다.

최제우에 의해 창시된 동학東學 또한 여성 차별을 적극적으로 타파하고자 하였다. 그는 자신의 두 계집종을 해방시켜 양녀와 며느리로 삼으면서까지 신분과 남녀 차별을 타파하는 데 앞장섰다. 2대 교주 최시형도 '부부화순夫婦和順'을 주장했고 그 안에 '젊은 과부들의 개가를 허가할 것'을 포함시켜 여성에 대한 차별을 없애려 했다.

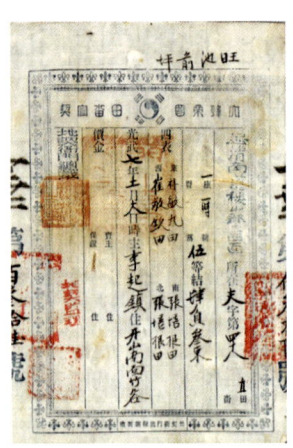

대한제국 때 이미 호적은 물론 전답문서까지 만들었다. 광무 7년은 1903년임.

그래도 조선사회의 뿌리 깊은 남녀 차별을 없애기에는 충분치 못한 부분이 많았다. 부계위주의 연속으로 아버지의 신분과 권리가 자식에게 이어지는 형태였으며, 집안의 권력은 가장인 아버지에게 있고 자녀는 아버지의 지배를 받으며, 족외혼族外婚을 원칙으로 하고 장자상속제도長子相續制度를 따르는 것은 계속되었다. 여자는 친가의 가계를 계승할 수 없었고, 그로 인해 재산상속의 권한이 크게 제약되었다.

서울에서는 민간단체인 독립협회獨立協會가 여성에 대한 교육이 국가의 흥망을 좌우할 것이라 주장하고, 여자관립학교를 개설해야 함을 역설하였다. 또 가부장제적 축첩제도와 부인을 학대하는 폐습을 혁파하지 않으면 안 된다고 비판하고 과부의 개가를 사회문화로 정착시킬 것을 주장하였다. 서재필은 교육의 중요성을 주장하면서 1896년 4월 21일 독립신문 논설에서 '세상에 불쌍한 인생이 조선 여편네다. 여편네가 사내보다 조금도 낮은 인생이 아닌데, 사내들이 천대하는 까닭은 사내들이 개화되지 않은데 있다'라고 썼다.

● 조혼早婚

조선조의 조혼 풍습은 일제의 단속에도 불구하고 계속 이어졌다.

조혼은 기아飢餓, 질병, 전쟁 등으로 평균수명이 매우 짧았던 시대에는 오히려 자연적인 현상일 수 있다. 그러나 당시의 조혼 풍습은 노동력을 얻기 위한 목적도 있었기 때문에, 심한 경우 이차성징二次性徵도 안 된 나이에 결혼생활을 하고 있는 어린이들도 많았다.

개화의 물결이 밀려들어 오던 1911년의 국세조사에서 결혼한 남녀 각 1,000명 가운데 15세 미만에 결혼한 이가 남자는 217명, 여자는 638명이었다. '아기신랑'으로 대표되는 남자조혼이 대세인 것으로 알려져 있지만 통계를 보면 조혼은 남자보다 여자에게 더욱 두드러진 현상이었다. 1922년 중앙고보 박남규 교사는 '지금 중학교 학생들 중 5분의 3은 기혼자既婚者이며, 기혼자의 2분의 1은 자녀를 두고 있다'고 하였다. 물론 조선조 때는 이보다 훨씬 높은 비율이었을 것이다. 1928년 자료에 의하면 10세부터 16세까지의 기혼 인구는 42만여 명인데, 그중 5세에서 9세가 970명, 3세가 6명, 2세가 2명 있었다.

19세기 결혼 사진. 신랑은 조혼으로 키가 신부보다 작으며, 가족들도 머리에 꽃을 꽂았다. 앞의 꽃이 많은 것은 당시 결혼 선물로 꽃을 많이 가져왔기 때문이다.

나이 어린 남편과 여러 해를 처녀 아닌 처녀로 살았는데, 성장한 남편은 학업의 계속과 취업 등의 이유로 집을 떠나 있거나 또는 자기가 선택한 다른 여자와 같이 살기 때문에 이제는 과부 아닌 과부로 사는 여자들이 많아 이는 큰 사회문제 중의 하나였다. 당시에는 아내의 간통은 죄가 되었지만 남편의 외도나 이중생활은 법적으로 별 문제가 없었기 때문에 부인들은 그저 참고 살거나 이혼하여 개가하는 방법밖에 없었다. 이런 여자들이 남자에 의존하지 않고 경제적으로 독립하기가 매우 힘들었기 때문이다.

개가改嫁하면 대부분 전 남편만도 못한 배우자를 만나 더 힘들게 살았다. 그나마 나이 많고 돈 많은 남자의 첩으로 들어가는 경우는 성공한 경우이며, 대부분 가난한 홀아비와 재혼하거나 화류계花柳界에 몸을 담기도 했다.

조혼으로 인한 폐해는 남자의 경우도 예외는 아니었다. 어려서 아무 것도 모르고 장가든 상대 여자가 전혀 마음에 들지 않았지만 부모가 무서워 말도 못했다. 나이가 들면서 성관계는 하다 보니 아이들이 계속 태어났는데 사랑은 거의 못 느끼고 어쩌지 못하고 산다고 생각하는 경우가 많았다.

여성의 재혼이 허가된 것은 1894년 갑오개혁 때부터이지만 아직도 사회적 편견偏見은 많이 남아 고생스러워도 그저 혼자 사는 게 보통이었다.

● 신식결혼新式結婚

갑오개혁 이후에는 전통 혼례식 대신 '예배당禮拜堂 결혼'이 차차 늘어나게 되는데, 이는 개신교회改新敎會가 가난해서 결혼을 못한 처녀총각 들을 대상으로 무료로 약식 결혼식을 올려준 것이 의외의 호응을 얻고 신도 수도 늘자 이를 적극 장려했기 때문이다. 최초의 예배당 결혼식은 1890년 2월 서울 정동예배당에서 거행된 박 세실리아와 강신성 신도의 결혼이라고 하는데, 이 결혼식에서는 의상을 전통 혼례복으로 입었다고 한다. 처음으로 신부가 서양 드레스에 면사포를 쓰고 신랑도 코트 차림에 예모禮帽를 썼던 것은 1892년이었는데, 이를 '신식결혼식'이라 부르며 도시를 중심으로 빠르게 보급되어 나갔다.

'예배당 결혼'이 인기를 끌자 불교와 천도교에서도 나름의 혼례식을 만들었다. 불교에서는 불식화혼법佛式花婚法이란 개량혼례가 만

한복에 신식결혼

들어져서 주례법사가 신랑신부를 부처님 앞에 세우고 5분향을 피운 후 삼귀례三歸禮를 외치게 하고 신부의 순종과 신랑의 사랑을 맹세하는 언약을 묻는 형태였으며, 천도교는 예배당 결혼과 방식이 비슷하지만 축복 문에서 하나님이 아닌 상천上天에게 고하는 형태였던 것이 달랐다.

신식결혼은 신문기사로 나오기도 했다. '오늘 오전 열 시 반에 배재학당 문경호, 민찬호 양씨가 이화학당 신규수, 김규수 양씨와 더불어 정동 새 예배당에서 혼인을 하는데 서양 예법으로 행한다는지라 혹 구경하려 하는 이가 있거든 임시하야 다 그리로 가서 볼 지어다. 독립신문 1899년 7월 14일입니다.'

1930년대 초 신식 결혼식. 세 명씩의 들러리와 아이 들러리들이 있다. 필자 부모의 결혼식임.

신식결혼은 사회결혼이라고도 불렀는데, 1920년대에 들어와서는 그 수가 급증하여 교회나 불당으로는 다 충족할 수 없게 되었고, 새로운 개념의 기업형 결혼식장인 예식장禮式場이 등장했다.

● 첩妾

1921년 일본정부는 축첩을 금하는 법령을 반포했다. 하지만 오랜 관습과 조혼으로 인한 부부 사이의 허다한 문제들 앞에 이런 법은 거의 효력이 없었다. 실제로 한 남자가 두 여자 또는 그 이상을 거느리고 사는 경우가 많았는데, 자녀들이 있는 이들의 가정을 해체할 수가 없었기 때문이다. 윤리적으로도 축첩은 그때까지 인정되고 있었으며, 경제력이 있었던 남자들은 거의 죄의식 없이 첩을 두곤 했다. 그리고 여자는 남편이 첩을 들이더라도 질투를 해서는 안 된다는 칠거지악의 문화도 어느 정도 계속되고 있었다. 이렇게 시앗을 보고 독수공방하던 아낙들의 외로움과 분노는 한恨으로 쌓여갔다.

많은 여자들이 유부남有婦男인지 모르고 결혼했다가 본처의 행패 등으로 나중에야 자신이 제2부인(결과적으로 첩인데, 한 때 이렇게 부르기도 했다)임을 알게 되기도 했다. 그 외 유혹에 빠져 첩이 되는 경우도 있었다. 많은 경우 친구들이 꾀어서 그리 되었다고 주장했다.

타락한 끝에 첩이 되는 경우도 많았는데, 정조를 중요시하던 때였으므로 자유연애를 하다가 남자의 유혹에 빠져 몸을 망쳤기 때문에 여자 자신이 그럴 수밖에 없었다고 생각했다. 또 허영으로 첩이 되는 수도 있었는데, 부자의 첩으로 들어가 하인 부리고 잘 사는 친구를 보고 따라 한 경우이다. 그러나 그보다도 먹고 살기 힘들어 첩이 된 경우가 많았다. 때로는 부모가 딸을 첩으로 팔아넘기기도 했다.

첩으로 살면 시집이나 본처에게 시달리기도 하고 사회의 멸시를 받기도 하는데, 더 큰 문제는 자식이었다. 첩의 자식은 아버지의 호적에 올리지 못하고 어머니의 호적에 올라 어머니의 성을 따라야 했으며, 이 밖에도 취학, 성장과정, 연애, 결혼 등 생장과정의 중요한 갈림길마다 어려움을 겪어야 했다.

● 조선민사령朝鮮民事令

조선을 식민지화한 일본은 우리 사회를 통제하고 관리할 목적의 각종 법률을 제정하였다. 여성의 법적 및 사회적 지위 또한 이들 각종 법령에 의해 기본적으로 규정되었다.

조선총독부는 1912년에 '조선민사령'을 제정했는데, 이 중 친족상속에 관한 조항에 '조선인의 관습慣習에 의한다'라고 했다. 즉 상속에 관해서는 일본 민법을 따르지 않고 거의 조선전래의 관습에 따르도록 한다는 것인데, 이로 인해 조선사회의 가부장제적, 남녀 차별적 가족관계는 거의 그대로 유지되었다. 다만 개가나 이혼에 있어서는 다소간 여성의 지위를 개선하는 진전이 있었다. 이혼한 경우 남편의 경제적 능력에 따라 일시금으로 300원에서 5,000원까지, 생활비의 경우 1년에 500원에서 수천 원까지 지급하게 했다. 그러나 남자 17세 이하, 여자 15세 이하의 경우는 조혼억제수단으로 민적民籍에 등재가 안 되었으므로 이로 인한 불이익을 받기도 했다.

이 법은 1921년에 다시 개정된다. 이때는 일본민법日本民法에 준하여 여성의 법적 지위를 인정하는 방향으로 바뀌었는데, 이를 통해 부분적이지만 여성의 법적 지위는 다소 개선되었다. 우선 축첩제도를 폐지하였다. 일부일처주의를 성문화成文化하고 혼인을 신고주의에 의거해 법적 효력이 발생하도록 개정함으로써 법률상 축첩이 존재할 여지를 없앴고, 이혼 제도에도 개선이 있었다.

그러나 이 시기에도 많은 조선 여성들이 인신매매人身賣買의 대상이 되고 있었다. 표면적으로는 노비가 해방되고, 인신을 매매하는 것이 법률적으로 금지되어 있었지만, 분 바르고 기름 바른 아름다운 성노예는 도처에서 공공연히 매매되고 있었다. 서울京城 시내에서만 1년에 매매되는 여자가 3만 명 이상이라는 이야기도 있었다. 반면 남자들 중에는 여전히 첩을 얻고 사창가를 찾아 헤매기도 했고, 간혹 자신의 딸을 돈을 받고 파는 비정한 아버지도 있었다.

🌑 농촌 여성들

농촌여성들은 대다수 교육을 받지 못했고, 험한 옷과 거친 음식을 먹으며, 밤낮으로 심한 노동을 하고, 때로 남편에게 구타毆打당하는 천한 존재처럼 살았다. 식구를 줄이거나 가계비를 보충할 수단으로 나이 어린 여자들이 '일 하는 아이食母, 식모'가 되어 수없이 도시의 친척집이나 부잣집으로 보내졌다. 월급을 받는 것도 아니었다. 그저 일하고 먹고 자다가 나이가 차면 적당한 곳에 시집보내준다는 조건條件이었다. 멋모르고 부모가 시키는 대로 서울로 왔다가 주인집 아들이나 동네 총각들의 유혹에 빠져 임신이라도 되면, 양잿물 먹고 자살을 하기도 했는데, 이런 경우가 비일비재非一非再였다.

그 때까지도 남아 있던 조혼은 대부분 인신매매라 할 수준의 강제혼 또는 매매혼이라고 보아도 좋다. 시집갈 나이가 될 때까지 아이 보는 보모나 농사일을 해야 하니

빨래하는 농촌 여인들

마치 고대古代의 '민며느리'로 팔려가는 것과 별로 다를 게 없었다.

일부 여성들은 가계보조를 위해 도회지로 나가 직장을 구해 취직을 하였다. 은행원, 전화교환수, 우체국직원, 버스차장, 공장직공, 사무원 등이 당시 여성들이 취업하는 주된 직장이었는데, 교육을 받지 못한 농촌 출신의 여자들은 대부분 공장의 여직공이 되었다. 나이든 여자는 기녀妓女가 되거나 직업 소개인에게 팔려가기도 했다.

근우회槿友會는 1928년 당시 총 23개 지회에 2천여 명의 회원이 가

입해 활동하고 있는 조직이었는데, 이듬해 전국대회를 통해 여성의 사회적 지위를 향상하기 위해 구체적으로 7개조의 행동강령行動綱領을 발표하였다. 즉 여성에 대한 사회적 법률적 일체 차별 철폐, 일체 봉건적 인습과 미신 타파, 조혼 폐지 및 결혼의 자유, 인신매매 및 공창公娼의 폐지, 농촌 부인의 경제적 이익 옹호, 부인 노동의 임금차별 철폐 및 산전 산후 임금 지불, 부인 및 소년공의 위험노동 및 야업폐지夜業廢止 등이 그것이었다.

그러나 이런 불평등 조항들은 그 후 해방이 되고 정부가 수립된 이후에도 쉽게 해결되지 않았다.

● 관기官妓와 기생妓生

1908년 9월 경시청령警視廳令 5호 기생단속령妓生團束令과 6호 창기娼妓단속령이 발표된 이후, 기생들은 의무적으로 기생조합妓生組合 소속원이 되어 경시청으로부터 허가증을 받아야만 그 업을 유지할 수 있게 되었다. 따라서 기생들이 기생조합과 권번券番을 통해 예기藝妓로 거듭나기는 했지만, 사회 여건상 제도권 안으로 묶이기 시작했다. 그러나 일부는 전통예술을 전승하고 신예술을 받아들이며, 예인藝人으로 거듭나고자 노력하기도 했다.

권번의 전신인 기생조합은 그들의 이익단체 형태였다. 이 조합은 다시 기부가 있는 한성기생조합과 기부가 없는

묵화를 그리는 기생

다동기생조합으로 나뉘었다. 권번은 일본의 법령에 따라 붙여진 이름이다. 1916년 대정大正 권번이 처음 생겼는데 조선 권번으로 이름이 바뀌었고, 이는 다시 서울의 조선, 한양, 종로 권번과 평양의 대동大同 권번 등으로 나누어진다. 당시의 명창名唱이었던 하규일의 문하에서 수천의 기생들이 배출되었다고 한다. 권번에서는 주로 요릿집에서 연락이 오면 인력거에 태워 기생을 보내곤 했다.

천한 백성으로 분류되었던 기생들은 공사노비제公私奴婢制가 폐지되어 우선 면천免賤이 되었다. 하지만 사회적으로는 여전히 신분상의 차별을 느끼며 살아야 했다. 아직도 신문이나 잡지 등에서 기존 여악의 일원인 관기가 중심이 되었던 기생이 갈보蝎甫, 창기娼妓, 또는 매춘부賣春婦와 같은 항목에 들어 있곤 했다.

가. 의기義妓

일제 초기만 해도 조선기생들 중에는 적지 않은 수의 의기義妓들이 있었다. 나라의 운명이 기울자 논개의 후예답게 명월관, 국일관, 식도원 등의 기생들이 음으로 양으로 독립운동을 돕게 된다. 이와 같은 애국기생들은 때로는 목숨을 걸고 일본인들에게서 정보도 얻어내고 군자금도 빼돌렸다.

당시 기생들은 주로 인력거를 타고 불려 다녔다.

경기도 경찰부장을 지낸 지바千葉라는 일본인은 '1919년 우리가 처음 경성에 왔을 때 화류계의 기생 8백 명은 모두가 살아있는 독립격문獨立檄文이었다'고 혀를 내둘렀다.

이와 같은 일부 기생들의 애국행위들은 그러나 대부분 비밀리에 이루어져 일반인들은 거의 몰랐고, 사회의 기생에 대한 보편적 이미

20세기 초의 사진엽서로 '기생의 춤.' 조선 총독부 박물관의 일본인 관리가 배포에 대한 의견을 썼다.

지는 점점 부정적으로 고착화되어 갔다. 대부분이 기생 신분에 얽매여 직업여성으로의 다중적多重的 행동을 일삼았기 때문이다. 그 중에는 궁핍한 생활과 규칙위반 등에 얽매여 자살을 선택하는 경우도 있었다.

기생들은 사회로부터의 냉대에도 불구하고 자신들이 결코 지체가 낮은 신분이 아니고 천한 백성으로 분류되어서는 안 된다고 생각했던 듯하다. 일제의 자본에 의하여 민족생활이 피폐해 갈 때, 기생들은 단결하여 우리 민족의 경제권을 수호하자며 물산장려운동物産獎勵運動에도 동참하였다. 또 남원南原 권번의 기생들은 일본어 교육을 거부하였고, 철저하게 한국적 예절 교육을 고집하여 조선인의 자긍심을 지켰다.

기생들의 잡지 '장한'의 창간호

1927년 1월에는 기생들이 만든 '장한長恨'이라는 잡지가 창간되기도 했다. 잡지의 표지에는 새장에 갇혀 있는 새를 그려넣었다. 자신들의 신세가 그렇다는 뜻이며, 잡지의 내용도 기생제도 폐지를 요구하는 것이 대부분이었다.

사람들은 당시 사회최하위층 직업으로 백정白丁과 기생을 들었는데, 이 때문에 형평사衡平社와도 갈등을 빚었다. 형평사는 백정들에 의해 주도되었던 조직으로 남들과 똑같이 대우받으며 사는 것이 소원이었던 그들이 1923년 경남 진주에서 만든 단체였다. 그런데 1927년 전주 권번券番 기생들은 아무리 세상이 바뀌었지만 백정들에게 술을 따를 수는 없다며, 이들의 부름에 아무도 가지 않았다. 기생들 30여 명이 회의까지 하면서 결정한 결과라 했다.

1936년 6월 29일 부산일보 기사. 전시를 위해 평양으로 가져갔던 신라 금관, 목걸이, 허리띠 등을 차릉파(車綾波)라는 기생이 장식하고 찍은 사진을 보도했다. 술좌석에서 일어난 사건이라고는 하지만 당시의 기생 파티의 일면을 보여준다.

이에 형평사 측은 '고루한 인습적 사상으로 시대를 이해치 못하는 행동을 취하면 기생 자체의 내면을 해부함과 동시에 인류로서 있을 수 없는 인육상人肉商들을 박멸할 것'이라고 했다. 일부 기생들이 '백정이면 어떠냐'며 응하겠다는 태도를 보이

조선 기생. 1900년. 이런 사진엽서들이 유럽에 나돌았다. 일인들이 찍어 간 것으로 추정.

면서, '형평사원 술시중 갈등'은 기생단체의 와해를 불렀다. 결국 이들 6명만이 권번에 남고, 나머지 수십 명은 권번을 뛰쳐나갔다.

그런데 6개월 이상 지속된 이들의 다툼에서, 신분해방에 역행하는 기생들에 대한 비판 여론이 훨씬 더 컸다고 한다.

나. 명월明月

당대 최고의 요정이었던 '명월관明月館'은 1909년 문을 열었다. 관기 제도가 폐지되고 기생조합이 생겨남에 따라 자연스럽게 관기들이 명월관으로 유입됐다. 궁녀들까지 명월관으로 몰려오면서 이곳은 장안長安, 서울 최고의 명소가 되었다. 조선의 마지막 기생 '명월'은 그곳에서 가장 대표적인 기생이라고 그렇게 불렸지만 실제 이름은 홍련紅蓮이었다. 유명한 일본인 화가 이시이가 그린 '홍련화紅蓮畵'는 지금도 일본 마쓰모토 시립미술관에 전시되어 있다.

일본인 화가 이시이가 그린 '홍련화(紅蓮畵).' 일본 마쓰모토 시립미술관에 전시되어 있다.

그녀는 전형적인 한국형 미인이었다고 한다. 그런데 그녀와 동침한 일본인들을 포함한 남성들이 여럿 복상사腹上死 했다. 그리고 명월이 30대에 요절夭折하자 일제는 그와 동침한 남성들의 사인을 규명하기 위한다며 그녀의 시신을 부검했고, 그 생식기를 적출해 보관했다. 외음부外陰部 전체는 물론 자궁, 난관, 난소까지 포함한 채 포르말린에 넣어 두었다. 이 사실은 '문화재 제자리 찾기 운동' 등이 국과수를 상대로 서울중앙지법에 소송을 제기하면서 세상에 알려졌다. 그리고 그녀의 생식기 표본은 2010년 6월 14일 폐기됐다.

유감이 아닐 수 없다. 한 여자가 여러 남자들을 복상사하게 만드는 경우는 의학적으로나 성학적으로 거의 불가능한 일이므로 어쩌면 그녀가 애국하는 심정으로 다른 행위를 했을 수도 있는데, 이제는 알

길이 없으니 애석하다 하겠다. 어떤 이유로든 선인先人들이 남겨둔 유물을 자기들의 가치價値에 어긋난다고 없애서는 안 될 것이다. 가치는 사람에 따라 시대에 따라 달라지기 때문이다. 또 일제강점기에 일어난 일이라고 해서 반드시 일본인들만의 뜻이었다고 단정하지 말아야 한다.

1937년에 자살한 백백교白白敎라는 사이비 종교의 교주였던 전용해全龍海의 머리와 성기도 각각 보관했었는데, 성기는 6·25 때 없어진 듯하다. 그는 '조선에 홍수가 나지만 백백교만 믿으면 산다'고 소리치고 다니면서 신도 620명을 살해한 자였다. 학식은 없었지만 사람의 심리를 끌어들이는 재주가 있었던 것으로 보인다. 그는 참모들을 각도에 보내 예쁜 딸을 가진 부모들을 골라서 백백교에 입교시킨 뒤 그 딸을 교주의 시녀로 바치게 하였다. 전용해는 이렇게 끌어들인 수많은 젊은 여자들을 첩으로 거느리다가 살해하기를 밥 먹듯 했다.

그런데 사람의 성기性器를 보존해서 전시하는 경우는 세계 여러 곳에 있다. 가장 대표적인 것은 '라스푸틴의 페니스'로 현재 상트페테르부르크의 '에로박물관'에 있다. 그의 딸이 소중히 거두었다는 설도 있다. 그는 러시아의 니콜라이 2세의 황후 알렉산드라의 후원으로 실권을 얻었는데, 1915년 왕이 제1차 세계대전에 참전하자 폭정을 일삼지만 이듬해 암살된다. 그의 매우 큰 페니스는 귀족들의 질투의 대상이었는데 사후에 잘 보존되어 오늘에 이르고 있다.

라스푸틴의 페니스와 흥미롭게 이를 보고 있는 젊은 여성.

공창제 公娼制

일본은 우리나라의 성문화에 매우 큰 변화를 가져다주었다.

공창은 매춘업을 제도권 안에 두고 정부의 관리 아래 두는 것이다. 일본은 16세기 에도江戶시대부터 공창제를 실시해 오고 있었는데, 이 제도를 식민지였던 우리나라에까지 가져온 것이다.

우리나라에 요즈음으로 치면 집창촌 형태의 유곽遊廓이 처음 생긴 것은 1902년 7월 부산에서였다. 조선의 개항과 함께 열린 '녹정綠町'의 공창은 일본인 거류지역과 가까웠고, 해방 후에는 '완월동'으로 이름이 바뀐 곳이었다. 서울에는 1904년에 공창이 처음 생겼고, 1905년 묵정동에 신정新町 유곽이, 1906년 용산에 미생정彌生町 유곽이 생겨났다.

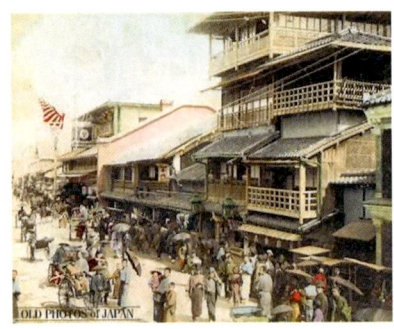
1880년 오사카의 유곽

가라유키 여인들

당시 신문에는 가끔 이들 성매매 여성들에 대한 통계가 보도되었다. 1927년 한반도 내의 창기 수는 조선인 987명, 일본인 2,100명, 서양인 4명으로 총 4,091명이었으며, 1930년에는 전국 25개의 유곽에 510명(그 중 일본인 303명)의 포주와 3,170명(일본인 1,798명)의 성매매 여성들이 있었다고 한다.

일본인 창녀 수가 많은 것은 그들이 원래 원정 성매매

의 원조였기 때문이다. 그들은 19세기 중엽부터 해외로 나가 성매매를 했고, 이런 여인들을 가라유키상 唐行きさん, 唐行小姐이라 불렀다. 제겐女衒, 뚜쟁이란 중개알선업자들이 젊은 여

일본이 1904년 지금의 충무로 일대에 세운 '유곽'

자들을 모아 주로 유럽의 식민지였던 동남아와 중국 등지에 파견하곤 하였는데, 조선을 식민지화하자 이들이 대거 몰려온 것으로 보인다. 나가사키와 구마모토 여인들이 많았다고 한다.

이후 한반도에서 매춘은 빠르게 확산되었고, 공창과 별도로 전국에 많은 사창私娼들이 생겼다. 그리고 창녀들을 공급하기 위한 납치, 인신매매 등 각종 반인륜적 범죄수단들이 동원되기도 했다.

이에 대한 조선 여성계의 반대운동도 있었다. 여성단체였던 여성동우회女性同友會는 공창제도가 '여성을 비非인간화하고 인권을 박탈, 착취, 억압하는 제도'라며 폐지운동을 펼치기도 했다. 또 삼일운동 직후인 1919년 4월 임시정부에 의해 '대한민국임시헌장'이라는 최초의 근대적 헌법이 공포되는데, 제9조에 '생명형生命刑, 신체형身體刑, 및 공창제公娼制를 폐지함'이 들어 있었다. 개화기에 나온 신문이나 잡지를 보면 나라가 망亡하게 된 원인 중 문란한 성도덕을 지적하는 글이 많았던 것으로 보아 이를 민족적 반성의 하나로 삼았던 것 같다.

● 화류병花柳病

일제강점기에 잡지에 실린 광고 중에는 정력제, 강장제 다음으로

많은 광고가 화류병 치료제였다. 항생제가 없었던 이 시기의 가장 무서운 병은 감염질환으로 전 국민이 폐결핵肺結核 노이로제에 걸려 있었다 해도 과언이 아닐 정도로 감염은 두려운 존재였다. 자연치유가 되지 않는 한 생명을 잃거나 엄청난 후유증을 남겼기 때문이다.

매춘이 전국적으로 퍼지면서 성병性病이 큰 사회문제로 대두되게 된다. 당시는 성병을 화류병이라 불렀는데 이는 '꽃과 버들'에 의한 병이라는 뜻이다. 영어로 성병이 '비너스의 병venereal disease, VD'이란 것과 맥脈을 같이 한다. 당시는 결핵, 나병, 성병을 일컬어 3대 망국병亡國病이라고 했다. 성병은 임질, 매독, 연성하감軟性下疳, 성병성 임파육아종淋巴肉芽腫, 서혜육아종鼠蹊肉芽腫 의 다섯 가지였는데, 주로 문제가 된 것들은 매독과 임질이었다. 연성하감은 비교적 드문 데다 후유증이 별로 없었고, 다른 두 가지는 당시엔 거의 모르고 있었다.

공창제 도입을 일본의 강요에 의한 것으로만 보고 있기도 하지만 대한제국大韓帝國도 이를 반대하지 않았던 듯하다. 매춘을 제도권으로 끌어들여 풍기를 바로잡고 성병검진을 의무화하여 민족의 장래를 위태롭게 하는 성병을 방지하려는 의도가 있었기 때문이다. 1906년 11월 위생국장 민원식은 황성신문皇城新聞에 일련의 위생론을 발표하였다. 그는 인천, 경성부, 부산에서 부분적으로 시행되던 매춘부 성병검진을 전국으로 확대시키고, 이를 의무화시켰던 인물이기도 하다.

'매춘부는 도덕상 해물害物이지만 사회위생상 필요물이다. 매춘부를 공적으로 허용하여

일본신문에 나온 임질 치료약 광고와 화류병 전문병원 광고들

야 신체검사를 엄중히 할 수 있고 소극적으로 화류병의 전파를 방지하며, 적극적으로는 화류병이 있는 자를 배제함으로써 유객遊客이 화류병에 감염되지 않게 할 수 있다. 나는 간절히 일본 당국자에게 엄하게 이를 단속하기를 희망한다'고 역설했다. 또 그는 성매매를 정부가 관리 감독함으로써 세금 징수와 함께 성매매 여성에 대한 착취 근절, 성병 관리 등을 할 수 있다며 이런 정책을 추진했고, 고종도 이에 따랐다. 그러나 그의 그 후의 친일행각親日行脚으로 보아 일본이 식민지화에 매춘제도를 이용, 관리하려는 의도에 일조一助했을 가능성도 있다. 그는 1921년 조선인의 일본참정권을 요구하러 일본에 갔다가 애국지사 양근환에게 암살당했다.

당시 화류병이 얼마나 심각했던지 참고로 춘원 이광수의 아내였고, 우리나라 최초의 개원 여의사였던 허영숙의 1920년 5월 10일자 동아일보에 쓴 글을 소개한다.

'화류병자花柳病者의 혼인을 금할 일'
(전략) 우리 사회의 금일까지 행하여온 여러 가지 폐해도 일조일석一朝一夕에 제거될 일이 아니올시다. 그러나 그중에도 지금 당장 개량하기에 일시가 급하게 생각되고 가장 두렵게 아는 바는 화류병자의 결혼이올시다. 1인의 죄로 인하여 청백무구한 남의 자녀를 버리게 하며 그 해독이 자손에게까지 미치니 실로 전율치 아니치 못할 사실이올시다. (중략) 화류병에 대하여도 반드시 보고할 법칙을 의사에게 내리어 이것을 보고치 아니하는 때에는 엄혹한 처벌을 할 것이올시다. 그래서 한번 화류병의 보고를 받은 자에게는 상당한 연한 내에는 결혼치 못할 제재를 줄 것이올시다. 생각건대 화류병에 대하여 법률이 제재를 한다는 그 사실만하여도 큰 효과가 있을 것이올시다.(하략)

모던 걸과 모던 보이

1920년대 들어서면서 '신여성'과 '모던 걸'이라는 말이 사회를 뜨겁게 달구었다. 신여성은 기혼여성도 포함한 단어였고, 모던 걸은 미혼여성을 뜻했다. 그들은 여러 면에서 시대에 앞서 갔기에 비판과 선망의 사이를 오갔지만 별로 세상의 눈을 무서워하지 않고 순종을 미덕으로 아는 구식여성舊式女性과는 다른 삶을 살았다. 당시 이들이 사람들의 가치에 미친 영향은 매우 컸을 것으로 본다.

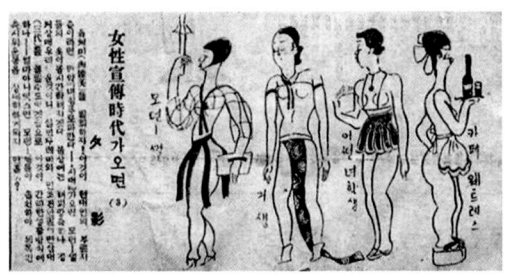

풍자만화로 왼쪽부터, 모던 걸, 기생, 어떤 여학생, 카페 웨이트리스

노정蘆汀 김재철金在喆의 '서울 광진곡狂進曲'이라는 시의 일부분에서 당시의 사회상을 엿볼 수 있다.

> (전략) 치마 끝이 무릎 우에 훨신 올러서, 황새다리 피부 빛의 양말은 신고, 적은 구두 모양 멋에 억지로 참어, 눈꼽 시계 걸고 있는 '모던 껄'이다. (중략) 극장마다 만원사례 패를 부칠 때, 초저녁에 졸고 있는 책방이라네. 여학생들 하숙에는 사나이 풍년, 쌓아놓은 사랑 탑이 몇 만 층인가? (중략) 영도사나 청량리로 모는 자동차, 거기에 탄 두 남녀가 더욱 수상해. 청요리집 뒷문으로 들어가는 것, 손에 손목 마조 잡은 젊은 남녀들 (후략).

서양 문물의 영향을 받은 신여성과 모던보이들은 유교적 규범이 수그러든 자리에서 사랑과 연애를 적극 만끽했다. 다음은 1930년 7월 16일자 한 일간지의 기사이다.

뒷줄 좌로부터 허영숙, 하나 건너 이광수, 맨 오른쪽이 필자의 백부이기도 한 노정 김재철. 그는 '조선 연극사'의 저자이며, 27세에 요절했다.

아이스커피를 두 사람이 하나만 청해 서로 대가리를 부비 대고 보리 줄기로 쪽쪽 빨아먹는다. 그래도 모자라서 여자가 혀끝을 빳빳이 펴서 '와다시 아이스고히가 다이스키 다이스키요(전 아이스커피가 좋아요, 좋아)' 하니 남자 왈 '와시모네(나도 그래).

물론 일부 사회 계층의 이야기들이었겠지만, 과거의 억압된 성문화를 생각해 보면 엄청난 변화가 일어났다고 할 수 있다. 이들이 대부분 단발을 했었기 때문에 '모단걸毛斷傑'이라면서 조롱받기도 했다. 모단걸은 '모던 걸'을 비꼬는 말도 될 수 있고 '못된 것'과도 음이 비슷하게 들리기 때문이다.

조선 최초의 단발랑斷髮娘은 기생 강향란姜香蘭이었다. 그녀는 자유연애의 주인공이기도 했고, 학교를 다녔고, 실연 후 자살까지 시도했던 여인이다. 이후, 남자에 기대지 않고 '내 힘으로 살아야 한다.'고 굳게 마음을 고쳐먹고 머리를 깎고 남장을 하였다. 그녀의 단발은 당시 사회에 큰 파장을 몰고 왔다.

'모던 보이'는 '모던 걸'과 비견比肩되는 언어이지만 대체로 덜 비난적인 시선을 받았다. 아직도 남자들의 행위에 대하여는 관대했기 때문이다. 다만 남자가 지나치게 몸치장에 신경 쓰거나 여성을 연상시키는

사와다(澤田) 저 '여자의 나체미의 신연구'의 신문광고. 1923년.

행동이나 차림을 하는 것에 대해서는 비판의 대상이 되기도 했다.

원래 일본의 성문화는 우리가 상상을 초월할 정도로 진보적이어서 이를 바라보는 우리 국민들은 경악을 금치 못했지만 차차 이에 동화되어가는 사람들도 있었다. 일본은 20세기 초까지만 해도 서구의 성문화가 무색無色할 정도로 개방적이었다. 1923년에 출판된 사와다澤田의 '여자女子의 나체미裸體美의 신연구新研究'라는 책의 광고를 보면, 나체裸體 보는 법, 나체와 성욕, 곡선미와 생식기, 유방의 미감美感, 육체미와 지방미 등 우리로서는 거의 백 년이 지났지만 쓰기 쉽지 않은 제목들을 신문에 광고하고 있다. 또 성학性學이라는 용어도 이미 쓰고 있었다.

남녀 간의 연애 풍조가 확산되고, 언론과 방송에도 보도되자 보수적인 유교사상가들은 일제가 탈선을 부추겨서 조선을 멸망시키려 한다며 강하게 반발하기도 했다. 도포와 갓을 쓴 유림들이 방송사와 신문사에 집단으로 몰려가 항의를 하고, 언론사를 찾아가 항의하는 일도 있었다.

여학생들의 동성애

남녀 사이의 연애도 비교적 자유롭게 이루어졌으며, 나이 차가 많거나 또는 노골적으로 연애한다고 말하기가 거북할 때는 서로 S 오빠, S 누이, 또는 S 동생 하면서 만나기도 했다. 아직도 동성애자들의 소위 '커밍아웃'이 쉽게 이루어지지 않고 있지만 1930년대에는

1937년 '여학생 스케치' 7월호에서

고등보통학교(중고등학교) 여학생들이 대수롭지 않게 자기에게 동성연애하는 학생이 있다고 말 하곤 했다.

가부장제의 가정에서 부모와 대화가 잘 안 되던 여학생들에게 '말이 통하는 사랑하는 '동무'가 생긴 것이다. 실제 여자 동성애자는 매우 드물어 남자에서의 빈도 4 퍼센트의 반도 안 된다. 그런데 '없을 때는 보고 싶고, 맛있는 게 있으면 갖다 주고 싶고, 학교에 가서 그 애를 만나볼 생각을 하면 기뻤다'고 하니, 가히 그 감정은 동성애와 다르지 않았던 것 같다.

이들은 서로 껴안고 어루만지며 시간가는 줄 모르고 이야기들을 나누기도 했다고 한다. 때로는 실에 먹물을 칠하고 바늘로 팔뚝부위 같은 데에 문신文身을 하면서 평생 잊지 말자고 맹세하는 경우도 있었는데, 아마 일본문화의 영향이었을 것으로 본다.

그런가 하면 우리나라 최초의 동성결혼식도 있었다.

1932년 6월 '여인' 창간호에는 남편의 무관심과 이혼으로 오랫동안 독수공방한 두 여인이 연애 끝에 정식으로 결혼했다는 기사가 실렸다. 제목은 '동성同性의 신랑 신부의 결혼식에서 생긴 넌센스'였는데, 이들이 결혼신고를 했는지는 언급이 없었다. 정순임씨가 신랑이 되고 장경희씨가 색시가 되어서 조선 고래식古來式 예복을 입고 요릿집에서 식을 올렸다고 했다.

비록 성학적 의미의 동성애자는 아니라도 서로의 성적 긴장의 해소는 물론 가부장적 사회에 대한 반발의 의미와 함께 서로의 처지를 이해하고 아픔을 감싸주려는 연대의식이 형성되어 이 시기에 여자동성애가 유행하였을 수도 있다.

● 신정조론新貞操論

김원주는 '일엽一葉'으로 더 유명한데, 일제강점기의 여성운동가女性運動家, 언론인, 시인이자 불교 승려이며, 수필가였다. 필명 일엽은 일본 유학 중에 만난 친구 춘원 이광수가 지어준 것이다. 그녀는 정조는 육체가 아닌 정신에 있다는 '신정조론'을 주장하였고, 순결의 무의미함을 주장했다.

혼전 혹은 연애 전의 순결은 중요한 것이 아니며, 연애와 결혼할 동안 상대방에 대한 지조志操를 지키는 것이 중요하다고 하였다. 그녀는 '남녀가 서로 사랑을 나누었다는 것이 문제될 것은 없다. 정신적으로, 남성이라는 그림자가 완전히 사라져버린 여인이라면 언제나 처녀로 재생할 수 있는 것이다. 그런 여인을 인정할 수 있는 남자라야 새로운 삶, 새 생활을 창조할 수 있다는 것을 강조하는 여인, 그것이 바로 나다'라고 하여 자신이 신정조론을 주장하는 이유를 밝히기도 했다.

다음은 1927년 1월 8일자 조선일보에 '나의 정조관'이란 제목으로 실었던 그녀의 글이다.

> 그러므로 과거에 몇 사람의 이성異性과 관계가 있었다 하더라도 새 생활을 창조할 만한 건전한 정신을 가진 남녀로서 과거를 일체 자기

기억에서 씻어 버리고 단순하고 깨끗한 사랑을 새 상대자에게 바칠 수가 있다면 그 남녀야말로 이지러지지 않을 정조를 가진 남녀라 할 수 있습니다. (중략) 무한한 사랑이 즉 정조라 하면 정조관념만이 더럽힘을 받는 제한된 감정이라고 할 수 없습니다. 정조는 결코 도덕적이라고 할 수 없고 단지 사랑을 백열白熱화시키는 연애의식의 최고 절정이라고 하겠습니다. (중략) 우리는 일생을 두고 이러한 연애의식의 최고 절정(대상이 바뀌고 아니 바뀌는 것은 상관없음)에서만 항상 살려고 하는 것이 정조관념이 굳은 사람이라 할 수 있습니다. (중략) 처녀성處女性이라 함은 이성을 대할 때 낯을 숙이고 수줍어만 하는 어리석은 태도가 아니라 정조에 대한 무한한 권위, 다시 말하면 자기는 언제든지 태도가 이지러지지 않은 새로운 영육靈肉의 소유자라고 자처하는 것입니다.

일본 유학 때부터 화가 나혜석, 김명순 등과 함께 자유 연애론을 외치며 개화기 신여성운동을 주도했다. 여성의 의식 계몽을 주장하는 글과 강연, 자유연애 활동을 하였다.

나혜석은 정조란 오직 취미에 불과한 것이라는 '정조취미론貞操趣味論'을 내세웠다. 그녀는 '영과 육이 부딪칠 때, 존경, 이해, 동정이 얽힐 때, 피는 지글지글 끓고, 살은 자릿자릿하고 맥은 펄펄 뛰며, 꼬집어 뜯고도 싶고, 투덕투덕 두드리고도 싶어 부시불각不知不覺 중에 손이 가고 입이 가고 생리적 변동이 생기나니 거기에는 아무 이유도 없고 아무 타산이 없이 영육이 일치되는 것이요, 가면에 영육을 따로 생각하리이까?'라고도 하였다.

나혜석의 자화상

허정숙은 성적 만족을 위해서라면 정신적 사랑 없이 육체적 결합이 가능하다는 '연애유희론戀愛遊戲論'을 주장하여 화제가 되기도 했다.

파리에서의 자유로운 연애와 염문이 화제가 된 나혜석, 남편에게 위자료를 주고 이혼한 박인덕 등은 한동안 사회의 화제가 되었다. 윤치호 등 일부 사회운동가들은 이혼녀들에게 가해지는 비판에 맞서 이들을 변호하였다.

이와 같은 새로운 사조思潮에 따라 성에 대한 태도가 다양하게 바뀌면서 사회에 여러 유형의 성 모럴과 관련된 고민들이 넘쳐났다. 1930년대 조선일보에 '어찌하리까'라는 독자문답란이, 그리고 조선중앙일보에 '명암明暗의 십자로十字路'라는 고민들을 상담해 주는 난이 오랫동안 연재되었는데, 흥미진진한 사례들이 많아 독자들에게 인기가 대단했었다. 그 중에는 딴 남자의 아기를 임신한 채 다른 남자에게 시집간 새댁의 고민, 두 남자와 삼각연애를 했는데 임신한 아기가 어느 남자의 아이인지 몰라 걱정인 신여성의 고민 같은 것들도 있었다.

● 정사情死

연애를 하다가 이런 저런 이유로 목숨을 끊는 경우들도 많았다. 지금은 흔치 않은 이 정사사건들이 1920년부터 1940년 무렵의 신문에 '자살自殺, 정사'로 분류되는 기사만 8,000건이 넘을 정도로 유행처럼 번져 나갔다. 신여성과 모던보이들 중에는 사랑 때문에 죽는 것을 '절대미絶對美의 극치極値'로 칭송하는 이들도 있었다. 때로는 선망의 대상이 되기도 했고, 이런 비련의 사건이 상업적 효과를 내기도 했다.

김우진과의 투신자살 며칠 전에 남겼던 윤심덕의 '사死의 찬미讚美' 음반은 우리나라에서 최초로 10만 장을 돌파할 만큼 인기가 있었다.

이 '사의 찬미'는 한국 대중가요의 효시嚆矢이기도 하다. 특히 그 가사가 그녀의 죽음을 예고한 것이라고도 했지만 알 수 없는 일이다. 가사는 다음과 같다.

> 광막한 광야에 달리는 인생아/너의 가는 곳 그 어데이냐/쓸쓸한 세상 험악한 고해에/너는 무엇을 찾으려 하느냐/(후렴) 눈물로 된 이 세상에 나 죽으면 그만일까
> 눈물로 된 이 세상이/나 죽으면 그만일까/행복 찾는 인생들아 너 찾는 것 허무/웃는 저 꽃과 우는 저 새들이/그 운명이 모두 다 같구나.
> (후렴)
> 삶에 열중한 가련한 인생아/너는 칼 우에 춤추는 자도다/허영에 빠져 날뛰는 인생아/너 속였음을 네가 아느냐/세상에 것은 너의게 허무니/너 죽은 후는 모두 다 없도다. (후렴)

경상북도의 부호의 아들 장병천을 사랑한 강명화라는 기생은 직업 때문에 손가락질을 당하자 자신의 사랑에 대한 순수성을 증명하려 단발斷髮에 단지斷指까지 서슴지 않았고, 마지막에는 장병천의 품에서 약을 먹었다. 남자도 죽은 애인의 뒤를 따라 쥐약을 먹고 세상을 하직했다. 이 조선을 떠들썩하게 했던 정사 사건은 1923년 6월에 일어난 일이었다.

또 돈 때문에 열일곱 나이에 마흔이 넘은 남자에게 시집갔다가 이혼한 뒤 카페 여급이 된 김봉자와 경성제대를 졸업한 유부남 의사 노병운은 비슷한 시기에 충

홍옥임, 김용수의 동성애 정사의 신문기사들

청남도 온양의 한 여관에서 비극적 정사로 끝을 맺는데 이들의 이야기는 1934년 노래로 만들어지기도 했다.

여자동성애자끼리의 정사도 있었다. 1931년 4월 고교 동창으로 동성 연인 관계였던 스무 살의 김용주와 홍옥임의 동반 자살 또한 큰 사회적 이슈가 되었다. 조선 최초의 국내파 의사인 세브란스의전 교수의 고명딸과 종로 큰 서점의 딸로 태어나 부호의 아들에게 시집간 두 여인이 영등포역 인근 기찻길에서 시체로 발견됐던 사건이었다.

● 다방茶房

우리나라의 커피에 대한 최초의 기록은 1884년 한성순보漢城旬報 3월호에 '이태리 정부에서 시험 삼아 차와 가비加非를……'이라는 글이 실린 것이라고 한다. '커피'라는 단어는 1913년 '국민보'에 처음으로 등장한다. 서양에서 들어온 탕약 같다는 뜻의 '양탕국'이란 말로도 불렸다.

다방은 일본식으로 '끽다점喫茶店'이라 했는데, 1911년 '부인다옥婦人茶屋'이 생긴 것이 최초로 다방과 유사한 명칭이 등장한 것이었다. 부인다옥의 매일신보 광고를 보면 '한번 구경하시오'라는 제목 아래 당시의 다방 풍경을 자세히 소개하고 있다. '본 다옥茶屋에서 동서양 각종 과자와 모과슈와 전복과 소라와 아이쓰그림과 사이다 각종 차도 구비하압고 쳐소도 졍결하오니 여러 신사와 부인은 차져오시면 편리토록 슈응酬應하겠사오니 한번 시험하심을 천만 바라나이다. 종로어물전鍾路魚物廛 7방 부인다옥 박정애朴貞愛 고백'

1930년대 '모던 보이'들이 드나들던 다방과 카페는 당시로서는 멋과 풍류의 상징이었다. 다방이란 이름으로 서울에서 처음 생긴 곳은

1927년에 문을 연 '카카듀'였다. 그 후에도 다방은 그리 많지 않아 충무로와 종로 쪽에 각각 두서너 곳 정도 있었다. 미술가 김용규가 종로YMCA 근처에 '멕시코다방'을, 영화배우 복혜숙이 인사동에 '뷔너스 다방'을 내기도 했는데, 이래저래 다방은 문화장소로 많이 애용되었다.

카페는 여급이 나와 술을 따르고 시중을 드는 곳이었다. 카페의 커피 한잔은 10~15전, 맥주는 한 병에 40전으로 설렁탕 값보다 비쌌다고 한다. 조선인 남자 노동자의 하루 일당이 대개 60~80전이었으니 꽤 고가였다고 할 수 있다. 허세를 부리는 멋쟁이들은 커피 한잔 마시고, 밥값이 없어 정작 끼니를 거르기도 했다고 한다.

● 우애결혼友愛結婚

성별을 달리하는 두 사람이 안정적인 성적관계를 가질 경우, 적법이나 위법에 관계없이 그들을 부부로 보기도 하지만 원래는 국가나 관리자에 의해 거행되는 법률 결혼을 통해서만 합법적인 혼인관계가 승인된다. 최근 사실혼事實婚이라 하여 혼인신고 없이 사실상 혼인생활을 해도 법률적으로 보호받기도 하지만 이는 둘 사이의 계약에 어긋난다고도 할 수 있다. 그저 내연 관계일 뿐이다. 교회법에 따른 종교 결혼만이 법적 구속력을 갖는 나라도 있다.

이 밖에 우애를 기초로 하여 결혼 생활에 들어가기 전에 시험적으로 함께 사는 결혼을 우애결혼이라고 한다. 요즈음 개념의 동거同居나 합의결혼合意結婚과 유사한 뜻을 지니고 있다.

그런데 1920년대에 부부간에 아이를 낳지 않고, 재산은 각자 갖고 있되 공동부담으로 처리하는 우애결혼이 등장하였다. 남녀가 서로의 우애를 기초로 하여, 피임과 이혼의 자유를 인정하면서 시험적으로 함께 사는 결혼이다.

우애결혼은 지식인들 사이에서 유행하였다. 이 무렵부터 많은 여성 운동가들이 가부장제를 봉건사회의 잔존으로 비판하는 한편, 이혼을 할 자유를 요구하는 강연과 칼럼 활동을 했는데, 이들의 영향도 컸었을 것으로 본다. 1920년대 초반 당시의 사회에서는 이혼을 범죄시, 터부시하였으나 이혼이 증가하면서 1930년대에 가서는 공식석상에서 이혼에 대한 비판은 차차 사라지게 되었다.

● 이혼

가부장제의 퇴보, 교육수준의 향상, 여성의 경제력經濟力, 그리고 연애 사조의 변화 등과 함께 이혼도 늘어났다.

1917년의 이혼 건수는 10,542건으로 일제강점기 중 최고를 기록했다. 이혼 건수의 결혼 건수에 대한 비율은 1910년대 7퍼센트였다가 1920년대 이후에는 4퍼센트 안팎으로 떨어졌다. 같은 중매결혼이라도 결혼에서의 본인의 의사가 점점 존중되어가는 추세와 무관하지 않았을 것이다.

동아일보는 한 기사에서 날로 늘어나는 이혼 소송에 대해 '남편의 부족을 들어 여자 편에서 고소함이 다수多數'라며 경성지방법원에 제기된 사례들을 소개했다. 가장 흔한 이혼 사유는 경제적 문제였다. 그러나 그 외에도 가치관의 변화로 남자들이 부모가 정해 준 원치 않는 여자와 꼭 결혼생활을 유지할 필요가 있느냐 하는 의구심을 갖게 된 경우도 많았다. 여자들 또한 원치 않는 결혼생활, 사랑하지 않는 남편, 고된 시집살이를 굳이 참고 해야 하는지에 대한 불만이 큰 경우가 많았다. 그 외 독립운동 등 정치적인 이유로 만주滿洲 등지로 떠난 남편이 귀가하지 않아 가정이 파탄에 이른 사례들도 적지 않았다.

또 일본으로의 유학생이 늘어나면서 조혼으로 일찍이 결혼하여 한국에 아내를 둔 남자들이 일본에서 신여성新女性과 연애에 빠져 가정에 파탄이 일어나는 경우들이 계속되고 있었다. 초등학교도 못 나온 부인과 일본 유학을 떠나 있는 신여성 사이에서 고민하다가 두 번째 장가를 든 남자들이 많았다. 1930년대에는 '제2 부인'이라는 용어가 나오지만 결국 첩妾이 된 셈이어서, 이들은 희생자였고 이에 따른 이혼소송이 많았다. 남편이 부인을 내쫓는 소박형疏薄形 기처棄妻만 존재하던 우리나라 사회에 여자에게 이혼당하는 남자들이 점차 증가하였다.

● 직업여성職業女性

1920년대와 30년대는 급격한 도시화로 인하여 전에는 듣도 보도 못하던 새로운 여성 직업군이 생겨났다.

과거에는 여성의 직업이라면 부잣집의 식모나 공장노동자가 아니면 주

일제강점기 부산의 조선방직에 근무하던 여공들

로 성과 관련된 것들이 대부분이어서 직업여성이라면 부정적으로만 생각했던 인식도 바뀌기 시작했다.

조선조 때는 생각조차 할 수 없었던 다방 여급인 '카페 걸', 백화점

여직원인 '데파트 걸', 전화교환수인 '할로 걸', 식당의 '웨이트리스', 버스 여차장인 '버스 걸', 그리고 '엘리베이터 걸', '빌리어드 걸', '가솔린 걸' 들이 등장하여 여성들의 직장을 마련해 주기 시작했다.

그러나 어떤 형태로든 남자의 수발을 들어 주는 직업들도 많이 생겨났다. 많은 서비스직에 종사하는 여성들의 신체는 자주 남자들에게 '보이고', '만져졌다'.

여급잡지 창간호 표지

남자가 할 모든 사소한 일들을 대신해 주는 '핸드 걸', 지팡이 대신 팔짱을 끼어주는 '스틱 걸', 이발소에서 손톱을 다듬어 주는 '매니큐어 걸'도 있었고, 요즘 성행하는 '키스방'의 원조격이라고 할 '키스걸'까지 있었다. '박람회 여간수女看守, 여자 도우미 중에 일금 오십 전에 키스를 팔다가 내쫓긴 여자가 있다'는 기사가 신문에 나기도 했다.

많은 당시 여성의 일터가 임금차별과 성희롱의 전쟁터 같아지기도 했지만 직업여성의 수는 늘어만 갔다. 여성의 사회진출이 개화의 극치처럼 느껴지기도 했다. 카페여급들이 '우리도 직업여성이다'라 외치며 1934년 4월 '여성女聲'이라는 잡지 창간호를 발간하기도 했다.

직업전선에 뛰어드는 여자들이 늘어남에 따라 직업을 갖고 있는 아내를 둔 남편은 다른 남자고객들에게 희롱당할지도 모르는 아내의 모습을 그리느라 밤잠을 못 이루는 경우도 많았다고 한다.

성범죄

1930년 서대문형무소에 수감된 살인범 100명 중 남자가 53명, 여자가 47명인 것에서 알 수 있듯이 세계 어느 국가에서도 볼 수 없었던 높은 여성 범죄자의 비율을 나타냈다. 놀랍게도 이들 여성 47명 중 31명이 남편을 살해한 경우였다. 당시 여성의 남편 살해 범죄가 꽤 많았던 것으로 보인다.

아직도 남아 있던 조혼풍습, 유교적 가치관의 붕괴崩壞 등과 관련이 있을 것으로 보이지만 가정폭력이나 심한 시집살이에 대한 반감이 큰 원인이었을 것이다. 1924년 스무 살의 김정필이 정부와 짜고 열일곱 살의 남편을 살해한 사건이 일어났는데, 당시의 신문은 '독살미인사건'이라는 제목으로 이를 보도했다. 그 후부터 범죄에 연루된 여자들을 미인이라고 쓰는 경우가 많아졌다.

1939년 하윤명 사건에 관한 동아일보 기사

사창私娼이 많아지면서 여자유괴사건도 많았다. 다음은 1939년의 동아일보 석간 기사다.

> 서대문서에서 유괴마誘拐魔 부부 하윤명 외 대규모 유괴단 일당 5명을 일망타진하여 조사를 계속 중인데 다음과 같은 천인공노할 죄상이 속속히 드러나 취조경관을 경악케 했다 한다. 즉 천순동은 지금으로부터 4년 전 그의 사촌 아우 형제들을 경향각지京鄕各地로 보내어 가난에 울고 혹은 허영에 날뛰는 시골처녀들의 부형을 찾아다니

며 수양녀로 다려다가 호의호식에 공부까지 시켰다가 후일 서울 부호의 며느리를 시켜주겠다는 등 혹은 좋은 곳에 취직을 시켜주겠다는 등 감언이설로 그럴듯하게 꼬이는 동시에 수양녀로 한다는 백지위임장과 또한 호적초본, 인감증명 등을 맡아가지고 와서 여급女給 혹은 기생, 작부로 팔아넘기고 아직 나이가 어린 소녀는 하녀로 학대하다가 크면 역시 매춘부로 인육시장人肉市場에 넘겼다는데, 이상과 같은 교묘한 수단의 형제의 독수에 희생된 소녀 혹은 유부녀는 현재 동서에 구출된 15명의 처녀 외에 이미 북지北地와 만주滿洲 혹은 경성시내에 사창가로 넘긴 부녀자는 지금까지 판명된 수만 35명으로 앞으로도 얼마나 더 나올지 모른다 한다.

● **일본군의 성노예**性奴隸

반만 년 역사에서 가장 치욕적인 성노예 사건이 일제강점기 말에 일어난다.

소위 전시체제일본군위안소戰時體制日本軍慰安所라 불리는 곳으로 연

출정하는 군인들에게 술을 따라 주기 위하여 동원된 한국 여인들

행되어 일본 군인들에게 강제로 연속되는 성폭행을 당한 여성들을 일본군위안부라고도 하는데, 오히려 성노예라고 하는 것이 더 정확하다는 클린턴 미 국무장관의 발언 이후 이렇게 부르기도 한다. 통계에 따라 차이가 있으나 이들 중 52~80퍼센트가 한국 여성들이었다고 한다. 전체 동원된 숫자는 일본 학자 주장의 2만 명으로부터 중국의 주장인 40만 명까지 큰 차이가 있으나 수많은 젊은 여성들이 이 어처

구니없는 제도의 희생이 된 것이다.

당시에는 정신대挺身隊라 하여 마치 솔선하여 앞장서서 몸을 바쳐 노동을 하는 것처럼 선전하면서 강제적으로 모집을 하였으므로 멋모르는 희생자들도 많았다. 또 결혼한 여자들은 징발徵發에서 제외되었기 때문에 급하게 딸들을 시집보내다 보니 그로 인한 부작용도 많았고, 후에 이혼 등 가정비극의 원인이 되기도 했다.

이와 같은 큰 희생을 당한 조선여성이 최소 7만 명에서 최대 20만 명 정도로 추산되고 있다. 군 위안부제도는 일본군에 의해 중일전쟁 개시 직후인 1938년 봄부터 만들어졌다. 이들 소위 위안부는 처음에는 신문 등을 통한 공개모집으로 시작했지만 충원이 잘 안 되자 군이 인신매매업자들을 내세워 면장이나 경관을 대동하고 취업을 미끼로 여성들을 유인했고, 나중에는 군軍이 나서서 직접 강제 동원하는 방식까지 자행했다.

1944년 8월에는 여자근로정신대근무령을 시행하여 12세에서 40세 미만까지의 모든 미혼 여성을 상대로 정신근로영서精神勤勞令書를 발부하여 강제 동원할 수 있게 하였다. 이 동원에 불응하면 당국은 취직영서를 발부해 임의로 특정 직업에 취업하도록 강요할 수 있고, 이러한 조치에도 불응하면 실형實刑으로 처벌할 수 있게 하였다. 또 면, 리 단위의 행정기관과 주재소, 파출소 같은 경찰

중국 상해의 위안소 입구. '성전대승의 용사 대 환영', '몸도 마음도 봉사하는 일본 아가씨들의 서비스' 등의 현수막이 걸려 있다. 이 때는 창씨개명(創氏改名)도 하고 조선인을 일본인이라고 불렀다

의 말단기관에 인원수를 배당하여 여성들을 동원하기도 했다.

위안부들의 고통과 희생은 상상을 초월하는 것이었다. 이들은 일본군대의 지시문에 규정되어 있듯이 '군인들의 정욕을 채우는 도구'에 지나지 않았다. 위안소에 감금된 채 하루에 한 사람이 많을 경우 40-50명, 보통 20-30명, 적을 때도 5-6명 정도의 일본군을 상대하도록 강요받았다. 이를 거절할 경우 업주들은 무자비하게 때리고, 밥을 굶겼으며, 심지어 전기고문을 가하기도 했다. 항상 감시를 받았으며, 도망치면 군대가 직접 추격하여 체포했고 때로는 사살되기도 했다. 위안부들은 군의관에게 정기적으로 성병 검사를 받았으며, 치료하기 어려운 병에 걸리거나 임신한 경우 유기하거나 살해했다.

꽃다운 나이의 위안부들

이들은 또 일본군을 따라 이동하게 되어 있어, 최전방 전투 지구까지 끌려 다니면서 소위 위안 행위를 하도록 강요받았다. 그리하여 일본군과 군사행동을 같이해야 하는 경우도 허다했고, 때문에 죽거나 포로가 되는 경우도 많았다.

이러한 희생에도 불구하고 이들은 전쟁 기간이나 그 이후에도 일본군이나 위안소업

사체가 여럿인 것으로 보아 살해한 것 같음. 덮지도 않고 끌고 가는 어처구니 없는 장면에 할말을 잃는다. 그래도 불교식으로 처리하는 듯. 대만 출신의 여인들이라고도 하는데, 확실히는 알 수 없음.

자로부터 한 마디의 사과도 한 푼의 보상도 받지 못했다. 종전과 더불어 이들은 모두 자취를 감추었고, 거의 무일푼으로 이국땅에 남게 되었다. 생존한 그들의 대부분은 씻을 수 없는 치욕감과 상처투성이인 몸만 남았다고 느껴 해방 이후에도 귀국하지 못하고 이국異國에서 어렵게 살다가 생애를 마친 경우가 많았다.

현대現代

● 해방解放과 미군정美軍政

비록 38선으로 분단이 되기는 했지만 세계이차대전이 종식되고 일본은 물러갔다. 그리고 남에는 미국에 의한 정치가 북에는 소련식 정치가 시행되면서 우리나라는 엄청난 정치적, 문화적 변화를 겪게 된다.

전쟁과 징용 등으로 인한 가정해체, 정조관념貞操觀念의 변화, 빈곤 등으로 매춘賣春 인구가 증가하는 것도 당시의 큰 사회 문제들 중의 하나였다.

미 군정청은 비인도적이라며, 공창제公娼制 폐지를 위한 '부녀자의 매매 또는 그 매매계약의 금지에 관한 법령'을 1946년 5월에 공포 시행하였다. 그러나 이 법령은 거의 유명무실했다. 별 단속도 없었고 외형상 공창이 아닌 사창私娼으로 바뀌었을 뿐 영업은 그대로 계속되었기 때문이다. 러취 군정 장관은 '금지령이 공창의 폐지를 규한 것이지 사창에는 아무 관계가 없다'라고도 했다. 이에 1946년 10월에 조선과도입법의원朝鮮過渡立法議院에서는 '공창폐지법'을 별도로 통과시켜 군정장관의 인준을 요청하여, 매춘제도를 강력하게 폐지하려 했다.

매춘녀들과 포주들은 이를 완강히 거부했다. 대부분 생활난으로 매춘에 종사하고 있던 그들은 아무런 보완책 없이 공창제가 법적으로 폐지되는 것에 반대하고 나섰다. 이미 공창

1945년 10월. 장소 모름. 미군 출입금지 'Off Limits' 표시가 있다. 우리는 적선지대(赤線地帶)라고도 불렀다.

이외의 밀매춘을 하는 사창여성들도 많이 있었다. 1947년 말, 전국에 산재해 있던 공창에만 총 2,124명의 여성들이 있었는데, 사창까지 포함하면 그 인구는 그 몇 배가 되었을 것으로 추산된다.

법에 의하여 성매매性賣買가 없어질 것으로 기대하는 사람들은 거의 없었다. 1949년 12월 31일자 동아일보는 '없어지기는커녕, 늘어만 가는 사창'이라는 제목의 기사를 삽화를 곁들여 보도하고 있다.

> 시내 인의동, 다옥동 쌍림동을 비롯해서 각처에 득실거리는 매음부들의 추잡한 꼴을 목격할 수 있다. 또한 허가 음식점, 심지어는 하꼬방 우동집까지 탕녀蕩女들이 드글드글하여 유랑流浪하는 남자의 주머니를 노리고 있다. 밤거리를 더럽히는 매음녀의 소방 운운은 기축년의 공수표空手票요, 또한 숙제로 넘어가니 과연 앞으로 사회질서를 위하여 밤거리의 단속만을 철저히 하여야 할 것을 부언해 두며 허다한 공수표를 덮어두고 이것으로 막는다.

성매매에 대하여 관대한 기사들도 있었다.

> '성을 사고 파는 게 어떤 기준으로도 바람직한 일이라고 말할 수는 없겠지만, 전쟁으로 모든 것을 잃은 이들, 특히 남편을 먼저 떠나보

낸 젊은 여성들 중에는 마땅한 호구糊口 대책이 없었으므로 덮어놓고 윤리관을 지키라는 것은 오히려 다른 이름의 폭력이다.'

 이후 등장한 성매매 집결지는 세 갈래로 나뉘어 경쟁적으로 커갔다. 하나는 서울역驛, 부산역, 대구역, 청량리역, 용산역, 영등포역 등 사람들이 많이 오가는 역을 중심으로 거의 자연발생적으로 성매매 집결지가 형성되기 시작했다. 또 한 줄기는 부산 완월동, 대구 자갈마당, 대전 중동 10번지 등처럼 일제강점기 유곽遊廓이 성매매 집결지로 굳어졌으며, 나머지 한 줄기는 파주 용주골, 동두천 보산동, 용산 이태원 등 미군부대美軍部隊 주둔지 앞에도 어김없이 성매매 여성들이 모여들었다.

 특히 미군정의 시작은 곧 '양공주洋公主' 혹은 기지촌基地村 여성과 미군을 주 고객으로 유인하려는 기지촌 매춘업주의 새로운 등장을 낳았다. 당시는 극심한 생활고에 시달리던 때이어서, 많은 여성들이 미군들 상대의 이 길로 들어섰다.

 공창이 없어진 자리는 전국적으로 사창들이 이를 대신했고 오히려 더 많은 성매매 여성들이 나왔는데, 생계를 위하여 나선 경우도 있었고, 정조를 잃고 자포자기로 나선 경우도 있었다. '이왕 버린 몸'이란 말도 이 때 나왔다. 아직도 처녀성을 생명처럼 중요하게 여기는 여성들이 대부분일 때였고, 똑같은 성행위를 하고도 여자는 '몸을 바쳤다, 몸을 빼앗겼다, 몸을 주었다, 더럽혀졌다' 등으로 표현할 때였다.

● 양공주洋公主

 주한 미군을 상대로 성매매를 하는 여성들을 미군위안부, 양공주 또는 양갈보라 불렀으며, 그밖에 양색시, 유엔마담, 히빠리, 주스 걸

기지촌 사진

(필리핀에서 쓰던 말)이라고도 했다. 처음에는 위안부라고도 불렀으나 일본에 의한 종군위안부 할머니들이 커밍아웃을 하면서부터 이들과의 혼동을 피하기 위하여 위안부란 말은 잘 안 쓰고 있다.

　이들은 한국 매춘녀 사회에서도 최하층이었으며, 아무도 상대하려 하지 않는 불가촉천민不可觸賤民과도 같았다. 그러나 한국을 방위하기 위하여 필요했던 주둔군인 미군을 위한 기지촌을 정부도 어쩌지 못했다. 동맹국의 한 부분으로 보고 모른 척할 수밖에 없었고, 오히려 성매매 여성들에게 성병예방과 반공사상, 영어 등을 교육시키는 등 기지촌 거대화의 기초를 다져주는 결과를 낳았다.

　양공주는 광복 이후 옛 일본군의 주둔지에 미군이 주둔하면서 생겼지만 한국전쟁 때 그 수가 급격히 늘어났다. 당시 미군기지 주변으로 주한 미군을 상대로 한 소매업, 유흥업 또한 성행하였는데 국내 시장에서 중요한 한 축을 담당했고, 여기에 양공주들의 역할이 적지 않았다. 대다수의 국민들은 그들의 존재를 필요악으로 인정하고 있었다.

　그러나 패전국 일본에서는 이들을 천민시賤民視하지 않았다. 정부가 매춘여성이나 전쟁미망인들 일부가 미군들의 성 상대가 되어주는 것이 다른 일본 여성들의 정조를 지키기 위해서 스스로를 희생하는 것처럼 인식케 하여, 미군 위안부가 되도록 부탁하는 경우도 있었다고 한다. 그러나 또 다른 목적은 전후 재건을 위한 외화획득에 필요했음은 더 말할 나위가 없다.

처음 도쿄 만에 여성 1,360명이 몰렸고, 이후 확대되어 30여 곳이 되었다. 하룻밤에 미국병사 47명을 상대한 여성도 있었다고 하는데, 미군을 상대한 일본 여성

미군과 일본 위안부들.

의 수는 사무직까지 포함하면 55,000명에 달했다고 한다. 우리나라에서도 일부는 이들을 민간 외교관, 달러벌이 역군役軍 또는 부녀자들을 보호해 주는 애국자라고 생각하기도 했다.

이렇게 외국인을 상대로 하는 성매매 여성들은 한국전쟁을 계기로 급속히 늘어나 거의 준공식적准公式的 존재가 되었다. 그리고 여기에는 양면적인 성격이 있었다. 우선 여성 자신들의 필요에 따른 것으로 극도의 생활난과 남성부재男性不在라는 현실, 그리고 가진 것이라곤 '몸'밖에 없다는 잘못된 인식이 하나요, 수십만에 달하는 미군을 비롯한 군인이라는 특수하고 격리된 '남성' 집단을 유지하기 위한 사회적 필요에 의한 것이라는 생각이 그 둘째였다.

한동안 외국군위안부를 '양갈보'라 부르면서 내국인 상대의 매춘녀를 '똥갈보'라 불렀다. 이때는 우리 토종개를 보통 '똥개'라 부르던 때라 별 저항 없이 자신들도 이를 받아들였다. 비공식 통계이긴 하지만 1950년대 말, 이 두 부류部類의 성매매 여성들은 거의 비슷한 숫자였고, 전국에 모두 약 15만 명이 있었던 것으로 추산되었다.

낙랑樂浪클럽

일제말기의 친일행위親日行爲로 비난받기도 했지만 '국군은 죽어서 말한다'라는 장편 시로 유명한 모윤숙 시인은 해방 후 남한의 단독정부수립에 큰 공헌을 하게 되는데, '나는 나라를 위해 논개가 되겠다'고 한 그녀의 말대로 미인계美人計를 써서 목적을 달성하였던 듯하다. 1948년 당시 남한 단독 정부를 반대하던 인도의 외교관 메논과 교제하면서 그를 이승만 지지 측으로 회유시켰기 때문이다. 후일 모윤숙은 '만일 나와 메논 단장과의 우정 관계가 없었더라면 단독 선거는 없었을 것이며, 대한민국 건국과 이승만 대통령도 생각할 수 없는 사실일 것이다'라고 했고, 메논도 '외교관으로 있던 오랜 기간 동안 나의 이성理性이 심정心情에 의해 흔들렸던 경우는 내가 유엔 조선임시위원단 단장으로 있던 그때가 처음이자 마지막이었는데, 나의 심정을 흔든 사람은 한국의 유명한 여류 시인 모윤숙이었다'고 한 것을 보면 알 수 있다.

모윤숙은 원산 출생으로 개성의 호수돈여고, 이화여전 영문과와 경성제국대학교 조선어학과를 졸업 후 한때 안호상安浩相과 결혼하였으나 곧 이혼하고, 이후 평생을 독신으로 살았는데, 태평양 전쟁 중 각종 친일 단체에 가입하여 강연 및 저술로 일본에 협력했다.

그녀는 영어를 잘하는 교양 있는 여성들에게 미 군정청의 실력자들인 장성급, 고급 장교 및 여러 나라 외교관과 유엔 산하 각종 단체장들을 상대로 고급 외교를 하도록 조직한 비밀 사교단체를 만들었다. 이들이 남한에 호의好意를 갖게 만드는 역할을 할 목적이었다. 총재는 김활란이었고, 모윤숙이 회장으로 주도적인 역할을 했다. 주로 이화 및 숙명여자전문학교 출신의 인텔리 여성들로 150여 명 정도가 한국의 문호門戶를 알리는 사명을 띠고 민간 외교단을 자청했다. 고구려 시대 낙랑공주와 같이 고귀한 신분을 가진 여성들만이 선택되어 입회되었다는 의미로 '낙랑클럽'이라 이름 했다. 그러나 이 사교모임이 얼마나 성과를 거두었는지에 대한 평가는 별로 없다.

● '한국판 마타 하리' 김수임金壽任

1950년 한국 사회를 떠들썩하게 만들었던 김수임. 그 앞에는 항상 '미모의 여간첩', '한국판 마타 하리'란 수식어가 따라붙는다. 이화여전 영문과를 졸업한 뒤 공산주의자로 알려진 이강국을 알게 되어 동거생활을 하였다. 능통한 영어 실력을 이용하여 낙랑클럽에서 활약했는데, '종달새'라는 별명으로 불릴 정도로 '어떤 장소에서든 웃음을 한 바가지씩 들고 나오는 여자'였다. 정부 수립 후에는 주한미국대사관의 통역관이었으며, 수사기관의 고문으로 있던 미국인 존 베어드와 옥인동에서 동거생활을 했었다.

그녀는 이강국을 미국인 고문관의 집에 숨겨두었다가 월북시키는 데 도움을 주었다. 그 외 각종 간첩 활동을 한 혐의로 1950년 4월 초에 수사당국에 전격 체포되어 6월 15일 육군본부 고등군법회의에서 사형선고를 받아 6·25 전에 사형이 집행되었다. 김수임이 간첩 혐의로 재판을 받을 당시 모윤숙은 김수임을 적극 변호했었다.

그런데 최근 미국 AP통신에서 그녀

28세 때의 김수임. 이 사진을 받은 그녀의 Sweetheart가 누구인지는 알 수 없다.

의 죽음과 관련된 새로운 내용을 보도했다. 비밀이 해제된 1950년대 기밀자료인 '베어드 조사보고서'에 지금까지 알려진 사실과는 사뭇 다른 내용이 있는데, 심지어는 이강국이 미국 CIA의 비밀 첩보원이었다고까지 했다. 김수임이 이 모든 사실을 알았다 해도 북에 있는 애인을 위하여 조용히 형을 당했을 수도 있으므로 궁금증을 더해준다. 이강국은 그 이듬해 북에서 남한간첩으로 총살을 당했다.

● 한국전쟁 韓國戰爭

가. 성 가치價値의 변화

북한의 전면적 남침南侵은 유엔군의 지원에도 불구하고 불과 2개월 만에 낙동강 이남을 제외한 모든 지역이 적화赤化됨에 따라 엄청난 사회적 혼란과 변혁이 뒤따랐다. 내일의 생사가 불확실하다는 생각 때문이었던지 육체관계를 미루던 많은 연인, 애인들이 쉽게 몸을 섞었다. 시대적 상황에도 힘입었지만 여자들의 정조에 대한 가치도 이렇게 조금씩 변하기 시작했다.

군인을 비롯한 많은 남자들이 희생됨에 따라 전쟁미망인이 급속히 늘어났고 이로 인한 성비 불균형의 여초女超사회가 되었다. '남자 하나에 여자가 두 트럭 하고도 몇 명 그 뒤에 걸어온다'고 과장되게 표현하기도 했다. 전에 없던 학살유가족, 이산가족, 월남인, 월북인, 간첩, 공작원, 양공주, 혼혈아동, 반공어린이 등의 새로운 용어와 사람들도 탄생했다.

빈곤과 기아 때문에 많은 사람들이 매춘을 필요악必要惡으로 인정했고, 사회적으로도 당연히 '있을 수 있는 일' 정도로 평가됐다. 성폭력이나 성희롱 또한 흔히 일어나는 사회로 바뀌어 나갔다. 강간强姦

은 중범重犯으로 인식되었지만, 그 외의 성추행들은 법을 빗겨가기 일쑤였으며, 현대 개념의 성희롱 정도는 범죄라고 생각하는 사람조차 거의 없었다. 그리고 이런 성 관련 범죄들은 판자촌, 피난민촌, 월남민 정착촌, 기지촌과 같은 새로운 사회 환경에서 더 많이 일어났다.

나. 전쟁미망인

미망인은 과부를 '남편이 죽었지만 따라 죽지 못하고 살아남았다'는 부정적인 의미로 부르는 언어인데, 특히 전사자의 부인들을 굳이 그렇게 불렀다. 나라를 위하여 목숨을 바친 애국자의 부인들이 '재혼 따위'는 하지 않

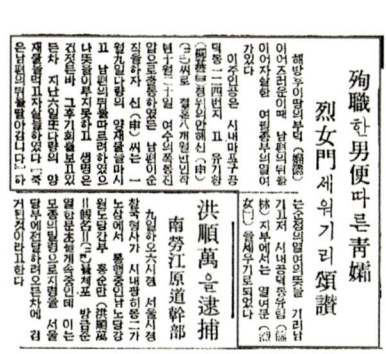

1949년에 아직도 열녀가 있었다. 여수순천사건 진압 중 전사한 남편을 따라 자살한 부인을 기려 서울 공덕동 유림들이 열녀문을 세우기로 했다는 신문기사.

기를 바라는 마음과 일부종사의 유교적 관념의 소산所産일 수 있다.

휴전 직후 전쟁미망인이 무려 50만 명이 넘었다. 1955년 조사에 의하면 당시 미망인 중 상류층은 불과 4.5퍼센트였으며, 경제적으로 하류층이 57.2퍼센트, 문맹文盲이 47.5퍼센트였다. 군인과 경찰관의 전쟁미망인은 어느 정도 대우를 받았지만, 납북자나 민간인 희생자들의 가족들은 오히려 감시대상으로 어렵게 살기도 했다.

많은 미망인들이 먹고살기 위해 다방, 미장원 등 업소에 진출했다. 그 외 떡 장사, 옷 장사, 일용품 장사나

악착같은 장사. 윌리 세일러 그림. 1950년대.

야채 장사, 화장품 장사 등 장사를 하는 사람들도 있었고, 식모나 바느질을 하여 생계를 유지하기도 했다. 사회경제수준이 낮을수록 재혼을 하는 경향이 높았으며, 유흥가 취업이나 성매매 여성이 되는 경우도 있었다.

간혹 자식을 고아원으로 보내거나 유기하기도 했다. 전쟁고아가 많아질수록 이들의 해외입양이 많아졌으며, 결국 고아수출 세계 1위라는 불명예를 안게 되었다.

이와 같은 여성들의 경제활동이 사회문화적 변화를 져오게 되었고, 전쟁미망인뿐 아니라 일반 여성들의 사회진출, 탈농화脫農化도 함께 늘어났다.

그리고 6·25와 1·4 후퇴의 혼돈과 가난의 시대를 거치면서 의외로 한국의 여권女權은 크게 신장된다. 같은 유교문화권에 있으면서 일본 여성들보다 나아진 것이 이 때이다. 젊은 남자들은 대부분 전쟁터에 나가서 여자들이 생계를 이어가야 하는 경우도 많았지만, 극한 상황에서는 여자들이 남자들보다 훨씬 생활력이 강함이 증명되었기 때문이다.

다. 전쟁 위안대

군에 성매매여성 알선이 한국전쟁 당시 일부 일선부대部隊에서 있었다고 한다. 그러나 종군위안부와는 근본적으로 다른 것이며, 오히려 일회성 미군과 양공주 관계의 수준으로 인지된다.

한 지휘관은 자서전에 '표면화한 사리事理만을 가지고 간단히 국가시책에 역행逆行하는 모순된 활동이라고 단안斷案하면 별문제이겠지만, 실질적으로 사기앙양은 물론 전쟁사실에 따르는 피할 수 없는 폐단을 미연에 방지할 수 있을 뿐 아니라 장기간 교대 없는 전투로 인하여 후방 내왕來往이 없으니만치 이성異性에 대한 동경에서 야기되는 생리작용으로 인한 성격의 변화 등으로 우울증憂鬱症 및 기타 지장支障을 초래함을 예방하기 위한 조치였다'고 함으로써 국가시책과는 어긋났음을 증언하기도 했다.

   대상은 매춘여성들로 본인의 희망에 따랐고 대가를 지불했으며, 일회성이었고, 신체검사를 거쳐서 이루어졌다고 한다. 대부분 연대 간부들이 사창가에서 거금巨金을 주고 데려왔다고 했다.

   당시 전방에서 이들의 신체검사에 직접 참여했던 한 군의관에 의하면, 이들 성매매 여성들 중에는 귀찮게 굴거나 오랜 시간을 끄는 병사를 발로 세게 걷어차서 천막 밖으로 튕겨 나오는 경우도 종종 있었다고 한다. 그래도 과로로 신경이 극도로 예민해져 있는 이들을 군 장교들은 상전 모시듯 했다고 한다. 또 그는 이와 같은 성매매 여성들이 다녀가면 테스토스테론이 많이 나와서인지, 군인들이 훨씬 더 용감하게 싸우더라고도 했다.

   최근 일부 일본인들이 이를 빗대어 종군위안부 할머니들에게 '제5종 보급품' 운운 하는 조롱 투의 우편물 등을 보내는데, 이는 무지의 소치所致이다.

   이 용어는 이들 성매매 여성들의 별명別名으로 한국전 때 비로소 나온 것이다. 인터넷 기사들 중에는 한국전 당시 서울, 강릉 등지에 군 위안소를 설치 운영하였다는 내용도 있는데, 이는 전혀 사리事理에 맞지 않는다. 전쟁 중에 전선이탈이나 휴가는 불가능했고, 이들 대도시들에는 당시 이미 여러 군데 사창가들이 있었기 때문이다.

● 종삼이네

한국 현대사에서 가장 유명했던 성매매 집결지는 서울 종로 3가 뒷골목에 길게 형성됐던 소위 '종삼鐘三'이었다.

비 오는 날의 종로 3가 뒷길

종삼은 1930년대 말에 생겨 해방 직후 커지기 시작했는데 1·4 후퇴 이후 피난민 여성들의 대거 유입流入으로 걷잡을 수 없이 늘어났다. 종삼에는 많은 때는 1,400명, 적을 때는 1천 명 정도의 여자들이 있었다. 서쪽으로는 지금의 파고다공원 근처에서 동쪽으로 종로5가까지 1 킬로를 넘었고, 종로 남쪽으로도 드문드문 이어졌다. 성매매 여성들이 방 한 칸을 차지하기 알맞은 나지막한 한옥들이 줄줄이 늘어선 이곳의 가옥 구조가 사창가로 발전하는 데 한몫했다고 주장하는 학자도 있다. 그때 유행한 말이 '서종삼', '이봉익' 등인데, 종로3가 옆에 있는 봉익동 역시 사창이 번성하던 동네였기 때문이다.

당시 서울역 앞 양동도 또다른 집결지였는데, 그곳 포주들은 지방에서 취직하러 올라오는 여성들을 구렁으로 빠뜨리곤 했다. 양동에는 소위 '염쟁

'나비작전' 관련 기사

이'라 불리는 무서운 이들이 있었다. '염殮쟁이'란 원래 죽은 사람의 몸을 씻기고 수의를 입혀 이승을 정리하고 저승을 준비해 주는 훌륭한 직업이다. 그런데 갓 상경한 시골 처녀를 강제로 성폭행해 과거의 순수한 자신을 잊게 하고, 완전히 다른 사람인 윤락여성으로 전환시키는 악랄한 짓을 하는 이들을 이렇게 부른 것이다.

1966년 8월 21일자 조선일보에 소개된 내용을 보면 종삼의 화대花代, 꽃값가 '짧은 밤(쇼트타임)'이 300원, 긴 밤(올나잇)이 800원'이었다고 했는데, 참고로 당시 다방커피 한 잔에 30원 정도였다. 잠시 들어가 관계를 마치고 나오는 쇼트타임과 하룻밤을 자면서 여러 번도 할 수 있는 올나잇의 구분은 미국 서부시대의 유곽brothel에서 쓰던 방식과 비슷했다. 당시는 통행금지가 있어서 같은 서울에 살아도 시간에 쫓겨 이런 곳에 들어가는 사람도 있었다.

한국의 대표적인 홍등가였던 종삼은 그러나 군사정권 시절 '나비작전'을 통해 사라지게 된다. 1968년 9월 27일 이른바 '종로3가 홍등가 정화사업'이 시작되었다. 손님이 종삼 골목 입구에 들어서면 시, 구청 공무원과 사복경찰관들이 달려들어 질문 공세를 퍼부었다. '이름이 뭐요?', '직업이 뭐요?', '전화번호가 뭐요?' 등 쏟아지는 물음에 남자들은 혼비백산 도망갈 수밖에 없었다. 결국 나비작전은 소비자를 단속하는 정책이었는데, 그 효과는 기대 이상이었다. 한 달여를 예상했던 작전이 일주일여 만에 막을 내렸다. 이와 함께 윤락여성에게는 귀향歸鄕, 직장알선, 부녀보호소 수용 등의 조치들이 뒤따랐다.

종삼에서 밀려난 윤락녀들은 하월곡동 개천 뚝방築防에 모여 '미아리 텍사스'를 형성했고, 그 외 강동구 천호동의 '천호동 텍사스' 등으로 밀려나 명맥을 유지했다. 18세기 미국 서부개척시대 영화를 보면 1층에서 술을 마시다가 매춘녀와 함께 2층으로 올라가는 장면을 자주 볼 수 있다. 사람들은 이런 술집들을 텍사스로 불렀는데, 미아리나 천호동 업주들은 스스로를 '텍사스'라고 부르면서 기존 사창가와 구별을 지었다.

이런 대규모 사창가는 그러나 대도시나 미군부대 부근에만 있었던 것이 아니고, 지역에 따라서는 농어촌에도 있었다. 전북 부안군 위도蝟島에는 조기잡이 배들이 넘쳐나던 6, 70년대에는 하루에 1,000척도 더 들어오다 보니 육지의 매춘녀들이 오히려 섬으로 들어와 한 때 5백 명 이상이 거주했다고 한다. 아직도 그들이 살던 마을의 쪽방들에는 헌 가구며 쓰레기들이 넘쳐나고 있어 관심 있는 이들에게 볼거리가 되고 있다.

위도의 '버려진 옛 매춘녀의 방들'. 2010년 김원회 촬영

🌑 니나노 술집

주로 막걸리를 간단한 안주와 팔아 막걸리 집, 또는 술잔을 놓기 위해서 쓰는 널빤지로 좁고 기다랗게 만든 상이 있으므로 목로주점木墟酒店이라고 하는 것이 옳은 이름이겠지만, 많은 사람들이 이렇게 불렀다. 앉아 먹는 곳이 대부분이었다.

중요한 것은 술만 파는 것이 아니라 여인이 있고 노래가 있다는 것이다. 노래라야 먹던 수저로 박자 맞춰가며 상이 깨져라 두드리면서 목이 터지도록 부르는 흔한 유행가가 대부분이었지만, 당시엔 스트레스 해소에 이만한 곳이 없었으므로 통행금지가 가까워질 때까지 실컷 마시고 놀았다. 아마 가장 많이 불린 노래가 '닐리리야 닐리리야 니나노……'였기에 그런 이름으로도 불리었는지 모른다.

술은 주로 막걸리로 주전자에 담아 내 왔고 반 되 또는 한 되 단위로 주문했는데, 단골손님에게는 반 되를 시키라 하고 더 주기도 했지만 때로는 주전자 바닥을 우그러뜨려 양을 적게 준다고 시비가 붙기도 하였다. 남자들은 이곳 도우미 같은 여인들을 안고 놀기는 했어도 이차二次를 가는 일은 거의 없었다. 통행금지도 이유 중의 하나였겠지만 당시는 이들 소위 작부들도 쉽게 이차에 따라 나서지 않을 때였다. 서울에는 주로 종로5가, 낙원동 부근 특히 청계천가 판자촌 같은 집들에 많았고, 미아리, 중랑교 부근에도 있었다. 물론 지방도 예외는 아니었고 간혹 주택가에도 있었다.

🌑 사교춤

서양 무용이 우리나라에 처음 소개된 것은 구한말인 1905년 청淸나라 공관에서 개최된 무도회舞蹈會에서였다고 한다. 그러나 예술로

서의 춤이 아니었으므로 '서양 사교춤' 또는 일본식 발음으로 '단스'라고 불렀다. 일본은 우리보다 훨씬 앞선 1860년대에 이미 서양 문화의 한 부분으로 서양 춤을 받아들이기 시작했다. 사교춤은

댄스홀. 1950년대.

처음에는 사교를 위한 건전한 교양으로 도입됐지만 후에 불륜과 탈선의 대명사로 전락한다.

일제강점기에는 조선 사람들의 청원에도 불구하고 서울에조차 댄스홀이 허가되지 않았고, 해방 이후에도 초에는 여전히 금지됐었다.

사교춤은 서양무용, 즉 '신무용新舞踊'과는 구분되어야 한다. '신무용'은 말 그대로 기존 전통춤과는 다른 스타일의 서양 춤을 총칭하는 말인데 일본에서 생겨난 신조어이다.

해방 후 서구 문물을 접하게 되면서 사교댄스가 유행하기 시작하였다. 파트너와 춤을 추는 이색적인 동작과 현란한 분위기에 매료되어 댄스홀에 드나드는 젊은이들이 있었으나, 아직도 보수적인 사회 분위기와 정부의 단속으로 널리 보급되지는 못하였다.

1947년에는 댄스 음악만을 전담하는 경음악단이 생기고, 1949년에는 서울 미도파의 21구락부俱樂部가 최초의 댄스 홀로 등장하였으며, 이후 전국에 우후죽순雨後竹筍처럼 생겨났다. 건전성과 퇴폐성 논란이 계속되고 감시의 대상이 되기도 했지만, 한번 '춤에 미치면(당시 이렇게 표현했다),' 마약처럼 끊지를 못했다. 가정주부들을 포함해서 단속에 걸린 젊은이들의 사진이 가끔 한번씩 신문 사회면 톱을 장식했다.

한국전쟁을 거치면서 그 수요는 급증하게 되었다. 특히 미군 병사들을 위로하기 위하여 만든 댄스홀과 재즈밴드는 사교댄스 유행의 기폭제 역할을 했다.

그리고 1950년대 중반부터 맘보, 차차차 등 댄스 열풍이 불면서 무허가 교습소가 늘어나기 시작했다. 그 후 사교춤에 대한 단속이 지속되는 가운데서 독특한 카바레 문화가 조성됐으며, 80년대에 접어들면서부터 카바레에서 소위 제비족들이 활개를 치기 시작했다.

휴전 후 일부 여대생, 주부, 미망인들 중에는 소위 '춤바람에 놀아나' 기존 전통과 윤리 등에 구애되지 않고 방종에 가까운 생활을 해서 사회, 특히 남성들을 불안하게 만들기도 했다. 정조관념을 '헌신짝 같이 버리고' 가정을 파괴하기도 했기 때문이다. 사람들은 이들을 성매매 여자들과 합쳐 '전후파戰後派 여성'이라 불렀다.

반대로 건전한 스포츠로서의 춤은 '한국 댄스스포츠연맹'의 주도하에 여러 차례 국내, 국제대회를 개최하면서 발전하고 있으므로, 이와는 완연히 구분되어야 할 것이다. 우리나라의 무도계舞蹈界도 국제사회의 추이에 따라 스포츠로서 각광을 받게 되었고, 현재는 법률상 체육시설업으로 인정받은 무도학원, 무도장만도 전국적으로 천여 곳에 이른다.

● 카바레 cabaret

카바레는 무도장 시설을 갖춘 술집의 일종이다. 한국전쟁 이후에 미군의 주둔과 함께 생긴 것으로 알려져 있으나 제일 먼저 생긴 곳은 진주의 '남강南江카바레'라고 한다. 대체로 카바레라고 하면 조금은 퇴폐적인 유료 댄스 홀로 알려져 있다. 명칭은 달라도 해방 후에도 있었고, 댄스 홀, 사교댄스 홀, 또는 무도장이라고도 불리었다.

　카바레는 정식으로 인가를 받은 곳이어서 별로 단속이 심하지는 않았지만, 비밀 댄스홀 또는 비밀 댄스교습소 등은 늘 경찰의 단속의 대상이었고 가정주부들을 포함한 젊은 남녀들이 사진과 함께 심심찮게 뉴스로 등장했다. 제비족, 춤바람 난 아줌마들, 그리고 그들이 들고 온 장바구니들이 기사의 초점이었다. 그곳은 종종 불을 꺼서 한창 열이 오른 남녀에게 '키스타임'을 제공하기도 했다. 또 주부들이 춤추는 동안 카바레 웨이터들이 대신 시장을 보고 장바구니를 채워주어 이들의 외출시간을 맞추어 주기도 했다.

　카바레 춤으로 불리기도 한 '한국식' 사교댄스는 점점 향락으로 기울게 되었고 소위 '제비'와 '꽃뱀'들까지 등장하여, 많은 사람들의 빈축과 염려를 샀다. 제비족들이 주부들에게 피해를 입히고 가정을 파괴하는 등 사회문제가 자주 일어남에 따라 카바레도 간혹 단속의 대상이 되기도 했다. 제비족이라 함은 '유흥가를 전전하며 부유한 여성에게 붙어 사는 젊은 남자를 이르는 속된 말'인데 그 어원은 확실치 않다. 일본에서 연하의 남자 애인을 제비라고 한다고도 하고 사교댄스를 출 때 남성이 입는 제비 꼬리 모양의 연미복燕尾服에서 기원했다고도 한다. '카바레 + 춤바람 + 제비족'이 한 묶음으로 인식되기 시작한 것이 이때부터이다.

　같은 무도장이기는 하지만 주로 고고음악에 따라 빠른 템포로 노터치 형태의 춤을 추는 '고고장'과 고급스러운 분위기의 '나이트클럽'도 술을 팔고, 도우미가

춤바람 단속에 걸린 가정주부들

있고, 음악에 따라 춤을 추며 노는 마당인 점에서는 유사하지만 엉뚱한 고객과 어울리지 않고 일행끼리 사교할 수 있는 약간은 문화가 다른 곳이었다. 그래도 몇몇 지방 나이트클럽에 가서 남자가 바짓가랑이를 약간 걷고 앉아 있으면 웨이터들이 파트너를 소개해 준다는 소문이 7, 80년대에 나돌기도 했다.

● 순결의 의미

가. 박인수朴仁秀 사건

휴전休戰 후 한국의 성문화는 급격히 변하고 있었다. 다음은 소위 '박인수 사건'의 재판 때 이야기다.

1954년 그의 재판을 방청하기 위하여 7천여 명이 법원 앞에 구름처럼 모였다. 26세였던 그는 해군 대위를 사칭하면서 1년간 70여 명의 미혼 여성을 농락한 혐의로 '혼인빙자간음죄婚姻憑藉姦淫罪'로 기소되었다. 그러나 그는 '자신은 결혼을 약속한 적이 없고, 여성들이 스스로 몸을 제공했다'고 하면서, 그 많은 여대생들은 대부분 처녀가 아니었으며, 단지 미용사였던 한 여성만이 처녀였다고 주장하였는데, 이런 박인수의 주장은 '순결확률純潔確率은 70분의 1이다'라는 유행어를 낳기도 했다. 2심에서 권순영 판사는 무죄를 선고하면서 유명한 이야기를 남겼다. '정조라고 하여 다 법法이 보호하는 것은 아니다. 이상理想에

박인수 사건의 선고 관련 신문기사

비추어 가치價値가 있고 보호할 사회적 이익利益이 있을 때에 한하여 법은 그 정조를 보호하는 것이다.' 대법원에서도 김홍섭 판사는 공무원 사칭에 대해서만 유죄를 선고하였으며, 그는 1년 후 출소했다.

나. 박부미의 간통사건

간통쌍벌죄는 1953년 7월 단 한 표 차이로 국회에서 통과되었는데, 이 법의 통과에는 당시 모윤숙을 비롯한 여성계 대표들의 로비가 큰 작용을 했다. 그동안 여성에게만 적용되던 간통죄가 남성에게도 적용되게 되었는데, 그후 처음으로 여성이 제기한 고소사건이 박부미 사건이다. 그녀는 외간 남자와 간통을 했지만, 이 법에 근거하여 남편에 대해서도 간통죄로 고소하고 재산 분할을 요청하는 재판을 청구했다.

그런데 당시의 사회분위기는 '간통을 한 여자가 무슨 염치로 남편을 고소하느냐'였고, 재판의 판결도 현재의 시각으로는 도저히 이해할 수 없는 참으로 어처구니없는 것이었다. 다음은 판결문의 일부다.

> 혼인의 순결은 여성만의 의무이지 남성의 의무는 아니다. 남성의 간통이 혼인적 평화를 해함이 없이, 그 처에 대하야 충실할 수 있는 반면에, 처의 간통은 자연적으로 혼인적 평화를 해함이 많을 뿐 외에 자손의 혈통에 중대한 영향이 있다는 점에 있다. (중략) 여성의 사회적 역할은 현모양처라는 타고난 직분에 충실하는 것, (중략) 아내 된 여성의 사회적 책임은 남편의 명령에 복종하는 것, (중략) 여성이 현모양처의 책무를 다하지 못할 경우 남편에 버림받아도 무방하다.

간통쌍벌죄는 그러나 별로 일반의 관심을 끌지 못했는데, 1962년 10월 영화배우 최무룡의 아내 강효실이 남편과 김지미를 고소함에 따라 온 국민들의 큰 관심사가 되고 전 세계에 톱뉴스로 나가게 된다. 당시 한국의 기사를 거의 보기 힘들었던 '타임' 주간지에도 사진과 함께 대서특필되었다(11월 16일자). 이들은 바로 구속이 되었지만 합의에 의해 약 일주일 만에 석방되었다가 정식으로 결혼을 했다.

● 자유부인 自由夫人

영화 '로마의 휴일' 포스터

1950년대의 한국은 전쟁의 폐허 속에 국민들이 어려운 나날을 보낼 때이었지만 대부분 극장에서 상영되는 할리우드의 영화들을 통해 서양식 성 문화와 접接하고 있었다. 한국 전쟁 기간 동안 수입된 외국 영화 중 전체 상영의 70퍼센트 이상이 할리우드 영화였을 만큼 당시 미국 영화가 한국사회에 미친 영향은 지대至大한 것이었다. '로마의 휴일'의 여주인공 오드리 헵번의 머리 모양을 본 딴 이른바 '헵번스타일'이 크게 유행하기도 했다.

서양식 성문화는 그러나 그저 먼 나라의 이야기로만 생각하던 터였는데, 1956년에 나온 한국영화 '자유부인'은 우리도 그들과 비슷할 수 있다는 생각을 갖게 하여서인지 그 인기가 대단했다. 수도 극장 한 곳에서만 관객 10만 8천 명을 동원하였다. 당시로서는 놀라운 흥행이었다. 대학교수 부인인 주부 오선영이 젊은 대학생과 춤바람이 나서 가정파탄의 위기에 처하게 되는데 결국 잘못을 뉘우치고 가정으로 돌아온다는 줄거리로 요즈음 막장 같은 드라마에 비하면 별 것도 아니지만 당시에는 상당한 충격을 주었다.

그러나 '자유부인'의 저자 정비석은 여성을 모욕하고 미풍양속을 해쳤다고 여성 단체로부터 고발당하고, 공무원, 정치인, 사업가를 부정하게 묘사했다는 이유로 이적소설이라는 비난까지

영화 '자유부인'의 한 장면

받았다. 서울법대의 황산덕 교수는 '대학교수를 양공주에 굴복시키고 대학교수 부인을 대학생의 희생물로 삼으려는 중공군 50만 명에 해당하는 조국의 적'이라고까지 공격했다. 중공군까지 인용한 것은 이로 인한 윤리적 붕괴가 우리나라의 자유민주주의를 파괴할 것이라는 논리의 비약이었을 것이다.

● 신파극新派劇

우리나라의 신파극은 자생적自生的으로 뿌리를 내린 게 아니었다. 일제강점기 시절 유입된 연극의 한 사조로 들어 온 것이다. 일본의 구파극舊派劇인 가부키歌舞伎 연극에 대립하는 칭호였는데, 멜로드라마적 요소가 짙었고 대부분 가정의 비극을 다루면서 당시 가부장제하에서 살던 한국인 특히 여성들의 정서에 맞아 크게 유행을 일으켰다.

사랑과 배신, 삼각관계 등을 다룬 것들이 많았다. 특히 '순애야 너는 김중배의 다이아몬드가 그렇게도 탐나더란 말이냐?'로 유명한 '이수일과 심순애'는 선풍적인 인기를 누렸다. 대부분 소설이 원작인 작품들로서 신파조新派調라고 평가절하하면서도 '트로트' 음악과 함께 아직까지도 한국인들의 DNA에 깊이 박혀있다. 지금 세계적으로 인

기를 얻고 있는 '한류韓流' 극들에 미친 영향 또한 적지 않을 것이다.

특히 분단과 한국전쟁을 거치면서 이와 같은 멜로물이 주는 진한 카타르시스 기능이 전 국민의 집단우울증 같은 것을 완화시켜주었고 변변한 오락이 없던 전후세대들에게는 없어서는 안 될 대중문화로 자리 잡게 되었다.

아직 텔레비전이 없던 시절 '청실홍실'을 비롯한 많은 라디오 드라마가 멜로드라마 보급의 선두에 섰다. '청실홍실'의 줄거리는 이렇다.

'전쟁미망인 애자가 나羅 기사의 구애를 받고 번민한다. 그리고 발랄한 사장의 딸인 동숙은 나 기사를 뜨겁게 사랑하고 있었다. 그런데 갑자기 회사가 파산하게 된다. 나 기사에 대한 동숙의 사랑과 꿈은 산산이 부서지고 결국 동숙은 자살을 시도한다. 그런 동숙을 애자가 구출하여 나 기사의 품에 안겨준다.'

영화 '청실홍실' 포스터

이들 라디오 드라마들은 예외 없이 영화로도 제작되었는데, 이는 라디오마저 그리 흔치 않았기 때문이다. 라디오가 없는 농어촌에서는 유선방송 스피커를 통해 라디오 수신이 가능하게 하는 이른바 '앰프 촌村'이 조성되기도 했다.

당시 영화계에서 '고무신 관객'이란 용어도 있었는데, 두 가지 이유 때문이었다. 하나는 이들 여성 관객이 고무신을 신고 다녔기 때문이고, 다른 하나는 영화가 끝나면 극장 앞에 내동댕이쳐진 주인을 잃은 고무신이 더미로 나왔기 때문이다.

● 자유연애 自由戀愛

휴전 후 어느 정도 나라가 안정되어 가면서 자유로운 결혼을 전제로 하는 연애가 일부 제한된 인텔리 층을 넘어 일반 대중 사이에도 넓게 퍼져나갔다. 당위적 當爲的 가치로 느껴 연애 상대자가 없는 젊은 미혼자들 특히 남자들은 콤플렉스를 갖기까지 했다. 그래도 1950년대는 연애를 못해본 젊은 이들이 훨씬 더 많았다.

1960년 봄, YWCA 주최의 '축첩반대' 시위중인 여성들. 서울 명동

1960년대 들면서 대도시를 시작으로 새로운 결혼문화, 아니 남녀문화가 형성되어간다. 자유연애의 사조가 젊은이들의 가치를 바꾸기 시작한 것이다. 새로운 부부중심의 가족관계, 가족윤리가 만들어지게 된다. 축첩의 악습은 차차 사라지기 시작했다. 물론 오랜 가부장제하에서의 가족질서가 하루아침에 바뀌지는 않았고 고부姑婦 갈등 같은 것들이 사라진 것은 아니지만, 거대한 파도처럼 정신세계에 밀려오는 성性문화의 변화를 모두 느낄 수 있었다.

그러나 정치 사회적으로는 대체적으로 보수적 성문화의 시대가 이어졌다. 군사정권은 사회정화 차원에서 '윤락행위등방지법'을 제정하고 단속했다. 또 어깨나 무릎이 많이 노출된

미니 스커트 단속 장면

옷을 입었다가 경찰에게 단속되어 광화문 네거리에 단체로 서 있어야 한다든가 데이트하다가 잡혀서 남녀가 남산의 송충이를 잡으러 가야 할 때도 있었다. 당시의 국민들은 소위 미풍양속을 해치는 행위를 단속하는 경범죄輕犯罪를 늘 염두에 두고 살아야 했다.

60년대 사회에서 두드러지게 나타난 특징은 굽 높은 하이힐에 초미니 스커트, 히피풍 장발長髮에 찢어진 청바지였다. 경제는 아직도 자장면이 최고급 요리로 꼽히던 시절이었다. 이런 사회적인 특징에 영향을 받아서인지 60년대 중반까지의 연애형태는 고전적인 '플라토닉 러브'가 대부분이었다. 대학 축제祝祭라는 만남의 최대 이벤트의 장도 새로 생겼지만 미팅을 못해보고 졸업하는 학생들도 많았다.

1970년대 청춘남녀들의 연애는 5, 60년대의 연애방식보다 한결 세련되어졌으며, 연애편지를 써서 서신을 전하는 방식이나 다방과 식당, 공원 등의 종전의 장소들의 틀을 벗어나 비어홀이나 스탠드 바, 나이트클럽 등 유흥업소 출입이 본격화되고 차차 대학 내 연애 커플도 늘어나고 공공연해지기 시작했다.

● 다방茶房

꼭 커피를 마시러 다방에 가는 것은 아니지만 커피가 없는 다방은 생각하기 어렵다. 지금은 스타벅스와 같은 커피전문점이 많이 있지만, 과거의 다방들은 꼭 커피를 마시러만 가는 곳이 아니었다. 사람을 만나기 위하여, 음악을 듣기 위하여, 시간을 보내기 위하여, 대부분의 가정집에 전화가 없었으므로 연락을 받기 위하여 또는 개인 사무실 대용으로, 선보는 곳이나 데이트 장소로 이용되는 등 다방은 그 용도가 끝이 없었다. 7080세대만 해도 대부분의 미팅이 다방에서 이

뤄졌다.

5·16군사정권은 들어서자마자 장, 차관들이 도시락을 지참할 것과 커피를 마시지 말 것을 지시했다. 이유는 커피가 외화낭비의 주범主犯이라는 것이었다. 다방들은 '커피는 안 팔겠다'는 광고를 신문에 내기도 했다. 이런 수난도 있었지만 규제가 풀리자마자 1960년대에 다방이 가장 많이 들어서는 아이러니도 발생했다.

1980년대 말, 서울에는 무려 1만 1천 개의 다방이 있었다. 인구 1천 명당 하나의 다방이 있었던 셈이다. 차 한 잔 시켜놓고 몇 시간을 죽치고 앉아 있는 손님을 쫓아낸 '야박한 다방' 고발기사가 나올 정도로 언론도 다방과 주변 일에 민감했다. 서민경제를 이야기할 때도 다방 동향은 빠지지 않았다. 낮에는 다방, 밤엔 술을 파는 이른바 '주다야싸'도 있었다. '낮에는 다방, 밤에는 살롱'이란 뜻이다.

다방은 '다방마담', '다방레지'를 빼고는 생각할 수 없다. 레지는 원래 '레지스터register, 기록원'에서 온 말인데, 그 시작이 이기붕의 부인 박 마리아였다. 이들 부부가 서울 종로 한복판에 다방을 열었는데, 다음은 1939년 잡지 '삼천리' 기사에 나오는 내용이다. '이화여전 교수가 다방, 미국대학 출신의 부부, 근로의 하우스를 찾아'라는 제목의 글에 '오후 다섯 시에 화제의 인텔리 부부가 경영한다는 종로다방을 찾아갔다. 다방은 바로 올림피아 자리였다. 문 안에 들어서니 옛날과 다름없이 레지스터엔 부인인 박 마리아 여사가 앉아 계시고, 부군 이기붕 씨는 홀을 청소하고 계셨다'라고 실렸다.

그러나 그 후 '레지'는 그리 좋지 않은 어감語感으로 들리게 된다. 남성들의 노리갯감 정도로 인식되기 시작했기 때문이다. 이들 다방의 여종업원들은 적은 월급에 하루 12시간 이상의 노동을 해야 했고 특히 장시간 햇빛도 없고 담배연기 자욱한 실내에서 뭇 남성들의 희롱 속에 살아야 했기 때문에, 차차 그 수준이 떨어졌던 것도 그 이유 중의 하나이다.

    1990년대 들어서면서는 다방레지들이 커피를 밖으로 배달해야 하는 상황이 되었고, 이는 중소도시나 시골마을에서 더 심했다. 커피를 파는 게 아니고, 사람을 파는 데까지 이른 것이다. 소위 이 '티켓다방'은 여종업원들이 차 배달을 나가면서 손님과 시간단위로 말동무 등 데이트를 해주는 대가를 의미하였으나, 점점 성매매의 수단으로 전락하여 사회적 문제가 되기도 하였다. '한 시간에 얼마, 이차는 별도로 얼마' 하는 식이 되었고, 이런 다방들의 부정적 이미지는 결국 다방 전체의 몰락沒落을 가져오게 된다.

● 요정料亭

    나비사업 등으로 많은 유흥업소들이 문을 닫으면서 오히려 살아남아 성황을 이룬 것은 정계 및 재계 인사들이 자주 찾던 이른바 요정들이었다. 일명 '방석집'이라고도 불렀다.

    한옥 깊은 곳 아늑한 방에 아리따운 한복여인을 끼고 앉아 가야금 운율이나 판소리로 우선 흥을 돋우는 곳도 있었다. 치마를 올려 속곳을 내놓고 거기에 맘껏 붓질을 하는 풍류객風流客도 아직 몇은 남아 있을 때였다.

    1975년 문을 연 오진암은 90년대까지만 해도 삼청각, 대원각 등과 함께 '밤의 정치'의 주무대로 이름을 떨쳤다. 요정은 외국에도 알려져 미국의 민주당 대선후보였던 게리하트 전 상원의원이 이곳을 찾았다가 '원더풀'을 연발한 것으로 알려졌다.

    6년 넘게 국무총리를 지낸 정일권 씨는 임기 내내 '공무원 요정 출입금지'를 외쳤지만 자신은 요정여인의 피살과 그 사이에 난 자식이 있다는 소문으로 평생 구설口舌에 시달렸다. 소문의 주인공 정인숙은 모델이며 배우였지만 당시 서울시내의

오동나무가 있던 '오진암'

고급 요정에서 활동하던 접대부이기도 했다. 운전수였던 친정오빠가 유력용의자로 지목되었다가 후에 다른 인물로 밝혀졌으나 배후는 아직도 미궁迷宮이다.

비밀요정도 있었다. 60년대 말 70년대 초 요정에서는 팁, 가무 비용 별도로 1인당 1만5천 원 가량을 받았는데, 비밀요정은 거의 그 두 배를 받았다. 더 은밀한 서비스와 위험비용이 추가되기 때문이다. 조사에 따르면 60년대 초반, 4백 개이던 요정은 63년 6백, 64년 7백, 67년 8백40개로 늘어갔다. 물론 주택가 비밀요정은 알 수가 없었으니 숫자는 정확할 리가 없다.

이처럼 성업하던 요정도 고급 룸살롱이 생기면서부터 쇠퇴하기 시작했다. 마침 에이즈 공포마저 전국에 퍼져 있었으므로 요정의 몰락은 가속화되었다. 부산 완월동에서 최초로 에이즈 환자가 발생하였다는 소문이 돌자, 내국인은 물론 외국인들까지 요정을 기피하기 시작하였다. 당시 대원각은 장사가 안 되어 겨울에 난방까지 제대로 못할 정도였다고 한다.

● 룸살롱

룸살롱은 칸막이가 있는 방에서 술을 마실 수 있게 된 술집을 뜻한다. 룸살롱은 프랑스어에서 따온 말로서 폐쇄적閉鎖的인 구조의 방 안에서 손님들이 양주洋酒 등 비싼 술을 마시는 곳이다. 이곳은 주로 여성 접대부들인 젊은 아가씨들이 손님에게 술을 따르고 비위를 맞추어 주는 고급 술집이라고 할 수 있다.

룸살롱. 일본 잡지에서

요정의 접대부들이 기생과 같은 전문직업인이었다면 룸살롱의 접대부 중에는 자신의 직업이 있으면서도 아르바이트처럼 일하는 경우도 적지 않고 때로는 대학생이나 가정주부들도 끼어 있다.

요정에서 소위 '유두주乳頭酒'니 '계곡주溪谷酒'니 하는 방식이 보급됐다면, 룸살롱은 단연 '폭탄주'를 대중화시키는 데 큰 몫을 했다. 지금 세계적으로 폭탄주를 한국 군대문화에서 나온 걸로 알고 있기도 한데, 기실 그 시작은 2차대전 때 영국해군에서였다. 이름도 '폭뢰주 depth charge drink'라 하여 잠수함을 향하여 아래로 떨구는 폭탄이라는 뜻이었다고 한다.

상위 10퍼센트에 속한다고 할 수 있는 소위 '텐프로' 룸살롱의 경우, 대부분 가기 전에 예약을 해야 했다.

웨이터의 안내로 방에 들어가면, 먼저 술을 주문하고 이어 '아가씨 초이스' 코스로 들어간다. 업소에 따라서 다르지만 여러 명의 여성들

중 파트너를 선택할 수 있는 기회를 주는 경우도 있고, 때로는 영업자가 알아서 착석着席시키는 경우도 있다.

아가씨들이 입는 홀복은 가슴 라인 위쪽으로 끈이 없는 옷을 이렇게 부르기도 하지만 원래 홀에서 입는 옷이란 뜻으로 노출이 심한 의상을 의미한다. 옷을 야하게 입는 것은 개개인의 스타일일 뿐 성격과 관계가 없으며, 얼굴이 예쁠수록 '공주 스타일'이 많아서 실제 노는 데는 불편한 경우가 적지 않으므로 피하는 것이 좋다는 이야기도 있다.

성매매단속법이 시행되기 이전에는 아가씨들을 데리고 2차를 가는 경우도 있었는데, 최근에는 원칙적으로 금지가 되어 있다.

● 기생관광妓生觀光

국가 위주의 산업화가 성공하고 수출이 증대한 것이 '한강의 기적'의 절대적 요소였다. 그러나 경제성장을 위한 외화획득外貨獲得 방법 중에는 7, 80년대의 일본인들의 소위 '기생관광'이라는 기형적 현상도 끼어 있었다.

1973년 로이터통신은 여기에 종사하는 여성들이 8천 명이 더 된다고 했다. 한 작가는 일본인을 상대로 매춘賣春하는 여성을 단순 매춘부, 콜 걸, 현지처, 고급 계약자로 구분하기도 했다. 한해 10만 미만이던 일본 관광

1980년대 일본 잡지에 기사로 나온 한국 기생관광 기사 중에서.

객이 갑자기 50만 명으로 급증했다. 기생관광이 절정에 이르던 1977년 한국을 찾은 일본인의 90퍼센트 이상이 남자들이었다. 국가의 외

화획득에 호재好材가 되었기 때문인지 일본인들의 성매매 관광, 소위 기생관광은 단속은커녕 공공연히 이루어지고 있었다. 1972년 서울시의 자료를 보면, 기지촌 접객업소 여성 512명 외에 관광요정 접객업소 여성 1,795명을 대상으로 교육한 기록이 남아 있다.

기생관광 관련 신문기사

그러나 일본의 한국 기생관광 러시는 많은 이의 분노를 자아냈다. 식민지배의 한恨이 아직 가시지도 않았고 한일국교정상화도 어떻게 이루어졌는지 석연치 않은 데다 저들이 우리의 6·25 덕에 경제대국이 되고서도, 우리네 여인들을 차지하러 왔다고 분노하는 사람들이 많았다.

1973년 여러 여성계에서 기생관광 반대운동이 본격적으로 일어났다. 이화여대생들은 김포공항 입국장에서 '섹스 애니멀 고 홈'이란 피켓을 들고 시위를 벌이기도 했

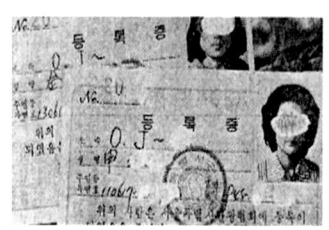

관광협회 등록증

다. 학생들은 이날 나눠준 유인물에서 '정신은 부패하고 도덕이 타락하는데 달러는 벌어 뭐하느냐?' '내 조국을 일본남성의 유곽지대로 만들 수는 없다'고 주장했다.

● 대한가족계획협회 大韓家族計劃協會

서구의 60년대는 먹는 피임약避姙藥의 보급과 함께 성혁명性革命이 일어나며, 인류역사에서 최초로 양성평등兩性平等이 이루어지는 때였다. 양성애兩性愛, 동성애同性愛 등 여러 측면에서의 성 억압, 금기들과 편견들이 깨지기 시작했다.

그러나 우리는 4·19와 5·16을 거치면서 혼란기混亂期가 이어졌고, 정치적 경제적으로 많은 어려움을 겪고 있었다. 우리 국민들은 이와 같은 세계적인 추세의 성혁명을 거의 알지조차 못했고 따라갈 엄두도 겨를도 없었다.

그리고 경제발전을 위한 산업화정책에 따라 기존 전통농촌사회가 해체되었고, 시골여성들의 무작정 대도시로의 이동이 이어졌다. 이로 인한 사회적 변화는 한두 가지가 아니었지만, 그 중에서도 성性과 관련된 문제들이 적지 않았다.

공장에서 일하다가 자의나 타의로 여러 형태의 성 피해자가 되기도 했고, 낙태를 시키다가 건강을 크게 해치거나 심지어는 생명을 잃는 경우도 적지 않았다.

당시는 인구증가율이 매우 높을 때여서, 정부는 대한가족계획협회 등을 통하여 이를 강력히 억제하기 시작했다. 1962년에는 '알맞게 낳아서 훌륭하게 잘 키우자'는 슬로건으로 3남 2녀를 권장했다. 대부분이 5남 2녀를 원할 때였다. 그 후

病院앞 집에서 서성대며 있다 것나하다가 남편이 "가난뱅이 쌀급장이 자식새끼만 주렁 주렁 매달려면 뭣하우? 구질구질하지! 자식하나 낳으면 주름살 하나라도 더 늘지" 이렇게 말하며 좀처럼 同意를 하지 않는 아내의 몸을 病院안으로 밀어 넣고 말았다는 것이다. 그 病院醫師는 勿論 流産을 시켜주었음을 暗示한다.

1961년 3월 12일 모 신문에 게재된 '병원 앞의 대화'라는 제목의 만화로 당시 '인공유산'을 권유하는 사회적 분위기를 대변하는 듯하다.

1965년에는 2남 1녀로, 1971년에는 1남 1녀로, 1981년에는 한 자녀 낳기로 변했다.

그러나 지금은 작금의 저출산현상低出産現象에 따라 오히려 아이 더 낳기를 권장하는 사업을 하고 있고, 1999년 대한가족보건복지협회로, 2012년 인구보건복지협회로 이름마저 바꿨다.

대한가족계획협회는 그동안 인구증가억제, 피임보급, 성 교육자, 성 상담자 양성 등으로 많은 공헌을 하며 오늘에 이르고 있다.

1960년 우리나라의 인구는 2,500만이었고, 1966년에는 2,900만으로 인구증가율이 연 2.9퍼센트였다. 한 부부가 출산하는 평균 출산율은 1970년 4.53이었다. 인구밀도는 네덜란드, 대만에 이어 세계 3위였지만 가용면적 대비 기준으로는 세계에서 가장 높았다. 자원은 부족하고 식량도 모자라던 당시로서 가장 시급했던 일 중의 하나가 인구증가억제였다.

군사혁명 직전인 1961년 4월 대한가족계획협회가 창설되었는데 그 후 정부의 적극적인 지원 하에 본격적인 가족계획 사업이 시행되어, 1970년 인구조사 땐 총 인구가 3,100만으로 뚜렷한 증가율의 감소를 보이기도 했다. 1963년부터 가족계획요원 및 시술의사 훈련을 시작했고, 1966년에는 한국성문화 연구소와 성폭력 상담소도 문을 열었다

각종 피임방법들을 교육 보급했는데 콘돔, 자궁내피임장치, 먹는피임약 등은 물론 복강경을 이

인구 4천만 때 나온 대한가족계획협회 포스터

용한 난관결찰술 및 정관절제술 등을 정부의 보조를 받아 시행했다. 심지어는 예비군 훈련장을 찾아 예비군들을 대상으로 정관수술을 대량 실시하기도 했다.

성공적인 가족계획 사업과 국민들의 인식의 변화 등에 따라 인구 증가율은 현저하게 떨어지기 시작했다. 1980년엔 출산율이 2.82로 떨어졌으며, 1984년부터 2 이하로, 2005년에는 1.08로 최저점을 찍었다가 다시 약간 상승하여 2014년에는 1.21의 출산율을 보였다. 지금은 오히려 저출산 개선을 위한 사업에 더 치중하고 있다.

● 삼대악습三大惡習

1980년대 세계산부인과학회에서 규정한 성관련 3대 악습은 인공유산, 남아선별출산, 그리고 여성의 성기훼손이었다.

인공유산은 현재의 러시아라고 할 수 있는 소련이 가장 심했고, 그 다음이 우리나라였다. 대한민국은 낙태법이 존재하여 다음과 같은 이유의 경우 외에는 인공유산을 하면 안 된다. 즉 ① 본인 또는 배우자가 우생학적 또는 유전학적 정신장애나 신체질환이 있는 경우, ② 본인 또는 배우자가 특정 전염성 질환이 있는 경우, ③ 강간 또는 준강간에 의하여 임신된 경우, ④ 법률상 혼인할 수 없는 혈족 또는 인척 간에 임신된 경우, ⑤ 임신의 지속이 보건의학적 이유로 모체의 건강을 심히 해하고 있거나 해할 우려가 있는 경우들이 그것이다.

그러나 대부분의 낙태는 소위 경제적인 이유에서였고 따라서 불법이었다. 인공임신중절수술은 개인적인 요구와 국가의 인구억제정책 등이 맞물리면서 거의 묵인되었으며, 한때 실제로 태어나는 아기의 두 배 정도가 희생된다고 믿는 산부인과 의사들이 많았다. 물론 이를 뒷받침할 통계는 남아 있지 않다.

남아선호사상에 따른 여아선별낙태는 세계적으로 거의 우리나라에서만 있었던 수치스러운 현상이었다. 자연적인 남녀 출산 비는 106 대 100 정도이다. 지금은 남아선호사상이 거의 사라져 이 정도의 비율이지만, 1993년의 셋째 아기의 경우, 201 대 100이었다. 둘째까지는 기다려보지만 딸만 둘인 부부는 더 기다리지 않았다는 의미가 된다. 당시는 태아가 뱃속에서 비교적 성장하여야 초음파진단기로 태아의 성기 확인이 가능하였으므로 중기 이후의 위험한 시술을 감당해야 되었고, 국가도 더 이상 묵과할 수 없었던지 태아의 성별을 가르쳐주는 의사를 처벌하기 시작했다.

여성의 성기훼손은 아프리카 북부 지역이나 일부 이슬람 국가에서 아직도 시행하고 있는데, 그 취지는 여자가 성에 눈을 뜨지 못하도록 어렸을 때부터 성감이 예민한 외음부의 부분 특히 음핵 등을 제거하는 외과적 시술을 하는 것이다. 불결한 상태에서 이런 시술을 함으로써 많은 소녀들이 죽어갔지만 이들은 천 년 이상 이 행위를 계속하고 있다. 지금도 하루에 약 5백 명 정도가 이런 끔찍한 수술을 받고 있다는 보고도 있다.

우리네 칠거지악 중에 '음거陰去'라 하여 여자가 색色을 밝히면 쫓아버려도 된다는 법과 맥을 같이 한다. 가부장제도와 여자의 일부종사를 유지하기 위하여 여자는 자기 남편 이외의 남자를 특히 남자의 능력을 알아서

여성성기훼손은 마취도 없이 비위생적으로 시행되고 있다. 시술 전 상태를 점검하는 마을 여인들. 전 세계적으로 약 1억 4천만명의 희생자가 있다.

는 안 되는데, 이를 위하여 아예 성감을 뺏으려 한 것이다. 우리네 '음거'는 어쩌면 '정신적 성기훼손'이라고도 할 수 있다.

그런데 21세기 들어서면서 한국이 성형왕국이 되면서, 여성의 외성기마저 미용의 목적이라고는 하지만 수술적으로 바꾸고 제거하는 일이 계속 늘어나고 있다. 본인들의 희망에 따라 시술한다고는 하지만 아무래도 민감한 부위의 조직이 훼손되거나 제거되어서는 얻는 것보다 잃는 것이 더 많을 것으로 본다.

● 미팅

1970년대는 통기타, 생맥주, 청바지로 상징되는 사회였다. 60년대 말부터 청춘 남녀의 중요한 교제수단으로 '미팅'이 등장했다. 유신惟新으로 생활에 제한이 있었던 그 시절 개인주의가 팽배해지면서 미팅이 전성기를 이루었다.

미팅은 남녀 양측에서 이를 주선하는 사람이 친구들을 모으고 장소와 날짜를 정하고 자리를 마련한다. 대개 테이블에서 서로 마주보고 앉아 이런저런 이야기를 나누다가 마음에 드는 사람을 찾으면 어떤 형태로든 표시를 하고 같이 자리를 뜨는 방식으로 2차 데이트가 시작되는 형태였다.

형식으로는 모르는 사람에게 전화를 걸어 만나는 폰팅, 소개를 받아 만나는 소개팅, 온라인에서 알게 된 사람을 오프라인에서 만나는 번개팅, 웹사이트에서 실제 데이트코스를 조합하여 만나는 데이팅, 휴대폰의 문자메시지를 주고받는 데이트인 문자팅(또는 문팅), 일대일 쪽지 서비스를 이용한 쪽지팅 등이 있다.

종류로는 입학기념 미팅, 개강미팅, 종강미팅, 고교 동창 미팅, 휴

강기념 미팅 등 다양한 명목들이 있었고, 만나는 방식도 진화해갔다. 약속한 차림으로 상대방을 보고 만나는 '007 미팅', 각자 내놓은 소지품을 선택해서 파트너를 정하는 '소지품팅', 학과 대 학과로 만나는 '과팅', 남녀 참석자 숫자에 차이를 두어 탈락자를 만드는 '피보기팅', 같은 기호를 뽑으면 커플이 되는 '제비뽑기팅' 등 이름 붙이기 나름이었다.

1975년 가을, 제1회 서울대의 대학 축전에서는 동양 최대 규모의 '고고 파티'가 열리기도 했다.

주간지週刊誌, 여성잡지女性雜誌

지금과 같이 인터넷이나 텔레비전이 없었을 때 새로운 대중문화의 전파는 당시 유행하던 주간지, 여성잡지 등에 힘입은 바 크다. 1955년 창간된 '아리랑'과 그 이듬해 나온 '명랑明朗'의 등장은 이런 대중잡지의 시대를 알리는 지표였다. 이어 '주간경향', '선데이서울', '주간중앙' 등이 연달아 나오게 된다. 특히 '선데이서울'은 1968년 9월 창

주간경향. 1976년 11월 7일호 값100원. 표지모델 김자옥

간해 연예계 소식뿐만 아니라 가려진 사회 이슈들까지 두루 다뤄 재미와 정보를 제공해 주어 많은 독자를 갖고 있었고, 1991년 12월 휴간休刊될 때까지 23년간 대중의 사랑을 받았다.

대중오락 잡지 중에는 '명랑'이 관능적 화보와 간통, 관음증觀淫症

을 소재로 한 유머, 국내외 인사들의 스캔들을 비롯하여 성전환性轉換, 복상사, 혼외 연애 등 비규범적 사랑의 양태를 소재로 한 기사들을 적극적으로 게재하여 다른 주간지들과 차별되기도 했다.

현재에도 주간 및 월간잡지들이 많이 발행되고 있지만, 당시 일반 대중을 상대로 했던 정기 간행물들과는 성격과 내용에 있어 큰 차이가 있다.

● 노래방

일본어로 '가라'는 '비어 있다(空)'은 뜻이고, '오케'는 오케스트라를 줄인 말인데, 이 가라오케가 1970년대 후반부터 한국에서 유행하기 시작했다. 노래 없이 반주만 녹음된 테이프나 디스크 또는 그 연주장치를 이용해서 고객들이 노래를 마음껏 부르도록 한 이 방식은 노래하기를 좋아하지만 어딘가 자신 없어하는 한국인의 정서에 맞아 급속도로 보급이 되었으며, 요즈음도 성황을 이루고 있다.

노래만 해서는 재미가 없었던지 대부분 술도 함께 팔았다. 그 후 노래만 하는 곳, 술을 팔 수 있는 곳, 도우미 아가씨가 있는 곳 등으로 구분이 되지만 쉽게 돈을 내고 즉석반주나 녹음된 반주에 맞추어 노래를 부를 수 있는 시설을 갖춘 술집이라고 생각하면 된다. 90년 무렵부터는 노래 가사와 반주가 화면에 함께 나오고 노래 부르는 사람의 모습이 비디오 화면으로 펼쳐지는 '비디오께'까지 등장했다.

그런데 노래방은 성매매단속 대상이 아니므로 '성매매 연계지連繫地'의 효과가 있어 남성들이 이곳에서 여성을 만난 뒤 밖으로 같이 나가는 경우가 더러 있다고도 한다.

● 성 가치

과거 우리나라 여성들은 서로가 좋아서 육체관계를 했어도 '몸을 빼앗겼다'거나 '순결을 잃었다'고 생각했다. 성교육자 배정원은 이를 여성들의 경제적, 사회적인 지위가 너무 낮았기 때문에 이렇게 남성에게 그 책임을 전가하여 연을 맺거나 보상을 받으려 했던 것이라고 했다. 이 때문에 대부분의 청

배정원 박사

소년들이 성에 관한한 의타적으로 자라게 되어 자신의 성정체성에 확신이 없고, 자립심이나 독립심이 결여된 채 성장하기도 했다.

그러나 성 풍속이 바뀌면서 한국인의 성에 대한 태도態度도 많이 달라졌다. 2006년 한국성과학연구소(소장 이윤수)에서 여성들을 대상으로 한 '여성의 성의식'에 대해 실시한 설문 조사에서 '통상 여성들이 남편 이외의 남성과 성관계를 가질 수 있다고 생각하느냐'는 질문

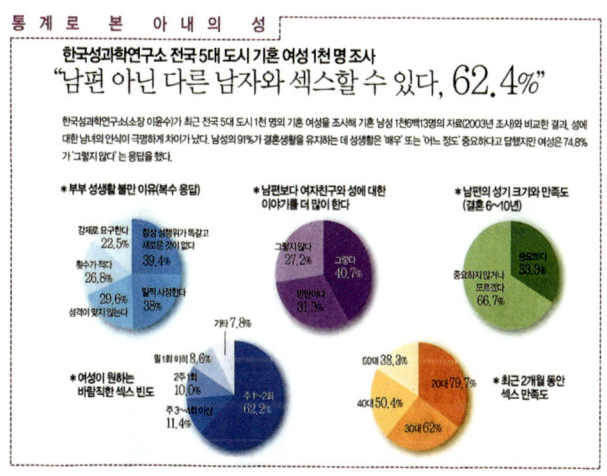

'여성의 성의식'에 대한 설문 조사에서 '남편 아닌 다른 남자와 섹스 할 수 있다'고 대답한 기혼 여성이 62.4%였다.

에 그럴 수 있다는 대답이 62.4퍼센트, '현재 남편 외에 다른 사람과 섹스를 하고 싶은 욕망이 있느냐'는 질문에 23.1퍼센트가, 그 중 '결혼생활이 불만족스럽다'는 군에서는 44.7퍼센트가 있다고 대답했다.

사회가 많이 변해갔다. 전국 어디서나 러브호텔이 성행하여 속칭 '불륜공화국'이라 부르기도 했다. 물론 일부에서이지만 이런 일은 계속 반복되므로 유흥시장은 점점 커지기만 했다. 드물지만 삼인성교, 다인성교, 그룹섹스, 스와핑 등 서양의 성 풍조를 흉내내는 사람들도 있었다.

2015년 4월 여성가족부와 통계청에서 1,000명을 대상으로 조사 발표한 내용은 더 진보적이었다. 청소년의 절반 이상이 '남녀가 결혼을 하지 않아도 함께 살 수 있다'고 했으며, 그 외 '결혼하지 않고도 자녀를 가질 수 있다'는 응답이 26.4퍼센트, '외국인과 결혼해도 상관없다'는 인식도 74.2퍼센트에 달했다.

외국인과의 결혼은 1980년대까지만 하여도 한국여성이 미국이나 유럽의 남성들과 결혼하는 경우가 많았고, 그들은 대부분 외국으로 이주하여 살았다. 그러나 1990년대부터 여성들의 도시진출지향으로 신부감 찾기가 어려웠던 농촌 지역의 총각들이 베트남, 중국, 필리핀 등지의 여성들과 결혼을 하면서부터 국제결혼 부부가 급증하여 2005년의 경우 국내 모든 결혼 예의 13.6퍼센트에 이르기까지 했다. 그 후 차차 감소하는 추세에 있지만 현재 다문화 가족 수는 30만을 넘었고, 2020년이면 100만을 넘을 것으로 보고 있다.

국제결혼은 2000년에는 전체 결혼 건수의 3.7%에 불과했지만 2005년에는 13.6%를 차지했다. 이 해 결혼한 농촌 총각은 35.7퍼센트가 외국인 신부를 맞았다.

동성애 등 성소수자性小數者에 대한 사회적 인식은 꽤 이중적이어서 개인적으로는 동성애자 등 성소수자에 대해 인정하며 관대한 듯하지만, 실제로는 종교 단체를 비롯해 사회적으로는 동성애자들을 '단죄'하고자 하는 경향이 여전하다. 그럼에도 불구하고, 자신이 동성애자임을 밝히는 '커밍아웃'은 방송인 홍석천이 공개적으로 한 이래, 사회의 대중에게 공개하지는 않더라도 지인들에게 '커밍아웃'을 하는 경우가 늘고 있다. 하지만 대개의 동성애자가 여전히 '커밍아웃'을 조심스러워 하고 있으며 성전환자나 트랜스젠더도 아직 자신을 숨기는 경우가 대부분이다.

그래도 우리나라 최초의 남자 동성애자끼리의 결혼이 2013년 9월 7일, 김조광수 김승환 커플 사이에 이루어졌다. 1932년 정순임과 장경희 두 여인이 결혼한 데 이은 두 번째 동성애자 간의 결혼식이었다. 그러나 두 경우 다 법률적으로는 부부가 될 수 없었다.

성에 관한 한 아직도 우리는 '내숭문화' 속에 살고 있다. 모두 자기는 안 그런 척한다. 또 직접적인 성적 언어는 기피한다. 더구나 출판이나 방송 같은 매체들에서는 이를 매우 터부시하고 금지했다. 다행히 1998년 '아우성(아름다운 우리의 성)' 운동의 구성애가 TV 성교육 방송에서 그 동안 금기였던 성적 언어들을 많이 언급하면서 그 문턱이 어느 정도 낮아졌고, 이듬해에 서갑숙의 '나도 때론 포르노그래피의 주인공이고 싶다'가 출판되면서 매스컴에서의 성에 대한 터부가 차차 완화되기 시작했다.

기실 20세기 초부터 이미 성은 개방되고 있었다. 조선시대에는 상상도 할 수 없었던 일들이 일어나기 시작했기 때문이다. 여기에는 전쟁, 정변, 그리고 전화, 우편, 신문, 잡지, 사진, 만화, 영화, 자동차, 댄스, TV, 비디오, DVD, 핸드폰, 인터넷 등이 큰 몫을 하였다.

● 즐거운 사라

마광수 교수

연세대의 마광수 교수는 1992년에 출판한 '즐거운 사라'가 너무 외설적이라는 이유로 구속되고 대학교수직에서 면직되었다가 1998년에야 복직이 되었다. 그는 '지금 우리나라의 성문제는 마치 쓰레기통에 뚜껑만 덮어 놓고 있는 양상'이라는 유명한 말을 남기기도 했다.

그가 한국 문학의 지나친 교훈성과 위선을 비판하고 품위주의, 양반주의, 훈민주의 등에 반발하기 위하여 쓴 글일 수 있는데, 심한 탄압을 받은 것이다. 그는 보수주의자들에게는 비판을 받았지만 표현의 자유, 예술의 자유 침해라는 여론이 불거져 나오면서 동정의 여론에 휩싸이기도 했다.

다음은 이 소설의 내용 중의 일부다.

'안주로 가져온 것은 껍질을 깐 땅콩이었다. 그냥 집어 먹으려는데, 문득 어떤 에로틱한 그림 하나가 머릿속에 떠올라 왔다. 그래서 나는 땅콩 서너 알을 질 속에다 집어넣고 손가락으로 휘휘 저어보았다. 나는 불두덩 근처가 차츰 달아오르는 것을 느꼈다. 다시금 한 주먹의 땅콩을 질 속에다가 쑤셔 넣어본다. 꽉 찬 만복감, 아니 만질감 滿膣感 같은 느낌이 항문에서부터 머리끝까지 올라오는 것이 거 참 기분이 상당히 괜찮다. 근사하다. 나는 다시 질 속에 꼭꼭 숨어있는 땅콩 알갱이들을 뾰족한 손톱 끝으로 한 알 한 알 빼내어 입에다 넣고 먹어본다.

처음에는 빼내기가 쉬웠지만 나중에는 어려웠다. 하지만 깊숙이 박혀 있는 땅콩 알갱이를 빼내려고 손가락을 집어넣고 휘저어 대다보니 정말로 저릿저릿하면서도 그윽한 쾌감이 뼈 속 깊숙이 밀려왔다. 그래서 나는 일부러 손가락 동작을 아주 천천히 하여 질 속의 땅콩을 우아한 방법으로 수색해 내기 시작했다. 얼근한 취기와 함께, 남자의 페니스에 의해서 이루어지는 싱거운 오르가슴보다 훨씬 더 유연하고 지속적인 오르가슴이 찾아왔다.'

🌑 오렌지족과 나타, 야타족

1990년대 부유층 자녀들이 압구정동 등지에 형성했던 작은 아문화집단亞文化集團을 뜻한다. 이들은 유흥문화, 사치, 서구적 성의식으로 기존 세대에 충격을 주었다. 공식명칭은 수입 오렌지족이라고 하는데 특히 방학기간, 혹은 졸업 후 귀국한 부유층 유학생들 사이에서 많이 일어났고, 하룻밤을 같이 보내자는 뜻으로 오렌지를 주고받던 풍습 때문에 유래된 명칭이라고 한다.

'오렌지족'은 그들의 소비문화 때문에 비판도 받았지만 가장 큰 사회적 주목을 받았던 것은 그들의 성문화였다. 혼전 성교도 쉬쉬할 정도였던 보수적 사회에서, 초면에 오렌지 하나를 주고받은 후 하룻밤을 보내러 간다는 사실이 도저히 이해되지 않았고 서구에서나 있음직한 같은 행태였던 것이다.

또 고급스럽게 치장을 하고서 거리를 거닐다가 고급승용차를 타고 다니는 사람에게 '나 타?'하며 접근하여 고개를 끄덕이면 서로 동행하게 되는 족속들을 '나타족'이라 하고, 이와는 반대로 차를 타고 돌아다니다가 마음에 드는 여자에게 접근하여 '야 타!' 해서 뜻이 통하면 동승시켜 함께 시간을 보내는 족속들을 '야타족'이라 했다. 오렌지족과 비슷한 시기에 유행됐던 우리 사회의 신조어新造語들이었다.

그런데 실제로 '나타족'은 매춘녀들이 많았고, '야 타!' 한다고 따라 타는 여자는 거의 없었다고 한다. 후자는 대개 자신의 부富를 과시하며 '걸 헌팅' 하던 부류에 붙인 이름이었다고 본다.

● 성매매性賣買

1970년대 들어서면서부터 성매매 자체를 목적으로 한 전업형專業型 성매매 대신 유흥주점, 단란주점, 마사지업, 티켓다방, 호스티스, 콜걸 등 겸업형兼業型 성매매 직업군이 늘기 시작한다. 86 아시안게임과 88 올림픽이 열리면서 외국인 관광객들을 의식한 윤락가 정비 사업이 실시되고, 네덜란드의 홍등가처럼 커다란 유리창을 갖춘 유리방이 등장했다. 전업형 성매매는 1980년대 말에 정점에 이른 뒤 점차 줄어들기 시작했고, 산업형 성매매가 그 뒤를 이어서 늘어나게 됐다.

청소년 성매매가 계속 문제가 되었다. 원조교제援助交際 파동도 있었고, 인터넷 채팅을 통해 성인 남성들을 만나는 경우는 물론 이를 미끼로 돈을 갈취하는 범죄도 빈번히 일어났다. 처음에는 주로 가출 여성들이 생활비와 유흥비를 벌기 위해 나섰지만 차차 정상적인 가정의 소녀들까지 성매매에 뛰어들었다.

유리창을 갖춘 집창촌

군산에서 2000년 5명의 사망자를 낸 대명동 성매매업소 화재사건과 2002년 15명의 사망자를 낸 개복동 방석집 화재사건은 2004년 성매매특별법性賣買特別法 제정을 가져왔다. 이 법으로 남자들의 성매수를 엄격히 단속함에 따라 전국의 모든 집창촌들은 급격히 퇴락해 갔다. 대부분의 성매매는 신新, 변종變種 업소들로 바뀌어, 현재 집창촌 성매매 여성들이 전체 성매매 여성들 중에서 차지하는 비율은 0.6~1.7퍼센트 수준에 불과하다는 통계도 있다.

우리나라 최초의 여성경찰서장이었던 김강자는 2000년 종암경찰서 서장으로 재직할 때 성매매와의 전쟁을 선포하고 일명 '미아리 텍사스촌'이라고 불렸던 집창촌에 대해서 대대적인 단속을 벌이면서 '미아리의 포청천'이라는 별칭을 얻었다. 그러나 직접 사창가에 뛰어들어 매춘여성들의 현실을 보고 그들의 실존적인 문제에 대해서 실감한 김 서장은 후에 매매춘을 합법화하고 양성화할 것을 촉구하는 데 앞장선다. 강력한 통제는 역설적으로 가장 음성적인 범죄활동을 조장하게 만들어 많은 여성들의 인권이 무시되고 있다고 보았기 때문일 것이다.

성매매단속법은 사회정화 차원에서 긍정적인 면도 있으나 이로 인한 부작용도 적지 않다. 소위 '풍선효과風船效果'로 매춘이 집창촌에서 주택가로, 국내에서 국외로 옮겨졌고, 성매매 남성들이 가해자로 인식되면서 매춘을 가볍게 생각하는 여성들이 늘어나 대학생, 가정주부들까지 이를 아르바이트나 부업副業쯤으로 쉽게 생각하는 가치의 변화가 일어나는 경향도 보였다. 매춘이 꼭 있어야 한다면 직업이어야지, 부업이 되어서는 사회가 파괴된다.

강간, 강제추행 등 강력 성범죄가 해마다 증가하

성매매방지법을 반대하는 성매매 여성들의 데모.

는 것이 성매매단속과 무관하지 않다는 가설이 있다. 그러나 이를 뒷받침할만한 연구결과는 아직 없다. 다만 외국의 한 연구에서 근로자의 평균월급 대 창녀화대娼女花代의 비율이 낮을수록 강력성범죄율이 올라간다는 보고는 있다. 사창가의 문턱이 높을수록 성범죄가 증가한다는 이야기다. 앞으로 우리도 연구해야 할 과제로 보인다.

우리나라의 경우 아직도 성범죄는 그 신고율이 너무 낮아 이런 종류의 통계는 의미가 없지만, 보고된 성범죄건수는 2007년 1만 3,396건, 2009년 1만 5,693건, 2011년 1만 9,498건으로 계속 증가하고 있

미아리 포청천으로도 불렸던 김강자 서장

다. 그러나 한해 성범죄 발생 건수가 23만 건으로 하루 평균 630여 건이 발생한다고 추정하는 학자도 있다.

근래에 미국 언론에서 '마약痲藥은 중남미, 윤락淪落은 한국이 본산지'라고 보도하기도 했다. 우리나라가 '섹스산업 수출대국'쯤으로 인식되기 시작한 것이다. 호주에서도, 중국에서도, 일본에서도 낯 뜨거운 보도들이 연이어 나왔다. 이런 국제적 망신도 풍선효과의 일환一環일 수 있으므로 단속 위주의 제도에서 포괄적包

외지에 소개된 한국인 윤락여성에 관한 기사

括的 처방이 나와야 할 것 같다.

2008년 2월 한국 여성을 미국과 캐나다로 밀입국시켜 성매매를 강요한 일당 41명이 한미 수사 당국에 체포됐다. 이들은 2002년부터 6년여간 1,500명을 '성매매 수출'한 거대 브로커 조직이었다. 2005년에는 캐나다 서부에서 '글래이시어 국립공원'을 가로질러 미국 밀입국을 시도한 한국인 여성 수십 명이 숲 속에서 길을 잃고 며칠을 헤매다 국경수비대에 검거됐다. 체포 당시 모기에게 온몸을 물려 건강이 심각한 위협을 받는 지경이었다고 한다.

● 노후老後의 성

2002년 영화 '죽어도 좋아'가 상영된 후, 노인들의 성 문제도 표면으로 드러나기 시작했다. 박진표 감독의 이 영화는 그동안 금기시되었던 노인의 성문제를 양지로 끌고 나와 공론화시켰다. 그런데 노부부가 벌이는 7분간의 긴 섹스 신 때문에 영상물등급위원회로부터 '등급외' 판정을 받기도 했다. 박치규, 이순예 씨의 실화를 배경으로 한 이 영화의 주인공은 첫눈에 반한 뒤 한 달도 못돼 부부의 연을 맺었다고 한다. 시간이 별로 없다는 이유에서다.

종로에 노인을 대상으로 성매매를 하는 소위 '박카스 아줌마'들도 많이 늘어났다. 공원에 혼자 있는 노인 남성에게 접근해 드링크제를

영화 '죽어도 좋아'

권하면서 말을 붙이는데서 나온 용어이다. 종묘공원과 탑골공원 사이에 노인들이 많이 모이기 시작하면서 이곳에는 어느 순간 노인의 성 해방구라는 표제가 붙을 정도로 노인 대상 성매매가 활개를 쳤다. 그리고 이런 풍토는 지방 도시로 퍼져나갔다.

노인과 팔짱을 끼고 지하철 역 밖으로 나서는 아줌마들의 모습이 쉽게 눈에 들어왔다. 성매매와 함께 불법 성인용품 판매도 기승을 부리고 있다. 성인용품점에선 가짜 비아그라가 3천~1만 원에 팔리고, 종업원은 '손님 중 7할은 노인'이라고도 했다. 공공연히 일어나고 있는 '노인매춘老人賣春'의 문제 중 가장 큰 문제는 성병性病이다. 노인들이 성병 예방에 무관심하거나 가족들이 알까봐 쉬쉬하며 제때 치료를 받지 못하기 때문이다.

경찰의 단속이 심해지자 이번에는 '올빼미 아줌마'들이 등장했다. 말벗과 가벼운 스킨십을 해주는 대가로 돈을 받는 중년 여성들을 가리키는 할아버지들의 은어다. 저녁에 조용히 등장한다고 해서 그런 이름이 붙었다고 한다. 말상대만 해주는 '뻐꾸기 아줌마'도 있다.

'남자는 문지방 넘을 힘만 있으면 한눈판다'는 오래된 우리 속담이다. 물론 여자는 아니라는 뜻은 아니다. 필자는 2008년 연세성건강센터(소장 배정원)에서 노인성교육을 하면서 노인들의 성지식에 대한 욕구를 확인했고, 기회가 있을 때마다 '노인의 성'을 강의하게 된다, 당시 노인성교육프로그램은 강병만, 윤가현, 이홍균, 정정만, 채규만, 김인자 등과 같이 했으며, 그 후 노인성교육자양성교육을 대한인구보건협회가 했다. '군인성교육자'로 유명했던 배정원은 2001년 경향신문 미디어칸 성문화센터를 만들어 성교육 프로그램을 진행하기도 했다.

'황혼이혼'이란 말은 일본에서 건너왔다. 신혼여행 중에 헤어지는 소위 '나리타成田 이혼'의 반대 개념으로 남편의 퇴직 후나 막내 자녀출가 후 이혼을 결행하는 경우를 뜻하는데, 그 빈도에 있어서 현재 우리나라가 더 심각한 수준이다. 황혼이혼은 나이로 따지지 않고 결혼 20년 이상인 부부가 헤어지는 것을 뜻하는데, 대법원이 발간한 '2014년 사법연감'에 따르면 지난해 우리나라에서 이혼한 부부 11만5천 쌍 가운데 황혼이혼이 3만2천 쌍으로 전체의 28퍼센트를 차지했다고 한다.

많은 사람들이 젊어서의 한恨을 담아두었다가 남편이 늙고 힘없어지면 응징하는 차원에서 이를 결행한다고 생각하지만 필자의 의견은 그렇지 않다. 이건 남자가 이혼을 청구하는 경우도 마찬가지다. 20대 때의 남편의 외도를 가슴에 담아두었다가 40년 뒤에 복수하려고 벼르고 있는 여자는 실제로 없다. 내가 할 수 없는 일을 대부분의 남들이 한다고 생각하면 틀린다.

실제로 황혼이혼은 그들이 친밀감을 유지하지 못하기 때문에 일어나는 현상이므로 늙고 귀찮다고 섹스리스로 살지 말고 성을 도구로 이용하는 방법을 배워야 할 것이다. 갱년기 클리닉을 다니는 여자는 거의 이혼을 안 한다는 통계도 있다.

황혼재혼 또한 증가하고 있는데 대개 여자보다 남자가 더 적극적이다. 그러나 이들에게는 가족들의 거부가 큰 걸림돌이 된다. 새 가족과 기존 자녀의 상속재산분할 갈등을 피하려면 반드시 혼전계약서를 작성해야 한다. 미국의 재벌 도널드 트럼프가 쓴 '트럼프의 부자 되는 법'에 '아무리 사랑해도 혼전계약서를 쓰라'는 대목이 있다.

유사類似 성행위 업소들

차차 매춘여성들도 절대적 빈곤이 아닌 상대적 빈곤 때문에 나서는 경우가 많아졌다. 유곽이나 집창촌에서와 같은 정통적 구조와는 다르게 성 매매의 시간과 공간이 변하고 목적도 달라진 것이다. 포주나 중간조직이 끼어 있는 형태의 매춘이 아닌 독자적 형태의 매춘이 많아졌다. 여관, 호텔이나 향락업소를 매개로 하는 호스티스나 콜걸, 요정기생, 안마사 등으로 소위 겸업매춘현상이 생기기 시작했다. 부업으로 하는 경우도 생겼다.

지금은 유사성행위 업소들이 너무 난립해 있어 일일이 이름을 대기조차 쉽지 않지만, 그 시작은 1950년대 여관이나 여인숙 등에서 손님들에게 매춘을 권유하거나 또는 손님이 성매매 여성을 요구하면 소개해 주는 형태가 그 효시嚆矢로 보인다. 여관에 남자 손님이 들어오면 주인아줌마는 의례히 '아가씨 불러줄까'를 물어봤다. 당시는 집창촌들이 있었을 때였지만 숙박을 하는 손님의 입장에서는 하룻밤을 환경이 열악한 사창가에서 '올나잇'으로 보내는 것보다 훨씬 낫다고 생각했을 가능성이 높다.

손님을 호객하는 사람을 '삐끼'라 부르고, 이런 동네를 '빡촌'이라고 부르고, 이렇게 불려오는 여자를 '여관바리' 또는 '바리줌마'라고 부르기 훨씬 이전부터 이들은 있었다. 또 이런 인력을 대주는 곳도 지금의 '보도방'이 생기기 훨씬 이전부터 있었다. 보도방은 직업보도職業報導의 줄임말로 원래는 사람들에게

쌍으로 되어 있으면 성인 이발소?

여러 종류의 방들

직업을 갖도록 도와주는 일을 뜻했지만, 지금은 윤락여성이나 술집, 노래방 도우미들을 알선해주는 불법조직을 일컫고 있다. 간혹 보호하고 도와준대서 나온 이름이라고 하는 사람도 있다.

두 번째로 등장한 업소는 일부의 이발소들이었다. 이발소에서 여자 종업원을 면도사로 고용한 것은 일제강점기에도 드물게 있었지만 휴전 후 여자들이 직업전선에 대거 투입되기 시작한 후부터는 거의 모든 이발소에 두세 명씩 있었다. 처음에는 면도만 하다가 이어 안마를 했고, 70년대부터는 요즈음의 대딸방에서처럼 수음手淫으로 사정射精까지 시키더니 이어 구강성교, 삽입성교까지 서슴지 않는 곳들이 생겼다.

이런 소위 퇴폐이발소는 밖의 이발소 표시등이 쌍雙으로 돌고 있고, 내부 조명이 매우 어둡고, 커튼이 처지고 칸막이가 있으며, 여자 종업원이 짧은 옷을 입고 있는 특징들이 있으므로 잘 선택하여 들어가야 했다. 머리를 깎으러 들어갔던 젊은이들이 계속되는 여자들의 성추행에 굴복屈伏할 수밖에 없는 경우가 대부분이었다.

그 후 이런 유사성행위업소들의 성행동性行動 양상도 성매매단속법시행 이후 이를 교묘히 피하고자 차차 기능화, 전문화 과정을 밟아 나갔다.

90년대 이후에는 노래방, 비디오방, 전화방, 안마방 등 다양한 업종들이 생기면서, 그 중 일부는 유사성행위에서 더 나아가 음성적 매매춘을 하기도 했다.

2000년대 들어서면서부터는 음성적인 성표현性表現 방식은 더 다양화되어 '유리방', '스트립방', '키스방', '포옹방', '딸딸방', '인형방', '애무방', 심지어 '귀 청소방', '샤워방'에 이르기까지 여러 형태의 변종變種 업소들도 생겨났고 또 오럴로 서비스 해준다는 '립카페'도 생겨났다. 밤거리에 명함 크기의 '성매매 전단지'들이 수없이 도로에 깔려 있었고, 승용차 전면 유리창이나 와이퍼, 손잡이 등에도 끼워져 있었다.

성인 전용 PC방 또한 예외가 아니다. 인터넷 사이트에 접속해 음란물을 보게 하면 '정보통신망 이용 촉진 및 정보보호 등에 관한 법률' 위반이고, 컴퓨터에 저장해

거리에 마구 버려진 전단지들. 문화일보 촬영

놓은 음란물을 보게 하는 것도 '영화 및 비디오물의 진흥에 관한 법률' 위반으로 사법 처리가 가능하다. 하지만 불법인 줄 알면서도 세무서에 '자유 업종自由業種'으로 사업자등록만 한 채 이를 계속하는 업주들도 있다.

● 호스트바

룸살롱, 단란주점, 안마시술소 등 일반 주점을 제외한 대부분의 유흥업소는 금녀禁女의 지대이다. 모두 남자들을 고객으로 삼고 있기 때문이다. 하지만 남성들이 잘 알지 못하는 유흥업소인 소위 호스트바(속칭 호빠)는 그 반대의 경우이다.

그러나 세상 남자들이 생각하는 것처럼 이곳에서 평범한 가정주부

들이 자주 드나들고 온갖 퇴폐 쇼가 펼쳐지지는 않는다. 어느 호스트바의 선수(남성 접객부)의 이야기에 의하면 '호빠는 경쟁이 치열하지도 않고 이용하는 손님도 많지 않기 때문에 서비스 내용은 예나 지금이나 별반 다를 게 없다'고 했다.

호스트바를 찾는 손님의 90퍼센트는 룸살롱 등에서 일하는 '나가요 걸'들이나 안마시술소 아가씨들이라고 한다. '나가요 걸'이란 룸살롱, 사창가와 같은 성매매 업종에서 일하는 아가씨들을 부르는 말이다. 다행히 일반인들의 호스트바 이용률은 매우 낮은 편이다. 밤늦은 시간부터 이른 아침까지 영업을 하기 때문에 평범한 가정주부들이나 직장 여성들은 찾아오기가 어렵다고 한다. 대부분은 술집 아가씨들인데, 이들은 룸살롱 등에서 손님에게 당한 스트레스를 여기서 그대로 해소하려는 듯 남성손님들로부터 팁으로 받은 돈을 호빠에서 쓰는 경우가 많다고 한다.

● 죄와 벌

1989년 1월에는 식당 일을 마치고 돌아오던 길에서 마주친 남자가 강제로 키스를 시도하자 그 혀를 물어 절단切斷했던 여성에게 무죄가 선고된다. 과거에는 상상도 할 수 없는 일이었다.

김부남은 아홉 살 때 이웃집 아저씨인 송 씨에게 성폭행을 당하였다. 성인이 된 후 결혼을 했지만 성관계를 거부하는 등 정상적인 결혼 생활을 이어가지 못하였다. 자신의 행동이 어린 시절 당했던 성폭행 때문이라고 믿고, 그를 고소하려 했지만 당시는 성범죄가 친고죄였고 공소시효도 너무 지난 상태였다. 그녀는 21년이 지난 1991년 1월 30일 송 씨를 찾아가 식칼로 살해하였으며, 현장에서 검거되었다.

그녀는 약 1년 7개월간 공주 치료감호소에서 치료감호를 받은 뒤 석방되었다. 일차 공판 진술 때 '나는 짐승을 죽인 것이지, 사람을 죽인 것이 아니다'라는 말을 남겼다.

이 사건은 의붓아버지에게 12년간 성폭행을 당하던 여성이 남자친구와 함께 의부를 살해한 김보은 사건과 함께 아동 성폭행의 후유증을 알리는 중요한 계기가 되었으며, 성폭력특별법 제정에 직접적인 영향을 미쳤다.

경우는 다르지만 가끔 연쇄강간살인사건도 자주 일어났고 특히 화성연쇄살인사건 때문에 많은 여성들이 오랜 세월을 공포에 떨기도 했다. 사회나 국가는 성범죄를 줄이기 위하여 많은 노력을 해야 하고, 성범죄 피해자의 재활再活에도 힘써야 할 것으로 본다. 자라면서 어떤 형태로든 불유쾌한 성적 접촉의 경험이 있는 여성이 40퍼센트가 넘는다는 외국의 보도도 있는데, 이런 불행이 자신만의 비극이라고 믿지 않게 해줄 필요가 있다.

● 성교육

필자가 어렸을 적엔 공중화장실(공중변소라고 했다) 벽에 빈자리가 없을 정도로 빽빽하게 낙서落書가 차 있었는데, 거의 모두 성 관련 욕이거나 그림들이었다. 우리나라 최초의 공중화장실은 1904년 노상방뇨路上放尿를 금지하면서 서울에 생겼다고 한다. 그 후 낙서가 언제부터 시작됐는지는 잘 모르지만 연필이 보편화되면서부터였을 것이다. 붓이나 만년필로 한 낙서는 거의 없었고, 볼펜은 그 때 없었기 때문이다.

거기서 자위와 애무하는 방법도, 여러 가지 성 체위들도 마음만 먹으면 다 배울 수 있었을 것 같다. 누가 지우려는 사람도 없었다. 사람들은 '우리 성교육 선생님은 공중변소'라고 공공연히 이야기했다. 여학생들은 어떻게 느끼고 있었는지 모르겠지만 남자 아이들은 이런 것을 아무리 봐도 아무렇지 않았었다. 참고할 일이다.

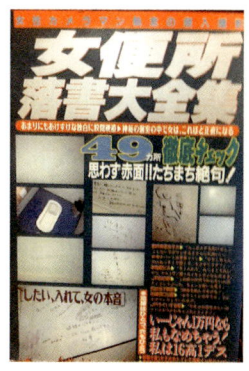

일본에서는 공중변소에 그려진 낙서들을 모아 책으로 출판된 것도 있다.

스웨덴은 1897년에 이미 학교에서 성교육을 시키기 시작했다. 국가마다 다르기는 했지만 많은 나라에서 성性을 정규 학교교육의 일환으로 가르쳤다. 일본도 전후戰後에 시작을 했고, 태국에는 대학원에 성학性學 학위과정마저 있다. 불행한 일이지만 우리나라는 아직도 성학을 정규 학과목에 포함시킨 대학이 단 한 군데도 없다. 다만 교양과목에서 '성과 사랑', '성과 문화' 같은 주제로 여성학이나 교육학, 심리학, 의학 전공의 교수들이 자기 전공에 맞추어 강의를 하고 있을 뿐이다.

2001년 서울여대에 특수치료전문대학원이 설립되면서, 여성 및 성심리 치료, 아동심리치료, 미술치료, 무용치료의

당시 가장 흔했던 낙서는 이런 류類의 그림이었다. 송판이나 회벽으로 된 공중변소 거의 모든 곳이 마찬가지였음.

석박사 과정이 개설되었다. 기독교적 기반을 가진 대학이었지만 가장 먼저 성 과목의 중요성과 필요성을 인식하면서 상담영역의 한 변곡점變曲點을 만드는 시작이 되었다고 할 수 있다. 장연집, 박경 교수

와 강문희 대학원장 등이 제도권 안에서 체계적인 성문제 치료자를 키워내기 위하여 심리학에 성학을 통합시킬 필요가 있다고 인식하여 출발하게 되었다고 본다. 거기서 필자가 10년 간 '성학'을 하나의 독립된 과목으로 강의를 했는데, 국내 최초였다. 그리고 심리치료자들의 성에 대한 이해를 돕는 데 현실적인 도움을 줄 수 있다는 확신을 갖게 되었다.

우리나라도 중고등학교에서의 성교육을 정규과목으로 채택하려는 시도를 한 적이 있었다. 하지만 순결純潔교육부터 앞세워야 한다는 참가자들의 보수적인 태도와 고집 때문에 실패한 채 다시 많은 세월이 흘렀다. 부정기적不定期的으로 특히 수능시험이 끝나면 고3 학생들에게 생리학적 성을 위주로 가르치기도 하지만 이런 방식과 내용들은 너무 해묵어서 학생들에게 외면당하기 일쑤였다.

성학은 워낙 범위가 넓고 분야에 따라 학습해야 할 내용이 다르다. 성학자가 되려면 적어도 성학의 진화와 역사, 성적 교류 방식, 남녀의 성해부학, 남녀의 성 생리학, 성 심리학, 바디 이미지, 성의 정체성正體性, 성 반응과 흥분, 피임, 원치 않았던 임신, 수정, 임신, 출산, 성의 테크닉과 성행동, 미성년자 및 성인의 성, 에이즈 등 성병, 성기능장애, 성도착증性倒錯症, 성폭력, 상업적商業的 성, 인터넷과 사이버섹스, 윤리, 도덕, 법률, 연구 방식 등을 넓게 알고 있어야 한다.

임상에서의 성치료도 전문분야를 달리하는 전문가들, 즉 성 의학 전문가와 성 심리, 상담, 교육 전문가의 협력에 의하여 이루어지는 것이 가장 바람직한데 이를 실험한 적이 있었다. 2004년 서울의 청담마리산부인

유외숙 박사

과병원의 이유미 전문의가 서울여대에서 필자의 제자였던 유외숙 박사와 함께 성건강센터를 열었던 것이다. 통합적인 모델을 국내에서 만들어 보기 위하여 출발하여 약 2년 정도 운영되었는데, 우리

2003년 쿠바에서 개최된 세계성학회에서. 좌로부터 김혜원 교수, Wabrek 전 세계성학회장내외, 필자, 이이경 선생

나라 최초의 시도試圖였으므로 소개한다.

오랫동안 성교육을 실시해 온 나라들은 우선 전문가들이 많아 문제해결의 측면에서 정해진 기준들을 갖고 있다. 하지만 우리는 아직도 어떤 성문제와 마주치면 당황唐慌하고 어찌할 바를 모르는 경우가 많다. 무엇보다도 전문가들이 많이 양성되어야 하며, 특히 매스컴 종사자, 정치인 및 법률가들은 반드시 성을 공부해야 한다고 생각한다. 성의 가치는 계속 바뀌고 있는데, 이에 대한 학습이나 판단은 때론 아직 빅토리아 시대에 머무르는 듯하며, 때문에 억울한 피해자가 나올 수도 있기 때문이다.

성학은 여러 전공의 성 전문가들을 필요로 하는 학문임에도 제대로 이런 교육과정을 마친 이들이 별로 없기 때문에 이를 전반적으로 배우려면 우리나라에서는 아직도 어려움이 많다. 필자 또한 성학을 공부하면서 적지 않은

제 2차 범태평양심신산부인과학회(1991년) brochure와 당시 학술대회 주제를 '인간성학(Human Sexuality)'와 '폐경'으로 했음을 나타내는 기념 메달

고생을 했다. 대학에 봉직하다 보니 장기연수는 생각도 못했고, 주로 독학에다 외국의 학회, 워크숍, 세미나 등을 열심히 다니며 학습했다. 비용도 많이 들었지만 덕분에 외국의 여러 성학자들과 사귀면서 그들에게서 많은 영감을 얻었다. 특히 프라카쉬 코타리, 비버리 휘플 교수와 데이비드 슈나취 박사에게 감사를 드린다.

1991년 제2차 범태평양심신산부인과학회를 주최했을 때도 어떻게든 해외의 성학자들을 많이 불러들이기 위하여 학술대회의 주제를 '인간성학human sexuality'과 '폐경menopause'으로 했었다. 이런 국제학회를 처음으로 부산에 유치하게 된 것도 필자에겐 행운이었다. 이렇게 배우며 가르치며 40년 가까운 세월이 흘렀다.

김세철 교수

우리나라의 성교육과 성상담을 하는 현장의 실무자들 역시 체계적이고 통합적인 교육기관이 없었으므로 관련 서적과 세부적인 각 영역의 전문가들을 찾아 주제별 내용들을 조금씩 배운 것을 개인적으로 독학하고 소화하면서 자신을 발전시켰다고 해도 과언이 아니다.

그나마 다행이었던 것은 대한가족계획협회와 몇몇 단체에서 일찍부터 성 관련 종사자들을 위한 교육과정을 만들어 국내의 필요한 요원들에게 물꼬를 트기 시작했었다는 사실이다. 주로 성교육, 피임, 양성평등, 성폭력, 성상담 같은 사회적인 주제들을 대상으로 했지만 나름대로 몇 분야에서 전문가들이 나오기 시작했다.

1980년대 초 결성된 대한남성과학회, 한국임상성학회 등이 의사들을 상대로 성의학性醫學 교육을 시킨 것도 이들의 교육을 횡적으로 돕는 데 큰 역할을 했다. 비의사를 상대로 성 강의를 많이 한 분들 중에는 정신과의 정동철, 이근후, 홍강의, 이근덕, 최종진, 신승철, 비뇨기과의 이윤수, 산부인과의 이임순 등이 있다. 중앙대 비뇨기과의 김세철 교수는 TV 교육 및 오락 프로그램 등에 자주 출연하여 일반인들에게 성지식을 전달하는데 큰 몫을 했다.

이렇게 우리나라에서는 거의 자생적自生的으로 성학이 조금씩 자랐다. 이런 경우는 참 드물다. 필자는 몇몇 개발도상국가에서 의도적으로 외국의 성 전문가들을 여러 명 초청해서 몇 주에 걸쳐 수백 명 씩의 요원들을 교육시켜 전문가들을 만드는 걸 보며 늘 부러워했었다.

● 성 치료

넓은 뜻으로 보면 모든 성과 관련된 문제를 해결하는 과정을 성치료라 할 수 있겠지만, 성학에서는 의학적이나 생리학적 원인이 없는 성의 기능적 장애의 치료나 의학적 치료의 보조적 방법이 아닌 치료전술을 '성치료sex therapy'라 하여 일반인들에게 혼란을 주기도 한다.

모든 성인의 약 30퍼센트가 일생에 한번 이상 6개월 이상 지속되는 성기능 장애를 경험하게 되는데, 이는 단순히 한 개인의 '삶의 질'을 손상시키는 것만이 아니라 성병의 위험, 성범죄율의 증가, 출산율의 저하 등의 형태로 공중 건강을 심각하게 해치므로 반드시 치료해야 할 대상이다.

치료는 크게 원인의 제거나 교정, 인지치료, 행동치

2005년 몬트리올 세계성학회에서. 뒷줄 좌로부터 김경희, 최안나, 이유미, 이민아 산부인과 선생들. 앞줄은 필자와 Beverly Whipple 세계성학회 부회장

료, 심리 상담치료, 약물치료, 수술치료 등으로 나눌 수 있다. 이 중 약물치료나 수술치료 등은 의학적 치료에 속하므로 협의狹義의 성치료에서는 배제되지만 우리나라의 경우 아직 이 분야의 전문가들이 많지 않고, 환자들도 일차적으로 의사들에게 치료를 의뢰하므로 당분간 중복重複된 의미를 인정하면서 개선해 나가는 것이 좋을 것 같다.

실제로 성치료에서 의사, 심리학자, 상담자 등의 통합치료라는 것이 쉽지 않으며, 이는 성치료 선진국에서도 마찬가지이다. 따라서 우선 각자의 영역에서라도 문제해결의 방향을 제시하면서 통합치료를 지향志向하는 것이 우리 실정에 맞을 것으로 본다. 우리나라에서의 '성치료'의 개념은 신경정신과 전문의 정동철이 1980년대 중반부터 자신의 클리닉에서 개인치료에 응용應用하였고, 성교육과 성상담 영역의 수련 및 전공자들에게 교육했으며, 그 뒤 2000년 후반에 강동우가 뒤를 이었다. 신경정신과 전문의인 강동우는 부인 백혜경과 함께 미국의 킨제이 성연구소 등에서 연수를 한 후 서울에서 성의학클리닉을 운영하고 있다. 유명한 성치료자인 헬렌 카플란에게 연수를 받은 설현욱 또한 서울성의학클리닉을 개설하고 있는데, 성교육용 오디오, 비디오 등을 만들어 보급했다.

심리학자로는 성신여대의 채규만 교수가 인지행동치료와 관련하여 오래 동안 많은 강의와 상담을 해 왔고, 전남대의 윤가현 교수도

2003년 '의사를 위한 성치료교육과정'을 마치고

성심리학을 임상에 응용하여 많은 호응을 얻었다.

산부인과 의사들은 일찍부터 여성들의 성기능장애를 나름대로 치료해 왔는데 의학적 측면에서 접근했을 뿐이며, 1990년대 이전에는 특별히 성전문가로 알려진 이는 거의 없었다. '예쁜이수술'이라고 하면 원래 출산으로 인하여 이완된 외성기를 '복원'하는 수술로 요즈음 같은 성형 개념은 아니었으며, 대부분의 산부인과 의사들이 오래 전부터 시행해 온 터다. 그들은 여성들의 성 기능을 향상시키기 위한 치료들을 당연하게 일상진료에 적용했다고 할 수 있다. 전북대의 두재균 교수는 자궁적출술 때 성기능보호를 위한 방식의 일환으로 소위 '색시 수술'을 고안해 발표하기도 했다.

필자는 '성학' 강의를 요청하는 그룹이 있으면, 거의 다 이에 응했다. 지방에서도 참석하므로 주로 KTX 회의실 같은 데서 자주 했다.

다만 개원의였던 한국남은 5, 60년대 '스무고개', '재치문답', '유쾌한 응접실' 등 많은 라디오 프로그램에 출연하여 명사名士로 이름났기 때문에 그의 성 환자 치료는 일반에 알려져 있었다. 그는 성관련 서적도 여러 권 출간했고, '섹스할 때 왼손을 잘 써야 된다'는 명언을 남기기도 했다.

2003년 미국의 휘플 교수, 인도의 코타리 교수, 호주의 홍성묵 교수 등을 초청하여 국내 의사들 80여 명을 6회에 걸쳐 5시간씩 성치료 교육을 실시했고, 이 후에도 수 차례에 걸쳐 연수 교육을 실시한 바 있다. 당시 강사진에는 위의 외국 초청교수들 외에도, 김원회, 김세철,

이희영 교수

백재승, 조수현, 박남철, 이이경 등이 있었다. 이 때 교육받은 여러 산부인과 의사들이 현재 성의학자로 임상에 임하고 있다.

대전의 원철은 대한여성회음성형연구회를 창립하여 많은 의사들이 관련 교육을 받게 했다. 출산으로 인한 손상을 복원復元하거나 성기기형을 교정하는 차원을 넘는 성형수술의 당위성當爲性에 의문이 계속 제기되기도 하지만, 현재 이 분야의 의술과 기술력이 미국에 이어 세계 2위의 수준이라는 평가도 있다.

좌는 차영일원장, 우는 박남철 교수

비뇨기과는 1982년에 설립된 대한남성과학회의 학술활동 등에 힘입어 발기부전, 조루증 등 남성성기능장애들을 치료하는 전문의들이 전국 대도시에 넓게 퍼져있다. 초대회장이었던 이희영 교수를 비롯하여 역대 회장들은 물론 개원의들 중에도 남성성기능장애를 전공으로 환자를 보는 경우가 적지 않다. 특히 부산지회는 창립 후 매월 정기모임을 개최하여 이미 130회 차를 넘었는데, 이 때문인지 특히 이 지역에 남성성치료전문의들이 많다, 초대회장은 차영일이었고, 현재는 박남철이다.

과거에는 발기부전 환자들이 정신심리치료에 의존하거나 한약을 복용하거나, 심지어 해구신이며, 호랑이뼈 등 이상

국립재활원 성재활실 부부상담강연회

한 식품에까지 의존하였지만 비아그라가 출시된 이후에는 치료시장이 완전히 바뀌었는데, 이는 비단 우리나라만의 현상은 아니었다.

또 우리나라는 장애인들의 성재활치료에 있어 거의 불모지 같았는데, 국립재활원의 이범석이 척수손상장애인을 대상으로 하는 성재활 프로그램을 마련하여 이 분야에 새로운 활력을 불어넣었다. 우리나라에서 처음으로 '척수장애인 부부를 위한 성재활교육'을 매달 실시하여 환자들로부터 좋은 반응을 얻고 있다. 그는 장애인들에게 '나도 성생활이 가능하겠구나'라는 확신을 심어 주는 것이 가장 중요하다고 강조한다.

● '아하', '탁틴'과 '아우성'

1984년 서울 YMCA는 우리나라 최초의 '청소년성교육상담실'을 종로회관에 열어 당시로는 공개적으로 내걸기 어려운 '성'이라는 주제의 사업을 시작하였다. 성 강의는 1988년 구성된 '한국임상성학회'에서 주로 맡아했다. 이 학회는 정신과 전문의 중심으로 구성된 단체로 회장은 정동철, 학술부장은 김상태이었으며, 회장은 이규항, 유계준으로 이어졌다.

이 상담실의 주요 사업은 전화, 면접, 서신상담, 청소년성교육상담 전문가양성과정, 연중 청소년성교육캠페인, 학교, 교회, 관련 단체 등에의 성교육 출강, 성교육상담관련 공개세미나 등이었다.

2001년부터는 서울시의 지원을 받아 '탁틴내일'의 전신이었던 '청소년을 위한

한국임상성학회에서 발행했던 학회지

내일여성센터'가 청소년성문화센터를 개관 1년간 운영하였다. 그 이듬해 YMCA 산하 '아하 청소년성문화센터'가 이어받아, 2008년 명칭도 '아하! 서울시립청소년문화센

'탁틴'의 이현숙 대표와 '아하'의 이명화 대표

터(대표자 이명화)'로 바꾸고, 청소년을 위한 성교육전시관을 운영하고 있다. 이와 같은 업적들이 인정되어 2011년에는 세계성학회WAS로부터 '섹슈얼리티 교육에 있어 탁월함과 혁신성 분야'의 상을 받았는데, 이는 국내 단체가 세계성학회로부터 받은 최초의 수상이었다.

서울특별시가 관여하여 민관단체民官團體가 된 '서울시립청소년성문화센터'는 '늘푸른청소년지원센터', '탁틴내일' 등과 컨소시엄을 이루어 그 사업을 전국에 보급하게 된다. 그 후 아동청소년성보호법이 만들어지고 최영희('탁틴내일' 이사장)가 국가청소년위원회 위원장을 맡게 되면서, '청소년성문화센터'는 전국 청소년성교육전문기관으로 현재 16개 시도를 중심으로 54개 지역에서 청소년성문화체험관을 갖추게 되었다. 2007년 발족시 초대 상임대표는 '탁틴내일'의 이현숙이 맡았고, 현재는 '아하센터'의 이명화가 맡고 있다.

'탁틴내일'은 1995년 전문 성교육센터로 출발하였으며, 1997년 '청소년을 위한 내일여성센터'로 등록하며 부설 아우성청소년성폭력상담소도 개설하였다. 여성과 아동, 청소년을 위한 사회단체로, 청소년 성상담 및 성교육 활동, 청소년 문화사업, 학교 폭력예방활동은 물론 양성평등, 모자보건, 성매매 예방 등 많은 사업들을 하고 있다.

구성애의 '푸른아우성'의 전신은 '아우성'이라고도 할 수 있는데, 2001년 '아름다운 우리 아이들의 성을 위하여'라는 뜻의 성性 상담 센

2000년 일본 고베에서 개최된 제 6차 아시아 성학회 때. 좌로부터 김혜원, 김정, 필자, 이상근, 구성애, 홍성묵, 박동원 등 제씨.

터로 문을 열었다. 간호사 출신의 그녀는 1998년 MBC 방송의 '10시 임성훈입니다' 프로그램을 통해 성교육을 하면서 폭발적인 인기를 얻어 일약 유명 성교육자로 알려지게 되었다. 현재 성교육자와 성상담자 양성 프로그램을 비롯한 여러 가지 사업을 계속하고 있다.

'한국성적소수자 문화인권센터'는 엘지비티LGBT, 즉 여자 및 남자 동성애자, 양성애자, 트랜스젠더와 같은 성적 소수자를 위한 인권단체인데 1993년 결성되었다. 처음에는 초동회라는 이름으로 모였지만 곧 게이와 레즈비언들을 분리해 각각 '친구사이'와 '끼리끼리'로 이어졌다. 이 중 '끼리끼리'는 2005년 레즈비언상담소로 전환되었다.

1997년 말에는 대학 성소수자 모임들이 모여 대학동성애자인권연합(대동연)을 출범시키고, 1998년에는 동성애자인권연대로 이름을 바꾸게 된다. 2006년 트랜스젠더인권활동단체 '지렁이'가 발족되었지만 2012년 해산했다.

김석권 교수와 연예인 하리수

성전환증환자라고 번역되어 불리기도 하는 트랜스섹슈얼은 오늘

날 사회적 성전환의 의미로 트랜스젠더라는 용어가 더 보편화되어 사용되고 있다. 트랜스젠더를 위한 성전환수술은 국내의 경우 동아의대 성형외과의 김석권 교수가 연예인 하리수를 비롯하여 3백여 예를 시행하여 우리나라에서는 가장 많은 시술을 했다. 그러나 아직도 태국 등 외국에 가서 수술을 받는 경우도 많다.

그밖에 개인이 운영하는 성관련 단체는 전국적으로 많이 분포되어 있다. 일일이 다 소개하지 못하는 것이 유감이지만 이윤수의 '한국성과학연구소', 성경원의 '한국성교육연구소', 배정원의 '행복한성문화센터', 유외숙의 '상담21성건강연구소' 김영란의 '나무여성인권상담소', 박혜성의 '한국성건강센터', 김영순의 '행복을 여는 문' 등이 있다.

아시아 성학회

세계성학회WAS의 아시아-오세아니아 성학회연합회AOFS는 현재 오세아니아와 합쳐 있지만 1998년 제 5차 학회 때는 아시아성학회였는데, 그 학술대회를 서울에서 가졌다. 연세의대의 최형기 교수가 학회장이었으며, 한국경제신문사에서 개최되었다. 한국에서 개최된 최초의 국제 성학회임에 그 의미가 있다.

제 5차 아시아성학회 전시관 테이프 커팅. 좌에서 두 번째가 콜먼 세계성학회장, 다음이 최형기 교수.

학술대회 이외에 성풍속전性風俗展, 일반인을 대상으로 하는 강연회 등 다채로운 프로그램으로 진행되어 3천여 명 이상이 참석하였다. 성풍속전은 신라시대 토우, 전국 팔도에 산재한 남근석 및 여근석, 조선시대 신윤복, 김홍도, 최우석 등 풍속화가가 그린 춘화春畫 등 시대적 성 상징물들을 전시했고, 국내 화가 19명의 누드화 등 60여 점의 그림들도 전시되었다

세계성학회장인 미국의 콜먼 교수, 아시아성학회장인 대만의 옌 교수, 인도의 성교육협회장이며 아시아성학회 전 회장인 코타리 교수 등이 참석했다. 최형기 학회장은 '그동안 성이라면 구석에서 키득거리고 내숭 떠는 문화가 우리사회에 깊이 박혔지만 이번 행사를 통해 밝고 건강한 성이 자리잡게 될 것으로 기대한다. 건전한 성으로 건전한 사회를 이루고 성공적인 인생을 이루자'는 요지의 인사말을 했다.

그런데 2015년 호주에서 열린 아시아-오세아니아 성학회연합회 AOFS에서 부산의대 박남철 교수가 차기 회장으로 선임됨과 함께 제14차 학술대회를 '성 권리를 생각하고, 성 건강을 이야기하자Think Sexual Rights, Talk Sexual Health.'는 모토로 2016년 3월 31일부터 4월 3일까지 부산의 코모도호

제 14차 아시아·오세아니아 성학회 학술대회에 참석한 외국인 대표들과의 사진

텔에서 성대히 개최되었다. 외국인 참석자만도 180여 명이었다.

한국성문화회

한국성문화회는 1997년 창립된 단체로 부산을 중심으로 활동하는 의사, 성문화강연자, 예술가, 비평가, 사회학자 등 다양한 멤버들이 상호간 자기 분야의

한국성문화회 교육팀 회원

전문지식을 발표하고 정보를 교류하고 있다.

초대회장은 김원회, 부회장은 차영일, 총무는 서상환이었으며, 창립회원은 박재환, 송명희, 구성애, 서정승, 고민환, 원경식, 박청륭, 임봉규, 김석화, 이유상 등 20여 명이었고, 현 회장은 차영일이다. 주요사업으로는 학술발표, 전시기획, '다솜'지 발간, 세계성풍물관 운영 등이며, 매월 모임을 가졌다.

최신 '다솜'지인 2015년 3월호에는 김원회의 '암스테르담의 매춘박

'한국성문화회'에서 발간한 '다솜'지들

물관', 심봉근의 '유물로 본 우리나라 성문화', 임봉규의 '큰 것이 아름답다', 서정승의 '성도착증' 등 20개의 담론과 서상환, 임봉규, 안기태, 이동훈, 송낙웅, 옥지선, 김난영, 여홍부, 김화주 등 회원작가들의 회화 및 조각품들이 소개되고 있다. 보통 수천 부씩 발행하여 회원들은 물론 관심 있는 독자들에게 무료로 배포하고 있다.

또 곽진주를 비롯한 한국성문화회 교육팀은 십수 년의 긴 세월을 스터디 그룹 형태로 성학공부를 주 1회 이상 계속하고 있다.

차영일 회장은 2002년 자신이 평생 수집한 자료들을 모아 부산 남포동에 있는 자신의 클리닉에 '세계 성 풍물관風物館'을 열었다. 그러나 이보다 수십 년 전부터 자신의 외래공간을 할애하여 여러 가지 소품들을 모아왔으므로 실제로는 우리나라의 첫 성박물관이라고 해도 과언이 아니라고 본다.

● 성박물관性博物館

우리나라에 처음으로 성박물관이 문을 연 것은 2003년으로 삼청동의 '동양성문화박물관(관장 신영수)'이었다. 세계적으로 유명한 코펜하겐의 에로박물관이 1992년에, 그리고 암스테르담의 성박물관이 1995년에 개관된 것을 생각해보면 비교적 일찍 만들어졌다고도 할 수 있다. 보수적이고 내숭

티베트박물관의 합환상

문화에 숨겨진 우리나라 사람들의 성의식에 비추어보면 놀라운 일이기도 하다.

지금은 문을 닫았지만 이곳은 성교나 성기보다는 세계 각지의 성적 유물에 더 비중을 두었던 것으로 기억된다. 우리나라의 신라 토우, 여성 자위물 등과 중국의 러브체어(성행위시 사용하던 의자), 전족, 환관과 관련된 성문화 유물이 있었고 힌두교의 '시바링가' 등 주로 동아시아 성유물들이 전시되어 있었다.

성행위를 묘사한 그림을 춘화라고 하며, 그것을 묘사한 인형을 춘의春意라 하는데, 중국과 일본의 춘의들을 잘 갖추고 있었다. 그런데 2007년 인사동으로 옮겨 '재미있는 성문화박물관'으로 이름하였다가 얼마 후 문을 닫았다.

신촌에도 2005년 '서울성문화박물관(설립자 원명구)'이 문을 열었다. 이곳에는 티베트 밀교密教의 불상 마하킬라 금동합환상이 인상적이었는데, 이 밀교는 지금은 미약한 종파로 남아 있지만 신라 선덕왕 4년(635년) 명랑법사明朗法師가 당나라에서 귀국하면서 들여온 후 한동안 번성했었다. 합환상은 옥인동에 있는 티베트박물관에서 볼 수 있다.

세계에서 가장 큰 성 박물관인 제주의 '건강과 성 박물관'

외국에는 성박물관이 대부분 도심에 있는데, 우리나라 사람들은 보고 싶어도 남의 이목이 두려워 사람들이 많은 곳에서는 편하게 들어가지 못하는지 대부분 실패했다. 이에 반하여, 제주, 경주나 강화 같은 휴양지에 생긴 성박물관들은 많은 사람들의 사랑을 받고 있다.

특히 제주에 있는 '건강과 성 박물관(대표 김완배)'은 초대관장인 배정원이 성교육자여서인지 교육 중심의 장으로 내용을 만들었고, 규모 면으

국내 성박물관들의 작품들. 좌상으로부터 제주의 건강과 성박물관, 러브랜드, 세계성문화박물관, 그리고 경주의 '러브캐슬'

로도 세계에서 가장 큰 성박물관으로 유명하다.

그 외 실제 조각을 전공한 작가들이 만든 성 조형물들을 통해 성을 희화戲畫화하여 쉽고 유쾌하게 접근하도록 한 '제주 러브랜드(대표 최은주)', 제주도 월드컵 경기장 내의 '세계성문화박물관(대표 이연옥)' 및 경주의 '러브 캐슬(대표 조영우)' 등도 외국의 여러 성박물관들과 비교하여 손색이 없다. 근래 강화에 '세계춘화박물관/강화성박물관(대표 오지열)'도 문을 열어 수도권 관객들에게 볼거리를 제공하고 있다.

'세계춘화박물관/강화성박물관'에 있는 한국 춘화 중에서.

● 대한성학회大韓性學會와 서울선언문宣言文

아래는 대한성학회大韓性學會가 2003년 11월 23일 창립총회 때 발표한 성권리의 '서울선언문'이다. 대한성학회는 세계성학회의 대륙연합체인 아시아-오세아니아 성학회연합회의 산하 국가단위의 학회이다. 이 선언문은 UN의 '인구와 개발위원회Commissions on Population and Development'에 채택되어 있는 세계성학회의 '성권리선언문'을 우리의 실정에 맞추어 편집한 것이기도 하다.

'성은 우리의 존재와 삶, 그 자체이며, 개인과 사회와의 상호관계를 통하여 이루어진다. 성은 우리가 살아있는 동안 항상 함께하며, 바람직하고 만족스러운 성적 발달은 개인, 인간관계, 가정, 사회의 안녕과 복지를 위해 필수적 조건이다. 따라서 사회는 이에 따른 개인의 성적 건강과 행복에 필요한 요구를 충족시켜주어야 하며, 다른 어떤 방법으로도 대신할 수 없는 아래와 같은 성적 권리들을 존중하여 주어야 한다.

1. 인간의 성은 태초부터 주어진 가장 기본적인 권리 중의 하나이다. 따라서 우리는 성적 만족, 성적 건강, 성적 권리 및 성적 행복 등을 추구할 권리가 있다.
2. 인간의 성은 애정을 바탕으로 이루어져야 강한 결속을 얻게 되며, 이는 개인, 부부, 가정 및 사회의 건강에 꼭 필요한 부분이다. 따라서 애정이 결핍된 성행동은 지양되어야 한다.
3. 성은 인격 그 자체이며, 그 자율성과 고결성을 훼손당해서는 안 된다. 따라서 우리는 어떤 성적 폭행이나 육체적 훼손도 거부한다.
4. 모든 개인은 성에서 평등하며 존중받아야 한다. 따라서 성별, 연령, 인종, 종교, 학력, 장애유무, 성적 지향 및 사회경제 수준 등에 따른 차별을 받지 않으며 성적 다양성 또한 인정받아야 한다.
5. 우리는 자신의 성에 대하여 올바른 결정을 할 수 있도록 성에 대한 객관적이고 과학적인 정보를 제공받을 권리가 있으며, 국가나

사회는 이를 제공해야 한다.
6. 우리는 인간답고 자유롭게 교제할 권리가 있으며, 연애, 결혼, 이혼 및 기타의 모든 성적 결정과 문제들에 대하여 타인에 의한 강압을 받지 아니한다.
7. 성적 건강과 만족은 육체적, 정신적, 지적, 정서적, 영적 건강의 근원이 되므로 개인과 사회의 발달을 위하여 갈등이나 불안 등에 의해 방해를 받지 않는 성을 추구한다.
8. 우리는 자녀 출산을 자유롭고 책임 있게 결정할 권리가 있으며, 따라서 그 수나 터울을 조절하기 위한 피임을 자유롭게 선택할 수 있다.
9. 개인과 사회의 윤리적 테두리 안에서 행해지는 모든 성행동은 보호 받아야 하며, 교제나 성적인 교류를 위한 정당한 표현이나 상호간에 동의가 이루어진 성행동에 대하여는 법적 책임을 지지 아니한다.
10. 금전이나 물품을 받고 성을 제공하는 어떤 형태의 성매매 행위를 배척하며, 국가나 사회는 이와 같은 불건전한 성행동이 만연되지 않도록 정책을 수립하고 집행하여야 한다.'

우리나라에서 처음 생긴 성관련학회는 비록 의사들만의 모임이었지만 대한남성과학회가 그 효시이다. 1982년 서울의대 이희영 교수를 초대회장으로 이무상, 최형기, 김세철, 백재승, 서준규, 안태영, 김제종, 박남철, 박종관, 박광성, 이성원, 김세웅 등으로 이어졌다. 이어 1988년 한국임상성학회가 정동철 회장 주도로 발족되었지만 오래 계속되지는 않았다. 2001년에는 '대한여성성건강연구학회'가 대한남성과학회 내에 설립되어 김세철 교수가 초대회장을 맡았고, 백재승, 안태영, 박광성으로 이어지고 있다.

성학은 그러나 의사들뿐 아니라 심리학자, 간호사, 성치료사, 성교육자, 성상담자, 사회복지사, 보건 및 체육교사, 문학가, 예술가, 성

대한성학회 발기대회. 2003년 5월 7일. 서울 프레스센터. 아직도 '성'은 기피의 대상이어서 모임을 후원했던 업체가 자기들의 이름을 빼달라고 했고 우리는 종이로 가렸다.

직자, 법률가, 철학자 등, 아니 그 외에도 다방면의 전문가專門家들이 힘을 합쳐야 되는 학문이다. 인간의 성human sexuality은 생물학적, 심리학적, 의학적, 사회적, 경제적, 정치적, 문화적, 윤리적, 법적, 역사적, 종교적 요소要素들의 영향을 너무 받는다. 따라서 한 마디로 '나무만 공부하지 말고 숲을 공부해야' 하는 학문이다.

이와 같은 다학문多學間 간의 횡적橫的 유대가 없으면 상호의 정보 교환이나 제대로 된 교육협조가 이루어지기 어려우며, 인간의 성을 총체적으로 통찰하여 연구하기 매우 어렵다.

대한성학회는 이런 배경으로 2003년 5월 서울 프레스센터에서 발기대회發起大會를 가졌다. 준비위원은 김원회, 홍성묵, 장순복, 조수현, 백재승, 김수현, 박남철, 유외숙, 배정원, 이이경이었다. 1989년 발족된 대한성병학회大韓性病學會의 후신後身인 대한성의학회(회장 조수용, 총무 박문일)가 발전적 해체를 하면서 대한성학회에 합류하였다. 그리고 동년 11월 서울 코엑스 호텔에서 창립총회와 그 첫 학술대회를 가졌다. 그 후 해마다 2회의 학술대회와 부정기적인 연수교육 및 성치료, 성교육, 성상담자를 위한 전문가 교육 및 자격 평가를 해오고 있다.

대한성학회와 KINTEX가 세계성학회 학술대회를 유치코자 맺은 협약식에서. 우측이 채규만 교수임.

대한성학회는 2009년 6월 스웨덴에서 개최된 제 19차 세계성학회에서 차기학회를 유치하기 위한 노력의 일환으로 부스를 열었었다. 그러나 2차에 걸친 시도가 각각 싱가폴과 리우데자네이루에게 밀렸다. 좌로부터 도우미, 김탁, 김선홍, 필자, 미국의 비버리 휘플 교수, 배정원, 고민환 제씨

대한성학회는 초대회장에 김원회, 부회장에 김세철, 김수현, 장순복, 조수현, 한인영, 그리고 총무에 바남철을 선출하였다. 그 후 김세철, 채규만, 조수현, 박남철을 거쳐 현재 윤가현 회장으로 이어지고 있다. 현재 차기회장은 고민환이며, 부회장은 박광성, 김혜원, 현혜순, 김탁, 감사는 김세웅, 이범석, 사무총장은 민권식, 간사는 임의현이다.